Madeleine Zbinden

Menschlichkeit in der Führung

Mitarbeitende und Organisationen
authentisch und erfolgreich führen

Verantwortlich im Verlag: Christine Sheppard

D1730162

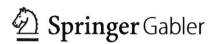

Madeleine Zbinden
Madeleine Zbinden GmbH Consulting & Coaching,
Zürich, Schweiz

ISBN 978-3-662-64895-7   ISBN 978-3-662-64896-4 (eBook)
https://doi.org/10.1007/978-3-662-64896-4

Die Deutsche Nationalbibliothek verzeichnet diese Publikation in der Deutschen Nationalbibliografie; detaillierte
bibliografische Daten sind im Internet über http://dnb.d-nb.de abrufbar.

Springer Gabler
Der/die Herausgeber bzw. der/die Autor(en), exklusiv lizenziert an Springer-Verlag GmbH, DE, ein Teil von
Springer Nature 2022

Planung/Lektorat: Christine Sheppard
Springer Gabler ist ein Imprint der eingetragenen Gesellschaft Springer-Verlag GmbH, DE und ist ein Teil von
Springer Nature.
Die Anschrift der Gesellschaft ist: Heidelberger Platz 3, 14197 Berlin, Germany

Vorwort

Das Vorwort zu meinem Buch habe ich Anfang September 2021 auf meinem Segeltörn entlang der nördlichen Sporaden-Inseln in Griechenland geschrieben. Es waren die letzten Zeilen, die ich als Abschlussgedanken nach all den vielen geschriebenen Seiten verfasst habe. Mein Vorwort war sozusagen der Schlusspunkt einer rund einjährigen Reise des Recherchierens und Schreibens und bildet nun den Anfangspunkt meines Buches.

Bevor wir am Hafen von Volos ablegten, besprach unser Skipper Apostolis mit uns das Endziel unserer Reise und die nächste Etappen. Er erklärte uns das Segelboot sowie die wichtigsten Handgriffe, beantwortete geduldig unsere Fragen und gab uns die notwendigen Instruktionen für das bevorstehende Ablegemanöver. Und noch bevor wir den Anker lichteten, die Leinen losbanden und die Segel Richtung Skiathos setzten, hatte er unser volles Vertrauen gewonnen. Wir akzeptierten ihn für die nächsten sieben Tage als unsere „Führungskraft" an Bord.

Kurz nach dem Ablegen saß ich auf dem Schiffsbug und blickte auf das weite, klare Meer. In diesem Moment wurde mir gewahr, wie ähnlich unser Segeltörn Führung gleichkommt: Es ist eine Reise mit einer Crew und einem Skipper als Kapitän an Bord, der uns durch ruhige und manchmal stürmische Gewässer ans Ziel manövriert.

Führung und geführt werden ist Teil unseres Menschseins und allgegenwärtig, auch auf einem Segelboot auf hoher See: Eine Zielrichtung bestimmen, Menschen gewinnen, überzeugen und Energie freisetzen, damit etwas in Bewegung kommt. Dabei ist Führung ein zutiefst freiwilliger Prozess – denn Menschen können jeden Tag aufs Neue darüber entscheiden, ob sie eine Person als Führungskraft akzeptieren und welche Fähigkeiten und welches Potenzial sie zur Verfügung stellen. In einer Organisation kann die Bandbreite von höchstem Engagement einerseits bis zur inneren Kündigung andererseits reichen. Dabei hat das tägliche konkrete Handeln der Führungskraft einen weitreichenden Einfluss auf die Motivation und Leistungsbereitschaft der Mitarbeitenden.

Weshalb schreibe ich ein Buch über Führung, wenn es doch schon tausende Bücher über dieses Thema gibt?

Wir befinden uns mitten in einem gesellschaftlichen und wirtschaftlichen Umbruch. Die aktuelle und zukünftige Arbeitwelt ist gekennzeichnet durch Volatilität, Unsicherheit, Komplexität und Mehrdeutigkeit. Insbesondere die Megatrends Globalisierung,

Digitalisierung und Individualisierung verändern unsere Gesellschaft und Arbeitswelt grundlegend. Durch den demografischen Wandel werden Fachkräfte knapper und der weltweite Wettbewerb wird immer intensiver. Unternehmen und Führungskräfte sind mehr denn je gefordert und müssen sich dabei vielen sehr grundlegenden Fragen stellen: Wie können wir mit der zunehmenden Komplexität, Dynamik und dem Tempo der Veränderungen Schritt halten? Wie beeinflussen die fortschreitende Technologisierung und Globalisierung unsere Arbeit und damit die Anforderungen an die Führungskräfte selbst sowie an die Mitarbeitenden? Wie verändern sich die Bedürfnisse und Werte der Kunden? Wie begegnen wir den Bedürfnissen unserer Mitarbeitenden und wie binden wir sie als Knowhow-Trägerinnen und Träger an unsere Organisation? Und wie schaffen wir eine gute Balance zwischen der geforderten Flexibilität und Beweglichkeit und der notwendigen Sicherheit und Stabilität im Unternehmen?

Viele Führungskräfte stellen sich angesichts dieser großen Herausforderungen die Frage, wie sie das alles schaffen und mit welchem Führungsverständnis sie ihre Mitarbeitenden erfolgreich in eine unsichere, bewegte Zukunft führen können.

Unternehmen, die heute und morgen wettbewerbs- und zukunftsfähig bleiben wollen, müssen ihr traditionelles Führungsverständnis überdenken und anpassen. Doch dazu braucht es wesentlich mehr, als in der klassischen Betriebswirtschaft gelehrt wird. Altgediente Führungsinstrumente genügen nicht mehr, um Mitarbeitende zu Höchstleistungen zu motivieren und Unternehmen nachhaltig an die Spitze zu bringen. Einige Unternehmen und Führungskräfte haben bereits erkannt, dass menschliche Führung der Schlüssel zum Erfolg bedeutet und dass sich Menschlichkeit und Rendite nicht ausschließen, sondern geradezu bedingen.

Es ist erkennbar, dass die Bedeutung der Menschlichkeit in der Wirtschaftswelt und in den Führungsetagen zunehmend ein Thema ist. Doch handelt es sich meines Erachtens immer noch um ein Lippenbekenntnis, denn die Frage nach dem „Wie" bleibt weit offen: Was bedeutet menschliche Führung konkret? Wie lässt sich menschliche Führung gestalten und im Alltag umsetzen?

Zukunftsorientierte, moderne Führung bedeutet nicht, ein besseres Organisationsmodell zu konzipieren, sondern einen Beziehungsrahmen zu schaffen, in dem Menschen intrinsisch motiviert und glücklich sind. Glückliche und motivierte Mitarbeitende sind produktiver und innovativer. Das hat wenig mit Struktur zu tun, sondern mit einer menschlichen Führungskultur. Führungskräfte sind mehr denn je zum Umdenken und Handeln aufgefordert. Erst wenn es ihnen gelingt, die Kernelemente menschlicher Führung zu entschlüsseln und zu entwickeln, werden sie in Zukunft erfolgreich sein.

Dieses Buch richtet sich an Sie als Führungskraft, Managerin oder Manager, Chefin oder Chef. Mein Buch soll Ihnen, liebe Leserinnen und Leser, wertvolle Denkanstöße zur Veränderung geben – ob Sie am Anfang Ihrer Führungskarriere stehen oder bereits über eine beachtliche Anzahl Jahre an Führungserfahrung verfügen. Ebenso sind Sie als Mitarbeiterin und Mitarbeiter herzlich zur Lektüre eingeladen. Mein Buch richtet sich an alle, die durch Menschlichkeit etwas in ihrem Unternehmen verändern und bewegen wollen.

Sie erhalten einen detaillierten Einblick in die Leadership-Kompetenz der Zukunft, um als Führungskraft angesichts der Dynamik und Komplexität der Veränderungen wirksam und handlungsfähig zu bleiben, Mitarbeitende nachhaltig zu begeistern und das Unternehmen erfolgreich voranzubringen. Es ist ein praktischer Wegweiser, der nicht nur lösungsorientierte Ansätze liefert, sondern auch für einen Perspektivenwechsel in Sachen Führung sorgt.

Mein Buch erhebt nicht den Anspruch, wissenschaftlich fundiert und der Weisheit letzter Schluss zu sein. Unsere Welt verändert sich täglich und so kommen immer wieder neue Erkenntnisse dazu. Dieses Buch fußt vor allem auf meinen langjährigen persönlichen Erfahrungen – sei es aus der Perspektive als betroffene Mitarbeiterin, aus der Perspektive als Führungskraft wie auch aus der Perspektive als Beraterin und Coach. Und es bezieht sich auf die wichtigsten wissenschaftlichen Grundlagen des Systemischen Denkens, der Positiven Psychologie sowie der Neurowissenschaften.

Sehr bereichernd waren die aufschlussreichen Interviews, die ich mit verschiedenen erfahrenen CEOs und Führungskräften nationaler und internationaler Unternehmen führen durfte. Sie alle befinden sich bereits auf ihrer Reise zu mehr Menschlichkeit in der Führung. Ihre praxisorientierte, hochaktuelle Sicht auf das Thema haben mir wertvolle Impulse gegeben und sind in das Buch eingeflossen.

Letzlich habe ich dieses Buch auch für mich persönlich geschrieben. Es war für mich eine hervorragende Gelegenheit, mich als Beraterin und Führungscoach in dieser äußerst bedeutenden Thematik zu vertiefen und mich gleichzeitig selbst immer wieder in meinem eigenen Verhalten zu reflektieren. Dieses Buch ist aus meiner Leidenschaft entstanden, welche auf meiner persönlichen Vision und Überzeugung gründet: Menschlichkeit in der Führung wird in Zukunft noch mehr an Bedeutung gewinnen und immer mehr Führungskräfte können und wollen sich selbst, ihr Führungsverhalten und damit die zukünftige Arbeitwelt in eine positive, menschliche Richtung bewegen.

Es würde mich freuen, wenn Ihnen mein Buch wertvolle Impulse gibt für die Reflexion Ihres eigenen Führungsverhaltens und Sie motiviert oder darin bestärkt, sich auf den Weg zu einem menschlichen Führungsstil zu machen.

Unser Segelboot ist zwischenzeitlich in Skiathos angekommen. Ein Etappenziel ist erreicht und ich freue mich auf meine Weiterfahrt.

Ihnen wünsche ich ebenso eine spannende und erkenntnisreiche Reise beim Lesen, viele gute Erkenntnisse und bereits während der Lektüre Lust und Mut zum Ausprobieren.

Zürich, Schweiz											Madeleine Zbinden

Herzlichen Dank!

Das Jahr, in dem mein Buch entstanden ist, war eine erkenntnisreiche und prägende Zeit, die mich viele bedeutende Themenfelder menschlicher Führung entdecken ließ und zu vielen bereichernden Begegnungen und Gesprächen mit den unterschiedlichsten Menschen geführt hat.

Ich stehe zwar als Autorin auf dem Umschlag. Doch dieses Buch ist das Ergebnis einer wunderbaren Teamarbeit mit vielen Menschen, die alle einen wesentlichen Anteil an dessen Gelingen haben. Die hier erwähnten Persönlichkeiten stehen stellvertretend für alle Menschen, die mich ermuntert, bereichert, herausgefordert und unterstützt haben.

An erster Stelle geht mein Dank an meine Liebsten zu Hause – an meinen Mann Thomas sowie unsere Tochter Janina und unseren Sohn Sean. Sie haben mich ermutigt, dieses Buch zu schreiben und haben mir immer wieder die notwendige Energie gegeben, mich diesem Buchprojekt zu widmen. Auch war mir unsere Familienhündin Ginger eine treue Begleiterin und ist während des Schreibens nicht von meiner Seite gewichen. Ebenso bedanken möchte ich mich bei all meinen lieben Freundinnen und Freunden sowie Bekannten, die mich in dieser Zeit mit motivierenden Gesprächen bereichert und unterstützt haben.

Besonders herzlich bedanken möchte ich mich bei Monika Werthebach für das professionelle und hochverlässliche Lektorat meiner Texte. Sie war mir eine wertvolle Sparringspartnerin während des Schreibens und auch in der Schlussphase. Monika hat meine Gedanken mit Scharfsinn und Konsequenz auf ihre Stringenz überprüft und unermüdlich einen kritisch-wohlwollenden Blick auf mein Werk gehalten. Mit ihrem hilfreichen und unterstützenden Feedback hat sie mich immer wieder motiviert und auf Kurs gehalten.

Mein Dank geht auch an die Agentur Ben Schulz & Partner AG und insbesondere an Susanne Wagner und Ben Schulz für ihre Unterstützung bei der Verlagssuche und die vielen hilfreichen Tipps.

Ebenso bedanken möchte ich mich bei Christine Sheppard für die professionelle, unkomplizierte Zusammenarbeit und die prompten Rückmeldungen sowie beim Springer-Verlag, der mir ermöglicht und das Vertrauen geschenkt hat, dieses Buch zu publizieren.

Ein besonderer Dank gilt all den Top-Führungskräften aus unterschiedlichen Unternehmen, die ich interviewen durfte, für ihre Bereitschaft und Zeit, meine Fragen zu beantworten. Sie haben durch ihren praxisbezogenen Input wesentlich dazu beigetragen, den Blick auf das Thema zu schärfen und aus verschiedenen Perspektiven zu beleuchten. Namentlich (in alphabetischer Reihenfolge):

- Andreas Fähndrich, CEO XOVIS AG
- Renato Grasso, Leiter Filialgebiet, Die Schweizerische Post
- Cora Hentrich-Henne, CEO Alstom Schweiz
- Kaivalya Kashyap, CEO International Academy of Transformative Leadership IATL
- Hansruedi Koeng, CEO Postfinance
- Patrik Lanter, CEO und VR Präsident NeoVac Gruppe
- Sandra Mounir-Rotzer, Geschäftsleiterin und Verwaltungsrätin Cave du Rhodan Mounir Weine AG
- Claudia Müller, Leiterin Marktgebiet Digital Banking, Credit Suisse
- Andreas Schönenberger, CEO Sanitas Krankenversicherung
- Bernhard Soltermann, COO/Operations Director AMAG Import, AMAG Group AG
- Dieter Vranckx, CEO Swiss International Air Lines
- Thomas Wegmann, Head Marketmanagement Allianz Schweiz und Head Global Center for Behavioral Economics
- Hans Werner, ehemaliger Head Human Resources Swisscom, Stiftungsratspräsident Careum.

Ebenso bedanke ich mich bei meinen Kundinnen und Kunden sowie Coachees für die vielfältigen Erfahrungen aus der Praxis, die mir als anonymisierte Fallbeispiele dienten.

Inhaltsverzeichnis

Über die Autorin

 **Madeleine Zbinden,** geboren 1967, hat an der Universität Bern Betriebswirtschaft und Arbeits- und Organisationspsychologie studiert und mit einem Master of Science abgeschlossen. Bevor sie im Jahr 2006 ihr eigenes Beratungsunternehmen gründete, war sie in leitenden Positionen im Human Resources Management und Projektmanagement sowie in der Organisationsentwicklung für nationale und globale Unternehmen in der ganzen Schweiz sowie in New York tätig. Als ausgebildete Organisationsentwicklerin, systemischer Coach, Trainerin und Dozentin mit den Schwerpunkten Change- und Projektmanagement, Führung und Kommunikation begleitet Madeleine Zbinden seit mehr als 15 Jahren Führungskräfte, Teams und Organisationen bei ihrer Weiterentwicklung.

Kontakt: Madeleine Zbinden GmbH Consulting & Coaching / mz@madeleinezbinden.ch / www.zbinden.coach

Einleitung

Great leaders don't see themselves as great. Great leaders see themselves as human.

Simon Sinek

Zusammenfassung

Im ersten Kapitel wird die zunehmende Bedeutung menschlicher Führung im Kontext des dynamischen Wandels in der Gesellschaft und Wirtschaft einleitend dargelegt sowie der Inhalt und Aufbau des Buches aufgezeigt.

1.1 Ein kleines Gedankenspiel zum Anfang

Schließen Sie Ihre Augen und stellen Sie sich eine erfolgreiche Führungspersönlichkeit vor. Wie verhält sie sich? Was macht sie aus? Wie reagiert sie? Worauf fokussiert sie? Welche Erfahrungen und Bilder von Führungskräften kennen Sie oder haben Sie selbst hautnah erlebt?

Beim eigenen Gedankenspiel tauchen bei mir zwei unterschiedliche Bilder von Führungskräften auf:

Dunkle, elegante Kleidung, eine gewisse Kühle, ein ernster Blick, die Arme verschränkt, um Macht und Unnahbarkeit auszudrücken. Bei diesem Bild kommt mir unverzüglich die bekannte Filmfigur James Bond in den Sinn, der sich für eine größere Sache einsetzt und dabei unzählige Menschenleben auf dem Gewissen hat. Er zeigt sich galant und charmant, bisweilen einnehmend. Doch mit jemandem in Beziehung zu treten,

Wertschätzung, Emotionen oder gar Schwächen zu zeigen, gehören nicht zu seinem Repertoire. Und weil er sehr eitel ist, sitzt seine Frisur immer perfekt. Nachdem er seine jeweiligen Gegenspieler ausgeschaltet hat, zieht er sich sofort die Krawatte zurecht. Perfektionismus, Macht, Stärke und Unnahbarkeit pur. Medien und Gesellschaft haben im Verlauf der Jahre dieses Bild vom „tough guy", der stark und unversehrt ist, bedient. Und oftmals ertappen wir uns dabei, dass sich dieses Leader-Bild über all die Jahre ganz unbewusst in unseren Köpfen eingebrannt hat: Sich menschlich und nahbar zu zeigen ist etwas für Feiglinge! Seit dem Film „Skyfall" besteht jedoch Hoffnung: Irgendwie flackern da hin und wieder erste Anzeichen von Menschlichkeit der britischen Kultfigur über die Leinwand und Bond zeigt sich emotional und macht sogar Fehler.

Und da ist auf der anderen Seite das Bild der neuseeländischen Premierministerin Jacinda Ardern, die in den Medien immer wieder als vorbildhafte Führungsperson portraitiert wird. Sie wird weltweit dafür bewundert, wie sie Neuseeland mit Empathie und Klarheit durch mehrere Krisen führte. Ein Beispiel, das um die Welt ging, war ihre Reaktion auf das Attentat von Christchurch im Jahr 2019, als ein Attentäter in zwei Moscheen rund 50 Menschen tötete. Die Premierministerin zeigte öffentlich Empathie und gleichzeitig setzte sie sich für eine massive Verschärfung der Waffenrechte ein. In der Coronakrise schuf sie durch ihr Mitgefühl und Augenhöhe eine Beziehung zur Bevölkerung und zeigte gleichzeitig Klarheit und Entschiedenheit in der Umsetzung der harten Maßnahmen. Eine neuseeländische Zeitung schrieb, dass sie als Frau und Premierministerin der ganzen Welt ein typisch „feminines Verhalten" gezeigt und bewiesen habe, wie stark dies sein kann.

Der Begriff „Menschlichkeit" im Kontext von Führung hat Konjunktur. In jüngster Zeit hören und lesen wir vermehrt, dass Menschlichkeit als Gegenstück zur zunehmenden Digitalisierung im Kontext der Volatilität, Unsicherheit, Komplexität und Mehrdeutigkeit unserer Welt immer wichtiger wird. Die Arbeitswelt und insbesondere die Führung müsse menschlicher werden, heißt es. Und sehr viele von uns nicken und stimmen dem zu, ohne jedoch bewusst darüber nachzudenken, was menschliche Führung konkret bedeutet. So gut wie jede und jeder von uns versteht etwas anderes darunter: Die einen nehmen die Organisation in den Blick und sehen darin den Abbau von Hierarchien und Kontrollmechanismen. Andere verstehen unter menschlicher Führung, dass Führungskräfte verständnisvoller und empathischer mit ihren Mitarbeitenden umgehen müssen. Oftmals wird mit „Menschlichkeit" typisch weibliches Verhalten assoziiert. Ich denke jedoch nicht, dass menschliche Führung einem Geschlecht zugeschrieben werden kann. Ich habe in meiner langjährigen Berufstätigkeit als Linienverantwortliche und als Beraterin ebenso menschliche, empathische Männer erlebt wie auch gefühllose, unmenschliche Frauen.

1.2   Menschlichkeit – mehr als ein Erfolgsfaktor

Die Wirtschaft ist von Menschen geprägt und von Menschen gemacht. Solange Organisationen nicht ausschließlich mit Maschinen, Robotern und Computern funktionieren, geht es in der Essenz um den Menschen. Unternehmen sind durch und durch menschliche Systeme: Sie bringen Menschen zusammen, um gemeinsam ein Ziel zu erreichen und einen Auftrag für andere Menschen zu erfüllen.

Was bedeutet eigentlich „menschliche Führung" im Kern? Diese Frage beschäftigt mich, seit ich in jungen Jahren als Studienabgängerin in die Arbeitwelt eingetaucht bin. Und diese Frage hat mich bis heute nie losgelassen.

In meiner Laufbahn als Fach- und Führungskraft in unterschiedlichen Unternehmen wie auch in meiner heutigen Tätigkeit als Beraterin und Coach hatte ich mit sehr vielen Führungskräften auf verschiedenen Ebenen von Organisationen zu tun. Als Mitarbeiterin habe ich in der Vergangenheit selbst hautnah erlebt, welchen Unterschied es macht, ob ich von einer menschlichen Führungskraft geführt werde oder nicht. Und in den unterschiedlichen Führungspositionen, die ich selbst innehatte, konnte ich am eigenen Leib erfahren, wie anspruchsvoll und herausfordernd es ist, eine gute Balance zwischen Leistungsdruck und Menschlichkeit zu halten.

Die meisten Führungskräfte bestreiten nicht, dass Menschlichkeit im Führungskontext immer wichtiger wird. Mit Blick auf die unternehmerische Praxis fehlt es in einigen Führungsetagen jedoch immer noch an einem umfassenden Verständnis und konkretem Verhalten im Führungsalltag. Die globalen Umfragen des Beratungsunternehmens Egon Zehnder unter rund 1000 CEOs und Führungskräften der weltweit größten Unternehmen (www.egonzehnder.com/it-starts-with-the-ceo) legen immer wieder offen, dass die menschlichen Aspekte zu den größten Herausforderungen in der Führungsarbeit zählen. Einige Führungskräfte schaffen es nicht, einen echten menschlichen Kontakt zu ihren Mitarbeitenden aufzubauen, bisweilen entwerten einige von ihnen Menschlichkeit als „Kuschelpolitik" oder als „Programm für Weicheier", um sich nicht damit auseinandersetzen zu müssen. Statt herausfordernden Führungssituationen menschlich zu begegnen, reagieren sie angesichts ihrer Überforderung mit gefühlskaltem, distanziertem und egozentrischem Verhalten und schaffen so ein ungesundes Arbeitsklima. Und es gibt tatsächlich immer noch Führungskräfte, die glauben, mit „Command and Control" gute Ergebnisse zu erzielen: Mitarbeitende werden herumkommandiert, unter Druck gesetzt, unfair behandelt und man droht ihnen bei „Ungehorsam" mit Versetzung oder gar Kündigung. Unmenschliches Führungsverhalten zerstört die Beziehungen der Menschen in Organisationen, beeinträchtigt ihr Selbstbewusstsein sowie die Unternehmensergebnisse und schafft letztlich eine tiefe Kluft zwischen vermeintlichen Gewinnern und Verlierern.

Wir verbringen tagtäglich sehr viel Zeit bei der Arbeit. Unser Leben und unsere Persönlichkeit werden durch die Arbeit geprägt und wir tragen Erfahrungen am Arbeitsplatz unbewusst in unser privates und gesellschaftliches Leben hinein.

▶ **Wichtig** Als Führungskraft müssen Sie folgender Tatsache ins Auge blicken: Sie beeinflussen durch Ihr Führungsverhalten tagtäglich Menschen. Erst wenn Sie sich dessen bewusst sind, wird Ihnen auch klar, welch große Verantwortung mit Ihrer Führungsrolle und Ihrem eigenen Verhalten einhergeht. Ihr Führungsverhalten hat einen großen Einfluss auf das Wohlbefinden Ihrer Mitarbeitenden am Arbeitsplatz und im Privatleben.

Leistungsorientierung, Innovation, Steigerung der Effektivität und Effizienz: Selbstverständlich haben Sie in Ihrer Führungsrolle den Auftrag, Ihre Mitarbeitenden auf diese Perspektiven auszurichten und ihr Verhalten dahingehend zu steuern. Wenn Sie in Zukunft als Führungskraft erfolgreich sein wollen, ist eine hohe Leistungsbereitschaft unerlässlich. Menschlichkeit ohne Leistungsanspruch funktioniert nicht und ist Sozialromantik. Ohne Leistung ist dauerhafter Erfolg nicht möglich. Doch dies ist nur die eine Seite der Medaille: Leistung und Menschlichkeit in der Führung müssen und dürfen sich nicht ausschließen. Im Gegenteil! Denn wenn Sie einerseits als Führungskraft einen hohen Leistungsanspruch stellen, müssen Sie auf der anderen Seite für ein menschliches Umfeld sorgen, damit Ihre Mitarbeitenden motiviert sind, die entsprechende Leistung auch wirklich zu erbringen. Auch im Zeitalter der Digitalisierung sind Mitarbeitende immer noch keine Maschinen, sondern Menschen aus Fleisch und Blut mit unterschiedlichen Bedürfnissen und Erwartungen. Sie reagieren immer noch sehr individuell und teils unberechenbar auf Unsicherheit, Veränderungen und Druck.

Die Zahl an neuen Führungskonzepten und Methoden wächst unaufhörlich. Viele Unternehmen befinden sich bereits mitten im Wandel zu agileren Strukturen. Andere planen, diese in Zukunft umzusetzen. Mit neuen Führungskonzepten wie „Agile Führung" und „Agile Teams", mit Methoden wie „Scrum", flacheren Hierarchien, dem neuen Organisationsverständnis „Holocracy" oder radikaler Selbstorganisation werden strukturelle Antworten auf die notwendige Anpassungsfähigkeit, Schnelligkeit und Flexibilität von Organisationen sowie dem Bedürfnis nach Autonomie und flexibleren Arbeitsformen gegeben. Hierarchien werden abgebaut und Strukturen flexibilisiert, damit Teams selbstorganisiert und selbstverantwortlich arbeiten können. Andere Organisationen sind zufrieden mit ihren aktuellen Strukturen und fokussieren im Hinblick auf die Zukunft eher auf kontinuierliche Verbesserung ihrer Prozesse und auf Wirkungssteigerung. Wo auch immer ein Unternehmen in der heutigen Zeit steht, ob es noch hierarchisch oder bereits selbstorganisiert aufgebaut ist: Menschliche Führung ist in allen Ansätzen nicht mehr wegzudenken und ein Schlüsselfaktor für den nachhaltigen Unternehmenserfolg.

Es wird meines Erachtens immer noch zu wenig darüber gesprochen, dass Mitarbeitende Aufmerksamkeit und Wertschätzung brauchen, nicht nur in Form von Zielen, Leistungskontrollen und monetärer Honorierung, sondern ganzheitlich als Menschen. Wenn Führungskräfte stärker den gesamten Menschen in den Fokus rücken, trägt dies zu einer menschlicheren Arbeitswelt bei. Wenn sich Mitarbeitende gefordert und gleichzeitig menschlich behandelt fühlen, geben sie dies in der Regel auch zurück. Menschliche Führung hat die immense Kraft, bei den Mitarbeitenden Energie und Potenziale freizusetzen, was Organisationen in eine positive Richtung verändert.

▶   **Wichtig** Allein mit der Schaffung eines modernen Organisationsverständnisses, agileren Strukturen und Prozessen ist es nicht getan. Sie alleine reichen nicht aus, wenn Führung nach wie vor nach alten Mustern praktiziert wird. Es braucht eine tief greifende Veränderung des Mindsets von Führungskräften und damit der Unternehmenskultur, um menschliche Führung wirksam im Arbeitsalltag umzusetzen.

Menschliche Führung wird als Handlungsfeld und Erfolgsfaktor in Organisationen immer bedeutsamer werden. Davon bin ich fest überzeugt.

1.3   Wie dieses Buch aufgebaut ist

Im nachfolgenden zweiten Kapitel richte ich den Blick zuerst auf die Bedeutung der Menschlichkeit in der Vergangenheit. In einem geschichtlichen Zeitraffer beleuchte ich die Entwicklung des gesellschaftlichen Paradigmas von Menschlichkeit und die Veränderung des Menschenbilds im Kontext der Management- und Führungsforschung. Damit möchte ich ein Verständnis für das heute noch in vielen Köpfen von Führungskräften vorherrschende Führungsverständnis schaffen, welches durch vergangene Paradigmen und Führungskonzepte geprägt wurde.

Wenn Sie sich dafür entscheiden, als Führungskraft die Reise zu einer zukunftsorientierten, menschlichen Führung anzutreten, benötigen Sie ein grundlegendes Verständnis dafür, wie Menschen und Systeme funktionieren. Im dritten Kapitel lege ich deshalb bedeutende wissenschaftliche Erkenntnisse aus den Forschungsgebieten der Systemtheorie, der Gehirnforschung sowie der Positiven Psychologie dar, welche einen bedeutenden Einfluss auf den Paradigmenwechsel in der Führung haben, und auf die ich mich in meinen Ausführungen stütze. Die wichtigsten Erkenntnisse dieser drei Wissenschaftsbereiche gehören unbedingt in Ihr Reisegepäck als menschliche Führungskraft.

Menschliche Führung gestaltet sich auf drei Ebenen: auf der Ebene „Selbstführung", der Ebene „Führen von Mitarbeitenden" und auf der Ebene „Führen von Organisationen".

Im vierten Kapitel beleuchte ich menschliche Führung auf der Ebene der Selbstführung. Selbstführung ist Ausgangspunkt und zugleich Fundament menschlicher Führung. Wenn Sie mit sich selbst nicht menschlich umgehen, sind Sie auch nicht fähig, Ihren Mitarbeitenden menschlich zu begegnen. Wenn Sie sich selbst als Führungskraft nicht mit der notwendigen Wertschätzung und Energie nähren, können Sie kaum Menschen und eine Organisation führen. Wenn Sie sich nicht mit sich selbst als zentralem Element der Menschenführung befassen, bleibt ein großer blinder Fleck in Bezug auf Ihr Verhaltensmuster als Führungskraft. Voraussetzung und Kern der Selbstführung ist deshalb die Reflexion Ihres eigenen Führungsverhaltens. Dazu benötigen Sie die Bereitschaft und den Mut, Ihre eigene Rüstung abzulegen und sich mit Ihren Stärken und Schwächen auseinanderzusetzen, Ihre eigene Haltung und Verhaltensmuster zu reflektieren und bei Bedarf zu verändern. Erst wenn Sie Ihr eigenes Mindset überprüfen und gegebenenfalls verändern, sind Sie bereit und fähig, mit anderen in einen echten Kontakt zu treten und auch in schwierigen Führungs- und Arbeitssituationen menschlich zu führen.

Das fünfte Kapitel befasst sich mit der Ebene der Mitarbeiterführung. Menschlich führen bedeutet vor allen Dingen, Arbeitsbeziehungen zu gestalten. Dazu ist zunächst einmal die Freude am Umgang mit Menschen eine fundamentale Voraussetzung. Wenn Sie kaum Interesse an Menschen haben, werden Sie niemals gute Beziehungen gestalten und menschlich führen können. Erst Ihre aufrichtige Neugierde, wie es Ihren Mitarbeitenden geht, welche Persönlichkeiten, Bedürfnisse und Interessen sie haben, erzeugt einen menschlichen Umgang miteinander. Menschenführung als soziales Konstrukt entsteht vor allem durch Interaktion, insbesondere Kommunikation in allen Facetten. Kommunikation als Beziehungsgestaltung ist das zentrale Medium, um Mitarbeitende untereinander sowie mit dem Unternehmen und seinen Zielen zu verbinden. Als Führungskraft fördern und gestalten Sie die Kommunikation und sind selbst der wichtigste Teil davon. Die Beziehungsgestaltung und Kommunikation sind vielschichtig und beinhalten verschiedene Qualitäten, die gefordert sind: Beziehungskompetenz, Emotionale Kompetenz sowie Kommunikations- und Konfliktkompetenz. Zudem sind Wertschätzung, Vertrauen, Fairness, Autonomie, Mut und Demut bedeutende Qualitätsmerkmale menschlicher Führung.

Im sechsten Kapitel betrachte ich menschliche Führung im organisationalen Kontext. Organisationen zu führen bedeutet „Systeme führen", sei es auf der Ebene von Teams, Abteilungen, Bereichen, Projekt- oder auch auf Gesamtunternehmensebene. Auf welcher Ebene auch geführt wird, es geht stets darum, einerseits das Business voranzubringen und gleichzeitig die Organisation im Blick zu haben. Führung bedeutet, das System im Spannungsfeld des kontinuierlichen Wandels zu gestalten und weiterzuentwickeln und dabei die notwendige Balance zwischen Stabilität und Flexibilität zu schaffen. Organisationen menschlich zu führen setzt als erstes voraus, dass sie nicht als funktionierende Maschinen sondern als lebendige, anpassungsfähige Organismen betrachtet werden. Erfolgreiche und menschliche Organisationen schaffen einen sinn- und werteorientierten Rahmen, in dem die Mitarbeitenden ihre Arbeit und ihr Handeln als sinnvoll und erfüllend erleben. Selbstorganisation, Streben nach Ganzheit und Sinnhaftigkeit werden in Zukunft wichtige Durchbrüche zukunftsorientierter Unternehmen sein. Die Verankerung von Achtsamkeit, Diversität und Ko-Kreation sind weitere Erfolgsfaktoren für eine menschliche und zukunftsorientierte organisationale Führung.

Die letzten beiden Kapitel dienen Ihnen als Starter-Kit für Ihre Reise zu menschlicher Führung. Die Toolbox im achten Kapitel beinhaltet 36 verschiedenen Methoden und Übungen, die Sie in Ihrem Führungsalltag praxisorientiert unterstützen können. Ein Teil der Tools dient Ihnen zur Reflexion, andere zeigen Ihnen hilfreiche Handlungsmöglichkeiten in Ihrer alltäglichen Führungsarbeit auf.

Für menschliche Führung gibt es nicht das eine richtige Konzept. Menschliche Führung sollte meines Erachtens eine persönliche Note behalten und ist ein Weg der kleinen individuellen Schritte, für den Sie sich entscheiden.

Ich möchte Sie dazu einladen und auch inspirieren, über das Thema Menschlichkeit in der Führung mit seinen verschiedenen Facetten nachzudenken und eine neue, differenzierte Perspektive einzunehmen: Was bedeutet menschliche Führung für Unternehmen, welche Führungsqualitäten sind entscheidend und welche konkreten Handlungen sind gefragt, um als Führungspersönlichkeit erfolgreich und gleichzeitig menschlich zu führen?

Wir alle verbringen sehr viel Zeit unseres Lebens bei der Arbeit. Schon deshalb lohnt es sich, darüber nachzudenken, wie Sie als Führungskraft dazu beitragen können, dass Ihre Mitarbeitenden wie auch Sie selbst mit Energie und Lebensfreude arbeiten und abends das Unternehmen zufrieden verlassen.

Ein Blick zurück: Entwicklung des Führungsverständnisses

2

> *Der Schlüssel der Geschichte ist nicht in der Geschichte, er ist im Menschen.*
>
> *Théodore Simon Jouffroy*

Zusammenfassung

In diesem Kapitel wird in einem geschichtlichen Zeitraffer die Entwickung des gesellschaftlichen Paradigmas von Menschlichkeit und die Veränderung des Menschenbilds im Kontext der Management- und Führungsforschung beleuchtet. Mit einem Spotlight auf die bekanntesten Begründer und Bewegungen in der Vergangenheit werden wichtige geschichtliche Meilensteine und wesentliche Inhalte dargelegt, die zum heutigen Selbstverständnis von Menschlichkeit und Führung geführt haben.

2.1 Prägende Denkmuster der Vergangenheit

Wenn wir das Rad der Geschichte zurückdrehen, erkennen wir, dass sich unsere Gesellschaft und damit auch das Verständnis von Menschlichkeit und Führung immer wieder verändert hat. Mit Blick auf den gesellschaftlichen Wandel wird uns bewusst, dass Führung stark durch das jeweilige gesellschaftliche Paradigma und insbesondere das geltende Menschenbild beeinflusst wird.

▶ **Paradigma** Der Begriff „Paradigma" wurde von dem amerikanischen Wissenschaftsphilosophen und -historiker Thomas Samuel Kuhn (1922–1996) wesentlich geprägt. Der

Begriff kommt ursprünglich aus dem Griechischen und bedeutet „Beispiel, Vorbild, Vorurteil". In der verallgemeinerten Form verstehen wir heute unter Paradigma eine gewisse gesellschaftliche Weltanschauung gegenüber einer Thematik, die auf Annahmen über Zusammenhänge, Erklärungen und Prinzipien beruht und an denen sich eine Gesellschaft orientiert. Paradigmen lenken unser Denken und Fühlen, unsere Wahrnehmungen und unser Verhalten oftmals unbewusst. Wenn sich Paradigmen grundlegend verändern, spricht man von einem sogenannten **Paradigmenwechsel**: Alte Denkmuster, Sichtweisen und Vorgehensweisen werden aufgebrochen und es entstehen dadurch neue Fragestellungen und Erklärungen.

In der Regel findet ein Paradigmenwechsel nicht von heute auf morgen statt. Es handelt sich meistens um einen länger andauernden Prozess, bis das neue Paradigma allgemein anerkannt wird. Ein eindrückliches Beispiel aus der Vergangenheit ist die Erkenntnis des Astronomen und Arztes Nikolaus Kopernikus (1473–1543), dass die Erde sich um die Sonne dreht. Seine damals revolutionäre Theorie wurde von seinen Zeitgenossen als Hirngespinst eines verwirrten Geistes verspottet und abgelehnt. Es vergingen mehrere Jahrzehnte, bis seine Erkenntnisse akzeptiert wurden und schlussendlich von einem geozentrischen[1] zu einem heliozentrischen Weltbild[2] führten. Kopernikus hat mit seiner Erkenntnis einen bedeutenden Paradigmenwechsel ausgelöst und damit den Weg zu einer neuzeitlichen Astronomie geebnet.

Unsere Welt hat sich in den letzten Jahrzehnten dramatisch und schnell verändert. Die Digitalisierung und Globalisierung, die revolutionären Erkenntnisse der verschiedenen Wissenschaftsdisziplinen wie zum Beispiel der Medizin, Psychologie, Physik und Technik sowie die vorherrschenden Umweltprobleme, die Flüchtlings- und Finanzkrise sowie auch die Konflikte zwischen der westlichen Welt und dem Islam sind die wesentlichen Treiber der Veränderungen, die den Paradigmenwechsel in unserer Gesellschaft und Wirtschaft vorantreiben. Der Wandel in der Welt wird Organisationen und Führungskräfte vermehrt vor neue Herausforderungen stellen, die herkömmliche Führungskonzepte in Frage stellen und ein neues Führungsverständnis notwendig machen. Menschliche Führung wird dabei zunehmend ein wichtiger Teil eines neuen Führungsparadigmas, das am Entstehen ist.

Obwohl unsere Welt dynamischer, komplexer, mehrdeutiger und unberechenbarer geworden ist, beeinflussen Denkmuster aus der Vergangenheit noch heute das Führungsverständnis vieler Organisationen und Führungskräfte. Um einerseits die Herkunft dieser prägenden Führungskonzepte und andererseits die Notwendigkeit eines neuen, menschlichen Führungsverständnisses aufzuzeigen, skizziere ich im folgenden die Entwicklung von Führung und Menschlichkeit vor dem geschichtlichen Hintergrund der verschiedenen Paradigmenwechsel. Ohne Anspruch auf Vollständigkeit spanne ich den Bogen zwischen dem Verständnis in der Vergangenheit und der heutigen Zeit und beleuchte im Zeitraffer

---

[1] Geozentrisches Weltbild: die Erde wird als Mittelpunkt betrachtet.

[2] Heliozentrisches Weltbild: die Sonne wird als Mittelpunkt betrachtet.

wichtige Meilensteine und wesentliche Inhalte, die zum heutigen Selbstverständnis von Menschlichkeit und Führung geführt haben.

2.2 Menschlichkeit – ein Phänomen von überzeitlicher Bedeutsamkeit

In der Moderne wurde das Wort „Menschlichkeit" zu einem objektiv anerkannten ethischen Gebot, obwohl dieses in seiner Konkretion bis heute subjektiv verschieden ausgelegt wird. Wie schnell nehmen wir die Begriffe „Menschlichkeit", „menschlich" und „human" ganz selbstverständlich in den Mund, ohne dass wir uns bewusst Gedanken über deren Herkunft und Bedeutung machen. Aussagen wie „im Namen der Menschlichkeit" und „dieses Verhalten ist doch menschlich" oder Begrifflichkeiten wie „Humanisierung der Arbeitswelt" lösen bei uns automatisch subjektive Gedanken, Bilder und Emotionen aus, ohne dass wir uns bewusst hinterfragen, was wir und unser Gegenüber wirklich darunter verstehen: Was bedeutet es, menschlich zu sein und menschlich zu führen? Welche Werte, Tugenden und welches Verhalten verstehen wir darunter? Wie und weshalb hat sich dieses Selbstverständnis in der Vergangenheit verändert? Inwieweit sind die Veränderungen in der Geschichte prägend für unseren heutigen Blick auf die Menschlichkeit? Und wie ist das Selbstverständnis heute im Change-Zeitalter? Ist es so objektiv, wie wir annehmen oder bedarf es einer Präzisierung?

▶ **Menschlichkeit** Die Begriffe „Menschlichkeit" resp. „menschlich" stammen etymologisch betrachtet aus den lateinischen Wörtern „humanitas" beziehungsweise „humanus". Im Duden finden sich unter dem Stichwort „menschlich" verschiedene Bedeutungsebenen: „den Menschen betreffend, zum Menschen gehörend, für den Menschen charakteristisch", aber auch „menschenwürdig, annehmbar, den Bedürfnissen des Menschen entsprechend" und „tolerant, nachsichtig, human". Zwei zusätzliche Bedeutungsaspekte eröffnen sich uns im Duden unter dem Stichwort „human": „die Würde des Menschen achtend, menschenwürdig" und „ohne Härte, nachsichtig". (Duden 2021)

Menschliche Charakteristika, Bedürfnisse, Annehmbarkeit, Würde, Nachsicht und Toleranz – all diese Zuschreibungen haben im Duden Eingang gefunden und dokumentieren zumindest im deutschsprachigen Raum offenbar eine normative Vorstellung darüber, was der Begriff „Menschlichkeit" umfasst und wie der Mensch idealerweise sein sollte.

Auffallend ist, dass schon seit der Antike der Humanismus das grundlegende Thema bei Philosophen, Dichtern, Lyrikern und Schriftstellern ist. Dem römischen Politiker und Philosophen Marcus Tullius Cicero (106–43 v. Chr.) wird zugeschrieben, dass er einer der bedeutendsten Impulsgeber für die Renaissance und den Humanismus war. Ein wichtiger Ausgangspunkt für den universalen Begriff der Menschlichkeit und des Menschseins repräsentiert die Epoche der Aufklärung des 17./18. Jahrhunderts. Protagonisten jener Zeit distanzierten sich vom mittelalterlichen, gott-orientierten Menschenbild und setzten eine neue geistige Haltung des Humanismus in Bewegung, welche die Individualität und Würde des Menschen ins Zentrum rückte. Die universelle menschliche Vernunft wurde als höchstes Gut erklärt und begründete die Forderung nach Freiheit und Mündigkeit aller Menschen. Jeder Mensch soll seine Meinung haben und kundtun sowie eigene Entscheidungen treffen können, ohne dafür bestraft zu werden. Zum Gesellschaftsideal jener Zeit und somit des Humanismus-Verständnisses gehörten auch die Bildung sowie die Persönlichkeitsentwicklung des Menschen.

Seit dem 18. Jahrhundert wird das Wort „Humanismus" als gebräuchliche Bezeichnung für verschiedene, teils gegensätzliche Ausprägungen und Strömungen verwendet. Eine umfassende Studie von Groschopp (2018) erfasst mehr als 300 Humanismus-Ausprägungen – vom „abendländischen Humanismus", über den „Renaissance-Humanismus" bis hin zum „zweiten Humanismus" – und zeigt damit die Vielfalt und den Bedeutungsreichtum dieses Begriffes auf. Hinsichtlich der konkreten Bedeutungen und Inhalte bestehen zwischen den verschiedenen Humanismus-Konzepten Unterschiede, die insbesondere auf der Unterschiedlichkeit der kultur- und sozialanthropologischen Grundannahmen gründen. Gemeinsam ist allen Ausprägungen, dass sie die Fähigkeit des Menschen zur Weiterentwicklung thematisieren und optimistisch einschätzen. Ebenso fordern alle Humanismus-Konzepte einen intensiven Diskurs zu Werthaltungen und entsprechenden Stellungnahmen heraus, denn es geht bei allen Ausprägungen und Strömungen im Diskurs um etwas Grundsätzliches und Bekennendes mit einer hohen, wegweisenden Bedeutsamkeit. Zudem zeigt sich in der geschichtlichen Retrospektive, dass die Bedeutung des Humanismus immer dann in den Vordergrund trat, wenn Menschlichkeit und Menschenwürde in Bedrohung waren oder effektiv verletzt wurden. (Groschopp 2018, S. 8–10)

Die Vielfalt der Strömungen, Konzepte und Deutungen zum Humanismus untermauern in der geschichtlichen Retrospektive einerseits seine überzeitliche Aura und Bedeutsamkeit. Das Phänomen der Interpretationsvielfalt unterstreicht aber auch, dass unter vermeintlich objektivierten Begrifflichkeiten wie „Menschlichkeit" oder „menschlich" auch heute in der Gesellschaft, Politik, Wirtschaft wie auch auf der ganz individuellen, persönlichen Ebene unterschiedliche Interpretationen und Auffassungen vorherrschen können.

2.3   Führung und Menschlichkeit – Impulse aus dem Militär

Wer erinnert sich nicht an den Geschichtsunterricht und die vielen Führungspersönlichkeiten aus der Vergangenheit, die sich in unser Gedächtnis eingeprägt haben: Legendäre Eroberer und Staatsmänner wie zum Beispiel Hannibal, Alexander der Große, Gaius Julius Cäsar und Napoleon oder auch bedeutende Herrscherinnen wie Kleopatra von Ägypten, Maria Stuart, und viele mehr. Ihnen wird „Größe" oder gar Führungscharisma zugeschrieben, obwohl sie ihren Erfolg und ihre Bekanntheit mehrheitlich durch Krieg, Eroberung, Herrschaft oder Zerstörung erreicht haben. Die Frage nach der Art und Weise beziehungsweise der Menschlichkeit oder eben Unmenschlichkeit wird im Zusammenhang mit ihrer geschichtlichen Unsterblichkeit nicht gestellt oder wird vergessen.

Das Thema Menschlichkeit und Führung erscheint mit Blick in die Geschichtsbücher im Kontext von Kriegsführung anfangs des 19. Jahrhundert ein erstes Aufflackern zu zeigen. So war zum Beispiel der britische Admiral der Royal Navy, Horatio Nelson (1758–1805), der 1805 seine Mannschaft erfolgreich in die legendäre Schlacht bei Trafalgar führte, schon zu seinen Lebzeiten eine menschliche Lichtfigur. Er galt als ausgesprochener Kriegstaktiker, war aber ebenso bekannt dafür, dass er seine Soldaten verständnisvoll und auf Augenhöhe behandelte und sie in seine Entscheidungen einbezog. Durch seine visionäre Sicht, seinen Mut und seine Ausstrahlung motivierte er seine Kriegsmannschaft zu Höchstleistungen und holte das Beste aus seinen Soldaten heraus. Heute gibt es im Englischen sogar eine eigene Bezeichnung für seine Menschlichkeit: „The Nelson Touch". Ebenso geht aus den Geschichtsbüchern hervor, dass anfangs des 19. Jahrhunderts in Preußen angesichts des desolaten Zustands der preußischen Armee die Frage nach der menschlichen Führung im Militär aufgeworfen wurde. Zur damaligen Zeit wurde eine Militär-Reformationskommission gegründet, mit dem Ziel, den militärischen Dienst zu humanisieren, insbesondere die Prügelstrafe und das Spießrutenlaufen abzuschaffen und die Ausbildung und Weiterentwicklung der Soldaten zu verbessern. (Breindl 2006, S. 15–16).

Es erscheint interessant und doch höchst paradox, dass ausgerechnet aus Krieg und Militär sehr früh Impulse zur Frage „Was ist Führung von Menschen? Wie führen wir?" kamen. Oder vielleicht war es eine logische Konsequenz, die sich aus der Zerrissenheit von Soldaten zwischen „unmenschlichem Krieger sein" auf dem Schlachtfeld und „Mensch sein" im Privatleben ergab. Auch geht der Ursprung von Auswahl- und Personalentwicklungsinstrumenten, wie zum Beispiel das Assessment Center Verfahren zurück auf das Militär, namentlich die deutsche Reichswehr, die nach dem ersten Weltkrieg ihre Offiziere mittels Assessments beurteilte und auswählte. Bis in die 1980er-Jahre prägte das sogenannte „Harzburger Modell", welches auf dem preußisch-deutschen Generalsstabssystem basiert, insbesondere das deutsche Managementverständnis. (Breindl 2006, S. 16–21).

Ebenso sind viele Kriegs- und Militärbegriffe in die Businesssprache eingesickert und beeinflussen diese noch bis heute. Mehr oder weniger unbewusst und selbstverständlich bedient sich die Managementliteratur und -praxis in ihrer Fachsprache gängiger Begriffe aus Krieg und Militär: War for Talents, Target, Radar, Etappenziele, torpedieren – dies sind nur einige ausgewählte Beispiele unserer militarisierten Sprache im Geschäftsalltag. Es lässt sich nur erahnen, welche Bilder mit dieser unbewussten, kriegs- und militärgeprägten Sprache hervorgerufen werden. Es lohnt sich deshalb, die Sprache im Kontext von Menschlichkeit in der Führung etwas kritischer unter die Lupe zu nehmen beziehungsweise bewusst zu humanisieren (vgl. auch Abschn. 5.10.7).

2.4   Menschenbilder und Führungsverständnis im Wandel der Zeit

Bereits in der Antike beschäftigten sich Philosophen wie Platon und Aristoteles mit Führung. Mit Blick auf die Geschichte und Entwicklung der Führungsforschung stand die Frage nach der „richtigen Führung" und entsprechenden Führungstheorien und -ansätzen in einem erkennbaren Zusammenhang mit dem jeweils geltenden Menschenbild.

▶ **Menschenbilder** Menschenbilder stellen Bezugssysteme dar, die die gesellschaftlichen Werte und das Verhalten der Individuen beeinflussen. In diesem Sinne ist das Menschenbild als soziales Konstrukt ebenso ein wesentlicher Teil des Weltbildes, das im wissenschaftlichen Diskurs entwickelt und mit der Zeit als Paradigma akzeptiert wurde (vgl. Abschn. 2.1). Die Menschenbilder haben sich vor dem Hintergrund der gesellschaftlichen und wirtschaftlichen Entwicklung mehrmals verändert, prägen aber teilweise immer noch das heutige Führungsverständnis in vielen Unternehmen.

Im wirtschaftlichen Kontext erfolgten seit Beginn der Industrialisierung, die die meisten europäischen Staaten Ende des 18. und zu Beginn des 19. Jahrhunderts erfasste, mehrere Paradigmenwechsel zum Thema Führung. Diese reichten von der strikten Arbeitskontrolle im Taylorismus über die verschiedenen Motivationstheorien bis hin zu heute noch aktuellen systemischen Ansätzen. Zu jener Zeit kamen bestimmende Impulse aus den Vereinigten Staaten, die einen erheblichen Einfluss auf das Führungsverständnis in Europa hatten. Der bekannte amerikanische Sozialwissenschaftler und Organisationspsychologe Edgar H. Schein (geb. 1928) kristallisierte mit Blick auf die historische Entwicklung und Führungsforschung der letzten Jahre vier Sets von Menschenbildern und deren entsprechende Konsequenzen auf die Führung heraus: Rational Economic Man, Social Man, Self-Actualizing Man und Complex Man (Schein 1980).

2.4.1   Menschenbild „Rational Economic Man"

Der Wirtschaftheoretiker und Begründer der Nationalökonomie, Adam Smith (1723–1790) legte mit seinem Werk „Wohlstand der Nationen", in welchem er die Rolle der Arbeitsteilung, des freien Marktes, des Staates sowie der Verteilung und des Außenhandels untersuchte, einen wesentlichen Grundstein für verschiedene ökonomische Strömungen. Er folgerte unter anderem, dass eine konsequente Arbeitsteilung zu einer erhöhten Produktion und schließlich zu einem Wohlstandswachstum einer ganzen Volkswirtschaft führe. Er vertrat in seiner Theorie auch den Standpunkt, dass sich in der freien Wirtschaft ein Gleichgewicht zwischen Produktion, Nachfrage, Löhnen und Preisen einstellt, da die Menschen völlig rational und im eigenen Interesse handeln. Mit dieser Theorie prägte er das Menschenbild des „homo oeconomicus", dessen Handeln ausschließlich auf das Erreichen des für ihn größtmöglichen Nutzens ausgerichtet ist. Dieses Menschenbild galt lange als theoretisches Konstrukt und Paradigma, um menschliches Verhalten in der Ökonomie vereinfacht zu erklären. (Güntert 2011, S. 6–7)

Seit Anfang der Industrialisierung bis in die 1960er-Jahre war das Menschenbild sehr stark geprägt durch den ingenieurwissenschaftlichen Ansatz, der insbesondere auf die Rationalisierung von Arbeitsprozessen fokussierte. Dieser Ansatz wird heute oftmals verallgemeinernd unter dem Begriff „Taylorismus" zusammengefasst. Dieser geht zurück auf den amerikanischen Ingenieur und Betriebswirtschaftler Frederik Winslow Taylor (1856–1915) und sein Konzept des „Scientific Management". Er entwickelte das sogenannte „Babbage-Prinzip" des englischen Mathematikers und Ingenieurs Charles Babbage (1791–1871) weiter, welches die Aufspaltung eines Arbeitsprozesses in verschiedene Arbeitsschritte mit unterschiedlichen Ansprüchen an die Qualifikationen der Mitarbeitenden empfahl, um die Produktivität zu erhöhen und die Lohnkosten zu senken (Krizantis et al. 2017, S. 5–8). Mit seinem Ansatz verfolgte Taylor das Ziel, Unternehmensführung und Arbeit mit dem Prinzip der Prozesssteuerung von Arbeitsabläufen zu optimieren: einerseits durch die Einteilung von Arbeitsprozessen in kleinste Arbeitsschritte mit gleichförmigen Verrichtungen unter Vorgabe der Bearbeitungszeiten und der Einführung von Stücklohn. Durch die Eliminierung überflüssiger Bewegungen und Arbeitsverrichtungen und repetitiver Tätigkeiten wurde der effizienteste Weg („the one best way") zur Ausführung einer Tätigkeit ermittelt. Zudem wurde die anspruchsvolle, planerische Denkarbeit („Kopfarbeit") von den ausführenden Arbeiten („Handarbeit") getrennt. (Breindl 2006, S. 18)

▶ **Menschenbild „Rational Economic Man"** Das Menschenbild und Führungsprinzip nach Taylor war aus heutiger Sicht sehr simpel: Es ging davon aus, dass eine geregelte Tätigkeit zu Zufriedenheit führt und dass die Arbeitsleistung durch monetäre Anreize wie Leistungslohn gesteigert werden konnte. Es basierte auf der Prämisse, dass alle Menschen von Natur aus passiv und verantwortungsscheu sind. Der „Rational Economic Man" lässt sich vor allem durch monetäre Anreize motivieren, da er – analog dem Konstrukt des „homo oeconomicus" – völlig zweckrational handelt und egoistisch seinen Nutzen maximieren will. Entsprechend müssen Arbeitskräfte extrinsisch motiviert und kontrolliert werden.

Taylor schuf zu jener Zeit ein Selbstverständnis der Führung als technokratische Wissenschaft und ein Organisationsverständnis, das auf Wirtschaftlichkeit sowie Rationalisierung und entsprechend zentralistische, bürokratische Strukturen fokussierte. Es ging nicht primär um den Menschen im System, sondern um das optimale Funktionieren des Systems. Taylor prägte zu jener Zeit damit auch ein sehr vereinfachendes, „entpersonalisiertes" Menschenbild. Wer von uns sieht da nicht den legendären Schwarz-Weiß-Stummfilm „Modern Times" von und mit Charlie Chaplin (1889–1977) aus dem Jahr 1936 vor dem geistigen Auge, der den Taylorismus in der damaligen Arbeitswelt am individuellen Schicksal der Figur Tramp eindrücklich veranschaulichte.

Während sich Taylor vor allem auf das Handwerk und kleine Betriebe konzentrierte, wurde seine Idee vom amerikanischen Erfinder und Automobilpionier Henry Ford

(1883–1947) durch die Massenproduktion in der Automobilindustrie weiterentwickelt. Alfred Sloan (1875–1966), Vorstand von General Motors, führte in Anlehnung an den tayloristischen Ansatz eine Neuorganisation ein, indem er die Spartenorganisation sowie Spezialisierung in verschiedene Verantwortungsbereiche wie Management, Sales, Technik, Administration etc. einführte. Das Denkmuster in der Arbeitsorganisation nach dem Prinzip von Taylor fand sich lange bis in die 1980er-Jahre als Organisationsform mit Stabs- und Linienfunktionen als das bestimmende Organisationsmodell in Unternehmungen. (Breindl 2006, S. 16–21; Krizantis et al. 2017, S. 6–7)

2.4.2 Menschenbild „Social Man"

Obwohl Ford und Sloan zu Rollenmodellen für Führung in diesem Zeitalter galten, wurde der tayloristische Ansatz insbesondere aufgrund der propagierten technokratischen Trennung von geistig anspruchsvoller Arbeit und einfachen manuellen Tätigkeiten, der damit einhergehenden Monotonie, Fremdbestimmtheit und Unterforderung in den Folgejahren immer mehr als inhumane Arbeitsgestaltung kritisiert. Mitte des 20. Jahrhunderts kamen deutliche Gegenbewegungen zum Taylorismus auf, die eine Humanisierung und Demokratisierung der Arbeitswelt zum Ziel hatten. So wurde die Idee der tayloristischen Arbeitsteilung bereits seit ihren Anfängen unter anderen vom Philosophen Hugo Münsterberg (1863–1916) und dem Sozialpsychologen Lewin (1890–1947) als entwürdigend und seelenlos kritisiert. (Krizantis et al. 2017, S. 8–10)

In den 1930er-Jahren führten dann insbesondere die berühmten Beleuchtungsstudien der amerikanischen Psychologen Elton Mayo (1880–1949) und Fritz Röthlisberger (1898–1974) in den Hawthorne-Werken der Western Electric Company zu einem bedeutenden Paradigmenwechsel. Sie kamen in ihren Studien zu der überraschenden Erkenntnis, dass soziale Beziehungen, Einstellungen und Gruppennormen sowie Wohlwollen und Aufmerksamkeit der Führungskräfte wichtige Einflussfaktoren waren, die positiv auf die Motivation und Leistung der Mitarbeitenden wirkten. Ursprüngliches Ziel der Studien war, durch Veränderung der Arbeitsbedingungen eine Verbesserung der Produktionskennzahlen zu erzielen. Es ging darum, den „one best way" zu finden, unter welchen Bedingungen die Arbeitsleistung am höchsten ist. Dazu wurden zwei Gruppen von Frauen formiert, die Telefonrelais montieren mussten. Um Veränderungen der Leistung festzustellen, wurden unter strengster Beobachtung und Protokollierung der Arbeitsabläufe und des Verhaltens jeweils die Arbeitsbedingungen wie Beleuchtung, Arbeitszeit und Pausen variiert. Bei jeder Verbesserung der Arbeitsbedingungen war gemäß den Erwartungen eine Verbesserung der Arbeitsleistung beobachtbar. Als im Verlauf der Studie die Arbeitsbedingungen wieder verschlechtert wurden, geschah das damals Irritierende und gleichsam Beeindruckende: Trotz verschlechterten Bedingungen verbesserte sich die Arbeitsleistung der Arbeiterinnen. Die Resultate erklärten die Psychologen mit dem Einfluss der sozialen Situation. Das Leistungsverhalten der Arbeiterinnen wurde maßgeblich durch das Verhalten der Arbeitskolleginnen beeinflusst. (Ebner 2019, S. 41; Krizantis et al. 2017, S. 8–9)

In der Betriebswirtschaftslehre ging diese Erkenntnis als sogenannter „Hawthorne-Effekt" in die Geschichte ein und prägte das neue Menschenbild des „Social Man".

▶ **Menschenbild „Social Man"** Die menschliche Arbeitsleistung ist nicht nur von objektiven Arbeitsbedingungen abhängig, sondern wird auch wesentlich von sozialen Einflussfaktoren geprägt. Der „Social Man" ist ein soziales Wesen und wird durch die menschliche Interaktion zur Arbeit motiviert und bezieht daraus Arbeitszufriedenheit. Der Lohn steht nicht an oberster Stelle.

Die Studien kamen zudem zur Erkenntnis, dass in Gruppen eine eigene Dynamik mit einem eigenen Wertesystem und eigenen Regeln entsteht. Die Leistung hängt ebenfalls von der jeweiligen Gruppendynamik ab. So konnte in den Studien beobachtet werden, dass zum Beispiel Mitarbeiterinnen, die mehr als die anderen leisteten, als Akkordbrecherinnen beschimpft wurden. Diejenigen, die zu wenig leisteten, galten als Drückebergerinnen. Durch die Ergebnisse der Hawthorne Studien bekamen die motivationalen und emotionalen Aspekte sozialer Beziehungen in Organisationen mehr Bedeutung und der Arbeitsplatz wurde als soziales System betrachtet. Anfangs der 1950er-Jahre entstand die Human-Relations-Bewegung mit einem völlig neuen Menschenbild, welches Organisationen als soziales Gebilde versteht und den Führungserfolg mit der Befriedigung menschlicher Bedürfnisse nach Individualität, sozialer Zugehörigkeit und Selbstverwirklichung erklärte. (Ebner 2019, S. 41)

Eine weitere wichtige Grundlage für den sich entwickelnden Human-Relations-Ansatz als Gegenbewegung zum tayloristischen Prinzip geht auf den ehemaligen CEO von AT&T, Chester Barnard (1886–1961), zurück. Er veröffentlichte 1938 mit seinem Buch „The Functions of the Executive" eine integrierte Managementtheorie, welche Organisationen als kooperative Systeme menschlichen Handelns versteht. Gemäß seinem Ansatz besteht die wesentliche Aufgabe der Führung darin, klare Ziele zu formulieren, diese durch effektive Kommunikation zu vermitteln und Mitarbeitende durch monetäre wie auch nicht-monetäre Anreize zu motivieren. Diese Erkenntnis motivierte und inspirierte viele Wissenschaftler, den Faktor Gruppendynamik zu vertiefen. Unter anderem legte der Sozialpsychologe Kurt Lewin (1890–1947) mit seiner Methode „Action Search" und seinem „Phasen-Modell" den Grundstein vieler Change-Konzepte. Noch heute prägt der Psychologe und Organisationsberater Bruce W. Tuckmann (1938–2016) mit dem Teamentwickungs-Phasenmodell „Forming, Storming, Norming und Performing" von 1960 die Fragestellungen zu Gruppendynamik und Teamentwicklungsprozessen. (Krizantis et al. 2017, S. 8–10)

Einen wichtigen Eckpfeiler in der Entwicklung des Human-Relations-Ansatzes markierte der amerikanische Psychologe Abraham Harold Maslow (1908–1970). Er gilt als Gründervater der Humanistischen Psychologie. Maslow ging im Gegensatz zu Taylor von einem optimistischen Menschenbild aus, nämlich dass der Mensch von Natur aus gut ist und sich selbst entfalten will. 1943 veröffentlichte er die noch heute in der Führungsliteratur oft zitierte Theorie der Bedürfnispyramide. Dabei formulierte er fünf hierarchisch strukturierte Bedürfniskategorien, die sich als Pyramide darstellen lassen: physiologische Grundbedürfnisse wie Hunger, Durst und Sexualität, Sicherheitsbedürfnisse wie zum Beispiel Geborgenheit, soziale Bedürfnisse wie Liebe und Zugehörigkeit, Bedürfnisse nach Wertschätzung wie Erfolg und Achtung. An der Spitze der Pyramide steht gemäß Maslow das eigentliche Ziel des Menschen, der Kern seiner Existenz: der Drang nach Selbstverwirklichung. Einige Jahre später übertrug Douglas Mc Gregor (1906–1964), seinerzeit Management-Professor am Massachusetts Institute of Technology, den Ansatz von Maslow in die Arbeitswelt. In Form zweier rekursiver Kreisläufe zeigte er exemplarisch auf, wie das Menschenbild das Führungsverhalten und als Konsequenz das Verhalten der Mitarbeitenden beeinflusst. Er ging in seinem Ansatz von zwei polaren Menschenbildern aus, der Theorie X und der Theorie Y. Die Theorie X entspricht dem Menschenbild gemäß Taylorismus: Der Mensch ist von Natur aus faul, zieht repetitive Arbeiten vor und lehnt jegliche Verantwortung für seine Aufgaben ab. Er benötigt deshalb strikte Vorgaben, muss extrinsisch motiviert und kontrolliert werden, damit er Leistung erbringt. Dieses Menschenbild führt gemäß Mc Gregor zu einem Führungsstil, der auf Kontrolle und Autorität aufbaut und entsprechend ein passives Verhalten der Mitarbeitenden auslöst. Theorie Y hingegen zeigt ein modernes Menschenbild auf und basiert auf dem humanistischen Bedürfnismodell von Maslow: Es steht für einen von Natur aus intrinsisch motivierten, leistungswilligen Menschen. Führung durch angemessene und herausfordernde Ziele, Übertragung von Verantwortung sowie Raum für Selbstbestimmung hat einen positiv verstärkenden Effekt auf die Motivation und das Leistungsverhalten der Mitarbeitenden. (Güntert 2011, S. 3–4)

2.4.3   Menschenbild „Self-actualizing Man"

Die 1950er-Jahre – Nachkriegszeit des Zweiten Weltkrieges – waren geprägt von erhöhten Fehlzeiten, Fluktuationsraten sowie Streiks und waren Kennzeichen einer Krise der Arbeitsmotivation. Insbesondere in Unternehmen, die nach dem tayloristischen Prinzip funktionierten, breitete sich große Unzufriedenheit aus. Als Reaktion auf die damaligen Probleme und Unruhen entwickelte sich ein Forschungsansatz, der den Human-Relations-Ansatz weiterentwickelte, jedoch über die Untersuchung der sozialen Beziehungen hinaus die menschlichen Arbeitsressourcen in den Vordergrund stellte. Die Ergebnisse der entsprechenden Studien brachten das neue Menschenbild des „Self-actualizing Man" hervor. Dieses war weitgehend deckungsgleich mit den humanistischen Ansätzen von Maslow und von McGregor.

▶ **Menschenbild „Self-actualizing Man"** Bei diesem Menschenbild strebt der Mensch nach Autonomie, Selbstverantwortung sowie Selbstverwirklichung und ist intrinsisch motiviert. Es ist Aufgabe der Führungsperson, Mitarbeitenden die Sinnhaftigkeit ihrer Arbeit zu vermitteln und die Förderung und Entwicklung der Mitarbeitenden und die Mitbestimmung in den Vordergrund zu stellen.

Im Unterschied zum Menschenbild des „Social Man" liegt beim Menschenbild des „Self-actualizing Man" der Fokus auf dem Individuum und weniger auf der Gruppe.

Humane Arbeitsinhalte und -gestaltung wie Job-Enlargement, Job-Enrichment, Job-Rotation, autonome Arbeitsgruppen etc. rückten in den Vordergrund, um die Förderung und Weiterentwicklung der Mitarbeitenden zu ermöglichen. (Ebner 2019, S. 42–43)

So unterschiedlich die drei Menschenbilder „Rational Economic Man", „Social Man" und „Self-actualizing Man" sind: Allen ist die Grundannahme gemeinsam, dass alle Menschen gleich sind und sich entsprechend der passende Führungsstil ableiten lasse – sei es gemäß dem Taylor'schen Ansatz durch extrinsische Anreize und Kontrolle, sei es durch die Gestaltung sozialer Systeme wie im Human Relations Ansatz oder durch Vermittlung von Sinn und Ermöglichung der Selbstverwirklichung beim individualisierten Menschenbild.

Der Denkrahmen, der sich zu Zeiten der Industrialisierung entwickelte, hat unsere Unternehmen stark beeinflusst und findet sich noch heute. So steckt das Führungsverständnis des Human Relations-Ansatzes noch in vielen Köpfen von Führungskräften und Organisationsberatern und der tayloristische Ansatz noch tief verankert in Organisationsstrukturen und -abläufen heutiger Unternehmen (Krizantis et al. 2017, S. 18–19). Insbesondere der Taylorismus prägte viele heutige Managementkonzepte, obwohl diese nur noch selten die Trennung von Denk- und Handarbeit beinhalten. Das Optimierungsprinzip findet sich zum Beispiel im Lean-Management, Kaizen und in der Kontinuierlichen Verbesserung (KVP), der Just-in-Time Produktion, im Business Process Engineering wie auch im Total Quality Management (TQM). Ein weiteres Beispiel aus der Welt des Human Resources Managements (HRM) ist das HRM Business Modell nach Dave Ulrich (geb. 1953), welches eine Aufsplittung des früheren Berufsbildes des Personalverantwortlichen in die spezialisierten Funktionen Business Partner, Recruiter, HR-Experte und HR-Administrator in vielen Großunternehmen vorangetrieben hat. Oder neulich fiel mir bei einem Besuch im Restaurant auf: Eine Mitarbeiterin deckte jeweils die Tische und räumte das schmutzige Geschirr ab, ein anderer Mitarbeiter nahm die Bestellungen der Kundinnen und Kunden auf und eine weitere Mitarbeiterin kassierte am Schluss das Geld ein.

2.4.4 Menschenbild „Complex Man"

Ende der 1960er-Jahre kam eine antiautoritäre Bewegung in Europa und die Hippie-Bewegung in den USA auf, die Autorität und Hierarchie zunehmend hinterfragten und in Wirtschaft und Gesellschaft eine Demokratisierung sowie individuelle, selbstbestimmte Lebensentwürfe einforderten. Zu jener Zeit entstanden in der Wirtschaft völlig neue Branchen, beispielsweise die Unterhaltungselektronik. Elektronische Geräte wie Fernseher, Stereoanlagen oder erste Computer hielten Einzug in Privathaushalte und Unternehmen. Parallel dazu kamen immer mehr neue Dienstleistungen auf den Markt. Vor dem Hintergrund der Pluralisierung in der Gesellschaft und des grenzenlosen Fortschritts in Technik und Wissenschaft entwickelte sich ab den 1970er-Jahren eine Konsum- und Dienst-leistungsgesellschaft. Mit der zunehmenden Wettbewerbsintensität wurden die strategi-sche Ausrichtung und Marktpositionierung von Unternehmen immer wichtiger, um sich gegenüber der wachsenden Konkurrenz zu behaupten. Gleichzeitig waren Unternehmen zu jener Zeit gefordert, auf die zunehmende Pluralität, Komplexität und Forderung nach Demokratisierung mit einem veränderten Führungsverständnis zu antworten. (Krizantis et al. 2017, S. 21–23)

Einen bedeutenden Einfluss auf das Selbstverständnis in der Managementliteratur und Praxis hatte zu jener Zeit der Management-Guru Peter Drucker (1909–2005), der noch heute als Begründer der modernen Managementlehre gilt. Nach Drucker basieren der Sinn und Zweck eines Unternehmens auf dem Wert, den es für seine Kundinnen und Kunden schafft. Er rückte somit das strategische Management in den Fokus der Unternehmens-führung. Marketing, Innovation und Unternehmertum bilden gemäß Drucker die wichtigs-ten unternehmerischen Säulen zur Befriedigung der Bedürfnisse und Erwartungen der Kundinnen und Kunden. Ebenso hat Drucker das Konzept des „Management by Objecti-ves" (MbO), das noch heute in den meisten Unternehmen gelebt wird, ins Leben gerufen. Führen durch Zielvereinbarung wirkt gemäß Drucker sinnstiftend und motivierend, schafft Freiräume und Verantwortung sowie Transparenz für Mitarbeitende. Drucker setzte mit seiner modernen Managementlehre zudem neue Anforderungen an eine Führungsperson. Diese muss einerseits über entsprechende Kompetenzen wie Wissen, Erfahrung und Fähigkeiten im Fachgebiet verfügen, jedoch auch über soziale Kompetenzen und Persön-lichkeitsmerkmale wie visionäres Denken, Kommunikations- und Motivationsfähigkeit, Mut und Risikobereitschaft, Verantwortung und Integrität. (Krizantis et al. 2017, S. 25–30)

Dem strategischen Managementansatz Druckers folgten bekannte Größen wie Harry Igor Ansoff (1918–2002) mit dem Corporate Strategy Ansatz und der Produkt-/Markt-Matrix sowie Michael Porter (geb. 1947) mit seinen Konzepten wie Wettbewerbs-, SWOT-und Wertekettenanalyse, später dann die Boston Consulting Group mit dem bekannten Produktportfolio BCG-Matrix. Diese Management-Ansätze und Modelle lassen kein spezifisches Menschenbild erkennen, sondern einen sehr sophistizierten Management-ansatz mit einem ausgeprägten markt- und wettbewerbsorientierten Fokus.

In den 1970er-Jahren wurde das St. Galler Management Modell ins Leben gerufen, wel-ches auf den kybernetischen Ansätzen von Stafford Beer (1926–2002) und den ersten system-theoretischen Ansätzen beruhte und dazu aufforderte, in Systemen zu denken. Als de-skriptives Modell zeigt es die Abhängigkeiten der Kultur, Strategie und Struktur eines Unternehmens von den Umweltfaktoren und Anspruchsgruppen in einer Art topografischer Landkarte auf. Das Modell wurde später von Knut Bleicher (1929–2017) und Johannes Rü-egg-Stürm (geb. 1961) verfeinert (Rüegg-Stürm und Grand 2020). Fredmund Malik (geb. 1944) entwickelte das systemtheoretische Gedankengut weiter und zeichnete ein ganz neues Verständnis von Führung als „systemorientiertes Management". Führung ist gemäß Malik als Disziplin zu verstehen, deren Hauptaufgabe darin besteht, sich mit der Gestaltung und Steuerung eines Gesamtsystems zu beschäftigen und die Komplexität zu managen. Dabei ist Management nicht die Aufgabe einer oder weniger Personen, die direkt auf das System einwirken, sondern die Aufgabe Vieler, die indirekt lenken. Malik hat sein Gedankengut in seinem aktuellen Buch „Führen, Leisten, Leben" (Malik 2019) weiterentwickelt.

In dieser Zeit wurde sich die Führungsforschung der Komplexität der Führungswirklichkeit immer mehr bewusst. Es entstand ein neues Paradigma, das der Verschiedenartigkeit der Menschen und der Komplexität der Umfeldbedingungen gerecht wurde und sich damit von den althergebrachten, starren Menschenbildern löste.

▶ **Menschenbild „Complex Man"** Die Menschen unterscheiden sich hinsichtlich ihrer Fähigkeiten, Bedürfnisse, Werte und Ziele. Der Mensch ist lern- und wandlungsfähig. Seine Fähigkeiten, Bedürfnisse, Motive, Werte und Ziele können sich je nach Lebenssituation und -phasen verändern.

Zudem wurde Motivation als ein komplexes Konstrukt betrachtet, das auf Wechselseitigkeit verschiedener Einflussfaktoren beruht. Die Motive der Menschen wirken nicht unabhängig voneinander, sondern sind zu komplexen Bedürfnis- und Verhaltensmustern verwoben. Die Bedürfnisse und Motive von Menschen werden durch ihre Kultur geprägt, in der sie aufwachsen und leben. Sie haben Einfluss darauf, was sie als wertvoll und erstrebenswert erachten. Dabei werden unter der gelebten Kultur regionale, soziale, familiäre, organisationale und weitere Einflussfaktoren verstanden. Aufgabe der Führung ist es, diese Unterschiede zu erkennen und die Arbeit so zu gestalten, dass sich entlang der verschiedenen, individuellen Lebensphasen und Motive Entwicklungsmöglichkeiten für die Mitarbeitenden eröffnen. Das bedeutet, es gibt keinen „one best way". (Ebner 2019, S. 42–43)

In jener Zeit rückte die Frage nach der Bedeutung der Unternehmenskultur für den Erfolg eines Unternehmens zunehmend in den Vordergrund. Insbesondere der Gruppendynamiker Edgar H. Schein (geb. 1928) prägte mit seinem Kulturebenen-Modell das Verständnis über die verschiedenen Kulturphänomene in einer Organisation. Gemäß seiner Theorie verändert sich das Verhalten der Führungskräfte und die Unternehmenskultur in den unterschiedlichen Reifephasen einer Organisation – von der Gründung, über die frühe Entwicklung, Lebensmitte, Reife und dem Niedergang – in einer typischen Weise. Deshalb sind gemäß Schein für jede Lebensphase einer Organisation andere Einflussfaktoren für die Führung erfolgsentscheidend. Entsprechend sind jeweils andere Interventionsstrategien notwendig. (Schein und Schein 2017)

Gleichzeitig entstanden neue Diskussionen, Differenzierungen und Polarisierungen zu verschiedenen Führungstypologien respektive -stilen. Als einer der wichtigen Begründer der Leadership-Typologien gilt der Politikwissenschafter James MacGregor Burns (1918–2014). Gemäß MacGregor Burns geht es bei Führung um einen wechselseitigen Austauschprozess, der entweder auf „transaktionaler" Ebene oder „transformationaler" Ebene stattfindet. Ein sogenannter „Transactional Leader" motiviert die Mitarbeitenden durch Ziele, Delegation von Aufgaben und Verantwortung sowie Belohnung bei guter Leistung und sanktioniert unerwünschtes Verhalten insbesondere durch Kritik. Die Beziehung zwischen Führungsperson und Mitarbeitenden basiert auf einer sachlichen Trans-

aktion zwischen Leistung und der Reaktion der Führungsperson darauf. Dieser Führungsstil ist sehr ähnlich dem Menschenbild X nach Mc Gregor (vgl. Abschn. 2.4.2). Ein
„Transformational Leader" hingegen inspiriert die Mitarbeitenden dadurch, dass die
Führungsperson ihre sowie die Werte und Einstellungen der Mitarbeitenden auf eine höhere Ebene transformiert und Sinn schafft. Diese Betrachtung bezieht sich unter anderem
sehr stark auf die Bedürfnisebenen der Maslowschen Pyramide. Der Harvard Professor
und Psychoanalytiker Abraham Zaleznik (1924–2011) hat die verschiedenen Erkenntnisse
und Aussagen zu Führungstypologien in die beiden unterschiedlichen Führungstypen
„Manager" und „Leader" polarisiert. Gemäß Zaleznik unterscheiden sich diese beiden
Führungstypen grundsätzlich in Bezug auf ihre Persönlichkeit, Haltung, Motivation und
ihr Verhalten: Ein Manager schafft und verwaltet Strukturen und Systeme, akzeptiert den
Status Quo und kontrolliert. Der Leader hingegen hinterfragt den Status Quo, denkt langfristig und ist menschenorientiert. (Krizantis et al. 2017, S. 47–52; vgl. auch Abschn. 5.1.3)

In den 1990er-Jahren wurde der von Abraham Maslow eingeführte Begriff der „Positive Psychology" als Name für einen neuen Ansatz etabliert und durch den amerikanischen
Psychologen und Universitätsprofessor Martin Seligman (geb. 1942) wieder aufgegriffen
und weiterentwickelt. Positive Psychologie kann als Ergänzung zur klassischen Psychologie betrachtet werden. Als stärkenfokussierte Wissenschaft beschäftigt sie sich mit den
positiven Dingen des Lebens und gewinnt heute im modernen Führungsverständnis zunehmend an Bedeutung (detaillierte Ausführungen dazu vgl. Abschn. 3.3).

2.5   Zeit für einen Paradigmenwechsel

Welche Führungsansätze sind heute im Change-Zeitalter angesichts der Globalisierung,
der immensen Wettbewerbsintensität und des Turbokapitalismus erfolgsversprechend?
Neue Informations- und Kommunikationstechnologien prägen heute unser Privatleben
und das Arbeitsleben in einem großen Ausmaß. Die Digitalisierung ist omnipräsent und
führt immer wieder zu neuen Umbrüchen und Disruptionen in der Wirtschaft. Sie hat –
insbesondere vor dem Hintergrund der Corona-Krise – der „New Work" Bewegung einen
Boost gegeben. Einige Autoren sprechen sogar von einem neuen Zeitalter beziehungsweise vom Menschenbild des „Virtual Man".

Neben dem digitalen Wandel sehen wir uns zudem mit einer Vielzahl an Themen und
Herausforderungen in Gesellschaft und Wirtschaft konfrontiert, die uns bereits heute und
auch in Zukunft zu erheblichen Anpassungsleistungen zwingen werden. Ich denke da an
das nach wie vor ungelöste Problem des Klimawandels, die Globalisierung, an die immensen Flüchtlingsströme, an den demografischen Wandel oder den politischen Rechtsruck:
große Herausforderungen, vor denen wir weder als Privatperson noch als Unternehmen die
Augen verschließen können. Die globale Corona-Pandemie und der Krieg in der Ukraine
haben uns allen sowohl im privaten Leben, im Arbeitsalltag sowie im gesellschaftlichen
Kontext unmissverständlich und unmittelbar vor Augen geführt, wie fragil unsere Welt ist
und wie rasch unser Gesellschafts- und Wirtschaftssystem ins Wanken geraten kann.

Unternehmen und insbesondere Führungskräfte sind heute mehr denn je gefordert, sich an die schnell ändernden Rahmenbedingungen anzupassen. Die sogenannte VUCA-Welt von heute ist in aller Munde. VUCA steht für „Volatility", „Uncertainty", „Complexity" und „Ambiguity". Veränderungen sind unvorhersehbar und völlig unberechenbar geworden. Und dies in einem nie dagewesenen Tempo und disruptiven Folgen. Vergangene Erfahrungen sind keine Erfolgsgarantie mehr für die Zukunft. Entsprechend gestaltet es sich als höchst anspruchsvoll, den Unternehmenserfolg zu steuern. Wir müssen heute mit einem hohen Anteil an Ungewissheit leben. Unsere Umwelt ist komplexer geworden – nicht zuletzt auch dank der Globalisierung und Digitalisierung, die einen immens erweiterten Zugang zu Informationen und damit auch zu anderen Welten eröffnet haben. Durch die zunehmende Komplexität vermischen sich viele Ebenen und Perspektiven und machen es schwieriger, Zusammenhänge zu erkennen. Das eindimensionale Ursache-Wirkungsdenken hat ausgedient.

Das Change-Zeitalter hat den Führungskräften gleich zwei zusätzliche Hüte aufgesetzt: Einerseits den Hut des „Change Managers" und andererseits des „Complexity Managers": Wie können Führungskräfte das Unternehmen angesichts der hohen Komplexität zielführend in die Zukunft navigieren, Innovation und Veränderungen im Unternehmen erfolgreich umsetzen? Wie können sie den Widerstand der Mitarbeitenden überwinden und ein neues Mindset und Verhalten herbeiführen? Wie können sie die Mitarbeitenden für die – eher ungewisse – Zukunft befähigen? Und die Globalisierung hat nochmals einen dritten Hut hingezaubert – denjenigen des „Intercultural Managers": multikulturelle Teams am eigenen Standort oder standortübergreifend zu führen.

Führung im althergebrachten Sinne nach dem Management-Verständnis genügt nicht mehr. Ebenso ist ein MBA-Abschluss in der Tasche keine Garantie für erfolgreiche Führung: Probleme können heute nicht mehr allein durch analytische Brillanz gelöst, Entscheidungen nicht mehr mit einem linearen Denken gefällt werden. Im heutigen, hochkomplexen Zeitalter ist Führung zu einer höchst anspruchsvollen, vielschichtigen Aufgabe geworden. Führung von Menschen bedeutet heute, unterschiedliche Individuen mit unterschiedlichsten kulturellen Hintergründen, Werten und Bedürfnissen zu führen und eine für alle passende Führungskultur zu schaffen. Denken wir nur an die Millenials und Digital Natives, die ganz anders erzogen und aufgewachsen sind, andere Werte und Bedürfnisse haben.

▶ **Wichtig** Das alte, technokratische und heroische Selbstverständnis und der Stereotyp der Führungskraft haben ausgedient. Führungskräfte, die in der „Homo-Oeconomicus-Denke" groß geworden sind, müssen sich vom alten Menschenbild verabschieden. Menschen sind keine rationalen Maschinen, die an technischen Maßstäben gemessen und vermessen werden können, sondern zutiefst emotionale Wesen. Nicht diejenige Person mit der besten Fachkompetenz und den besten Management-Tools ist die beste Führungskraft, sondern diejenige Person, die sich die positive Menschenführung auf die Fahne geschrieben hat. Menschlichkeit in der Führung ist der Schlüsselfaktor des gemeinsamen Gelingens in der Zukunft. (Leberecht 2018, S. 37–41).

Der Unternehmer und Business-Vordenker Tim Leberecht (geb. 1972) spricht sogar davon, dass ein neues Zeitalter, gar eine neue Revolution anbricht. Viele Menschen haben nicht nur das Vertrauen in multinationale Unternehmen und Topmanager verloren, sondern in unser ganzes Wirtschaftssystem, weil von der ursprünglichen Idee des Wirtschaftswachstums – Wohlstand und Freiheit zu schaffen – nur wenige Menschen schlussendlich profitieren. Die Erosion des Vertrauens in Politik und Wirtschaft, der Verlust der Stabilität und Kontinuität linearer Karrieren und traditioneller Erwerbsarbeit, die Zunahme der sozialen Ungleichheit, Einsamkeit und Isolation sowie depressiver Erkrankungen lassen uns immer mehr am Zauber der konstanten Selbstoptimierung zweifeln. Die zunehmende Digitalisierung, Automatisierung und Künstliche Intelligenz (KI) im Privat- und Arbeitsleben bedrohen viele Menschen immer mehr im innersten Kern ihrer Menschlichkeit. Wird mein Arbeitsplatz bald durch KI oder einen Roboter ersetzt? Wann werden wir auf einen Datensatz reduziert? Je mehr Effizienz und Optimierung die Digitalisierung und Automatisierung schaffen, je mehr die totale Quantifizierung und Mechanisierung unsere menschliche Autonomie einzuschneiden droht, desto zentraler und essenzieller wird die Frage nach der Menschlichkeit. (Leberecht 2018, S. 37–41).

Und mit Blick auf die Topmanagement-Etagen sehen wir, dass Menschlichkeit nicht nur ein Bedürfnis auf der Stufe der Mitarbeitenden ist. Der Druck und die emotionale Last der Managerinnen und Manager ist immens und nimmt kontinuierlich zu, die Burn-out- und Suizidraten steigen. Ich erinnere mich an die Schlagzeilen in den Medien, als sich der CEO der Swisscom, Carsten Schloter, in der Blüte seiner Schaffenskraft als 49-Jähriger das Leben nahm. Wie kann es sein, dass ein so erfolgreicher, hoch angesehener und sportlicher Mann unter dem Druck zerbrach? Oder denken wir an den Selbstmord des Finanzchefs und Spitzenmanagers der Zurich Versicherung, Pierre Wauthier. In den Medien wurde damals berichtet, dass er in einem Abschiedsbrief dem damaligen Präsidenten vorwarf, ein unerträgliches Arbeitsklima geschaffen zu haben.

Die nächsten Jahre werden zeigen, wohin die Reise geht. Kein Unternehmen wird darum herumkommen, sich damit zu beschäftigen, was Menschlichkeit ganz konkret im Führungsalltag bedeutet. Nicht zuletzt deshalb, weil immer weniger Führungskräfte und Mitarbeitende bereit sind, sich von unmenschlichen Strukturen sowie Unternehmens- und Führungskulturen auffressen zu lassen. Diese Tatsache wirft uns (glücklicherweise) zurück auf unseren innersten Kern, der uns als Menschen ausmacht.

Literatur

Breindl, W. (2006). *Führen von Menschen – Menschlichkeit in der Führung. Vom Führungswissen zum Führungsverhalten. Diskrepanzen – Widersprüche – Möglichkeiten.* Norderstedt: Books on Demand.

Duden (2021). Online: www.duden.de/rechtschreibung/menschlich. Zugegriffen: 14.09.2021.

Ebner, M. (2019). *Positive Leadership. Erfolgreich führen mit PERMA-Lead: die fünf Schlüssel zu High Performance.* Wien: Facultas.

Groschopp, H. (2018). *Konzeptionen des Humanismus. Alphabetische Sammlung zur Wortverwendung in deutschsprachigen Texten.* Aschaffenburg: Alibri.

Güntert, T. (2011). *Der Wandel des Menschenbildes in der Ökonomie.* Norderstedt: GRIN.

Krizantis, J., Eissing, M., & Stettler, K. (2017). *Reinventing Leadership Development. Führungstheorien – Leitkonzepte – radikal neue Praxis.* Stuttgart: Schäffer-Poeschel.

Leberecht, T. (2018). Es ist Zeit für eine Romantische Revolution. *Trendstudie. Siegeszug der Emotionen – Erfolgreich in die intensivste Wirtschaft aller Zeiten.* Frankfurt am Main: Zukunftsinstitut, S. 37–41.

Malik, F. (2019): *Führen, Leisten, Leben. Wirksames Management für eine neue Welt.* Frankfurt/New York: Campus.

Rüegg-Stürm, J., & Grand, S. (2020): *Das St. Galler Management-Modell. Management in einer komplexen Welt.* Bern: Haupt.

Schein, E. (1980). *Organisationspsychologie.* Wiesbaden: Gabler.

Schein, E.H., & Schein, P. (2017). *Organisationskultur und Leadership.* München: Vahlen.

Menschen und Organisationen verstehen

3

Eine neue Art von Denken ist notwendig, wenn die Menschheit weiterleben will.

Albert Einstein.

Zusammenfassung

In diesem Kapitel wird aufgezeigt, welche veralteten Paradigmen unser Denken und Handeln unbemerkt kartografiert haben und an welcher neuen Landkarte des Denkens sich das moderne Verständnis menschlicher Führung von Menschen und Organisationen orientiert. Es werden bedeutende wissenschaftliche Erkenntnisse aus den Forschungsgebieten der Gehirnforschung, der Positiven Psychologie sowie des Systemischen Denkens dargelegt, die den Paradigmenwechsel in der Führung vorantreiben und einen Einfluss auf ein neues Verständnis menschlicher Führung haben.

3.1 Neue Landkarte des Denkens

Wir haben uns daran gewöhnt, die Länder der Welt auf einer zweidimensionalen Landkarte nach der gängigen Mercator Projektion aus dem Jahr 1569 dargestellt zu sehen: Der Äquator verläuft horizontal in der Bildmitte, Europa ist im Zentrum der Weltkarte abgebildet. Für uns ist dieses karthografische Bild zu einer Selbstverständlichkeit geworden, obwohl die Dimensionen nicht wirklich der Realität entsprechen. Durch die Projektion der kugelförmigen Erdoberfläche auf einer flachen Weltkarte sind die Flächen umso verzerrter, je weiter sie vom Äquator entfernt liegen. So erscheint zum Beispiel Grönland fast

M. Zbinden, *Menschlichkeit in der Führung*,
https://doi.org/10.1007/978-3-662-64896-4_3

gleich groß wie Afrika und viel größer als Australien. Die Fläche Grönlands umfasst effektiv nur rund ungefähr einen Drittel der Fläche Australiens. Die Antarktis wirkt auf der zweidimensionalen Weltkarte riesig, dabei ist ihre Fläche in der Realität kleiner als Europa. Die verzerrte Darstellung spiegelt die Weltanschauung westlicher Länder wider und hat sich als selbstverständliches kartografisches Abbild in unseren Köpfen eingebrannt.

Haben Sie sich schon einmal gefragt, wie die Welt auf einer zweidimensionalen Karte aussehen würde, wenn nicht Europa in der Mitte wäre? Oder wenn der Äquator die Weltkarte nicht in Nord und Süd aufteilen würde? Wie würde die Welt auf uns wirken, wenn der Nord- oder der Südpol im Zentrum abgebildet wäre? Wir bekämen einen ganz anderen Blick auf die Dimensionen, Distanzen und Relationen der verschiedenen Länder unserer Welt.

Welt- und Menschenbilder haben als Paradigmen ebenso einen karthografischen Effekt auf unsere Landkarte des Denkens und Fühlens. Wie der Blick auf die Geschichte von Menschlichkeit und Führung (vgl. Kap. 2) gezeigt hat, ist das geltende Organisations- und Führungsverständnis ein Kind des jeweiligen gesellschaftlichen und wirtschaftlichen Paradigmas und des entsprechenden Menschenbilds. Es wird genährt und gestärkt von den Denkmustern seiner Zeit und verankert sich mehrheitlich unbewusst als Selbstverständnis in unseren Köpfen.

In den vergangenen Jahrhunderten haben verschiedene Wissenschaftsdisziplinen mit vielfältigen neuen Erkenntnissen dazu beigetragen, die Funktionsweise der Welt und der Menschen zu erklären. Jedes Zeitalter hatte seine Wissenschaft, die sozusagen als Leitstern zu jener Zeit diente. Im Altertum war die Philosophie wegweisend, im Mittelalter die Theologie. Die Moderne war insbesondere von den Naturwissenschaften sowie von der Technik und deren Errungenschaften geprägt. Die Paradigmen der Moderne beeinflussen unser Denken und Handeln immer noch sehr stark. Sie sind zu unserer Landkarte geworden, an der wir uns bewusst sowie unbewusst orientieren. Die Geschichte zeigt uns, dass ein Paradigma immer dann hinterfragt und über Bord geworfen wird, wenn es angesichts von gesellschaftlichen oder wirtschaftlichen Veränderungen oder massiven Umbrüchen an seine Grenzen kommt. Oder es verändert sich, wenn es durch neue Erkenntnisse an Bedeutung verliert. Heute stehen wir wieder an einem dieser Wendepunkte: Die Welt ist nicht mehr dieselbe wie vor einigen Jahrzehnten. (Seliger 2014, S. 10–11)

Insbesondere die technischen und naturwissenschaftlichen Errungenschaften haben in den letzten Jahrzehnten ungeahnte Möglichkeiten geschaffen, Grenzen zu überwinden. Wer hätte gedacht, dass John F. Kennedys (1917–1963) legendäre Rede von 1961 über die Vision einer bemannten Mondlandung acht Jahre später Realität würde, als der amerikanische Astronaut Neil Armstrong (1930–2012) am 21. Juli 1969 als erster Mensch seinen Fuß auf die Mondoberfläche setzte? Und wer hätte sich noch vor einigen Jahren vorstellen können, dass wir heute gleichzeitig online mit Menschen aus aller Welt in einem Online-Meeting kommunizieren können? Nicht zuletzt dank der technologischen Entwicklung sind wir global vernetzt und können von unserem Homeoffice im Ferienhaus in den Bergen in Echtzeit rund um den Erdball kommunizieren. Zeit und Raum haben heute eine völlig neue Dimension bekommen.

Heute stehen Unternehmen und Führungskräfte vor vollkommen neuen, komplexen Fragestellungen und Herausforderungen, welche mit herkömmlichen, altbewährten Management- und Führungskonzepten nicht mehr gelöst werden können und diese ebenso in Frage stellen. Die Dynamik und das hohe Tempo der Veränderungen verlangen nach einem Perspektivenwechsel und einem neuen Führungsverständnis. Wir befinden uns an einer Zeitenwende und benötigen Orientierungspunkte für eine neue, unbekannte Welt.

Wenn wir mit der negativen Brille auf den momentanen Wandel in der Gesellschaft und Wirtschaft blicken, sehen wir überall Krisen: die Coronakrise, die Finanzkrise, die Vertrauens- und Demokratiekrise, die soziale Krise, die Sinnkrise und so weiter. Wenn wir uns aber die positive Brille aufsetzen, sehen wir auch erfreuliche Anzeichen des Wandels: Einerseits gilt die unverrückbare Tatsache, dass jede neue Herausforderung in unserer Gesellschaft und in Organisationen im innersten Kern mit Menschen zu tun hat. Und andererseits ist erkennbar, dass trotz oder vielleicht gerade wegen des inhärenten Krisen-Modus ein neues Paradigma entsteht. Ein Paradigma, das ein neues Weltbild und Verständnis vom Menschen hervorbringt und das Führungsverständnis tief greifend verändern wird. Vor dem Hintergrund der zunehmenden Komplexität unserer Gesellschaft, unseres Ökosystems und der Wirtschaft hat sich bereits vor einigen Jahren eine Neuausrichtung verschiedener Wissenschaftsdisziplinen entwickelt: Insbesondere die Forschungsgebiete der Biologie und Neurowissenschaften, der Psychologie sowie die Komplexitäts- und Kommunikationsforschung haben uns neue Erkenntnisse und Möglichkeiten eröffnet, unsere essenziellen Fragestellungen aus einem neuen Blickwinkel zu betrachten. Das ist auch gut so. Denn die Herausforderungen und Probleme, welche die Paradigmen der Vergangenheit hervorgebracht haben, können wir nicht mit derselben Logik lösen, mit der sie geschaffen wurden.

Meine Ausführungen zu Menschlichkeit im Organisations- und Führungskontext basieren auf den Erkenntnissen jener Wissenschaften, die wesentlich zum Paradigmenwechsel beigetragen haben und diesen auch weiter vorantreiben werden: Gehirnforschung, Positive Psychologie und Systemisches Denken.

Diese drei Forschungsrichtungen stehen in einem bedeutenden Zusammenhang und haben uns neue Perspektiven auf Organisationen und Menschen und damit auf das Verständnis von menschlicher Führung eröffnet. Wenn Sie sich dafür entscheiden, als Führungskraft die Reise zu einer zukunftsorientierten, menschlichen Führung anzutreten, benötigen Sie ein grundlegendes Verständnis dafür, wie Menschen und Systeme funktionieren. Es ist sozusagen Ausgangspunkt und Basis menschlicher Führung.

Ohne Anspruch auf Vollständigkeit möchte ich im Folgenden die wichtigsten Erkenntnisse dieser drei einflussreichen Wissenschaftsbereiche beleuchten, um das Wesen und die Vielschichtigkeit des Themas „Menschlichkeit in der Führung" aus einer modernen wissenschaftlichen Perspektive zu beleuchten. Gleichzeitig bilden diese drei Forschungsrichtungen einen wichtigen wissenschaftlichen Ausgangspunkt für meine Gedanken und Ausführungen zu menschlicher Führung in den folgenden Kapiteln.

3.2   Hirnforschung – Blick in den Mikrokosmos in unserem Kopf

Die kognitiven Neurowissenschaften haben in den vergangenen Jahren dank ihrer modernen, bildgebenden Verfahren eine faszinierende Entwicklung vollzogen. Sie haben ermöglicht, dass wir sozusagen in den Kopf des Menschen blicken und dem Gehirn bei der
Arbeit zusehen können. Die Hirnforschung hat insbesondere auch aufgezeigt, dass Verstand, Gefühle und der Körper eines Menschen untrennbar miteinander verbunden sind.

Was beeinflusst unser Denken? Was bewegt uns Menschen? Was veranlasst uns zu bestimmten Handlungen? Die Hirnforschung hat dazu viele eindrückliche Antworten bereit,
welche die Erkenntnisse der Führungsforschung aus einer anderen wissenschaftlichen
Perspektive ergänzen.

3.2.1   Drei Gehirne und viele Autobahnen

Die Entwickung unseres Gehirns durchlief in den letzten rund drei Millionen Jahren mehrere Phasen. In dieser Zeit haben auch seine Größe und sein Gewicht erkennbar zu-
genommen. Unser Gehirn wiegt durchschnittlich rund 1,4 Kilogramm. Es wiegt nur etwa
2 Prozent unseres Körpergewichts, verbraucht aber 20 Prozent unseres Sauerstoffs und
20 Prozent unserer Stoffwechselenergie. (Rüdiger 2014, S. 37)

Unser Gehirn besteht aus drei Hauptteilen: Der älteste Teil besteht aus dem Stammhirn,
welches die überlebenswichtigen Funktionen wie zum Beispiel die Atmung, den Blutdruck, die Verdauung und die Reflexe steuert. Seine Strukturen schließen sich direkt an die
des Rückenmarks an. Das sogenannte Limbische System ist der zweitälteste Teil des Gehirns. Man spricht auch vom „Säugetier-Gehirn", da dieses evolutionsgeschichtlich gesehen mit dem Aufkommen der ersten Säugetiere entstand. Zum Limbischen System gehören unter anderen die Hirnareale des Hippocampus sowie die Amygdala, welche für die
Steuerung, emotionale Bewertung und Wiedererkennung von Situationen zuständig sind.
Die Amygdala ist wichtig für das Empfinden von Furcht und Angst. Emotionen waren und
sind für Säugetiere überlebensnotwendig insbesondere in Bezug auf die lange Aufzucht
des Nachwuchses sowie das Zusammenleben in Rudel oder in Herden. Das Großhirn,
auch Neocortex genannt, ist das stammesgeschichtlich jüngste Gehirnareal von Säugetieren und entstand ungefähr vor 100.000 Jahren. Der Neocortex gilt als Sitz der höchsten
integrativen Funktionen des Hirns und hat sich in den letzten Jahrtausenden beim Menschen dramatisch vergrößert und entwickelt. Es vereint komplexe Prozesse, wie Bewusstsein, Wahrnehmung, Denken und Verstehen. Im Großhirn sitzt sozusagen unsere Ratio.
(Draht 2015, S. 20–25; Jänke 2017, S. 33–51; Rüdiger 2014, S. 38–40)

Die Struktur unseres Gehirns besteht aus sogenannten Hirnzellen (Neuronen) und den
Verbindungen zwischen diesen Zellen (Synapsen). Mehr als 100 Milliarden Nervenzellen
arbeiten in diesem „Mikrouniversum" zusammen und lassen das entstehen, was wir
Bewusstsein, Vernunft, Gefühle und schlussendlich Persönlichkeit nennen. Jede Hirnzelle
ist mit 8000 bis rund 10.000 weiteren Nervenzellen verbunden – wir sprechen also von

einer Vielzahl von Milliarden Synapsen im Kopf. Es gibt drei Arten von Nervenzellen: Sensorische Neuronen, die die Impulse über die Sinnesorgane an das Zentrale Nervensystem weiterleiten, und motorische Neuronen, welche Impulse vom Gehirn oder Rückenmark an unser Gewebe, Drüsen und Organe weiterleiten. Dann gibt es noch die Interneuronen, die sich ausschließlich im Gehirn, im Rückenmark und in den Augen finden. Sie empfangen Impulse von den sensorischen Neuronen und leiten diese entweder an andere Interneuronen oder direkt an motorische Neuronen weiter. Die Signale, die zwischen den Neuronen hin- und hergehen, sind eine Art elektrische Signale. Metaphorisch können diese mit einem Morsealphabet verglichen werden. Neoronen bilden in der Regel Netzwerke, die für ganz bestimmte Aufgaben verantwortlich sind. Diese Netzwerke können einfache Dinge tun, wie zum Beispiel über das Rückenmark Nerveninpulse an die Muskulatur senden und so eine bestimmte Bewegung wie einen Schritt nach vorne auslösen. Andere Netzwerke sind sehr komplex aufgebaut und schicken ein ganzes Programm an Aktivitäten über das Rückenmark zu den motorischen Zellen, damit eine komplizierte Bewegung wie zum Beispiel eine feinmotorische Präzisionsarbeit eines Augenchirurgen zustande kommt. (Rüdiger 2014, S. 37–38)

Jedes Gehirn ist individuell einzigartig und unabhängig vom Alter veränderbar. Unser Ich-Bewusstsein, unsere Wahrnehmung, unser Denken und Fühlen wird von diesen rund 100 Milliarden Neuronen und ihren Synapsen gesteuert. Ohne Gehirnaktivität leben wir nicht. Unser Tod wird durch den Hirntod festgestellt.

3.2.2   „What fires together, wires together"

Der kanadische Psychologe Donald Olding Hebb (1904–1985) formulierte bereits im Jahr 1949 die Hebbsche Lernregel auf, die heute wissenschaftlich mehrfach erwiesen ist: Je häufiger ein Neuron mit einem anderen Neuron aktiv ist, umso bevorzugter reagieren diese beiden Neuronen aufeinander. Hirnareale, die regelmäßig gemeinsam aktiviert werden, bilden somit mit der Zeit immer stärkere Synapsen, bis sie sich schlussendlich zu einem eigenen neuronalen Netzwerk entwickeln. Hebb hat diesen Effekt kurz und einprägsam mit dem Satz „What fires together, wires together" beschrieben. Wenn Nervenzellen miteinander kommunizieren und Signale abfeuern („fire"), werden gleichzeitig Leitungen, Drähte – eben „wires" – angelegt und die Verbindungen werden gestärkt. Diese Erregungsmuster können Sie sich als Autobahnen im Kopf vorstellen, die häufig befahren werden. Je häufiger wir etwas tun, desto stärker „brennt" es sich ein. Je häufiger wir Tennis üben, desto größer wird das Hirnareal, das fürs Tennisspielen zuständig ist. Würden wir ins Gehirn von Roger Federer blicken, würden wir besonders viele neuronale Netzwerke finden, die seine Aufmerksamkeit und seinen Körpereinsatz während des Tennisspiels steuern. Auf der anderen Seite gilt die Regel „Use it or lose it": Wenn gebildete neuronale Netzwerke nicht regelmäßig aktiviert werden, bauen sie sich allmählich ab oder verkümmern gänzlich. Stellen Sie sich vor, es schneit draußen: Wenn Sie mehrmals genau in die gleiche Richtung durch den Schnee laufen, entsteht ein erkennbarer Pfad. Wenn es weiter schneit und Sie den Pfad nicht mehr weiter ablaufen, verschwindet er allmählich unter dem Neuschnee und ist nicht mehr erkennbar. Wenn Sie eine Fremdsprache, die Sie in jungen Jahren während eines Auslandaufenthalts gelernt haben, nicht regelmäßig sprechen, vergessen Sie vieles oder verlernen die Sprache völlig. (Draht 2015, S. 20–25; Jänke 2017, S. 33–51; Priess und Spörer 2014, S. 42–44)

Unser Gehirn ist nicht starr verdrahtet wie ein Computer. Es baut sich ständig um, indem es sich an neue Erfordernisse anpasst. So konnte zum Beispiel laut einer Studie britischer Forscher nachgewiesen werden, dass sich bei Londoner Taxifahrern aufgrund des jahrelangen Auswendiglernens und Abfahrens von Straßen das Hirnareal, das für die räumliche Orientierung zuständig ist, erkennbar vergrößert hat (Woollett und Maguire 2011).

Höchst interessant ist auch die Tatsache, dass wir gemäß jüngsten Erkenntnissen der Hirnforschung das ganze Leben lang lernfähig sind. Laut dem bekannten Neuropsychologen Lutz Jänke (geb. 1957) ist unser Denkorgan selbst im hohen Alter veränderbar, es kann sogar wieder jünger werden. Durch Lernen können wir unseren Degenerationsprozess verlangsamen. Wichtig ist, dass unser Gehirn immer wieder durch stimulierende Impulse wie neues Denken, Fühlen oder Handeln aktiviert wird. „Die Wiederholung ist die Mutter allen Lernens", sagt Jänke. Die Fähigkeit zur ständigen Weiterentwicklung des Gehirns durch Lernen wird „Neuroplastizität" genannt. (Elger 2013, S. 40–41; Jänke 2017)

Unser Gehirn hat die Aufgabe, Reize aus der Außenwelt so zu bewerten und zu bearbeiten, dass wir daraus Entscheidungen treffen und unser Verhalten steuern können. Interessant dabei ist, dass das Gehirn mit jedem Reiz selbst wieder lernt, sich verändert und entwickelt. Es ist also nicht nur plastisch, sondern auch ein selbstorganisiertes, kybernetisches System (vgl. Abschn. 3.4.1).

3.2.3 Vom Bewussten und Unbewussten

Um die vielen Sinneseindrücke von Außen überhaupt verarbeiten zu können, hat unser Gehirn ein ausgeklügeltes System zur Aktivierung und Hemmung spezifischer Hirnareale entwickelt. Das Gehirn verwendet dazu unterschiedliche neuronale Strukturen, um bewusste und unbewusste Vorgänge zu verarbeiten. Wie oft haben wir das Gefühl, wir hätten unser Gehirn auf Autopilot umgestellt: Wir sitzen grübelnd im Auto und fahren von A nach B. Dort angekommen, wundern wir uns dann, wie wir hergefahren sind. Wir erinnern uns gar nicht mehr genau an die Strecke und Orte, die wir abgefahren sind. Vieles, was wir im Leben wahrnehmen, denken oder tun, läuft automatisch ab.

Hirnareale, die mit bewussten Denkvorgängen befasst sind, benötigen sehr viel mehr Energie als diejenigen Areale, die für unbewusste Prozesse zuständig sind. Von allen drei eingangs erwähnten Hirnarealen (vgl. Abschn. 3.2.1) hat der Neocortex den größten Energieverbrauch und ermüdet entsprechend schneller als die anderen Hirnareale. Der präfrontale Cortex als Teil des Neocortex ist verantwortlich für kognitive Prozesse unter

Einbezug des individuellen emotionalen Zustands. Er wird zum Beispiel aktiviert, wenn wir planen, priorisieren oder komplexe Probleme lösen. Hirnareale, die für unbewusste Prozesse zuständig sind, wie zum Beispiel das Limibische System (vgl. Abschn. 3.2.1), benötigen weniger Energie. Unser Gehirn ist – wie alle anderen Muskeln unseres Körpers auch – auf Energiesparen eingestellt. Aus diesem Grund laufen in unserem Gehirn die Mehrheit unserer Verarbeitungsprozesse unbewusst und damit außerhalb unserer Wahrnehmung ab. Unser Gehirn analysiert konstant die Eindrücke und Informationen von außen und trifft Prognosen über zukünftige Entwicklungen basierend auf gemachten Erfahrungen, die im Gehirn abgespeichert sind. Eine wichtige Kontrollinstanz im Gehirn ist dabei der Thalamus: Nervenzellen leiten Informationen aus den Sinnesorganen (was wir hören, sehen, riechen etc.) sowie aus unserem Körper an den Thalamus. Dieser funktioniert mithilfe der Thalamuskerne als Filter und entscheidet, welche Informationen für unseren Organismus wichtig sind und welche nicht. Wichtige Reize werden an die Großhirnrinde weitergeleitet, das heißt, sie gelangen ins Bewusstsein. Wenn wir also beim Autofahren mit der gewohnten Geschwindigkeit eine bekannte Route abfahren (normaler Reiz), stellen wir auf Autopilot. Wenn jedoch plötzlich ein Auto vor uns abrupt bremst oder die Ampel auf Rot stellt, wird uns dieses Ereignis bewusst (außergewöhnlicher Reiz), unser Stresszentrum wird aktiviert und wir bremsen ab. (Draht 2015, S. 26–29)

Der Sitz unseres Verstands ist im Präfrontalen Cortex, ein Teil des Frontallappens der Großhirnrinde, wo alle wichtigen Informationen zusammen laufen. Er empfängt einerseits die verarbeiteten sensorischen Signale, wird über den emotionalen Zustand informiert und integriert die gemachten Erfahrungen mit Gedächtnisinhalten unter Berücksichtigung der Informationen aus dem Belohnungs- beziehungsweise Stresssystem. Der Präfrontale Cortex ist das oberste Entscheidungssystem im Gehirn und ist für die Regulierung der emotionalen Prozesse zuständig. Einige bezeichen ihn als „Schiedsrichter" oder „Regisseur" des neuronalen Zusammenspiels der verschiedenen Hirnregionen. Der Präfrontale Cortex ist zwar wichtig für die die Ausübung motorischer Tätigkeiten, er ist jedoch auch sehr bedeutsam für die Aufmerksamkeit, das Denken, Entscheiden, Planen und Organisieren. Einige Tiere, zum Beispiel Delfine, haben ähnliche Fähigkeiten wie wir, allerdings nicht so ausgeprägt. Wir können besser als Tiere planen und organisieren, Impulse hemmen und Belohnungen aufschieben. (Priess und Spörer 2014, S. 59–60)

3.2.4   Emotionen

Früher wurde das Denken dem Gehirn zu geordnet, wohingegen Gefühle anderen Bereichen unseres Körpers, vor allem unserem Herzen, Bauch und den Nerven zugeordnet wurden. Die Forschungserkenntnisse der Neurowissenschaften haben aufgezeigt, dass unsere Emotionen untrennbar mit unserem Verstand und mit unserem Körper verbunden sind. Jede Sinneswahrnehmung läuft zuerst über unseren Kopf und wird als Emotion über unseren Körper „fühlbar", zum Beispiel durch einen höheren Puls, Zittern, Angst oder Freudentränen.

In der Psychologie werden Emotionen als psychische Zustände aufgefasst. Aus der Sicht der Neurowissenschaften sind Emotionen die biologische Funktionen des Nervensystems, unseres Gehirns. Forscher sind sich heute auch weitgehend einig, dass es in unserem Gehirn kein einheitliches Emotionszentrum gibt, in dem Emotionen veortet werden können, sondern dass die verschiedenen Emotionen in unterschiedlichen Hirnregionen entstehen.

Die Definition von Emotionen gestaltet sich als höchst anspruchsvoll und diese werden auch in der Wissenschaft unterschiedlich umschrieben. Konsens besteht darüber, dass Emotionen sowohl eine Erlebniskomponente haben als auch eine kognitive, physiologische, eine Ausdruckskomponente und eine motivationale Komponente beinhalten. Die kognitive Komponente umfasst alle Bewertungen von Eindrücken und Ereignissen hinsichtlich ihrer Bedeutung für die Person. Früher ging die Wissenschaft davon aus, dass keine Emotion ohne Kognition entsteht. Der amerikanische Psychologe und Neurowissenschafter Joseph LeDoux (geb. 1949) konnte jedoch nachweisen, dass es Bahnen für Emotionen gibt, die den Neokortex als Sitz der Kognition umgehen und direkt von den Sinnesorganen zur Amygdala verlaufen. Die physiologische Komponente der Emotion bezieht sich auf körperliche Reaktionen wie beispielsweise die Veränderung der Herzfrequenz, der Atmung oder der Muskelaktivität als Reaktion auf einen Reiz. Die Ausdruckskomponente umfasst die non-verbalen sowie para-verbalen Ausdrucksformen. Durch unsere Körperhaltung, Mimik und Gestik oder auch durch unsere Stimmlage kommunizieren wir Emotionen an die Umwelt, um diese zu beeinflussen. Die Ausdruckskomponente hat eine sozial-kommunikative Funktion: Sie ist der sozialen Interaktion dienlich. Wenn wir bei der Begegnung mit Fremden lächeln, dann verfolgen wir damit ein spezifisches soziales Ziel, zum Beispiel weil wir das Gegenüber beschwichtigen möchten oder weil wir in Verlegenheit sind. (Rüdiger 2014, S. 49–50)

In diesem Sinne ist unser Gehirn auch sozial. Es entwickelt sich durch Beziehungen. Interessant ist in diesem Zusammenhang die Entdeckung der sogenannten Spiegelneuronen durch eine italienische Forschergruppe unter der Leitung des Neurophysiologen Giacomo Rizzolatti (geb. 1937). Spiegelneuronen erzeugen eine innere Resonanz von beobachtetem Verhalten und ermöglichen uns, beobachtete Gefühlen nachempfinden zu können oder beobachtetes Verhalten intuitiv nachzuahmen. Wir alle kennen die Wirkung von Spiegelneuronen aus vielfältigen Situationen: Jemand lächtelt uns an und wir lächeln unwillkürlich zurück. Oder jemand gähnt in einem Meeting und plötzlich müssen alle anderen auch gähnen. Oder wenn wir mitleiden, wenn sich jemand in den Finger schneidet und laut vor Schmerz aufschreit. Welche Funktion die Spiegelneuronen haben, ist noch nicht restlos erforscht. Es erscheint jedoch unbestritten, dass sie zuständig sind für soziales Verhalten. (Seliger 2014, S. 44–45)

3.2.5 Schaltkreise der Motivation

Es ist schon seit einiger Zeit bekannt, dass es im Gehirn von Säugetieren und damit auch im menschlichen Gehirn ein sogenanntes „Belohnungszentrum" gibt. Zunächst hielt man dieses für einen primitiven Mechanismus. Erst der Einsatz moderner, bildgebender Verfahren zeigte dessen Bedeutung auf. Das Belohnungssystem wurde zufälligerweise von zwei Forschern am California Instutite of Technology anlässlich eines Testversuchs zum Lernverhalten mit Ratten endeckt. Als die Forscher Stromstöße an anderen als den ursprünglichen Stellen auslösten, konnten sie zu ihrem eigenen Erstaunen feststellen, dass die Ratten die Stromstöße genossen und mehr davon wollten. Das Belohnungssystem insbesondere der Nucleus accumbens sowie der Neurotransmitter Dopamin sind damit entdeckt worden. (Priess und Spörer 2014, S. 52)

In verschiedenen Versuchen mit Magnetresonanztomographie konnte nachgewiesen werden, dass das Belohnungssystem im Gehirn bei körperlichem wie auch emotionalem Wohlbefinden aktiviert wird. Das Belohnungssystem besteht aus einer ziemlich komplexen Struktur, die aus verschiedenen Hirnarealen besteht. Die wichtigsten sind der Nucleus accubens im Limbischen System, das ventrale tegmentale Areal des Mittelhirns und der präfrontale Bereich der Großhirnrinde, das Striatum im Vorderhirn, der Hippocampus sowie die Amygdala. Neuere Forschungsergebnisse gehen sogar davon aus, dass weitere Hirnareale zum Belohnungssystem gehören. Ob wir ein feines Essen genießen, wunderbarer Musik lauschen, eine Herausforderung bewältigen oder Sex haben – stets wird unser Belohnungszentrum aktiviert. Bei der Aktivierung des Belohnungszentrums werden unter anderen die Nervenbotenstoffe Dopamin und Oxytocin ausgeschüttet. Dopamin vermittelt positive Glückserlebnisse („Belohnungseffekt") und gilt als Glückshormon. Oxytocin senkt den Blutdruck und den Kortisolspiegel und wirkt schmerzstillend. Viele Hirnforscher sind heute davon überzeugt, dass unser Gehirn darauf ausgerichtet ist, möglichst Wohlbefinden zu erreichen und Stress beziehungsweise Schmerz zu vermeiden. Dieser Zustand ist jedoch in unserem Alltag ohne besonderes Zutun nicht erreichbar beziehungsweise bleibend. Und das ist auch der Sinn und Zweck des Belohnungssystems. Denn würden wir ständig ohne eigenes Dazutun auf Wolke sieben schweben, hätten wir keinen Anreiz mehr, aktiv zu werden. Das Belohnungssystem spornt uns nicht nur zu Aktivität an, es versetzt uns auch in die Lage, Erfolge zu genießen. Es ist sehr stark in emotionale Lernprozesse eingebunden und entscheidend an der Entstehung von Freude und Lustgefühlen beteiligt. (Elger 2013, S. 88–91; Draht 2015, S. 29–33)

Der deutsch-britische Neurowissenschaftler Wolfram Schultz (geb. 1944) machte eine weitere spannende Beobachtung: Er fand heraus, dass Stimuli, die für einen Menschen überraschend kommen – zum Beispiel eine unerwartete herzliche Umarmung – anschließend zu einer höheren Dopamin-Konzentration führen, als Stimuli, die man bereits erwartet hat. Entsprechend führt ein erwarteter positiver Stimulus, der ausbleibt oder nicht der Erwartung entspricht, zu einem Abfall der Dopamin-Konzentration. Die Hirnforschung ging lange davon aus, dass das Dopamin für das Hochgefühl verantwortlich ist. Diese Rolle kommt jedoch den Endorphinen sowie anderen Botenstoffen wie dem Oxytocin zu. Dopamin ist vielmehr der Neurotransmitter der „Belohnungserwartung". Es ist nicht das leckere Essen, das uns einen Dopamin-Kick versetzt, sondern der Anblick oder auch schon nur der Gedanke daran kurbelt die Dopamin-Produktion an und erzeugt ein tiefes Verlangen. (Draht 2015, S. 29–33)

Die Erkenntnis des Strebens nach Wohlbefinden und der Schmerzvermeidung ist nicht neu. Bereits Sigmund Freud (1856–1939) definierte diese beiden Kräfte als Triebfedern für menschliches Handeln, wobei er Wohlbefinden damals im sexuellen Kontext verwendete.

Unser Gehirn liebt Sicherheit und das Gefühl von Kontrolle. Es ist evolutionsbedingt darauf eingerichtet, stets in Alarmbereitschaft zu sein und uns so gut wie möglich vor Gefahren zu schützen. Denn unsere Vorfahren mussten tagtäglich um Leib und Leben kämpfen. Im Zweifelsfalle sieht unser Gehirn eine Gefahr. Dann aktiviert es seine Stressmannschaft und sorgt mit seiner Stressreaktion dafür, dass unser Körper sich auf Flucht oder Kampf einstellt. Heute stehen für uns andere Schmerz- und Stresssituationen im Vordergrund: Wir haben Angst, zu versagen, oder wir fühlen uns in unserem Selbstwert bedroht, wenn wir zum Beispiel kritisiert oder beschimpft werden. Egal, was die Ursache ist, die Stressreaktion läuft immer noch nach dem uralten Muster ab. Wichtig für das Erleben von Stress und Angst ist die Amygdala als Teil des Lymbischen Systems, welche wie ein Radar in unserem Kopf funktioniert. Sie ist ein Frühwarnsystem, das alles, was um uns herum geschieht, auf emotional wichtige Faktoren untersucht, insbesondere auf potenzielle Bedrohungen. Sie steuert zusammen mit anderen Hirnregionen unsere psychischen und körperlichen Reaktionen auf Stresssituationen. Aber nicht nur reale Gefahren versetzen uns in Stress, auch ein Gruselfilm oder der Gedanke an den bevorstehenden Vortrag können eine Aktivierung unseres Stresssystems auslösen. Wird das Stresssystem aktiviert, fährt unser Gehirn automatisch die höheren Hirnfunktionen, namentlich im Cortex, herunter, um Energie zu sparen beziehungsweise genügend Energie für die Reaktion auf den Stress zur Verfügung zu haben. Als Folge können wir nicht mehr klar denken und fokussieren vollständig die Stresssituation beziehungsweise deren Vermeidung. (Draht 2015, S. 29–33; Priess und Spörer 2014, S. 46–49)

▶ **Wichtig** Eine grundlegende Erkenntnis für die Führung von Menschen liegt darin, dass der fundamentalste Mechanismus des menschlichen Gehirns darin besteht, Schmerz und Stress zu vermeiden und das Wohlbefinden zu steigern. Im Zusammenhang mit Führung, Motivation und Arbeitsleistung ist somit nachvollziehbar, dass Menschen auch in Arbeitssituationen bestrebt sind, Motivation bei der Arbeit zu erleben und Demotivation zu vermeiden. Es geht also schlussendlich darum, Arbeitssituationen zu schaffen, um neurobiologisches Wohlbefinden bei den Mitarbeitenden zu erzeugen und den vom Gehirn wahrgenommenen Stress beziehungsweise Schmerz zu vermeiden.

Aus neurobiologischer Sicht ist die Leistungsbereitschaft und Motivation von Mitarbeitenden im Unternehmen in der Stimulierung des Belohnungssystems zu suchen. Führung gelingt dann besser, wenn sie den Mechanismen unseres Gehirns folgt. Positive Impulse werden geschaffen durch Lern- und Entwicklungsmöglichkeiten, ein richtiges Erwartungsmanagement sowie durch Förderung der Selbstorganisation. Somit sind aus neurologischer Sicht keine extrinsischen Anreize notwendig, wenn wir verstehen, was Menschen tatsächlich im Kopf bewegt.

3.3 Positive Psychologie – den ganzen Menschen im Blick

3.3.1 Die Suche nach dem gelingenden Leben

Die Suche nach einem gelingenden, positiven Leben hat Menschen über viele Epochen hinweg und in vielen Kulturen beschäftigt und reicht zurück bis zu den antiken Philosophen. So finden sich bereits in den philosophischen Schriften von Aristoteles (384-322 v. Chr.) bedeutende Gedanken über Glück (Eudaimonie), Sinn und Tugenden des Menschen. Aristoteles war der Überzeugung, dass nicht nur die Entwicklung von eigenen Charakterstärken und Tugenden zu Glück und Wohlbefinden führt, sondern auch deren Einsatz für anderen Menschen oder einen höheren Zweck. Er betonte ebenfalls das Prinzip der Selbstwirksamkeit, was bedeutet, dass jeder seines Glückes Schmied ist. Jeder ist selbst dafür verantwortlich, sein Potenzial zu verwirklichen. Auch Religionsgründer und Theologen befassten sich intensiv mit der Bedeutung eines guten, sinnvollen Lebens. Sie vertraten die Meinung, dass man sein Wissen und sein Potenzial in den Dienst an jemandem oder an einem höheren Zweck ausüben sollte, um Zufriedenheit und Glück zu erlangen. (Universität Zürich 2021, Positive Psychologie)

Die Psychologie als Wissenschaft hat sich dieser Thematik erst relativ spät angenommen. Sie basierte lange Zeit auf einem naturwissenschaftlich-technischen Verständnis des Menschen. So spricht zum Beispiel Sigmund Freud (1856–1939) in seinen Werken vom sogenannten „Psychischen Apparat". Der Behaviorismus reduzierte den Menschen ebenso auf ein Reiz-Reaktionsmuster. Später befasste sich die allgemeine Psychologie lange vorwiegend mit Grundlagenforschung, insbesondere im Bereich Wahrnehmung, Denken und Lernen im Rahmen von Testverfahren, Statistiken und wiederholbaren Experimenten. Die klinische psychologische Forschung fokussierte – insbesondere nach dem Zweiten Weltkrieg – auf psychische Störungen, Probleme und negative Gefühle. Erst in den letzten paar Jahrzehnten hat sie zunehmend ihren Fokus auf das subjektive Wohlbefinden von Individuen und auf die Frage gerichtet, welche psychologischen Methoden und Interventionen Menschen auf dem Weg zu subjektivem Wohlbefinden und einem glücklichen Leben unterstützen. (Blickhan 2018, S. 15–23; Seliger 2014, S. 33)

Die Positive Psychologie ist als Wissenschaft vom gelingenden und erfüllten Leben eine der jüngsten und neuesten Forschungsgebiete der Psychologie und die erste wissenschaftliche Disziplin, die sich mit der Frage befasst, wie das psychische Wohlbefinden und die persönliche Entwicklung von Menschen unterstützt und gefördert werden kann. Sie ergänzt mit ihren Studien und Forschungsergebnissen die klassische Psychologie mit Diagnosemöglichkeiten, Techniken und Interventionen, die wissenschaftlich fundiert und für Menschen in alltäglichen Lebenssituationen dienlich sind. Ausgangspunkt dieser Wissenschaftsdisziplin ist vor allem die Humanistische Psychologie, deren Wurzeln im Humanismus (vgl. Abschn. 2.2) und Existenzialismus begründet sind. Wichtige Vertreter der Humanistischen Psychologie waren Abraham Maslow (1908–1970) und Carl Rogers (1902–1987), die den Menschen als gesunde, sich selbst entwickelnde Persönlichkeit betrachteten (vgl. Abschn. 2.4.2). Die Humanistische Psychologie basierte auf den Grundannahmen, dass der Mensch mehr ist als die Summe seiner Teile, in zwischenmensch-lichen Beziehungen lebt, ein bewusstes Leben führt, seine Wahrnehmung schärfen kann, intentional ist und entscheiden kann. Maslow beschrieb bereits 1954 in seinem Buch „Mo-tivation und Persönlichkeit" mit den Worten „towards a positive Psychology", dass die Psychologie positiver und weniger negativ werden müsse. Ebenso ging Carl Rogers von der Grundannahme aus, dass der Mensch als Individuum die Fähigkeit besitzt, sich zu re-flektieren und seine Haltung und sein Verhalten selbst zu steuern und zu verändern. Rogers entwickelte auf dieser Grundlage die klientenzentrierte Psychotherapie. Er prägte mit sei-nen auf einem humanistischen Menschenbild basierenden Erkenntnissen viele Wissen-schaftsgebiete wie die Pädagogik, die Soziologie und auch die Medizin. (Blickhan 2018, S. 21–23)

Vor allem in der englischsprachigen Fachliteratur wird als Begründer und Pionier der Positiven Psychologie der amerikanische Psychologe Martin Seligman (geb. 1942) er-wähnt. Korrekterweise müsste jedoch der österreichische Psychiater und Neurologe Vik-tor E. Frankl (1905–1997) als Urvater der Positiven Psychologie bezeichnet werden. Frankl verlor seine ganze Familie wie auch seine Ehefrau im Konzentrationslager. Als Überlebender des KZ Türkheim wurde er bekannt durch sein Buch „Über den Sinn des Lebens" (Frankl 2020), in welchem er seine Erlebnisse eindrücklich schilderte. Er zeigte auf, dass es möglich ist, unter den unmenschlichsten Bedingungen einen Sinn im Leben zu sehen. Er beschrieb in seinem Buch als eines der zentralen Erkenntnisse, dass diejenigen Häftlinge bessere Überlebenschancen hatten, die trotzdem Hoffnung und Sinn fanden. Für Frankl selbst gab die Vision, in Zukunft Vorlesungen über die Auswirkungen des Konzentrationslagers auf die menschliche Psyche zu halten, in jener von Hunger, Terror und Angst geprägten Zeit einen Lebenssinn. Viktor E. Frankl war Begründer der Logo-therapie und Existenzanalyse und prägte den Begriff der „Höhenpsychologie" als Gegen-satz zu Freuds „Tiefenpsychologie" des Unbewussten. Frankl war mit seinen Werken ein wichtiger Wegbereiter der Positiven Psychologie. Ihm wird folgendes Zitat zugeschrieben, welches den Grundgedanken der Positiven Psychologie in Bezug auf individuelle Eigen-verantwortung und Selbstaktualisierung sehr gut auf den Punkt bringt:

> „Zwischen Reiz und Reaktion gibt es einen Raum. In diesem Raum liegt unsere Möglichkeit, unsere Reaktion zu wählen. In unserer Reaktion liegen unser Wachstum und unsere Freiheit."
> Viktor Frankl (Blickhan 2018, S. 22)

3.3.2 Ziele der Positiven Psychologie

Der Psychologieprofessor Martin Seligman (geb. 1942), der ursprünglich durch seine Forschungsarbeiten zu den Hintergründen depressiver Erkrankungen und sein Werk „Er-lernte Hilflosigkeit" bekannt wurde, forderte eine Neuausrichtung der psychologischen Forschung und Anwendung. Er kam zu der Erkenntnis, dass sich die Psychotherapie nicht darauf beschränken kann, negative Symptome einer Depression zu lindern. Denn die bloße

Abwesenheit einer depressiven Erkrankung bedeutet nicht, dass der Mensch gesund ist. Gemäß Seligman muss deshalb das Ziel jeder psychotherapeutischen Behandlung die positive Beeinflussung des Wohlbefindens und der Lebenszufriedenheit eines Menschen sein. Als er 1998 zum Präsidenten der Amerikanischen Psychologen-Vereinigung (APA) gewählt wurde, forderte er in seiner Antrittsrede, dass sich die Psychologie in Zukunft mit der Erforschung des Positiven, namentlich positiven Eigenschaften, Emotionen und Beziehungen befassen müsse. Er rief dazu auf, sich mit den positiven Aspekten des Menschseins – Optimismus, Mut, Zuversicht, Freude, Vertrauen, Glück, Geborgenheit etc. – zu befassen. Er gründete mehrere Forschungsgruppen und ein Netzwerk an Wissenschaftlerinnen und Wissenschaftlern, um die Forschung im Bereich der positiven Psychologie voranzutreiben. (Seligman 2012, S. 13–15)

▶   **Wichtig**   Ziel der Positiven Psychologie ist gemäß Seligman, die Menschen dabei zu unterstützen, ihre Stärken zu erkennen und zu entwickeln und positive Gefühle zu erfahren. Übergeordnetes Ziel der Positiven Psychologie ist zudem, zu einer positiven Gesellschaft beizutragen. Sie geht dabei von der Annahme aus, dass Menschen ihrem Leben einen Sinn geben wollen und bestrebt sind, ein erfülltes Leben zu führen. (Seligman 2012, S. 32–52)

Einige Kritiker sehen in der Positiven Psychologie einen „esoterischen" Ansatz, insbesondere weil diese oftmals irrtümlicherweise vereinfachend mit „Positivem Denken" gleichgesetzt wird. Positive Psychologie ist jedoch nicht mit der gängigen Ratgeberliteratur mit ihren Patentrezepten zu verwechseln, die in der Regel über keine wissenschaftlich fundierte Basis verfügt. Positive Psychologie ist eine akademische Wissenschaftsdisziplin, deren Theorien, Modelle und Interventionen mit empirischen Methoden untersucht werden. Andere Kritiker behaupten, die Positive Psychologie blende das Negative aus. Im Gegenteil: Die Positive Psychologie nimmt eine objektive Haltung ein und beleuchtet sowohl die positiven wie negativen Seiten im Leben. Sie soll ermöglichen, das Negative im Leben in einen neuen Rahmen zu setzen, um ein gelingendes Leben auch unter schwierigen Umständen zu unterstützen – immer mit dem Fokus auf die bereits bestehenden Ressourcen eines Menschen. Ebenso wichtig zu betonen ist an diesem Punkt, dass die Begründer und Vertreter der Positiven Psychologie nicht die Absicht haben, die klassische Psychologie als „negativ" abzuwerten, sondern diese als notwendige Ergänzung sehen. (Blickhan 2018, S. 24–25; Seligman 2012, S. 26–27; Universität Zürich 2021, Positive Psychologie)

Seit der Antrittsrede Seligmans wurden zahlreiche Studien und Forschungsergebnisse zum Thema publiziert. Die Ergebnisse der verschiedenen Studien, die auf die Erforschung der Prädikatoren für ein glückliches und zufriedenes Leben fokussieren, deuten alle auf viele verschiedene Faktoren hin. So finden sich sehr aufschlussreiche Studien und Erkenntnisse im Handbuch für Positive Psychologie von Snyder und Lopez (2002), im Werk von Peterson und Seligman „Character strenghts and virtues" (Peterson und Seligman 2004), im Handbuch „Positive Psychology in Practice" (Linley und Joseph 2012) und in vielen weiteren Studien und wissenschaftliche Zeitschriften wie „The Journal of Positive Psychology", „Journal of Happiness Studies" oder „International Journal of Applied Posititive Psychology". Zudem gibt es mittlerweile weltweit Konferenzen und Talks sowie nationale und internationale Gesellschaften, die sich intensiv mit der Positiven Psychologie befassen.

Seligman hat wesentlich dazu beigetragen, dass das Thema Glück und Wohlbefinden aus der Ecke der Esotherik in ein wissenschaftliches Forschungsfeld gehoben wurde und hat damit einen sehr großen Beitrag zur Entwicklung eines neuen Paradigmas (vgl. Abschn. 2.1) geleistet. Wie er selbst in seinem neuen Buch schreibt, hat er mit seiner Forschungsarbeit eine „tektonische Plattenverschiebung" in der Psychologie ausgelöst. (Seligman 2012, S. 14)

3.3.3 Wohfühlglück und Werteglück

Wichtige Erkenntnisse in Bezug auf das menschliche Glücksempfinden gehen zurück auf den amerikanischen Psychologieprofessor Ed Diener (geb. 1946). Er prägte durch seine wissenschaftlichen Studien in der kulturvergleichenden Glücksforschung die Wissenschaftsdisziplin der Positiven Psychologie. Sein Artikel „Subjective Well-Being" von 1984 gilt als wichtiger Meilenstein für die empirische Erforschung der Frage, was menschliches Glück umfasst. Diener definiert Glück als „Wohlbefinden", welches sich entweder als Ganzes oder je nach Lebensbereich einschätzen lässt. Er unterscheidet dabei die Lebensbereiche Selbst, Familie beziehungsweise Beziehungen, Arbeit, Gesundheit und Freizeit. (Diener 1984)

Glück stellt ein komplexes Konstrukt dar, das weder einfach zu definieren noch einfach zu messen ist. Glück ist multidimensional und nicht mit dem englischen Glücksbegriff „Happiness" oder der Abwesenheit von Leiden beziehungsweise Störungen gleichzusetzen. Glück kann nicht alleine auf positive Gefühle reduziert werden. Zudem kann Glück auf einer hedonistischen und einer eudaimonischen Ebene begründet sein (siehe Abb. 3.1):

In der hedonistischen Sichtweise ist das Wohlbefinden auf das Erleben von Freude, Genuss und Vergnügen beziehungsweise der Erfüllung von subjektiv empfundenen Bedürfnissen begründet und kann als **Wohlfühlglück** bezeichnet werden. Das Wohlfühlglück umfasst Momente eines angenehmen Lebens: beispielsweise ein schöner Spaziergang in der Sonne, ein tiefgründiges Gespräch mit einer Freundin, der wunderbar duftende Kaffee früh am Morgen kurz nach dem Aufstehen oder das leckere Nachtessen im Restaurant am See. Im Gegensatz dazu gibt es das **Werteglück**, welches im Sinne der eudaimonischen Sichtweise als erfülltes Leben bezeichnet werden kann. Es umfasst das Wohlbefinden in der Erfüllung von Bedürfnissen, welche in der menschlichen Natur verwurzelt sind. Werteglück ist dann gegeben, wenn ein Mensch in seinem Leben autonom entscheiden und handeln und die Anforderungen des Lebensalltags meistern kann, positive Beziehungen mit anderen Menschen pflegt, sich selbst akzeptiert, einen Sinn im Lebens

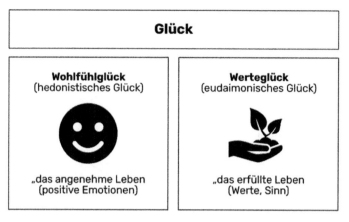

Abb. 3.1 Wohlfühlglück und Werteglück; eigene Darstellung nach Blickhan (2018, S. 32)

sieht und persönliches Wachstum erlebt. Die Begriffe Hedonismus und Eudaimonia haben ihren Ursprung in der antiken Philosophie. Wurzeln der Eudaimonie finden sich bereits bei Aristoteles, der die Auffassung vertrat, dass das Streben nach dem Guten und Sinnvollen und das Vollbringen guter Taten Glück und Wohlbefinden beschert. Entsprechend wies er das Prinzip des Hedonismus zurück, welches das angenehme Leben als höchstes Ziel postuliert. (Blickhan 2018, S. 32–33; Universität Zürich 2021, Wohlbefinden)

Wohlfühlglück und Werteglück bedingen sich nicht unbedingt gegenseitig beziehungsweise schließen sich auch nicht aus. Jemand kann sich im Alltag aufgrund von monetärem Reichtum ein Luxusleben mit Villa, schnellen Autos und Ferien an den schönsten Orten der Welt leisten und sich so angenehme Gefühle beschaffen (Wohlfühlglück), ist jedoch mit seinem Leben als Ganzes unzufrieden, weil ihm beispielsweise die Geborgenheit einer Familie oder Beziehung fehlt (Werteglück). Ein anderer Mensch kann mit seinem Leben sehr zufrieden sein, obwohl er aufgrund der finanziellen Möglichkeiten oder aufgrund körperlicher Einschränkungen auf einige Annehmlichkeiten des Lebens verzichten muss.

Die amerikanische Psychologin Carol Ryff (geb. 1950) wird in der Literatur in Bezug auf die differenzierte wissenschaftliche Erforschung des eudaimonischen Wohlbefindens als erste Vertreterin des Forschungsfeldes „eudaimonic happiness" genannt. Sie erweiterte mit ihrer Forschungsarbeit das Modell von Ed Diener. Sie ging der Frage nach, weshalb Menschen mit ihrem Leben zufrieden sind und warum nicht. Carol Ryff definierte in ihrem Modell des psychischen Wohlbefindens die folgenden **sechs zentralen Faktoren** (siehe Abb. 3.2):

Selbstakzeptanz: Positive Grundeinstellung sich selbst gegenüber als zentraler Faktor psychischer Gesundheit und Reife sowie der Selbstaktualisierung

Positive Beziehungen: Empathie- und Bindungsfähigkeit, vertrauensvolle soziale Beziehungen

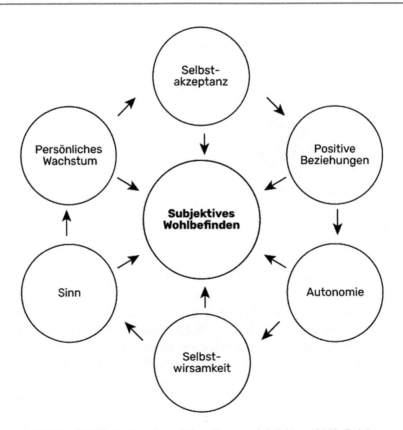

Abb. 3.2 Subjektives Wohlbefinden; eigene Darstellung nach Blickhan (2018, S. 36)

Autonomie: Nutzen der eigenen Werte als Orientierungspunkte für das eigene Verhalten

Selbstwirksamkeit: Fähigkeit, aktiv an der Umwelt teilzuhaben und Alltagsanforderungen bewältigen zu können

Sinn im Leben: klares Verständnis des Lebenssinnes und -ziels

Persönliches Wachstum: Offenheit für Neues, kontinuierliche persönliche Entwicklung im Laufe des Lebens

Seligman hat die Glücksforschung als wichtigen Teilbereich der Positiven Psychologie als „Well-Being Theory" laufend weiterentwickelt. Anfänglich nahm er an, das Thema der Positiven Psychologie sei das Glück und der Königsweg dazu sei die Lebenszufriedenheit. In seinem Buch „Flourish" (Seligman 2012) stellt er sein neues dynamisches Konzept des Wohlbefindens vor: Er geht davon aus, dass das Thema der Positiven Psychologie das Wohlbefinden ist und dass der Königsweg dazu im Aufblühen des Menschen besteht. Ziel

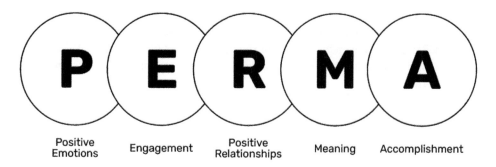

Abb. 3.3 PERMA Modell nach Seligman; eigene Darstellung (Seligman 2012, S. 45)

der Positiven Psychologie ist somit die Verstärkung des Aufblühens. Er umschreibt Wohlbefinden als tiefe Zufriedenheit mit dem Leben, welche entsteht, wenn sich der Mensch seiner Tugenden und Stärken bewusst ist, diese pflegt und täglich bewusst einsetzt. In seinem Buch vergleicht er Wohlbefinden als Konstrukt der Positiven Psychologie mit dem Wetter als Konstrukt der Meteorologie. Das Wetter ist an und für sich nicht fassbar, es muss deshalb an operationalisierbaren Elementen wie Temperatur, Luftdruck, Windstärke, Luftfeuchtigkeit und so weiter, festgemacht werden. Ebenso multidimensional zeigt sich das Konstrukt des Wohlbefindens.

In seiner Theorie beschreibt er die fünf Säulen (Seligman 2012, S. 45), die zu einem aufblühenden Leben beitragen (siehe Abb. 3.3)

Die Anfangsbuchstaben der fünf Elemente bilden das Akronym „PERMA". Nach Seligman handelt es sich bei diesen fünf Elementen um die fünf grundlegenden Aspekte des Wohlbefindens, welche die Menschen um ihrer selbst willen verfolgen (Seligman 2012, S. 45–48; Ebner 2019, S. 65–68):

Positive Emotions
Das hedonistische Element „Positive Emotions" beschreibt das angenehme Leben. Es umfasst die subjektiven Variablen des Wohlbefindens wie Wärme, Behaglichkeit, Lust, Genuss und so weiter und fokussiert auf das Erleben positiver Gefühle. Positive Emotionen können wir im Hier und Jetzt erleben, wie zum Beispiel ein Vergnügen oder eine Belohnung. Sie können sich aber auch auf die Vergangenheit beziehen, wenn wir uns beispielsweise dankbar zeigen, oder in die Zukunft gerichtet sein wie die Gefühle von Hoffnung und Zuversicht.

Engagement
Beim Aspekt „Engagement" geht es darum, dass wir in einen Flow kommen können, wenn wir hoch einnehmenden und fesselnden Aktivitäten nachgehen – wobei hierbei der Grad des Engagements sehr subjektiv ist. Bei diesem Aspekt werden einerseits positive Emotionen in der Gegenwart während der Tätigkeit selbst wahrgenommen und zusätzlich positive Gedanken und Gefühle im Rückblick freigesetzt („das hat Spaß gemacht").

Positive Relationships

Positive Beziehungen sind ein weiteres wichtiges Element des Wohlbefindens. Soziale Verbundenheit gehört zu einem der bedeutsamsten Aspekten des Lebens. Gesunde Menschen suchen aktiv nach emotionalen und physischen Beziehungen mit anderen Menschen. Starke soziale Verbindungen können eine Quelle der Freude sein und insbesondere in schwierigen Zeiten Halt geben. Wenn wir unsere Freude, unseren Erfolg oder auch unser Leid mit anderen Menschen teilen können, trägt dies zu unserem Wohlbefinden bei.

Meaning

Das vierte Element des Wohlbefindens „Meaning" beschreibt das menschliche Streben nach Sinnhaftigkeit. Sinnhaftigkeit besteht darin, das Gefühl zu haben, dass das eigene Handeln einem höheren Zweck beziehungsweise einer größeren Sache dient. Sinngebend kann für einen Menschen zum Beispiel sein, wenn er seine eigenen Stärken für andere Menschen einsetzt oder sich aktiv für eine Sache engagiert, die größer ist als er selbst. Sinn umfasst die eudaimonische Seite von Glück und Wohlbefinden. Dem Sinn gehen wir um unserer selbst Willen nach, ohne anderen damit gefallen zu wollen oder mit der expliziten Absicht, Wohlbefinden zu erreichen.

Achievement

Beim Element „Achievement" geht es um den Erfolg, die Leistung und Könnerschaft, die wir ebenfalls um unserer selbst willen verfolgen. Bei diesem Aspekt geht es darum, expliziten Zielen im Leben nachzugehen und sich weiter zu entwickeln. Ebenso geht es um das Gefühl, den Alltag selbstbestimmt bewältigen zu können. Gemäß Seligman definiert keines der fünf genannten Elemente das Wohlbefinden alleine für sich, aber jedes einzelne trägt zum Wohlbefinden bei.

Ein weiterer wichtiger Aspekt der Positiven Psychologie ist **Resilienz**. Zum Forschungsgebiet der Resilienz gehört zum Beispiel die systematische Beobachtung und Erforschung von Menschen, die trotz potenziell schädigenden Lebens- oder Arbeitsbedingungen gesund und leistungsfähig bleiben. Dazu gehört das Thema Burn-out, das bereits vor der Begründung der Positiven Psychologie ein wichtiger Themenbereich in der Psychologie war. Es gibt es sehr viele Studien zu Stadien, Verläufen und Entstehungsbedingungen von Burn-out. Die Positive Psychologie setzt den Fokus jedoch nicht auf die verursachenden Bedingungen, sondern untersucht, welche Copingstrategien oder andere Ressourcen Menschen helfen können, in schwierigen bis pathologischen Situationen nicht auszubrennen – oder sogar ermöglichen, sich weiterzuentwickeln. Wissenschaftler fanden in Studien heraus, dass gewisse Menschen in solchen höchst schwierigen Situationen sogar wachsen. (Blickhan 2018, S. 61–67; Ebner 2019, S. 47)

▶ **Resilienz** Resilienz umfasst die innere Stärke eines Menschen, persönliche Lebenskrisen wie zum Beispiel den Verlust eines nahestehenden Menschen, eine schwere Krankheit oder eine finanzielle Krise ohne lang anhaltende Beeinträchtigung des Wohlbefindens durchzustehen. Sie kann als dynamischer Prozess verstanden werden, der es einem Menschen ermöglicht, sich widrigen Umständen anzupassen, diese zu bestehen und sich weiter zu entwickeln. (Blickhan 2018, S. 61; Rolfe 2019, S. 24)

Resilienz hat auch sehr viel mit Haltung zu tun: Gehen wir mit einer positiven Haltung, Zuversicht und Optimismus oder zögerlich und hilflos mit einer herausfordernden Aufgabe um, die uns übertragen wird? Lassen wir uns von einem Misserfolg entmutigen oder lernen wir daraus und machen weiter? Resilienz hat ebenfalls einen zeitlichen Kontext. In Bezug auf die Vergangenheit geht es darum, Ereignisse und Erfahrungen im Sinne der Einsicht konstruktiv zu bewerten und zu verarbeiten. Im Hier und Jetzt umfasst Resilienz die Fähigkeit, Risiken angemessen einzuschätzen, mit diesen umzugehen und auftretende Herausforderungen und Probleme zu lösen. In Bezug auf die Zukunft bedeutet Resilienz, über angemessene und konstruktive Erwartungen zu verfügen. Resiliente Menschen unterscheiden sich von weniger resilienten Menschen in dem Maße, wie sie Erfahrungen positiv wahrnehmen und bewerten. (Blickhan 2018, S. 61–67)

Der heute vielen bekannte Begriff „Flow" ist ein weiterer bedeutender Aspekt der Positiven Psychologie, der an die Erkenntnisse des Psychologen Mihály Csíkszentmihályi (1934–2021) anknüpft. Er beschäftigte sich mit der Frage, wann Menschen Glücksgefühle empfinden.

▶ **Flow** Flow beschreibt einen Zustand optimaler menschlicher Erfahrung. In einen Flow kommen wir immer dann, wenn wir einer Tätigkeit nachgehen, bei der wir uns völlig in eine Aufgabe vertiefen und in dieser aufgehen, sodass wir dabei die Zeit vergessen. (Blickhan 2018, S. 171)

Als Kinder wähnten wir uns beim Spielen oftmals in einem Flow und vergaßen Zeit und Raum um uns. Mit dem Erwachsenwerden scheinen dann bei den meisten Menschen die Flow-Erlebnisse abzunehmen. Flow kann in allen Lebensbereichen entstehen und zu einem tiefen Glücksempfinden führen. Voraussetzung ist jedoch, dass ein Gleichgewicht zwischen den Anforderungen und den eigenen Fähigkeiten besteht. Wenn wir die Anforderungen zu hoch oder unsere Fähigkeiten zu tief einschätzen, fühlen wir uns überfordert oder gestresst. Sind die Anforderungen zu tief, fühlen wir uns gelangweilt. Wenn wir regelmässig Flow erleben, gewöhnen wir uns daran, mit unserer ganzen Aufmerksamkeit im Hier und Jetzt zu sein. Diese Qualität der Fokussierung unserer Aufmerksamkeit kann in der heutigen Zeit der Informationsüberflutung und -geschwindigkeit eine sehr wertvolle Ressource darstellen. (Blickhan 2018, S. 171–184)

3.3.4 Grundbedürfnisse und Selbstbestimmung

Ebenso bedeutsam für die Erkenntnisse der Positiven Psychologie sind die Grundbedürfnisse. Grundbedürfnisse stellen universelle Aspekte der Psyche eines Menschen dar. Das wohl bekannteste Konzept der Grundbedürfnisse ist die Bedürfnispyramide nach Maslow (vgl. Abschn. 2.4.2). Die Annahme, dass erst die Befriedigung der Bedürfnisse auf der unteren Hierarchiestufe die Erfüllung der höheren Bedürfnisse ermöglicht, wird heute kritisch diskutiert. Trotzdem finden Maslows Grundbedürfnisse auch heute noch in vielen Bereichen wie Beratung, Coaching sowie Aus- und Weiterbildung Beachtung.

Im Rahmen seiner Konsistenztheorie legte der deutsche Psychotherapeut Klaus Grawe (1943–2005) mit Bezug auf die Erkenntnisse des amerikanischen Psychologen Seymour Epstein (1916–1991) **vier Grundbedürfnisse** zugrunde (Blickhan 2018, S. 162–164; Klaus-Grawe-Institut 2021):

Bindung: Bedürfnis des Menschen nach Mitmenschen und Nähe zu einer Bezugsperson

Kontrolle/Selbstbestimmung: Grundüberzeugung, über Kontrollmöglichkeiten zu verfügen, ob etwas vorhersehbar ist und es sich lohnt, sich dafür einzusetzen

Lust/Unlust: Bestreben, lustvolle Erfahrungen herbeizuführen und unangenehme, schmerzhafte Erlebnisse zu vermeiden

Selbstwert: Bedürfnis, sich selbst als wertvoll, kompetent und von anderen geliebt zu fühlen

Ebenso wichtige Erkenntnisse ergaben sich aus der Selbstbestimmungstheorie („Self Determination Theory" SDT) der beiden Psychologen Richard M. Ryan (geb. 1953) und Edward L. Dieci (geb. 1942) aus dem Jahr 2000. Nach dieser Theorie hängt die Motivation für ein bestimmtes Verhalten von der Erfüllung der drei universellen psychologischen Grundbedürfnisse ab:

- Autonomie („Autonomy")
- Kompetenz („Effectancy")
- Soziale Eingebundenheit („Affiliation")

Das Bedürfnis nach **Autonomie** besteht darin, selbstbestimmt und in Einklang mit seinen eigenen Werten entscheiden und handeln zu können. Es wird unterstützt durch die Möglichkeit, frei zu entscheiden und frei wählen zu können. Das Gegenteil von Autonomie ist Fremdbestimmung. Das Grundbedürfnis nach **Kompetenz** beinhaltet das Vertrauen in das eigene Können sowie die Selbstwirksamkeit. Kompetenz ist mit der Erfahrung verknüpft, dass das eigene Handeln Wirkung erzeugen kann. Dieses Bedürfnis kann durch optimale Herausforderungen sowie unterstützendes Feedback erfüllt werden. Das Gegenteil von Kompetenz ist die erlebte Hilflosigkeit. Das Bedürfnis nach **sozialer Eingebundenheit** bezieht sich auf das Gefühl der Zugehörigkeit, mit anderen verbunden zu sein, sich vertrauensvoll austauschen zu können und Fürsorge zu erleben beziehungsweise fürsorglich zu sein. Dieses Grundbedürfnis wird durch menschliche Wärme, Empathie und Akzeptanz unterstützt. Das Gegenteil von Bindung ist Isolation und das Gefühl der Ausgrenzung. (Blickhan 2018, S. 160–161)

Die Befriedigung dieser drei Grundbedürfnisse führt zu psychologischem Wachstum, Integrität, Vitalität, Selbst-Kongruenz und Wohlbefinden. Frustration als Reaktion auf die Nichtbefriedigung dieser drei psychologischen Grundbedürfnisse führt je nach Art und Dauer zu unterschiedlichen Beeinträchtigungen der Motivation und damit stets zu Einbußen an Verhaltensqualität, Wohlbefinden oder Gesundheit. Dies kann sich in einfachen Verhaltensänderungen äußern, je nachdem aber auch in der Entwicklung von Ersatzbedürfnissen, selbstzerstörerischen Handlungen oder Antriebslosigkeit. Diese drei Grundbedürfnisse werden als universell bezeichnet, weil sie ungeachet des Alters, des Geschlechts oder kultureller Hintergründe bei allen Menschen vorhanden sind. (Blickhan 2018, S. 160–161)

3.3.5 Emotionen und ihre Bedeutung

Das Wort „Emotion" stammt etymologisch vom lateinischen Wort „movere" (bewegen) ab. Emotionen prägen das menschliche Erleben beziehungsweise steuern unser Verhalten und bestehen aus einer spezifischen körperlichen Aktivierung, die vor allem im Limbischen System verortet werden kann (vgl. Abschn. 3.2.4). Emotionen veranlassen uns, unsere Aufmerksamkeit auf eine Situation, einen Menschen oder einen Gegenstand zu lenken und unseren Körper zu aktivieren. Emotionen können bewusst wahrgenommen und beeinflußt werden. Die Fähigkeit zur Emotionsregualtion gilt dabei als Kriterium der psychischen Reife.

In den 1970er-Jahren beschrieb der amerikanische Psychologe Paul Ekman (geb. 1934) **sechs universell und kulturübergreifend beobachtbare Basisemotionen**, die am Gesichtsausdruck erkannt werden können: Freude, Überraschung, Furcht, Traurigkeit, Ärger und Ekel. Unschwer ist dabei zu erkennen, dass die Mehrheit dieser Basisgefühle negativ besetzt sind. In den 1990er-Jahren erweiterte er seine Liste um weitere Grundemotionen wie Aufregung, Verlegenheit, Zufriedenheit, Schuld, Scham, Stolz, Erleichterung und sinnliches Vergnügen. Diese sind jedoch nicht eindeutig am Gesichtsausdruck zu erkennen. (Blickhan 2018, S. 69; Ebner 2019, S. 107–108).

Die amerikanische Psychologin Barbara Fredrickson (geb. 1964) ist heute eine der bekanntesten Professorinnen und Forscherinnen auf dem Gebiet der positiven Emotionen. Gemäß Fredrickson entstehen Emotionen als Reaktion auf die Einschätzung einer Situation: Sie sind die Folge eines kognitiven Bewertungsprozesses. Emotionen helfen uns, die äußere Realität, die uns begegnet, basierend auf unseren Erfahrungen zu bewerten, einzuordnen und entsprechend unser Verhalten zu steuern. Die Emotion beeinflusst gemäß Fredrickson wiederum die nächste Bewertung einer Situation im Sinne der erwartungsgerichteten Wahrnehmung. Entsprechend kann bei positiven Emotionen eine Art Aufwärtsspirale entstehen. Die Forscherin konnte in zahlreichen Studien aufzeigen, wie die Grundhaltung die Emotionen beeinflusst und das Denken steuert. (Fredrickson 2011; Ebner 2019, S. 108–109)

Barbara Fredrickson entwickelte die **„Broaden-and-Build Theory"**, wonach positive Emotionen die menschliche Wahrnehmung erweitern („broaden") und Ressourcen aufbauen („build"). Sie bezeichnet positive Emotionen als „Nährstoffe geistiger Gesundheit". Positive Gefühle verändern die Wahrnehmung und Informationsverarbeitung des Gehirns. Diese Erkenntnis macht deutlich, dass unsere Einstellung zu einer Situation oder Person die Basis schafft für die Emotionen in dieser Situation beziehungweise die Emotionen gegenüber einer Person. Denken wir dabei nur an eine Situation, in der wir zusammen mit einer Arbeitskollegin den Auftrag für ein gemeinsames Projekt erhalten. Wenn wir unsere Kollegin fachlich und menschlich sehr schätzen, werden wir uns voraussichtlich auf das Projekt und die Zusammenarbeit mit ihr freuen. Wenn wir die fachlichen und menschlichen Qualitäten der Kollegin nicht wirklich berauschend finden, wird unsere Einstellung dem Projekt gegenüber vermutlich nicht so positiv sein. Wenn wir positive Emotionen erleben, erweitert sich unsere Sicht auf die Welt. Um die Fähigkeit „Broaden" zu entwickeln, ist weniger die Intensität der positiven Emotionen ausschlaggebend, sondern vielmehr die Häufigkeit. Es ist ähnlich wie mit dem Krafttraining: Wenn wir nur ab und zu im Fitnesstudio Gewichte stemmen, hat das weniger Wirkung, als wenn wir sehr regelmäßig über eine längere Zeit trainieren. Die Regelmäßigkeit und Kontinuität macht es aus. Gemäß Fredrikson erweitern positive Emotionen das Repertoire an Gedanken und Gefühlen und tragen so selbst zum Aufbau von Ressourcen bei. Positive Emotionen wirken selbstverstärkend und begünstigen insbesondere folgende Ressourcen: körperliches Wohlbefinden (z. B. bessere Schlafqualität, Verbesserung des Immunsystems und der Herzratenvariabilität), soziale Ressourcen (verbesserte Beziehungsqualität in der Familie, mit Freuden etc.) sowie die intellektuellen, emotionalen und handlungsbezogenen Ressourcen (Selbstwirksamkeit und -akzeptanz, Flexibilität, Optimismus, Achtsamkeit und so weiter). Gemäß Fredrickson stärkt das regelmäßige Erleben positiver Emotionen die Resilienz eines Menschen. Zudem können durch positive Emotionen die Konsequenzen negativer Emotionen abgemildert beziehungsweise ausgeglichen werden. Die Erkenntnisse von Fredrickson zur „Broaden-and-Build-Theorie" wurden in Studien vielfach bestätigt. (Fredrickson 2011, S. 78–80)

Fredrickson beschreibt **zehn positive Emotionen** (siehe Abb. 3.4) mit denen sich die Forschung intensiv befasst hat und die das Alltagsleben von Menschen prägen (Fredrickson 2011, S. 57–69):

Freude (Joy)

Freude entsteht, wenn etwas unerwartet Positives eintritt. Wenn die Nachricht eines Kunden per E-Mail reinflattert, der mit unseren Produkten oder Leistungen sehr zufrieden ist, empfinden wir Freude. Freude kann dazu motivieren, sich (noch mehr) zu engagieren.

Ehrfurcht (Awe)

Ehrfurcht drückt sich dadurch aus, dass wir von etwas beeindruckt sind. Wir können zum Beispiel von einer schönen Naturlandschaft völlig überwältigt sein oder aber auch von dem profunden Fachwissen einer Arbeitskollegin.

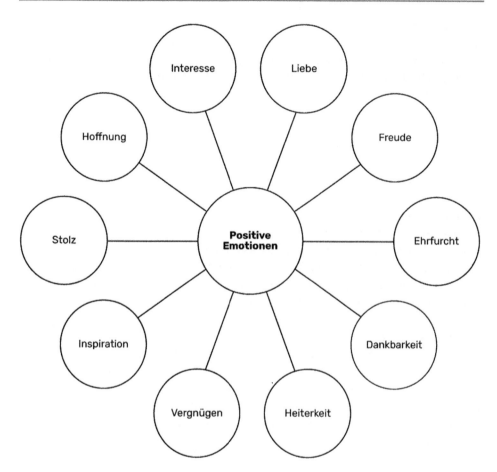

Abb. 3.4 Die 10 Positiven Emotionen nach Fredrickson; eigene Darstellung (Fredrickson, S. 57–69)

Dankbarkeit (Gratitude)
Wenn Menschen andere Menschen als Quelle ihres unerwarteten Glücks anerkennen und wertschätzen, sprechen wir von Dankbarkeit. Wenn wir anerkennen, dass unsere Vorgesetzte uns sehr gefördert hat, zeigen wir uns dankbar. Dankbarkeit schafft Motivation zu Freundlichkeit und Großzügigkeit anderen Menschen gegenüber.

Heiterkeit (Serenity/Contentment)
Sie entsteht, wenn ein Mensch seine gegenwärtigen Umstände beziehungsweise seine momentane Lebenssituation positiv wertschätzt.

Vergnügen (Amusement)
Vergnügen entsteht, wenn etwas Witziges passiert, über das wir mit anderen lachen können. Ein lustiger Versprecher in einer Präsentation, über den wir selbst wie auch die anderen herzhaft lachen können, kann vergnüglich sein.

Inspiration (Inspiration)

Inspiration entsteht, wenn wir Excellenz bei anderen erleben. Als Führungskraft können wir durch unsere Haltung und unser Verhalten als Vorbild für andere wirken und sie inspirieren, ebenfalls als Beispiel voranzugehen. Inspiration motiviert Menschen, sich selbst weiterzuentwickeln.

Stolz (Pride)

Stolz empfinden wir, wenn wir einen angemessenen Anteil an etwas haben, das auch von anderen als wertvoll erachtet wird. Das Erreichen eines Zieles, wie zum Beispiel der erfolgreiche Abschluss eines Projektes, kann uns mit Stolz erfüllen.

Hoffnung (Hope)

Hoffnung zeigt sich in besonders schwierigen Lebenssituationen. Hoffungsvolle Menschen sehen zumindest eine Chance, dass sich etwas zum Guten oder Besseren ändern könnte. Wer seine Stelle unverhofft verliert und trotzdem zuversichtlich ist, wieder eine Arbeit zu finden, zeigt Zuversicht. Hoffnung und Zuversicht motivieren, auf eigene Ressourcen zu setzen, um Situationen positiv zu beeinflussen.

Interesse (Interest)

Interesse entsteht in Situationen, die etwas Neues bieten. Interesse empfinden wir, wenn etwas spannend und herausfordernd, aber nicht überfordernd ist. Wenn Sie als Führungskraft beim Lesen dieses Buches auf verschiedene Studien und Erkenntnisse der Positiven Psychologie stoßen, in denen Sie sich vertiefen möchten, haben diese Ihr Interesse geweckt. Interesse und Neugier schaffen Lust, in etwas einzutauchen, etwas zu erforschen oder zu lernen.

Liebe (Love)

Damit ist jegliche Empfindung gemeint, die aufgrund einer freiwilligen zwischenmenschlichen Verbindung in einer sicheren Umgebung entsteht – die Liebe zu unserer Familie oder guten Freunden.

Die Psychologie unterscheidet zwischen positiven und negativen Emotionen. Negative Emotionen dienen als „sensorisches Alarmsystem", das uns eine Gefahr signalisiert. Positive Emotionen sind der sinnliche Ausdruck der Botschaft, dass wir einer potenziellen Win-Win-Situation begegnen werden (vgl. Abschn. 3.2.4 und 3.2.5). Positive und negative Emotionen unterscheiden sich jedoch nicht nur in ihrer Valenz, sondern sie unterscheiden sich auch bezüglich ihrer Intensität und Dauer. Negative Emotionen werden schneller wahrgenommen und wirken stärker und länger nach. Sie binden unsere Aufmerksamkeit stärker, bleiben länger in unserem Gedächtnis verhaftet und können leichter abgerufen werden. Denken wir an das schreiende Baby neben uns im Zugabteil, das unsere Konzentration negativ beeinflusst oder an die höllischen Kopfschmerzen während des Vortrags. Negative Gefühle führen zu einer Einengung unseres Denkens. Evolutionär gesehen erscheint dieses Verhaltensmuster durchaus Sinn zu machen, zumal unsere Vorfahren jeweils sehr schnell zwischen Kampf oder Flucht entscheiden mussten. Positive Gefühle werden von uns im Alltag nicht so schnell bemerkt. Vielleicht liegt es daran, dass positive Emotionen meistens diffuser sind und sich häufig mit anderen Emotionen überlappen. (Blickhan 2018, S. 73–74)

Im Zusammenhang mit der Wirkung positiver Emotionen auf das Wohlbefinden und die Lebensdauer wird in der Literatur auf die ungewöhnliche „Nonnenstudie" des Alzheimerforschers David Snowdon (geb. 1952) und seines Forscherteams hingewiesen. Rund 600 amerikanische Nonnen nahmen an der Langzeitstudie teil. Sie waren bereit, ihre seit ihrem Eintritt in den Orden persönlich verfassten Notizen in ihren Tagebüchern offenzulegen. Zudem erlaubten die Nonnen den Forschern, dass ihre Gehirne nach dem Tod auf degenerative Veränderungen untersucht werden durften. Die Forscher untersuchten die gesammelten Texte auf positive emotionale Wörter sowie generell in Bezug auf eine positive Haltung der Nonnen. Die Ergebnisse der Studie zeigten auf, dass die Grundstimmung der Nonnen einen Einfluss auf die Gesundheit im hohen Lebensalter sowie auf die Lebensdauer hatte. Diejenigen Nonnen, in deren Texten eine positive Grundstimmung bescheinigt werden konnte, lebten im Durchschnitt länger. Ihre Gehirne wiesen zudem deutlich weniger Anzeichen von Alzheimer auf. Die Nonnenstudie gab wichtige Hinweise auf die Bedeutsamkeit positiver Emotionen auf die Lebensqualität, geistige Gesundheit und Lebensdauer. (Blickhan 2018, S. 44–45; Ebner 2019, S. 118)

▶ **Wichtig** Mit Blick auf die Erkenntnisse der Positiven Psychologie haben Führungskräfte und Organisationen gute Gründe, sich tiefer mit der Kraft der positiven Emotionen zu beschäftigen. Sie scheinen eine noch allzu wenig entdeckte und genutzte Ressource für Wohlbefinden, Motivation und Leistung der Mitarbeitenden zu sein.

Der amerikanische Psychologe und Wissenschaftsjournalist Daniel Golemann (geb. 1946) zeigte bereits in seinem im Jahr 1995 erschienenen Buch „Emotionale Intelligenz" (Goleman 1998) die Bedeutsamkeit der Bedürfnisse und Emotionen im Führungskontext auf. Er hat mit seinem damaligen Bestseller zur Emotionalität die bislang gültige Erfolgsformel des rational orientierten Intelligenzquotienten IQ vom Sockel geholt. Nicht nur unsere rationalen Fähigkeiten garantieren privaten wie beruflichen Erfolg, emotionale Fähigkeiten sind ebenso wichtig. Mit dem sogenannten „Emotionalen Quotienten" EQ beschrieb Daniel Coleman diejenige Intelligenz, die sich im Umgang mit menschlichen Gefühlen zeigt.

3.3.6 Tugenden und Stärken

Gemäß Seligman entsteht und wächst die Lebenszufriedenheit, wenn Menschen ihre Tugenden und Stärken erkennen, nähren, pflegen und täglich sinnvoll einsetzen. In der Glücksforschung wurden für die empirischen Untersuchungen Kriterien definiert, die

Tugenden beziehungsweise Stärken charakterisieren: Sie müssen nach Seligman in praktisch allen Kulturen hoch geschätzt werden – und zwar nicht nur als Mittel zu anderen Zwecken. Und sie müssen formbar sein. Laut Seligman werden in allen Kulturen die folgenden **Kerntugenden** als wichtig erachtet: Weisheit und Wissen, Liebe und Humanität, Mut, Gerechtigkeit, Mäßigung, Spiritualität und Transzendenz. Seligman weist dabei jeder Tugend bestimmte Charakterstärken zu. (Seligman 2012, S. 60–66)

Charakterstärken operationalisieren die Konstrukte der Kerntugenden: Sie zeigen konkrete Wege und Verhaltensweisen auf, die Tugenden zu erreichen beziehungweise in die Tat umzusetzen. Die Psychologin Daniela Blickhan hat in ihrem Grundlagenbuch zur Positiven Psychologie basierend auf den Erkenntnissen der Psychologen Christopher Peterson (1950–2012) und Martin Seligman sowie Untersuchungen des VIA Institute on Character insgesamt 24 Charakterstärken beschrieben, die sich den sechs bereits genannten Kerntugenden zuordnen lassen und kulturübergreifend universelle menschliche Qualitäten beschreiben (Blickhan 2018, S. 110–118):

> **Die 24 Charakterstärken**
> **Weisheit und Wissen**: Neugier, Liebe zum Lernen, Kreativität, Aufgeschlossenheit
> **Liebe und Humanität**: Freundlichkeit, soziale Intelligenz, Bindungsfähigkeit
> **Mut**: Tapferkeit, Lebenskraft, Ausdauer, Authentizität
> **Gerechtigkeit**: Fairness, Teamfähigkeit, Loyalität, Führungsvermögen
> **Transzendenz**: Dankbarkeit, Hoffnung, Humor, Sinn für das Schöne und Gute, Spiritualität
> **Mäßigung**: Bescheidenheit, Umsicht, Selbstregulation, Vergebungsbereitschaft

Stärken sind individuelle, überdauernde Muster von Gedanken, Gefühlen und Verhalten, die Energie geben und Leistung ermöglichen. Menschen lassen sich nicht auf einzelne isolierte Stärken reduzieren, sondern verfügen über ein Set an Stärken, welches sich im Verlauf des Lebens verändert. Nicht genutzte Stärken treten in den Hintergrund oder verkümmern sogar. Häufig genutzte Stärken etablieren sich und werden selbstverständlich eingesetzt. Ob eine Eigenschaft eine Stärke ist oder nicht, ist sehr kontextbezogen. Neugier kann für das kontinuierliche Lernen eine Stärke sein. Wenn wir aber aus Neugierde stets im Leben anderer rumschnüffeln, kann es ebenso eine Schwäche sein.

Wir Menschen sind genetisch bedingt immer wieder versucht, bei uns selbst wie bei anderen auf Schwächen zu fokussieren. Sobald wir über Stärken diskutieren, sei es in der Führung von Mitarbeitenden, im Coaching, in der Kindererziehung, in der Schulung, sind wir unweigerlich versucht, wiederum auf Schwächen zu sprechen zu kommen: „Das könntest du besser machen, das war nicht so toll etc.". Die Korrektur von Fehlern ist kulturell tief in uns verankert. Zentrales Thema der Positiven Psychologie ist es, den Fokus auf unsere Stärken zu setzen. Metaphorisch gesprochen sind sie der Wind im Segel, damit wir uns überhaupt in Bewegung setzen können.

3.3.7 Positive Leadership

In der Führungsforschung hat sich parallel zur Entwicklung der Positiven Psychologie der „Positive Leadership" Ansatz entwickelt, welcher eine ressourcen- und stärkenorientierte Haltung in der Führung sowie Aspekte einer potenzialfördernden Organisationskultur beinhaltet. Positive Leadership fußt auf den Erkenntnissen der Positiven Psychologie sowie der Hirnforschung beziehungsweise des Neuroleadership. Die Erkenntnisse aus diesen Wissenschaftsgebieten geben dabei durchaus genügend Grund zur Annahme, dass eine Führungskultur, welche die grundlegenden Bedürfnisse von Mitarbeitenden bewusst oder unbewusst berücksichtigt, gleichzusetzen ist mit einer menschlichen Führung, die langfristig auch zu finanziellem Erfolg führt.

Sucht man in der Literatur nach einer einheitlichen Definition von „Positive Leadership", wird man nicht wirklich fündig, zumal sich in den letzten Jahren in der Managementliteratur eine Vielzahl an unterschiedlichen Modellen und Konzepten entwickelt haben. Die einen untersuchen den Impact von Führungsverhalten auf die Emotionen von Mitarbeitenden, andere beleuchten die positive Haltung von Führungskräften. (Krizantis et al. 2017, S. 102–104)

Positive Leadership will eine Arbeitskultur des Flow erzeugen: Der Fokus wird vor allem auf das Erleben der Arbeit in der Gegenwart gelegt. Die Arbeit soll um ihrer selbst willen motivierend und positiv erlebt werden und nicht als Instrument zur Zielerreichung. (Seliger 2014, S. 84–86)

Die Instrumente und Konzepte, mit denen Positive Leadership arbeitet, haben alle eine gemeinsame Idee: den Blick auf die Erkennung und Entwicklung von Stärken, Ressourcen, Talenten und Potenzialen von Mitarbeitenden zu richten anstelle der vergangenheitsorientierten, defizitären Analyse. Positive Leadership soll positive Emotionen aktivieren, bei der Führungsperson selbst, bei den Mitarbeitenden sowie auch in der Organisation.

Unter der Vielfalt an Führungsmodellen und -konzepten zu Positive Leadership überzeugen mich als Beraterin und Coach insbesondere das Modell des „Psychologischen Kapitals", der Ansatz „Positive Organizational Scholarship" sowie die beiden praxisorientierten Methoden „Solution Focused Approach" und „Appreciate Inquiry". Dabei möchte ich jedoch darauf hinweisen, dass deren Anwendung alleine nicht genügt. Damit diese Methoden ihre volle Wirkung entfalten und einen Nutzen für die Mitarbeitenden und schlussendlich die Organisation erbringen, ist eine entsprechende positive Haltung im Sinne der Positiven Psychologie essenziell.

Psychologisches Kapital (PsyCap)
Fred Luthans (geb. 1939), ehemaliger Seniorforscher des Markt- und Meinungsforschungsinstituts Gallup und emiritierter Professor der Universtität Nebraska, entwickelte auf der Basis eigener empirischer Forschungen das Konzept des „Psychologischen Kapitals" (PsyCap), mit dem der positive psychologische Entwicklungsstand eines Menschen beschrieben wird. Das Psychologische Kapital bildet sich gemäß Luthans aus den folgenden **vier Komponenten** (Luthans et al. 2007; Ebner 2019; S. 51–53):

- Selbstwirksamkeit
- Optimismus
- Hoffnung
- Widerstandsfähigkeit

Diese vier Eigenschaften, die sich in der Arbeitswelt positiv auf die Leistung auswirken können, sind bei jedem Menschen unterschiedlich ausgeprägt. Die Eigenschaft der „Selbstwirksamkeit" umfasst das Vertrauen des Individuums, die erforderlichen Anstrengungen unternehmen zu können, um eine Herausforderung beziehungsweise Aufgabe erfolgreich zu meistern. Die Komponente „Optimismus" umfasst die positive Zuschreibung über den heutigen und zukünftigen Erfolg der eigenen Anstrengungen. Die dritte Komponente „Hoffnung" umschreibt die Haltung des Menschen, sich beharrlich auf Ziele auszurichten und bei Bedarf neue Wege zu finden, um diese zu erreichen. Die Eigenschaft der „Widerstandsfähigkeit" umfasst die Fähigkeit, mit Problemen und Widerständen dahingehend umgehen zu können, dass trotzdem Erfolge erzielt werden können. Verschiedene Studien haben gezeigt, dass ein hoher Entwicklungsstand dieser vier Eigenschaften – sprich: ein ausgereiftes psychologisches Kapital – positive Auswirkungen auf verschiedene Bereiche des Arbeitslebens haben kann: auf die körperliche und psychische Gesundheit, die Arbeitszufriedenheit, Arbeitssicherheit, Leistung und sogar auf die Fluktuation. Ebenso konnte in weiterführenden Studien aufgezeigt werden, dass das psychologische Kapital einer Führungsperson einen Impact auf das psychologische Kapital der Mitarbeitenden hat. (Ebner 2019; S. 51–53)

Der Wirtschafts- und Organisationspsychologe Markus Ebner (2019) hat in seinen Forschungsarbeiten zu Positive Leadership das Psychologische Kapital um einen weiteren Faktor, den sogenannten Faktor „Followership" ergänzt: Diese Erweiterung des PsyCap-Modells von Luthans liegt der Überlegung Ebners zu Grunde, dass das Psychologische Kapital einer Führungsperson erst dann als „Positive Leadership" bezeichnet werden kann, wenn es stark ausgeprägt ist und zudem bei der Führungsperson selbst überhaupt der bewusste Wunsch nach Beeinflussung der Mitarbeitenden besteht. So konnten Tests seines Forschungsteams mit 800 Führungskräften nachweisen, dass Führungskräfte mit einem hohen PsyCap sowie einem hohen Grad an Followership ihre Führungsarbeit als deutlich weniger belastend empfinden. Gemäß Ebner zeigen eine Vielzahl von Studien auf, dass insbesondere die Ausprägung folgender Persönlichkeitsmerkmale von Führungskräften einen signifikanten Einfluss auf die Motivation und Leistung von Mitarbeitenden haben: Offenheit für Erfahrungen, Gewissenhaftigkeit, Extravertiertheit, Verträglichkeit und Emotionale Liabilität. (Ebner 2019; S. 54–56)

Positive Organizational Scholarship (POS)

Der Ansatz „Positive Organizational Scholarship" (POS) ist ein weiteres Beispiel für die radikale Ressourcenorientierung im Positive Leadership. POS wurde ursprünglich vom amerikanischen Universitätsprofessor Kim Cameron (geb. 1946) entwickelt. POS dient als eine Art Denkrahmen und beschreibt vier Führungsstrategien, die dazu führen können, dass die Resultate respektive Leistungen eines Unternehmens in Bezug auf Effektivität, Effizienz, Qualität, Ethik, Beziehungen, Ökonomie und Anpassungen über der erwarteten Norm liegen. In verschiedenen Studien in Unternehmen wurden die positiven Abweichungen entlang dieser Kriterien gemessen und untersucht, bei welchen Ereignissen Organisationen „über sich selbst gewachsen" sind, also die eigenen Ziele und Erwartungen übertroffen haben. Kim Cameron und sein Forschungsteam sind zu der Erkenntnis gekommen, dass folgende **vier Führungsstrategien** zentral sind (Cameron 2013; Ebener 2019, S. 57–62):

Führungsstrategien nach dem POS Ansatz
Positives Klima: Förderung von Dankbarkeit, Empathie und Vergebungsbereitschaft
Positiver Sinn: Beeinflussung des Wohlbefindens, eigene Verbindung mit persönlichen Werten, Sichtbarmachen größerer Zusammenhänge, Aufbau von Gemeinschaften
Positive Kommunikation: „Best-Self" Feedbacks erhalten, unterstützende Kommunikation
Positive Beziehungen: Bildung von Energienetzwerken und Ausbau von Stärken

---

Der POS-Ansatz ist weniger eine Führungstheorie als vielmehr ein Makroansatz auf organisationaler Ebene und dient als wertvolles Rahmenmodell dazu, wie Positive Psychologie zu einer leistungsförderlichen und gleichzeitig menschenfreundlichen Unternehmenskultur beitragen kann. In seinen späteren Publikationen spricht Cameron von Kultur und Werthaltungen. Er kam in seinen Untersuchungen zu dem Schluss, dass der Erfolg vieler Unternehmen, wie zum Beispiel Apple, HP oder Pixar, nicht der Marktsituation, sondern der positiven Unternehmenskultur zuzuschreiben war, welche außergewöhnliche Leistungen ermöglichte. (Cameron 2013)

Solution Focused Approach
Führung hat sehr viel mit Problemlösung zu tun. Nach der alten Denkweise werden Probleme negativ beurteilt und müssen entsprechend schnell beseitigt werden. Wenn wir jedoch eine systemische Denkweise (mehr Details dazu im folgenden Abschn. 3.4) sowie die Erkenntnisse der Positiven Psychologie und Neurowissenschaften (vgl. Abschn. 3.2) anwenden, lassen sich Probleme aus verschiedenen Perspektiven betrachten: Aus konstruktivistischer wie auch aus neurobiologischer Sicht sind Probleme nichts anderes als aus unserer individuellen Sicht negativ bewertete Ereignisse beziehungsweise Situationen. Es sind individuelle Konstrukte: Für die eine Führungsperson stellt ein Konflikt im Team ein Problem dar, für eine andere Person ist es eine willkommene Gelegenheit, gewisse Dinge endlich zu klären. Aus systemischer Sicht sind Probleme selbst Systeme, die durch Menschen geschaffen und genährt werden. Es kommt also darauf an, wie wir uns selbst als Teil innerhalb des Systems verhalten. Aus kybernetischer Sicht sind Probleme oft das Ergebnis

von komplexen Wechselwirkungen. Der genaue Ursache-Wirkung-Zusammenhang kann oft nicht auf einfache Art und Weise erklärt werden. Die Führungsperson vertraut den Mitarbeitenden nicht, weil sie die erwartete Leistung nicht erbringen. Die Mitarbeitenden sind nicht motiviert, weil sie das Gefühl haben, dass der Vorgesetzte kein Vertrauen hat und sie immer kontrolliert. Wenn wir jedoch zur Lösung von Problemen in der Vergangenheit und in Schuldzuweisungen verharren und analysieren, kommen wir nicht weiter. (Seliger 2014, S. 84–86)

> „Probleme kann man niemals mit derselben Denkweise lösen, durch die sie entstanden sind."
> Albert Einstein

Der amerikanische Psychotherapeut Steve de Shazer (1940–2005) hat gemeinsam mit seiner Frau, der Psychotherapeutin Insoo Kim Berg (1934–2007), den „Solution Focused Approach" entwickelt, der auch lösungsfokussierte Kurzzeittherapie genannt wird (De Shazer 2019). Dieser Ansatz basiert unter anderem auf den Erkenntnissen des Konstruktivismus sowie den Forschungsergebnissen im Bereich der Kommunikation, Psychotherapie und Familientherapie verschiedener Wissenschaftler des Mental Research Institute (MRI) in Palo Alto in Kalifornien. Der lösungsorientierte Ansatz geht von der Annahme aus, dass es für die Problemlösung dienlicher ist, sich auf Wünsche, Ziele und Ressourcen zu fokussieren anstatt auf Probleme und deren Entstehung. Steve de Shazer stellte fest, dass in der Psychotherapie eine lösungsorientierte Sprache fehlt, zumal sich diese immer mit psychischen Problemen beschäftigte. Er richtete mit seinem Ansatz den Fokus auf eine „Theorie der Lösungen" weg von der „Problemhypnose". Gemäß de Shazer können Lösungen unabhängig von den Problemen und deren Ursachen entwickelt werden. Treffender könnte er mit seinem bekannten Zitat den Ansatz nicht formulieren:

> „Problem talk creates problems, solution talk creates solutions." Steve de Shazer

Im lösungsfokussierten Ansatz bewegt man sich von Anfang an im Raum der Lösungen anstatt sich mit umfangreichen Problemanalysen zu beschäftigen. Vergangenheitsorientierte Problemanalysen führen oftmals nicht zu Lösungen, sondern zu Beschuldigungen, Angriffen, Rechtfertigungen und als Konsequenz meistens zu Demotivation. Das Radikale am lösungsfokussierten Ansatz ist das Bekenntnis zur Einfachheit und das Erkennen und Verstärken der „positiven Unterschiede". Oftmals ist es hilfreicher, unvoreingekommen zu beobachten und zu erfragen, welche kleinen positiven Schritte zu einer gewünschten Situation hinführen. Positive Veränderungen in kleinen Schritten sind viel effektiver als ein gutgemeinter großer Wurf. Untenstehende lösungsorientierten Fragen sind dabei besonders hilfreich, um sich auf Lösungen zu fokussieren (De Shazer 2019, S. 20–28; Seliger 2014, S. 85–86):

Lösungsorientierte Fragen nach Steve de Shazer

- **Ausnahmen herausfinden**: In welchen Situationen zeigt sich das Problem nicht? Was ist dann anders?
- **Ziele definieren**: Was möchten wir erreichen? Was haben wir bereits unternommen? Was haben wir noch nicht unternommen? Welche Alternativen haben wir?
- **Ressourcen erfragen**: Was oder wer könnte uns bei der Lösungsentwicklung unterstützen? Was oder wer hilft uns bereits jetzt?

Insbesondere bekannt sind die Skalierungsfragen von de Shazer:

- „Wo auf einer Skala von 1–10 stehen wir im Moment?"
- „Wie wäre die Situation, wenn wir auf der Skala einen Punkt weiter wären? Was wäre dann anders?"

Appreciate Inquiry (AI)

Ein ähnlicher Ansatz ist die von den amerikanischen Professoren und Change Management-Beratern David Cooperrider (geb. 1954) und Diana Whitney (geb. 1948) entwickelte Methode des „Appreciate Inquiry" (AI) zur Gestaltung von Veränderungsprozessen. Die Grundidee dieses ressourcenorientierten Ansatzes ist, dass sich Menschen und Systeme in diejenige Richtung bewegen, in welche sie blicken. Deshalb sollten wir bei einem Problem nicht mit der Ursachenanalyse ansetzen, sondern zuerst ein Zukunftsbild für die mögliche Lösung bauen. (Seliger 2014, S. 86–88).

AI setzt bewusst den Fokus auf die Ressourcen eines Menschen beziehungsweise eines Systems. Man erfragt bei dieser Methodik konsequent, welche Ressourcen, Stärken und Potenziale für das skizzierte Zukunftsbild bereits vorhanden sind und konkretisiert darauf basierend die Vision. In der AI werden folgende Phasen durchschritten:

Phasen des AI-Prozesses

1. Definition: Definition des Veränderungsziels
2. Discovery: Bestehende Stärken/Ressourcen entdecken, erkennen und verstehen
3. Dream: Visionen entwerfen
4. Design: Vision konkretisieren
5. Deliver: Umsetzung

AI umfasst dabei drei Dimensionen: Eine wertschätzende Haltung („Appreciation") für die bereits vorhandenen Ressourcen und Potenziale einer Person oder einer Organisation, das Instrument des Interviews („Inquiry") beziehungsweise die systemweite Befragung in Bezug auf Ressourcen und Potenziale sowie das Prozess-Modell der Veränderung. Das Interview bildet das Herzstück der Methode und fußt auf den Prinzipien der lösungs-fokussierten Fragetechnik nach de Shazer (Seliger 2014, S. 88–90).

Die verschiedenen Methoden und Ansätze des Positive Leadership verfolgen alle ein ähnliches Ziel: auf Ressourcen bauen und positive Emotionen aktivieren und zwar auf der individuellen Ebene der Führungskräfte, der Mitarbeitenden sowie auch auf der organisationalen Ebene. Über die Wirksamkeit dieser ressourcenorientierten Ansätze liegen mittlerweile verschiedene Studien vor. Mit Blick auf die Erkenntnisse der Positiven Psychologie und der Neurowissenschaften, wonach positive Impulse das Belohnungs-zentrum aktivieren und positive, bestärkende Emotionen auslösen, sind die positiven Effekte der Methode von Positive Leadership nachvollziehbar. So erstaunt es nicht, dass diese Instrumentarien inzwischen zum Standard in der Therapie, in der Beratung und im Coaching geworden sind.

3.4   Systemisches Denken: Abschied vom linear-kausalen Denken

Grundlage und Ausgangspunkt des Paradigmas der Moderne war die Technik und ihre Errungenschaften. Alles wurde als Maschine betrachtet und in einem vereinfachten Ursache-Wirkungs-Zusammenhang gesehen. Das Systemische Denken hingegen erlaubt einen differenzierteren wie auch realitätsbezogeneren Blick auf lebende Systeme und ermöglicht, die Schwachstellen des linearen Denkens mit einer ganzheitlicheren Sicht zu ergänzen.

▶ **System** Der Begriff „System" stammt ursprünglich aus dem Griechischen und bedeutet „zusammenstehen" beziehungsweise so viel wie „ein Ganzes, das im Zusammen-wirken von Teilen besteht".

Bereits Aristoteles dachte mit seiner Aussage „das Ganze ist mehr als die Summe seiner Teile" systemisch. Prägend für das Systemische Denken waren unter anderen die Philosophen Gianbattista Vico (1668–1744) und Jean Jacques Rousseau (1712–1778) sowie der deutsche Dichter und Naturforscher Johann Wolfgang von Goethe (1749–1832). Ebenso beeinflussten der Priester Gregor Johann Mendel (1822–1884) und der Naturwissenschafter Charles Darwin (1809–1882), auf deren Fundamenten die moderne Genetik und Evolutionsbiologie aufbaute, das systemische Weltbild. (Königswieser und Hillebrand 2019, S. 22–25)

Der Begriff „Systemisches Denken" bezeichnet ein relativ junges Wissenschaftsfeld und repräsentiert gleichzeitig in sich selbst ein wissenschaftliches Paradigma, welches in vielen Wissenschaftsdisziplinen Einzug gehalten hat. Seine Ursprünge und Grundlagen

liegen vor allem in der Mathematik, Biologie und Physik. Insbesondere die Relativitätstheorie und Quantenphysik haben einen großen Beitrag zum systemischen Verständnis
geleistet. Auffallend ist, dass die Wissenschaftler, die den Systemischen Ansatz hervor-
brachten, mehrheitlich Universalgelehrte (Naturwissenschaftler, Mathematiker, Philosophen, teils Psychologen etc.) waren und entsprechend in unterschiedlichen Wissens-
bereichen forschten. Dies erscheint aus heutiger Sicht eine glückliche Fügung wie auch
eine wichtige Grundlage zu sein für die Entstehung dieses sehr interdisziplinären Wissen-
schaftsfelds.

▶ **Systemisches Denken** Beim Systemischen Denken wird die Welt als ein organisiertes
Ganzes verstanden, in dem jedes Element von allen anderen Elementen beeinflusst wird
und diese selbst auch wieder beeinflusst. Systemisches Denken beschäftigt sich mit der
Komplexität und den Wechselwirkungen lebender Systeme.

Unser Leben ist komplexer, als wir auf den ersten Blick wahrnehmen. Wir bewegen uns
in unserem Alltag in einem vielschichtigen und vielfältigen Netzwerk an verschiedenen
Systemen und Subsystemen. Als Mutter bin ich ins System Familie eingebettet, gleichzeitig ins Subsystem Partnerschaft mit meinem Mann. Als Beraterin und Coach tauche ich
immer wieder ein in verschiedene Organisationssysteme, die meine Beratungsleistungen
in Anspruch nehmen. Die Bürogemeinschaft in Zürich, in der ich mit meiner Beratungsfirma eingemietet bin, bildet ein eigenes System mit verschiedenen Menschen aus unterschiedlichen Beratungsunternehmen, die selbst wieder eigene Systeme bilden. Und wenn
ich abends als Dozentin an der Fachhochschule unterrichte, bewege ich mich wieder in
einem völlig anderen Kosmos. Als Mensch aus Fleisch und Blut bin ich ebenso ein eigenes
System mit verschiedenen Organen wie zum Beispiel Herz, Nieren, Leber und Gehirn, die
ebenfalls wieder eigene Systeme bilden. Jedes System beinhaltet wieder Systeme in sich
und jedes System ist Teil eines übergeordneten, größeren Systems. Systeme, Subsysteme
und deren einzelne Elemente sind durch komplexe, dynamische Wechselbeziehungen miteinander verbunden.

In meiner Schulzeit wie auch während meines Studiums der Wirtschaftswissenschaften
wurden wir insbesondere im analytischen Denken ausgebildet. Und wenn ich heute unserer Tochter und unserem Sohn bei den Hausaufgaben über die Schultern blicke, erkenne
ich immer noch den gleichen analytischen Fokus in den verschiedenen Studien- beziehungsweise Schulfächern. Wir sind mit dem Ursache-Wirkungs-Denken aufgewachsen
und es hat sich über die Jahre als Automatismus in unseren Köpfen eingegraben. So erstaunt es denn auch nicht, wenn Führungskräfte oftmals schnell und unbewusst linear-
kausal denken, urteilen und entscheiden: „Unsere Mitarbeiterin kann die Leistung nicht
erbringen, weil sie noch zu wenig Erfahrung im Fachgebiet hat." Mit diesem
Einbahnstraßen-Denken werden die Unternehmenskultur, die Teamdynamik, das
Führungsverständnis und -verhalten und viele andere wichtige Aspekte im Unternehmen
außer Acht gelassen. Systemisches Denken hingegen erweitert die Perspektive: Könnte es
sein, dass die Mitarbeiterin die Leistung nicht erbringt, weil die Kongruenz zwischen

Aufgaben, Kompetenzen und Verantwortung nicht stimmt? Inwiefern hat das Team einen Einfluss auf ihre Leistung? Und wie sieht es mit meinem Führungsstil aus? Welches ist meine Haltung der Mitarbeiterin gegenüber? Schenke ich ihr mein volles Vertrauen und traue ich ihr die Aufgaben zu? Kontrolliere ich zuviel oder zu wenig?

Systemisches Denken ermöglicht uns, die Komplexität von Situationen differenzierter wahrzunehmen, darüber zu reflektieren und damit umzugehen. Es hat eine völlig neue Perspektive auf Menschen und Organisationen hervorgebracht. Systemisches Denken unterscheidet dabei zwischen „trivialen" (nicht lebenden) Systemen, wie zum Beispiel Maschinen oder Gebäuden und „nicht-trivialen" (lebenden) Systemen wie Menschen, Tieren, Pflanzen, Ökosystemen sowie sozialen Systemen. Insbesondere die Biologie und Neurowissenschaften sowie die Soziologie und Psychologie schaffen dabei die wissenschaftliche Basis für die Erkenntnisse über lebendige Organismen. Die chilenischen Biologen Humberto Maturana (1928–2021) und Francisco Varela (1946–2001) haben mit ihrem Buch „Der Baum der Erkenntnis", in welchem sie die Entwicklung des Lebens mit der biologischen Theorie der Kognition und dem Konzept der Autopoiese erklären, die systemische Denkweise stark geprägt, ebenso der bekannte Gehirnforscher Gerald Hüther (geb. 1951). Auch werden unter anderen der Biophysiker Heinz von Förster (1911–2002) zum systemischen Wissensfeld gezählt, wie auch der bekannte Kommunikationswissenschaftler Paul Watzlawick (1921–2007), der als radikaler Konstruktivist wichtige Erkenntnisse zu Kommunikation und Wahrnehmung hervorbrachte. (Königswieser und Hillebrand 2019, S. 22–25)

Systemisches Denken basiert einerseits auf systemtheoretischen Überlegungen, welche die Organisation, Funktionen und Interaktionen von Systemen und Situationen betrachten, und andererseits auf konstruktivistischen Annahmen. So können wir zum Beispiel bei einem Teamkonflikt durch die Betrachtung aus mehreren Perspektiven mehr Komplexität schaffen oder durch das Einnehmen einer Außen-Perspektive die Komplexität reduzieren. Systemisches Denken und Handeln beinhaltet dabei die Ebene der Diagnose sowie die Ebene der Intervention, also die Wahl und Umsetzung anschlussfähiger Handlungen.

Wichtige systemische Schlüsselbegriffe beim Systemischen Denken umfassen insbesondere (Königswieser und Hillebrand 2019, S. 23):

Schlüsselbegriffe Systemischen Denkens
- Ordnung versus Unordnung
- Übergang von Chaos in Ordnung und von Ordnung in Chaos
- Dauerhaftigkeit versus Veränderlichkeit
- Abgrenzung versus Kommunikation
- Information/Formierung versus Deformation
- Komplexität versus Einfachheit
- Differenz versus Gleichgewicht

Systemisches Denken mit seinen Beschreibungs- und Erklärungsmodellen wird überall da eingesetzt, wo es um komplexe Wechselwirkungen und dynamische Veränderungen geht. Es besteht insbesondere aus den drei Themenfeldern: Kybernetik, Konstruktivismus und Systemtheorie. Mit diesen drei bedeutenden Wissenschaftsfeldern steht das Systemische Denken für ein völlig neues Welt-, Menschen- und Führungsbild und hat sich in den vergangenen Jahrzehnten in zahlreichen Praxisfeldern, beispielsweise in der systemischen Familientherapie, in der systemischen Organisationsberatung und im systemischen Coaching etabliert.

Systemisches Denken ist ein Denkansatz, der komplexe Zusammenhänge, Verbindungen und Wechselwirkungen von Systemen differenziert betrachtet und am besten geeignet ist, die Mehrdeutigkeit und Dynamik der heutigen Zeit zu verstehen und Antworten darauf zu finden.

3.4.1 Kybernetik

Die Kybernetik kann als eigentlicher Ausgangspunkt des Systemischen Denkens betrachtet werden. Sie geht auf deren Begründer, den Mathematiker und Philosophen Norbert Wiener (1894–1964), zurück, der die Funktionsweise von rückgekoppelten Systemen untersuchte. Als bekanntes, typisches Beispiel eines kybernetischen Prinzips wird in diesem Kontext der Thermostat genannt, der aufgrund der Abweichung zwischen Soll-Temperatur und Ist-Temperatur im Rahmen eines Rückkoppelungsmechanismus die Wärmezufuhr so regelt, dass sich die beiden Werte wieder angleichen. Wiener hat die Analogie zwischen diesen komplexen Rückkoppelungsmechanismen und der Funktionsweise des menschlichen Gehirns sowie sozialer Organisationen beschrieben. Der Kybernetik liegt die Erkenntnis zugrunde, dass lebende Systeme in Form von Regelkreisen und vielfältigen, unberechenbaren Wechselwirkungen funktionieren. Sie sind so gestaltet, dass es keinen eindeutigen, linearen Ursache-Wirkungs-Zusammenhang gibt. Die Funktionsweise lebender Systeme lässt sich nicht wie bei Maschinen nach dem linearen „Input-Output Prinzip" erklären. Ausgehend von den Erkenntnissen Norbert Wieners definierte Antony Stafford Beer (1926–2002) die Management-Kybernetik, indem er die Gesetze der Kybernetik auf das Management und die Führung von Unternehmen übertrug (vgl. Abschn. 2.4.4). Mit seinem kybernetischen Managementdenken wurde das lineare Ursache-Wirkungsdenken in der Unternehmensführung durch eine zirkuläre Betrachtung von Kausaliäten ersetzt. (Cwarel ISAF Institute 2021)

Die Erforschung der Funktionsweise lebender Systeme, wie dies in den Naturwissenschaften wie Biologie, Medizin und insbesondere Neurowissenschaft geschieht, gehörte zur Basisarbeit der Pioniere der Kybernetik. Die Naturgesetze in der Biologie und insbesondere des menschlichen Organismus dienten als Vorbild für die Funktionsweise lebender, sozialer Systeme.

▶ **Kybernetik** Die Kybernetik betrachtet Situationen im Kontext zirkulärer Prozesse, in denen es keine eindeutige Steuerung gibt, sondern sich die Dinge in einer komplexen Wechselseitigkeit entwickeln. Das zirkuläre Verständnis der Kybernetik lenkt unsere Aufmerksamkeit auf das Muster des Zusammenwirkens verschiedener Elemente.

Kybernetisches Denken hilft uns im Führungskontext zu verstehen, dass das Verhalten unserer Mitarbeitenden sowie auch unser eigenes Führungsverhalten ein Resultat eines vielschichtigen Prozesses von Abhängigkeiten und Wechselwirkungen zwischen exogenen Einflussfaktoren, der Funktionsweise und Kultur der Organisation sowie der eigenen Haltung und derjenigen der Mitarbeitenden ist. Der kybernetische Denkansatz erlaubt eine differenziertere Betrachtung und Ergründung anspruchsvoller Führungssituationen wie zum Beispiel einen Teamkonflikt oder Widerstände bei Veränderungsvorhaben.

3.4.2 Konstruktivismus

Der Konstruktivismus ist eine Erkenntnistheorie, die als bedeutender Zweig der Philosophie beschreibt, welches die Voraussetzungen für die Erkenntnis, das Entstehen von Wissen und andere Formen von Überzeugungen sind. Es gibt verschiedene Strömungen des Konstruktivismus, teilweise werden diese irrtümlich für übereinstimmend erklärt. Die meisten Ausprägungen des Konstruktivismus gehen von der Annahme aus, dass ein erkannter Gegenstand beziehungsweise eine Situation vom Betrachter selbst konstruiert wird. Die Grundfrage jeder Erkenntnistheorie lautet dabei, ob wir die Welt direkt erkennen können, also einen direkten Zugang zur Realität haben, die uns umgibt. Die Antwort des Konstruktivismus darauf ist, dass wir keinen direkten, unmittelbaren Zugang zur Realität haben.

▶ **Konstruktivismus** Unsere Wahrnehmung ist rein subjektiv, das Resultat der von unserem Gehirn ausgewählten Informationen und deren Interpretation. Unser Gehirn erzeugt kein fotografisches Abbild der Welt, das für alle Menschen objektiv gesehen gleich ist. Unser Gehirn schafft im Rahmen von individuellen neurologischen und psychologischen Wahrnehmungsprozessen ein eigenes, subjektives Bild der Welt, ein sogenanntes „Konstrukt". (Seliger 2014, S. 31)

Wer erinnert sich da nicht an die vortreffliche Geschichte „vom Mann mit dem Hammer" des Philosophen und Kommunikationswissenschafters Paul Watzlawick in seinem bekannten Werk „Anleitung zum Unglücklichsein" – ein Buch, das mich persönlich inspiriert hat und das ich sehr empfehlen kann. Die Geschichte veranschaulicht ganz deutlich, wie wir uns die Realität im Kopf konstruieren: Ein Mann möchte sich von seinem Nachbarn einen Hammer ausleihen. Er steigert sich – bevor er überhaupt beim Nachbarn nachfragt – gedanklich in eine vermeintliche Verschwörung des Nachbarns gegen ihn hinein. Er denkt sich unzählige Gründe aus, weshalb der Nachbar ihm den Hammer verweigern könnte und katapultiert sich so in einen verärgerten Zustand hinein. Als er dann völlig wütend vor der Tür des Nachbars steht und klingelt, schnautzt er diesen an: „Dann behalten Sie den Hammer, Sie Rüpel!" (Watzlawick 2008, S. 37–38)

Unser Gehirn strebt nach Sicherheit. Wir „bauen" uns deshalb im Kopf unsere eigene Welt als Bezugsrahmen und gehen davon aus, dass es sich um die „Wahrheit" oder die „Realität" handelt. Wir organisieren uns die Welt, damit wir sie erfassen und vorhersagen können. Mit dieser Wirklichkeitskonstruktion im Kopf schaffen wir uns selbst Orientierung und finden uns in der Welt zurecht. Neurobiologisch gesehen sind die Hirnareale, die für das Bewerten von Reizen zuständig sind, schneller als diejenigen, die dafür zuständig sind, Dinge zu erkennen und zu verstehen. Deshalb ist es meistens so, dass wir bereits bewerten, bevor wir überhaupt wissen, was es ist. Diese unbewussten Bewertungsprozesse laufen als Hintergrundprozesse in unserem Gehirn ab. Unser Verstand ist dabei nur Beifahrer. Er legt erst dann ein Veto ein, wenn wir unsere Bewertungen auf die Bewusstseinsebene bringen (vgl. Abschn. 3.2.3).

Der Konstruktivismus verleugnet die Wirklichkeit nicht. Er zeigt uns lediglich auf, dass Aussagen, die wir als vermeintlich objektiv, wirklich oder wahr erachten, unserem subjektiven Erleben, der Geschichte und Entwickung und eigenen physischen Möglichkeiten der Wahrnehmung entspringen. Nichts ist objektiv, wirklich oder wahr, sondern subjektiv gefärbt. Der Konstruktivismus läßt uns Abschied nehmen von der Objektivität und absoluten Wahrheit. (Seliger 2014, S. 31)

Treffend bringt es William Shakespeare (1564–1616) im Theaterstück „Hamlet" auf den Punkt:

„There is nothing either good or bad, but thinking makes it so." William Shakespeare

In Bezug auf die Führung von Menschen und Organisationen zeigen uns die Erkenntnisse des Konstruktivismus auf, dass wir als Führungskraft vielfältige Möglichkeiten haben, die Führung von Mitarbeitenden im Unternehmen zu betrachten und zu gestalten. Es gibt keine objektiv richtige oder wahre Sicht auf die Dinge, sondern wir schaffen uns eine subjektive Grundlage für unsere Entscheidungen. Wenn wir eine konstruktivistische Sicht einzunehmen vermögen, relativiert sich die eigene Sichtweise und wir gelangen so zu mehr Reflexionsfähigkeit und Demut im Umgang mit vermeintlich „schwierigen" Situationen oder Menschen.

3.4.3 Soziologische Systemtheorie

Die soziologische Systemtheorie befasst sich mit sozialen Systemen und hat ihre Herkunft in der Soziologie. Um alle möglichen Formen sozialer Systeme zu beschreiben, wurden in der soziologischen Systemtheorie über Jahrzehnte Beziehungsgeflechte wie die Gesellschaft als Ganzes, Paarbeziehungen, Eltern-Kind-Beziehungen, ganze Organisationen wie auch Führungsbeziehungen untersucht. Ein bedeutender Vertreter der soziologischen Systemtheorie ist der deutsche Gesellschaftstheoretiker und Soziologe Niklas Luhmann (1927–1988). Luhmann hat eine umfassende Theorie der Gesellschaft entwickelt, die gleichermaßen für soziale Makrosysteme wie politische Systeme oder auch für soziale Mikrosysteme wie zum Beispiel Eltern-Kind-Beziehungen ihre Gültigkeit hat. Luhmanns Theorie geht von der Kommunikation aus und besagt, dass die Strukturen der Kommunikation in fast allen sozialen Systemen ähnliche Formen aufweisen. Die Systemtheorie stellt das Thema Kommunikation ins Zentrum. Die Kommunikation nach Luhmann umfasst jedoch etwas anderes als der gängige Kommunikationsbegriff, den wir kennen. Luhman beschreibt in seiner Systemtheorie den Begriff Kommunikation als eine Funktion und Einheit, die aus den Elementen Information, Mitteilen und Verstehen besteht und dadurch soziale Systeme erzeugt und erhält, solange die Kommunikation als solche anschlussfähig bleibt und weitergeführt wird. (Luhmann 2018)

Alle sozialen Systeme wie Paarbeziehungen, Gruppen, Teams, Familien, Organisationen bis hin zur Gesellschaft werden durch Kommunikation ins Leben gerufen und durch Kommunikation am Leben erhalten. Entfällt die Kommunikation, stirbt das System. (Simon 2019, S. 16–23)

3.4.4 Mehrbrillen- und Selbststeuerungsprinzip

Alle Ausprägungen des Systemischen Denkens haben eine Gemeinsamkeit: Das systemische Paradigma wendet sich ab vom mechanistischen Modell. Es nutzt das reflektierende Mehrbrillenprinzip und betont die Selbststeuerung von Systemen. Systemisches Denken ist die passende Antwort auf die Dynamik, Komplexität, Unsicherheit und Mehrdeutigkeit unserer Welt und deren vielfältigen Systeme, die sich nicht einfach (fremd-)steuern lassen. Es berücksichtigt den Kontext und die Nützlichkeit und Anschlussfähigkeit von Lösungen statt „richtig oder falsch" beziehungsweise „schuldig oder unschuldig". Unser veraltetes lineares Denken folgt einer formalen Logik und möchte Widersprüche ausschließen. Systemisches Denken bezieht Widersprüche ein. Das Systemische Denken hat sich zu einem Denkansatz entwickelt, der am besten für das Verständnis der heutigen Komplexität geeignet ist. (Königswieser und Hillebrand 2019, S. 18).

▶   **Wichtig** Im Führungskontext bedeutet Systemisches Denken, als Führungskraft den Blick zu erweitern, verschiedene Perspektiven einzunehmen und offen für verschiedene Möglichkeiten zu sein. Es gibt nicht den „one best way". Insbesondere bei der Umsetzung von Veränderungsprojekten und im Umgang mit Widerständen ist diese Art des Denkens sehr hilfreich beziehungsweise unerlässlich.

Literatur

Blickhan, D. (2018). *Positive Psychologie. Ein Handbuch für die Praxis*. Paderborn: Junfermann.
Cameron, K. (2013). *Practicing Positive Leadership. Tools and Technique That Create Extraordinary Results*. San Francisco: Berrett-Koehler.

Cwarel Isaf Institute (2021). Die Pionierarbeit von Stafford Beer. Online: www.kybernetik.ch/fs_beer.html. Zugegriffen: 20.09.2021.

De Shazer, S. (2019). *Der Dreh. Überraschende Wendungen und Lösungen in der Kurzzeittherapie.* Heidelberg: Carl-Auer.

Diener, E. (1984). Subjective Well-Being. Psychological Bulletin 1984. Vol. 95. No. 3, S. 542-575. Online: https://papers.ssrn.com/sol3/papers.cfm?abstract_id=2162125. Zugegrifen: 16.10.2021.

Draht, K. (2015). *Neuroleadership. Was Führungskräfte aus der Hirnforschung lernen können.* Freiburg: Haufe.

Ebner, M. (2019). *Positive Leadership. Erfolgreich führen mit PERMA-Lead: die fünf Schlüssel zu High Performance.* Wien: Facultas.

Elger, C. (2013). *Neuroleadership. Erkenntnisse der Hirnforschung für die Führung von Mitarbeitern.* Freiburg: Haufe.

Frankl, V. (2020). *Über den Sinn des Lebens.* Weinheim Basel: Beltz.

Fredrickson, B. (2011). *Die Macht der guten Gefühle. Wie eine positive Haltung Ihr Leben dauerhaft verändert.* Frankfurt/New York: Campus.

Goleman, D. (1998). *Emotionale Intelligenz.* München: DTV.

Jänke, L. (2017). *Lehrbuch Kognitive Neurowissenschaften.* Bern: Hogrefe.

Klaus-Grawe-Institut für Psychologische Therapie, www.klaus-grawe-institut.ch/blog/1205/. Zugegriffen: 08.04.2021.

Königswieser, R., & Hillebrand, M. (2019). *Einführung in die systemische Organisationsberatung.* Heidelberg: Carl Auer.

Krizantis, J., Eissing, M., & Stettler, K. (2017). *Reinventing Leadership Development. Führungstheorien – Leitkonzepte – radikal neue Praxis.* Stuttgart: Schäffer-Poeschel.

Linley P., & Joseph S. (2012). *Positive Psychology in Practice.* Hoboken: Wiley.

Luhmann, N. (2018). *Soziale Systeme. Grundriss einer allgemeinen Theorie.* Frankfurt: Suhrkamp.

Luthans, F., Youssef, C. M. & Avolio, B. J. (2007). *Psychological Capital.* Oxford: Oxford University Press.

Peterson, C., & Seligman, M. (2004). *Character Strenghts and Virtues.* New York: Oxford Universtity Press.

Priess, A., & Spörer, S. (2014). *Führen mit dem Omega-Prinzip. Neuroleadership und Führungspraxis erfolgreich vereint.* Freiburg: Haufe-Lexware.

Rolfe, M. (2019). *Positive Psychologie und organisationale Resilienz. Stürmische Zeiten besser meistern.* Berlin. Springer.

Rüdiger R. (2014). *Neuroleadership. Empirische Überprüfung und Nutzenpotenziale für die Praxis.* München: De Gruyter Oldenbourg.

Seliger, R. (2014). *Positive Leadership. Die Revolution in der Führung.* Stuttgart: Schäffer-Poeschel.

Seligman, M. (2012): *Flourish. Wie Menschen aufblühen. Die Positive Psychologie des gelingenden Lebens.* München: Kösel.

Simon F. (2019). *Einführung in die systemische Organisationstheorie.* Heidelberg: Carl Auer.

Snyder, C., & Lopez, S. (2002). *Handbook of Positive Psychology.* New York: Oxford University Press.

Universität Zürich (2021). Psychologisches Institut. Persönlichkeitspsychologie und Diagnostik. Positive Psychologie: Online: http://www.positive-psychologie.ch/?page_id=24. Zugegriffen: 27.03.21.

Universität Zürich (2021). Psychologisches Institut. Persönlichkeitspsychologie und Diagnostik. Wohlbefinden. Online: http://www.positive-psychologie.ch/?page_id=26. Zugegriffen: 27.03.21.

Watzlawick, P. (2008). *Anleitung zum Unglücklichsein.* München: Piper.

Woollett, K., & Maguire, E. (2011). Acquiring "the Knowledge" of London's Layout Drives Structural Brain Changes. In: Current Biology: www.cell.com/current-biology/fulltext/S0960-9822(11)01267-X. Zugegriffen: 08.04.2021

Selbstführung – Menschlichkeit fängt bei uns selbst an

4

Wer die Welt bewegen will, sollte erst sich selbst bewegen.

Sokrates

Zusammenfassung

Selbstführung ist der Schlüssel und gleichzeitig der innere Kompass für menschliche Führung. Erst wenn eine Führungskraft ihren innersten Kern als Mensch ergründet, erkennt und weiterentwickelt, kann sie auch ihren Mitarbeitenden menschlich begegnen. In diesem Kapitel wird beleuchtet, welche Aspekte der Selbstkompetenz und -führung für menschliche Führung von Bedeutung sind.

4.1 Legen Sie Ihre Rüstung ab

4.1.1 Selbstreflexion als Fundament

Als Führungskraft jonglieren Sie tagtäglich viele Bälle in der Luft und Sie haben vielfältige Ansprüche mit all ihren Aufgaben, Widersprüchen und deren Komplexität zu balancieren: Auf der einen Seite müssen Sie die Werte, Ziele und Interessen des Unternehmens nach innen und außen vertreten. Auf der anderen Seite gilt es, die Bedürfnisse und Fähigkeiten Ihrer Mitarbeitenden zu berücksichtigen, sie zu fordern und zu fördern und dabei optimale Rahmenbedingungen zu schaffen, damit sie motiviert sind und ihre Leistung in der Arbeit erbringen können.

© Der/die Autor(en), exklusiv lizenziert durch Springer-Verlag GmbH, DE, ein Teil von Springer Nature 2022
M. Zbinden, *Menschlichkeit in der Führung*,
https://doi.org/10.1007/978-3-662-64896-4_4

Zudem stellt die VUCA Welt uns bereits heute und auch in Zukunft vor große Herausforderungen. Die Corona-Krise hat uns allen unmittelbar und unmissverständlich vor Augen geführt, wie schnell sich von einem Tag auf den anderen unser Leben wie auch der Arbeits- und Führungskontext verändern kann. Mit der Pandemie wurde die Arbeit im Home Office über Nacht die neue Realität. Führungskräften, die bereits vor der Covid-Krise auf Vertrauen bauten, gelang meistens auch die Führung auf Distanz. Andere waren angesichts der neuen Situation völlig überfordert. Viele gestandene Managerinnen und Manager – jene, die dachten, sie müssten immer alles wissen – waren jetzt ratlos: Wie sollten sie umgehen mit dieser neuen, unbekannten und unerprobten Situation? Wie sollten sie angesichts der Krise, der Unsicherheit und des immanenten Risikos entscheiden und handeln? Können sie wirklich darauf vertrauen, dass die Mitarbeitenden im Home Office ihre bisherige Leistung erbringen?

Erinnern Sie sich an Ihre eigene Situation zu Beginn der Pandemie zurück, als Sie – wie viele Führungskräfte auch – auf sich selbst zurückgeworfen wurden: Welche Emotionen kamen in dieser neuen, unsicheren Situation bei Ihnen hoch? Wie gingen Sie persönlich mit Unsicherheit und Druck um? Wie verhielten Sie sich gegenüber Ihren Kundinnen und Kunden und Ihren Mitarbeitenden? Wie stand es um Ihr Vertrauen in Ihre Mitarbeitenden? Zeigten Sie sich cool oder authentisch? Konnten Sie zugeben, dass diese Situation auch für Sie herausfordernd war?

Leider beobachte ich immer wieder, dass in Führungsetagen strengstens darauf geachtet wird, in anspruchsvollen Situationen oder in Krisen eine Fassade aufrecht zu erhalten. Viele Führungkräfte versuchen in solchen Momenten, ihr Gesicht zu wahren, Souveränität und Stärke vorzugaukeln, obwohl sie teilweise selbst überfordert sind und nicht wissen, wie sie sich in herausfordernden Situationen verhalten sollten. Manche ziehen sich zurück oder umgeben sich mit einem dicken Schutzpanzer – wie ein tapferer Ritter, der mit seiner Rüstung und schützendem Schild auf das Schlachtfeld ziehen muss. Jeden Morgen – spätestens beim Betreten des Arbeitsplatzes – legen sie diese imaginäre Rüstung an, aus Angst vor Blöße und Kritik. Einigen ist dieser schützende Panzer auch ganz dienlich, um sich nicht mit sich selbst auseinandersetzen zu müssen. Und manche merken schon gar nicht mehr, dass sie diesen schweren Panzer mit sich herumtragen und so eine Distanz zu sich selbst und zu ihren Mitarbeitenden wahren.

Während der Corona-Krise war ich interimistisch als Change- und Human Resources Beraterin in einem internationalen Unternehmen im Einsatz. Mitunter war ich auch im Corona-Krisengremium. Der damalige CEO zeigte sich in der Anfangsphase der Krise zwar sehr ruhig und überlegt, aber auch sehr zurückhaltend und zurückgezogen gegenüber den Mitarbeitenden. Dies war einerseits verständlich, zumal diese Krisensituation über Nacht für uns alle sehr bedrohlich, mehrdeutig und herausfordernd war und niemand so genau abschätzen konnte, wie ernst die Lage war und wie sich die Situation weiterentwickeln würde. Meines Erachtens war es jedoch gerade in dieser schwierigen Phase der Unsicherheit und Ratlosigkeit sehr wichtig, sich als Führungskraft zu zeigen. In meiner Rolle als Interim Managerin und Beraterin versuchte ich, ihn dazu zu bewegen, trotz den vielen noch bestehenden Fragezeichen vor die Mitarbeitenden zu treten. Das Bild war etwa so: Stellen Sie sich zwei Menschen vor, die auf dem Zehn-Meter-Sprungturm stehen und der eine versucht, den anderen zum Springen zu überreden. Er hatte Angst vor dem dunklen Nass, der großen Unbekannten und wollte nicht springen. Und ich wusste, dass er weich landen würde, pushte ihn immer wieder, bis er sprang. Sein metaphorischer Sprung war das Zugehen auf die Mitarbeitenden, denen in der Krise Orientierung und Klarheit fehlte. Und so ging er – ohne alle Antworten auf die vielen möglichen Fragen und nicht perfekt vorbereitet – Montagmorgens in das erste Online-Meeting mit sämtlichen Mitarbeitenden der Firma: „Wie es weiter geht mit der Corona Krise und unserem Unternehmen? Das kann ich euch im Moment nicht sagen. Ob es Kurzarbeit geben wird? Wir sind daran, die Situation und Folgen zu evaluieren. Wir brauchen noch etwas Zeit und eure Zuversicht und euer Commitment. Ich bin fest davon überzeugt, dass wir diese Krise mit vereinten Kräften schaffen werden. Heute möchte ich euch die Möglichkeit bieten, eure Ängste und Sorgen zu äußern und eure Fragen zu platzieren." Mit seiner Echtheit, Ehrlichkeit und aufrichtigen Zuversicht gewann er großes Vertrauen und Zustimmung der Mitarbeitenden. Er hat sich aus seinem Panzer hervorgewagt und sich nahbar und menschlich gezeigt und bekam das größte Commitment. Viel größer, als er je erwartet hätte.

▶ **Wichtig** Wer menschlich führen und auch menschlich behandelt werden möchte, muss bereit sein, seine Fassade abzulegen und Persönlichkeit zu zeigen. Oder zumindest, hinter die eigene Fassade zu blicken.

Ich bin fest davon überzeugt, dass Führungspersonen, die gut mit sich selbst als Mensch im Kontakt sind, auch ihren Mitarbeitenden menschlicher begegnen können.

„Je höher ich in der Hierarchie bin, desto mehr Gewicht hat für die Mitarbeitenden, was ich tue oder sage. Ich muss mir der Verantwortung jederzeit bewusst sein, was ich durch mein Tun und Unterlassen bewirke. Als Führungskraft muss ich bereit sein, mich zu reflektieren und zu verstehen, wie ich wirke und was ich bei anderen auslöse." Hans C. Werner, ehem. Head Corporate Human Resources Swisscom, Stiftungsratspräsident Careum (Werner 2021)

Allein die Tatsache, dass Sie ein Individuum mit einem einmaligen genetischen Code und Fingerabdruck sind, macht Sie jedoch noch lange nicht zu einer Persönlichkeit. Persönlichkeit hat viel mit persönlichen Werten und Haltung zu tun. Ebenso mit der Bereitschaft, sich immer wieder zu reflektieren und an sich selbst zu arbeiten. Ihre Persönlichkeit zu schärfen ist kein Kunstgriff, den man auf die Schnelle hinbiegen kann, sondern das Resultat eines ehrlichen Umgangs mit sich selbst.

„Die sehr persönliche Auseinandersetzung mit der Frage, mit welchem Selbstverständnis man sich dieser Verantwortung stellt, wie man individuell einen souveränen Zugang erlangt, die Beschäftigung mit den eigenen Emotionen, Wertvorstellungen und Handlungsweisungen kann zu einer charakterbildenden Erfahrung werden. Das ist wichtig, notwendig und herausfordernd. Es zeigt Mut und Haltung. Dazu braucht es vor allem eines: Menschen mit Herzblut." Franz Kühmeyer, Zukunftsforscher (Kühmeyer 2018, S. 95)

▶ **Wichtig** Menschlichkeit in der Führung setzt Persönlichkeit und Selbstkompetenz voraus. Dies bedeutet, dass Sie selbst Ihren innersten Kern als Mensch und Führungskraft ergründen, reflektieren und weiterentwickeln. Wenn Sie lernen, sich selbst besser zu verstehen, können Sie auch andere Menschen besser verstehen. Selbstreflexion ist das Fundament und der Schlüssel für eine erfolgreiche und menschliche Führung.

4.1.2 Integer und echt sein

Persönlichkeit zeigen Sie, wenn Sie den Mut und das Selbstvertrauen haben, sich selbst zu sein. Je echter Sie sind und sich zeigen, desto wohler fühlen Sie sich. Wesentliche charakterliche Eigenschaften wie Mut, Gerechtigkeit, Verlässlichkeit, Bescheidenheit und Geduld sind unabdingbar, um menschlich zu führen.

„Mir ist es wichtig, authentisch zu sein und mir nicht jedes Mal überlegen zu müssen, wie ich wirke und ob ich menschlich wirke. Menschliche Führung ist für mich ein intuitiver Prozess, der sich aus der Situation heraus ergibt. Dazu braucht es klare Werte, Erfahrung und Intuition. Ich führe aus meiner Werthaltung heraus, die geprägt ist von Fairness und Transparenz, aber auch von Leistungsorientierung." Hansruedi Koeng, CEO Postfinance (Koeng 2021)

Integrität und Authentizität zeigen sich insbesondere in schwierigen und unangenehmen Situationen: Bleiben Sie Ihren Grundsätzen treu oder verhalten Sie sich wie ein Fähnchen im Wind? Können sich Ihre Mitarbeitenden auf Sie verlassen oder zeigen Sie je nach Situation immer wieder ein anderes Gesicht?

Praxisbeispiel

Eindrücklich war die persönliche Schilderung eines Managers, der mir in einem Führungscoaching über seine schwierige Zeit der Trennung von seiner Frau und Familie berichtete. Für ihn war diese Krisenzeit zu Hause sehr belastend. Er konnte nachts kaum schlafen, war tagsüber im Geschäft häufig müde und unkonzentriert. Sehr wohl hätte er seine emotional belastende Situation im Geschäft verschweigen und sich hinter einer Fassade verbergen können. Er entschied sich für den anderen Weg: Er hat seine Vorgesetzten und sein Team darüber informiert, dass er sich von seiner Familie getrennt hat und dass es für ihn eine schwierige Zeit ist. Seine Offenheit wurde sehr geschätzt und schaffte Vertrauen. Er zeigte sich nahbar, menschlich und verletzlich. Dabei war es nicht notwendig, Einzelheiten preiszugeben. Es genügte völlig, sich als Mensch echt zu zeigen. ◄

Über eine authentische und integre Persönlichkeit als Führungskraft zu verfügen, bedeutet, sich anderen klar und echt zu erkennen geben. Wenn Sie mit Ihren eigenen Sonnen- und Schattenseiten ehrlich umgehen, können Sie auch mit Fehlbarkeiten von anderen besser umgehen. Dazu ist auch Mut notwendig – Mut, die Rüstung abzulegen und sich mit Ihren Stärken und auch Schwächen zu zeigen. Dies bedeutet nicht, sich mit Ihren Stärken zu brüsten, Schwächen einfach locker hinzunehmen oder bei jedem Fehler gleich in Tränen auszubrechen. Es geht darum, diese nicht zu überspielen, sondern dazu zu stehen. Sie zeigen sich dadurch zwar verletzlich. Sie leben dadurch aber auch vor, dass Sie ein Mensch aus Fleisch und Blut sind und nicht ein funktionierender Roboter.

▶ **Wichtig** Als Führungspersönlichkeit wirken Sie echt und integer, wenn Sie Ihre persönlichen Werte und Ideale leben. Wenn Sie das, was Sie denken, aussprechen. Wenn Sie das, was Sie sagen, auch wirklich vorleben. Und wenn Sie das, was Sie tun, auch wirklich sind.

4.2 Selbstkompetenz – der Blick nach Innen

4.2.1 Die Weisheit des Universums liegt in Ihnen selbst

Bestimmt haben Sie in Ihrer Karriere schon einige Management- und Führungsseminare besucht und wertvolle Tools kennengelernt. Gemäß meiner eigenen Erfahrung als Führungskraft wie auch als Leadership Coach und Trainerin ist es jedoch mit der Aneignung von Führungswissen alleine nicht getan, um erfolgreich und vor allem menschlich zu führen. Die Hauptursache, weshalb viele Trainings und Seminare nicht nachhaltig funktionieren, liegt darin begründet, dass die Lösungen für Führungsfragen vor allem im Außen gesucht werden, statt sich im Inneren mit den eigenen Mustern und Verhaltensweisen auseinanderzusetzen. Wenn Sie sich selbst als Mensch nicht wahrnehmen und reflektieren, werden Sie früher oder später trotz all den wunderbaren Führungstools und -techniken wieder in die alten Gewohnheiten Ihrer Denk- und Verhaltensmuster zurückfallen. Sich als Führungskraft zu entwickeln, funktioniert nur von innen nach außen.

Seit mehr als 15 Jahren arbeite ich als Beraterin und Coach mit Führungspersonen auf allen Managementstufen: CEOs, Geschäftsführerinnen, Teamleiter, Projektleiterinnen und andere Führungspersonen in verantwortungsvollen Rollen. Ob es sich um eine Krise, ein komplexes Veränderungsvorhaben, eine Konfliktsituation, Teamentwicklung oder ein Projekt handelt – stets geht es im Kern um die Selbstkompetenz der involvierten Menschen: Wie ist ihr Mindset? Wie denken und sprechen sie über andere Menschen? Wie gehen sie mit schwierigen Situationen um? Wie gehen sie auf Menschen zu? Wie kommunizieren sie?

In vielen meiner Führungscoachings lautet am Anfang der Auftrag beziehungsweise das Coaching-Ziel etwa so: „Verbesserung der Führungsstärke", „Verbesserung des Durchsetzungs- oder Entscheidungsvermögens" oder „Verbesserung der Auftrittskompetenz". In den Coaching-Sessions zeigt sich meistens sehr früh, dass es in aller Regel zunächst um Selbstzweifel, hindernde Glaubenssätze, unterdrückte Bedürfnisse und Emotionen und Wertekonflikte geht – um ganz grundlegende menschliche Fragestellungen. Und das ist auch gut so. Führungskräfte sind keine Roboter oder unfehlbaren Götter, sondern Menschen mit Bedürfnissen und Emotionen – nur manchmal sind sie eben hinter diesem schweren Panzer versteckt und müssen zuerst hervorgeholt werden.

Oftmals haben meine Coaching-Kundinnen und -Kunden auf meine Fragen wie „Wer sind Sie?", „Was macht Sie aus?" „Wofür stehen Sie täglich auf?" oder „Wofür stehen Sie ein?" kaum eine klare Antwort und winden sich. Andere listen wie aus der Pistole geschossen ihre Stärken und Schwächen auf oder erzählen mir ihren beruflichen Werdegang in aller Ausführlichkeit. Mit meinen Fragen löse ich bei meinen Coachees bereits einen wichtigen Prozess aus: die Erkenntnis, dass sie sich gar nicht so gut kennen. Das ist jeweils ein guter Ausgangspunkt für meine Coachees, die Reise zu sich selbst anzutreten, hinter den eigenen Panzer zu blicken und an der Selbstkompetenz zu arbeiten. Dazu eine schöne Geschichte:

▶ **Die Weisheit des Universums** Vor langer Zeit überlegten die Götter, dass es höchst unglücklich wäre, wenn die Menschen die Weisheit des Universums finden würden, bevor sie reif genug dafür wären. Also entschieden die Götter, die Weisheit des Universums so lange an einem Ort zu verstecken, der schwierig zu finden wäre und erst gefunden werden könnte, wenn sie reif genug sein würden.

Einer der Götter schlug vor, die Weisheit auf dem höchsten Berg der Erde zu verstecken. Aber schnell erkannten die Götter, dass die Menschen bald alle Berge erklimmen würden und die Weisheit dort nicht sicher genug versteckt wäre. Ein anderer machte den Vorschlag, die Weisheit an der tiefsten Stelle im Meer zu verstecken. Aber auch da sahen die Götter die Gefahr, dass die Menschen die Weisheit zu früh finden würden. Dann äußerte der weiseste aller Götter seinen wohlüberlegten Vorschlag: „Lasst uns die Weisheit des Universums im Menschen selbst verstecken. Er wird dann an diesem Ort danach suchen, wenn er reif genug ist. Denn er muss dazu den Weg in sein Inneres gehen."

Die anderen Götter waren begeistert von dieser Idee und so versteckten sie die Weisheit des Universums im Menschen selbst. (Richter 2021)

Der Weg zu menschlicher Führung fängt zuerst bei Ihnen selbst an. Die bewusste Entwicklung Ihrer Selbstführungskompetenz hilft Ihnen, sich selbst „auf die Schliche zu kommen" sowie innere und äußere Stabilität und Stärke zu erlangen. Sich selbst bewusst führen zu können, stärkt Ihr Selbstvertrauen und Ihre Fähigkeit zur Selbstverantwortung und Entscheidungskompetenz.

> „Mein Verhalten reflektiere ich regelmässig im Kontext des gesamten Systems, um festgefahrene Denk- und Verhaltensmuster, die für uns als Team nicht mehr dienlich sind, zu erkennen und zu verändern. Ist eine Führungsperson zu sehr von sich überzeugt, wird sie für das Team unbewusst zum Störfaktor." Claudia Müller, Leiterin Marktgebiet Digital Banking, Credit Suisse (Müller 2021)

▶ **Wichtig** Zuerst einmal benötigen Sie das Bewusstsein, dass es für Ihre Arbeit als Führungsperson hilfreich ist, sich selbst zu kennen. Und wenn Sie sich dazu entschieden haben, benötigen Sie Zeit und Raum, Neugierde und manchmal auch Mut,

ganz genau hinzusehen. Selbstführung erfordert Selbstreflexion – eine ehrliche Auseinandersetzung mit sich selbst, sowohl mit Ihren Sonnen- wie auch mit Ihren
Schattenseiten.

„Menschliche Führung hat sehr viel mit Haltung und Klarheit zu tun. Haltung ist die Hingabe,
die einen Fokus als Folge hat. Und im Endeffekt ist Klarheit Bewusstsein. Als Leader sollte
ich den Weg des Bewusstseinswachstums gehen, agil bleiben und mich immer wieder verändern. Wenn ich Consciousness in mir weiter wachsen lasse, dann ziehe ich die Menschen
auch an und es wird ein gemeinsames Wachsen“. Kaivalya Kashyap, International Academy
of Transformative Leadership IATL. (Kashyap 2021)

4.2.2   Entwicklung der Selbstkompetenz – Ihre beste Investition

Die Entwicklung und Stärkung Ihrer Selbstkompetenz ist eine lohnenswerte Investition.
Nur wenn es Ihnen gut geht, können Sie sich um Ihre Mitarbeitenden kümmern. Wenn es
Ihnen schlecht geht, haben Sie keine Kapazität für andere. Ganz einfach.

Die Entdeckungsreise zu sich selbst ist der Ausgangspunkt und das Fundament menschlicher Führung. Je besser Sie sich kennen, umso mehr können Sie an sich arbeiten, für Sie
oder andere unangenehme Gewohnheiten abstellen und Ihre Stärken ausbauen. Wenn Sie
in sich selbst investieren und sich bewusst selbst reflektieren, werden Sie sich als Mensch
und Führungskraft viel besser verstehen. Je besser Sie sich selbst als Mensch kennen, je
größer das Vertrauen in Sie selbst und Ihre Kompetenzen ist, desto lust- und kraftvoller
können Sie andere Menschen führen. Einige Unternehmen haben die Bedeutung der
Selbstreflexion in der Führung bereits erkannt.

„Die Swisscom hat keine Führungsgrundsätze wie andere Unternehmen, sondern eine
‚Leadership Map‘ mit insgesamt vier Rollen, die auf Reflexion aufgebaut ist. In den Führungs-
ausbildungen und -workshops wird den Führungskräften so ermöglicht, ihre Reflexionsfähigkeit entlang der Leadership Map zu trainieren und ihr Führungsverhalten kontinuierlich zu
entwickeln.“ Hans C. Werner, ehemaliger Head Corporate Human Resources Swisscom
(Werner 2021)

Organisationen, in denen die Entwicklung der Selbstkompetenz der Führungskräfte wie
auch der Mitarbeitenden gefördert wird, zeichnen sich in der Regel durch eine hohe Ver-
trauens- und Verantwortungskultur aus. Je kompetenter Führungskräfte und Mitarbeitende
sich selbst führen können – ungeachtet der Hierarchieebene innerhalb der Organisation –
desto selbstverantwortlicher und -wirksamer, kooperativer und erfolgreicher können sie
ihre Aufgaben im Unternehmen meistern.

„Als Führungskraft muss ich meine eigenen Stärken und Schwächen kennen. Und ich muss
bodenständig bleiben, darf nicht abheben.“ Dieter Vranckx, CEO Swiss International Air
Lines (Vranckx 2021)

▶ **Wichtig** Die Reflexion der eigenen Person und Führungsrolle ist der gesunde Nährboden für menschliche Führung. Eine erhöhte Reflexionsfähigkeit und Selbstkompetenz der Führungskräfte eines Unternehmens hat das Potenzial, dass eine menschliche Kultur des Vertrauens und Miteinanders entstehen kann, die sich positiv auf das Wohlbefinden und die Leistungsmotivation auswirken kann.

Nun mögen Sie dazu vielleicht entgegnen, dass Sie in der Hektik des Führungsalltags keine Zeit haben. Sie allein bestimmen, für welche Dinge Sie Ihre Zeit einsetzen. Es ist und bleibt Ihre ganz eigene Entscheidung, ob Sie Ihr persönliches Wachstum als wertvoll genug erachten, Zeit und Energie dafür einzusetzen. Erlauben Sie mir jedoch folgende Fragen für eine erste Reflexion: Was hat bei Ihnen mehr Priorität als Sie selbst? Weshalb investieren Sie mehr in andere Dinge als das Wichtigste überhaupt – Sie selbst?

Sie benötigen inmitten der operativen Betriebsamkeit Ihrer Führungstätigkeit genügend Raum und Zeit zum Innehalten und den Blick nach innen zu wenden und mit Ihnen selbst in Kontakt zu kommen. Wenn Sie bereit sind und sich bewusst Zeit für die Reflexion und Entwicklung Ihrer Selbstkompetenz nehmen, haben Sie einen ersten bedeutenden Schritt zu menschlicher Führung getan: Sie zeigen Wertschätzung und Menschlichkeit sich selbst gegenüber.

▶ **Tipp** In der Toolbox in Kap. 8 finden Sie hilfreiche Tools mit Übungen und Reflexionsfragen, die Sie dabei unterstützen, Ihre Rolle als Führungskraft sowie Ihre Stärken und Ressourcen zu reflektieren und zu stärken:

- Tool 1: Wertschätzendes Self-Assessment (Abschn. 8.1.1.1)
- Tool 2: Vorhandene Ressourcen fokussieren (Abschn. 8.1.1.2)
- Tool 3: Reflected Best Self (Abschn. 8.1.1.3)
- Tool 4: Verschiedene Stärken–Tests (Abschn. 8.1.1.4)
- Tool 5: Stärken auf neue Weise einsetzen (Abschn. 8.1.1.5)
- Tool 6: Erhöhung des Selbstwertes (Abschn. 8.1.1.6)

4.2.3 Selbstkompetenz – Ihr innerer Kompass

Viele Verhaltensweisen sind Ihnen bestimmt schon sehr bewusst und auch für andere Mitmenschen sichtbar. Vielleicht haben Sie auch schon entsprechendes Feedback dazu erhalten. Doch diese bewussten Anteile sind erfahrungsgemäß nur die Spitze des Eisbergs. Unter der Wasseroberfläche liegt ein noch viel größerer Anteil, der Ihnen womöglich noch nicht bewusst ist. Wenn Sie sich selbst und Ihr Verhalten als Mensch und Führungspersönlichkeit besser verstehen und entwickeln möchten, ist es hilfreich, sich diesen Anteil ihrer Persönlichkeit bewusst machen.

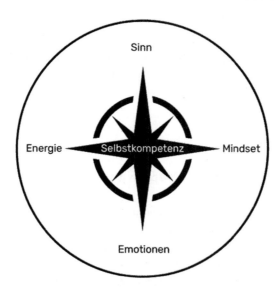

Abb. 4.1 Selbstkompetenz – der innere Kompass; eigene Darstellung

Ihre Selbstkompetenz kann als eine Art innerer Kompass betrachtet werden, der Ihnen Orientierung und Halt gibt. Dabei sind insbesondere die folgenden vier Ebenen von Bedeutung (siehe Abb. 4.1):

Sinn
Wodurch definieren Sie sich? Was gibt Ihnen Sinn? Wofür stehen Sie jeden Morgen auf? Welche Grundwerte sind Ihnen wichtig? Wofür stehen Sie ein? Was macht Sie wirklich aus?

Mindset
Wie denken Sie über sich selbst und über andere? Welches Menschenbild haben Sie? Wie reagieren Sie in bestimmten Situationen? Welche inneren Antreiber und Glaubenssätze steuern Ihr Verhalten?

Emotionen
Spüren Sie, wie Ihre emotionale Lage ist? Können Sie Ihre Emotionen wahrnehmen und einordnen? Wie reagieren Sie, wenn positive oder negative Emotionen in Ihnen hochkommen?

Energie
Was gibt Ihnen Energie? Wie ist Ihr körperliches Wohlbefinden und wie können Sie dieses verbessern? Wie kommen Sie zur Ruhe und wie schöpfen Sie Energie?

Die bewusste Auseinandersetzung mit diesen vier Aspekten hilft Ihnen, sich selbst besser zu verstehen und trägt auf eine natürliche Weise zur Entwicklung Ihrer Selbstkompetenz bei. Mit einer bewussten Selbstreflexion entlang dieser vier Ebenen fokussieren Sie Ihre Aufmerksamkeit auf Ihre eigenen Werte, Ihre Haltung, Bedürfnisse und Emotionen sowie Ihre Ressourcen. Dabei geht es sowohl darum, die eigenen Stärken und Potenziale wertzuschätzen, als auch darum, die eigenen Schwachpunkte zu erkennen.

Die vier Aspekte der Selbstkompetenz werden im Folgenden im Detail beleuchtet.

4.3   Sinn – Ihr Leitstern

4.3.1   Wofür stehen Sie jeden Morgen auf?

Haben Sie sich schon einmal überlegt, warum Sie für Ihre Firma arbeiten, weshalb Sie Menschen führen? Geht es Ihnen darum, etwas zu bewegen und Ergebnisse zu erzielen, Menschen zu fördern oder sich selbst zu entwickeln? Oder geht es Ihnen darum, Karriere zu machen oder einen gewissen Status zu erreichen? Geht es Ihnen um Macht? Oder um Prestige? Oder um etwas anderes? Was bedeutet für Sie Sinn und Sinnhaftigkeit im Leben? Wofür stehen Sie jeden Morgen auf?

Als Mensch benötigen wir ein „Warum". Sich als Mensch, seinem Leben und Tun einen tieferen Sinn zu schenken, ist eine der größten Herausforderungen. Und gleichzeitig ist das Finden des eigenen Warums eine der wichtigsten Fragen, die wir uns selbst stellen sollten.

Die Frage nach dem Sinn des Lebens und unseres Tuns beschäftigt die Menschheit seit Ewigkeiten. Eine eindeutige Antwort darauf haben wir bis heute nicht gefunden. Folgende Aussage des bekannten Neurologen und Psychiaters Viktor Frankl (1905–1997) zur großen Frage nach dem Sinn des Lebens regt mich immer wieder aufs Neue zum Nachdenken an (Frankl 2020, S. 36):

> „Die Frage ist falsch gestellt, wenn wir nach dem Sinn des Lebens fragen. Das Leben ist es, das Fragen stellt." Viktor Frankl

Nach Viktor Frankl sind wir Menschen vom Leben Befragte, die dem Leben antworten und es zu verantworten haben. Unser Lebenssinn liegt darin, ein Ziel zu verfolgen und dabei die Verantwortung für uns selbst und für andere zu übernehmen. Nach Frankl ist die Sinnfindung eine lebenserhaltende Notwendigkeit. Der Mensch sei nicht dazu gezwungen, einen allgemeingültigen Sinn des Lebens zu definieren. Diese große, essenzielle Frage muss Jede und Jeder für sich selbst auf seine eigene Art beantworten. Wir müssen von uns selbst ausgehen, von unseren Möglichkeiten und Erfahrungen, die uns im täglichen Leben begegnen. (Frankl 2020, S. 35–39)

Unser Wohlbefinden hängt nach den Erkenntnissen der Positiven Psychologie (vgl. Abschn. 3.3.3) von verschiedenen Faktoren ab. Gemäß der amerikanischen Psychologin Carol Ryff (geb. 1950) ist neben der Selbst-Akzeptanz, Autonomie, Selbstwirksamkeit, den positiven Beziehungen sowie dem persönlichen Wachstum der Sinn im Leben von essenzieller Bedeutung für unsere Zufriedenheit (vgl. Abb. 3.2 in Abschn. 3.3.3). Ebenso stellt in der Well-Being Theorie nach Seligmann, bekannt durch das Acronym PERMA (Positive Emotions, Engagment, Relationships, Meaning und Accomplishment) der Sinn (Meaning) einen wichtigen Faktor dar (vgl. Abb. 3.3 in Abschn. 3.3.3). Sinnhaftigkeit besteht laut Seligmann darin, das Gefühl zu haben, dass das eigene Handeln einem höheren Zweck beziehungsweise einer größeren Sache dient. Sinngebend kann für einen Menschen beispielsweise sein, wenn er seine eigenen Stärken für andere Menschen einsetzt oder sich aktiv für eine Sache engagiert, die größer ist als er selbst. Dem Sinn geht man um seiner selbst Willen nach, ohne anderen damit gefallen zu wollen oder mit der expliziten Absicht, Wohlbefinden zu erreichen.

> „Sinnhaftigkeit gibt Klarheit, wohin ich will. Ich persönlich habe mich entschieden, dass ich anderen Menschen dienen und für andere Menschen da sein will. Das ist mein Wunsch, der mit einer Emotion kommt und mein Fokus. Je emotionaler mein Wunsch, desto größer ist die Wahrscheinlichkeit, dass es passiert. Nicht, weil ich das will, sondern weil es durch mich ausgedrückt wird. Wenn ich einem Gefühl oder einem Gedanken Energie gebe, dann passiert es auch." Kaivalya Kashyap, CEO International Academy of Transformative Leadership IATL. (Kashyap 2021)

In allem, was wir tun, möchten wir einen Sinn sehen. Wenn wir unser Leben als sinnvoll erleben, sind wir zufrieden und erfüllt. Wenn wir unsere Arbeit als sinnvoll erachten, sind wir motiviert und glücklich. Simon Sinek bringt es mit seinem Leadership-Konzept „The Golden Circle" (Sinek 2021) auf den Punkt (siehe Abb. 4.2):

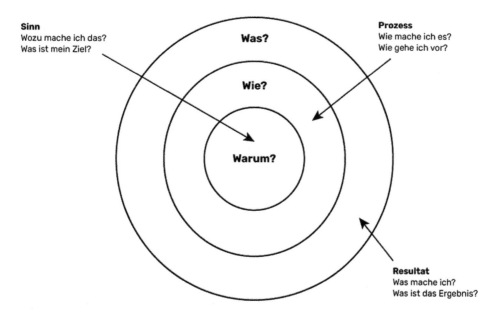

Abb. 4.2 The Golden Circle; adaptiert nach Sinek (2021)

Zuerst kommt das „Warum" (warum wir etwas tun), dann kommt das „Wie" (wie wir etwas tun) und schlussendlich das „Was" (was wir tun). Das „Warum" repräsentiert die Sinnhaftigkeit. Das „Wie" entscheidet über den Prozess beziehungsweise die Art und Weise der Umsetzung. Das „Was" umfasst das Tun und die daraus resultierenden Ergebnisse.

> „The Power of WHY is not an opinion. It's biology. The Golden Circle is more than a communications hierarchy. Its principles are deeply grounded in the tenets of human decision making. How the Golden Circle works maps perfectly with how our brain works … It explains loyalty and how to create enough momentum to turn an idea into a social movement." Simon Sinek (Sinek 2021)

Die Bedeutung der Sinnfrage kann neurologisch erklärt werden: Wenn für uns etwas sinnhaft und wirklich wichtig ist, dann strengen wir uns an, um es zu erreichen. Wenn wir uns so richtig für etwas begeistern können, wenn uns etwas sozusagen „unter die Haut geht", werden im Mittelhirn Nervenzellen angeregt. Gemäß dem Neurobiologen Gerald Hüther (geb. 1951) empfinden wir Menschen immer dann einen Zustand der Sinnhaftigkeit und des Glücks, wenn wir einen inkohärenten Zustand durch eigene Anstrengung in einen kohärenten Zustand verwandeln können. Unser Gehirn strebt diesen Zustand ständig an. Wenn es uns gelingt, den Zustand von Inkohärenz in Kohärenz zu verwandeln, wird Energie frei. Im Mittelhirn werden dann neuroplastische Botenstoffe wie Adrenalin, Noradrenalin und Dopamin sowie Peptide wie Endomorphine und Enkephaline ausgeschüttet, die einen rauschähnlichen Zustand vergleichbar mit dem Konsum von Kokain bewirken. Diese Hirnregionen werden auch Belohnungszentren genannt (vgl. Abschn. 3.2.5). Diese lösen auf die eine oder andere Weise in den nachgeschalteten Nervenzellen biochemische Prozesse aus, das heißt durch Intrazellulärtransmitter werden die Informationen weitergeleitet. So werden mit der Zeit all jene neuronalen Netze verstärkt, die im Gehirn aktiviert worden sind. Damit kann genau das zustande gebracht werden, was uns am Herzen liegt. Dieser Effekt passiert nie im Routinebetrieb unseres Gehirns, wenn wir brav unsere Pendenzen abarbeiten, sondern nur im wunderbaren Zustand der Begeisterung. Nur wenn wir uns für etwas begeistern, werden all jene Netzwerke ausgebaut und verbessert, welche wir im Zustand der Begeisterung nutzen. Ein Kleinkind erlebt diesen Zustand mehrfach am Tag, während es neue Dinge ausprobiert. Jeder kleine Begeisterungssturm beim Ausprobieren führt dazu, dass in seinem Gehirn eine Art Gießkanne mit Dünger ausgeschüttet wird, der für alle Entwicklungsprozesse von neuronalen Netzwerken gebraucht wird. (Hüther 2011, 2018)

Sinnhaftigkeit hat zudem einen sehr großen psychohygienischen Wert. Sie gibt uns die ungeahnte Kraft und Möglichkeit, äußere und innere Schwierigkeiten zu meistern. In meinen Coachings beobachte ich immer wieder, dass Erfolg, Geld oder Ansehen nur Krücken von begrenzter Kraft sind, welche die Sinnlosigkeit des eigenen Tuns auf längere Sicht nicht stützen können. Wir können zwar über eine gewisse Zeit einem gut bezahlten Job nachgehen, erfolgreich sein und ein großes Ansehen genießen. Aber wenn uns unsere

Tätigkeit letztendlich wenig sinnvoll erscheint und wir das Gefühl haben, nichts zu bewegen, wird uns dieser Job langfristig auszehren oder sogar krank machen.

Vielleicht haben Sie sich in Zeiten von Stress und Überforderung auch schon mal die Frage gestellt: „Wozu tue ich mir das an? Warum das alles?" Wenn wir den Sinn dessen, was wir tun, nicht finden oder verlieren und wenn wir diese Leere über längere Zeit ignorieren, kann dies zu einer Sinnkrise oder unter Umständen zu einer Depression oder einem Burn-out führen. Je mehr unser Tun unseren Bedürfnissen und Zielen entspricht, desto „sinn-voller" erscheint uns unsere Tätigkeit. Ebenso ist es für unser Selbstwertgefühl wichtig, etwas Sinnvolles geleistet zu haben, auf das wir mit Stolz und Zufriedenheit zurückblicken können.

► **Wichtig** Der Sinn des Lebens ist das, was Sie im innersten Kern als Menschen ausmacht, warum Sie leben und wie Sie auf die Herausforderungen des Lebens antworten. Das Gefühl, dass Ihr eigenes Tun einen Sinn hat, ist durch nichts zu ersetzen. Ihre Energie, die Sie zur Verfügung haben, schöpfen Sie aus dem Erlebnis, etwas zu tun, das Sie als sinnvoll empfinden und wodurch Sie etwas bewirken oder bewegen können.

Sinnhaftigkeit spielt in der Salutogenese und Resilienzforschung ebenfalls eine große Rolle (vgl. Abschn. 3.3.3). Denn ein wesentlicher Faktor für das eigene Wohlbefinden und die Gesundheit ist das Kohärenzgefühl. Ein Gefühl der Kohärenz entsteht aus dem Zusammenspiel der Verstehbarkeit, der Handhabbarkeit und Sinnhaftigkeit dessen, was wir erleben und tun. Nur wenn wir diese Faktoren gegeben sind, können wir Kohärenz und infolgedessen Wohlbefinden empfinden. (Mauritz 2021)

► **Tipp** Tool 7 (Die Frage nach dem „Warum", Abschn. 8.1.2.1) in der Toolbox in Kap. 8 beinhaltet eine hilfreiche Übung, das eigene „Warum" zu finden.

4.3.2   Finden Sie Ihr eigenes Ikigai

Neben dem Golden Circle von Simon Sinek ist das japanische Prinzip „Ikigai" ein überzeugendes und hilfreiches Konzept der Sinnfindung.

Ikigai kombiniert die Begriffe „iki" (Leben/lebend) und „gai" (Vorteil/Wert). In Kombination bedeuten diese beiden Begriffe „das, was unserem Leben Wert und Sinn gibt". Gemäß Ken Mogi (geb. 1962), Neurowissenschaftler und Autor, ist Ikigai ein altes, traditionelles Konzept der Japaner, das umschrieben werden kann als „ein Grund, morgens aufzustehen" beziehungsweise „Aufwachen zur Freude". Das Konzept soll aus den Gesundheitsprinzipien der traditionellen japanischen Medizin hervorgegangen sein und bedeutet, dass das körperliche Wohlbefinden durch die geistige und emotionale Gesundheit sowie den Sinn im Leben beeinflusst wird. (Mogi 2018, S. 3–34; Japanwelt 2021)

Das Konzept Ikigai wird als das bekannte Ikigai Diagramm (siehe Abb. 4.3) dargestellt, welches vier überlappende Kreise umfasst (Miralles und Garcia 2018, S. 19):

Abb. 4.3 Ikigai; adaptiert nach Miralles und Garcia (2018, S. 19)

Das Ikigai Konzept kann sehr hilfreich sein, Sie auf der Suche nach Ihrem Sinn entlang der **vier Dimensionen** beziehungsweise Schritte zu unterstützen:

- Dimension 1: Was Sie gerne machen
- Dimension 2: Was Sie gut machen
- Dimension 3: Was die Welt braucht
- Dimension 4: Wofür Sie bezahlt werden

Dimension 1: Was machen Sie gerne?
Diese Dimension geht der Frage nach, was Ihnen größte Freude im Leben bringt und Sie das Leben am erfülltesten fühlen lässt: Welche Vorlieben haben Sie? Welche Aktivitäten machen Sie gerne? Wann fühlen Sie sich in Ihrem Element beziehungsweise am lebendigsten? Lesen Sie gerne Romane? Sind Sie eine leidenschaftliche Kletterin oder Musikerin? Segeln Sie gerne? Ist Kochen Ihre Leidenschaft? Sind Sie gerne mit Menschen zusammen?

▶ **Wichtig** ist bei dieser Dimension, dass Sie sich erlauben, vertieft darüber nachzudenken, was Sie wirklich lieben, ohne sich Gedanken darüber zu machen, worin Sie gut sind, ob die Welt es braucht oder ob Sie dafür bezahlt werden können.

Dimension 2: Worin sind Sie gut?

Diese Sphäre umfasst alles, was Sie besonders gut können, also Fähigkeiten, die Sie sich angeeignet haben oder auch Talente. Worin sind Sie richtig gut? Was können Sie besser als andere? Was geht Ihnen leicht von der Hand? Welches sind Ihre Stärken? Sind Sie besonders sportlich oder musikalisch? Können Sie gut zuhören oder vor Publikum sprechen? Fällt es Ihnen leicht, komplexe mathematische Rechnung zu lösen, komplizierte Rechtsfragen zu bearbeiten oder Konzepte zu schreiben?

Diese Dimension umfasst Fähigkeiten und Talente, ungeachtet dessen, ob Sie eine Leidenschaft dafür haben oder nicht, ob die Welt sie braucht und ob Sie dafür bezahlt werden können.

Dimension 3: Was die Welt braucht

Bei dieser Dimension geht es darum, was die Welt braucht und womit Sie einen Beitrag leisten können. Die „Welt" kann dabei die Gesellschaft als Ganzes bedeuten oder eine Gemeinschaft, zu der Sie in Beziehung stehen. Zu den Bedürfnissen der Welt könnten zum Beispiel eine intakte Natur, sauberes Wasser, eine verbesserte Ausbildung junger Menschen oder aber auch – zum Beispiel bezogen auf die Gemeinschaft Ihrer Familie – Sicherheit und Geborgenheit sein.

Diese Dimension verbindet Sie mit anderen Menschen, für die Sie über Ihre eigenen Bedürfnisse hinaus Gutes tun.

Dimension 4: Wofür Sie bezahlt werden

Der vierte Kreis bezieht sich darauf, wofür die Welt beziehungweise andere Menschen bereit sind, Sie zu bezahlen. Sie können zwar eine leidenschaftliche Tennisspielerin sein, aber das heißt noch lange nicht, dass Sie damit Geld verdienen können wie Serena Williams. Ob Sie für Ihre Talente oder Leidenschaften bezahlt werden können oder nicht, hängt oftmals von äußeren Rahmenbedingungen wie Trends, Wirtschaftslage generell, Nachfrage und so weiter ab.

Gemäß Ikigai entsteht aus der Schnittmenge dessen, was Sie gerne tun und was Sie gut können, Ihre **Leidenschaft**. Dort, wo sich das, was Sie gerne tun und was die Welt braucht vereint, liegt Ihre **Mission**. Aus der Schnittmenge Ihrer Fähigkeiten und Talente und wofür Sie bezahlt werden, entsteht Ihr **Beruf**. Und an der Schnittstelle dessen, was die Welt braucht und wofür Sie bezahlt werden, ist Ihre **Berufung**. Die Schnittmenge aller vier Bereiche ist das **Ikigai – der Idealzustand**. Er steht für den Sinn des Lebens. Wenn es Ihnen gelingt, Ihre Leidenschaft, Mission, Berufung und Ihren Beruf zu vereinen, folgen Glück und Zufriedenheit. Dann haben Sie Ihr Ikigai gefunden.

Als Beispiel von Ikigai nennt Ken Mogi den Koch Jiro Ono, der in dem 2010 erschienenen Dokumentarfilm des Regisseurs David Gelb „Jiro und das beste Sushi der Welt" portraitiert wird. Im Film sehen wir eine kleine Sushi-Bar in einer U-Bahn Station mitten in Tokio mit nur rund zehn Sitzplätzen. Dort hat Jiro Ono sein Ikigai gefunden. Er hat sein Leben der Innovation und Perfektion von Sushi-Techniken gewidmet. Als Resultat seiner Passion wurde das „unscheinbare" kleine Restaurant mit drei Michelin-Sternen ausgezeichnet und gilt als eines der besten Sushi-Restaurants der Welt. Jiro Ono ist in Japan mittlerweile eine Legende. (Mogi 2018, S. 3–8) ◀

„Wenn du mit einem Sinn und Verbundenheit arbeitest, kannst du aus dir heraus ganze Organisationen transformieren." Kaivalya Kashyap, CEO International Academy of Transformative Leadership IATL (Kashyap 2021)

Der Zustand des Ikigai wird oft in Zusammenhang gesetzt mit dem Konzept des Flows nach Mihaly Csikszentmihalyi aus der Positiven Psychologie (vgl. Abschn. 3.3.3). In den Flow kommen wir meistens, wenn wir etwas gerne tun und darin aufgehen.

Das Konzept des Ikigai besagt darüber hinaus, dass jeder ein Ikigai hat. Es geht nur darum, sein Ikigai zu finden. Dazu braucht es den Prozess der Selbstreflexion sowie Zeit und Raum. Diese Investition wird sich für Sie lohnen.

▶   **Tipp**   Tool 8 (Sein eigenes Ikigai finden, Abschn. 8.1.2.2) in der Toolbox in Kap. 8 kann Sie dabei unterstützen, Ihr eigenes Ikigai zu finden.

4.3.3   Ihre Werte geben Ihnen wichtige Orientierungspunkte

Wie wir mit uns selbst und anderen Menschen umgehen, hat viel damit zu tun, welche Werte wir haben. Sie sind wichtige Orientierungspunkte unseres Denkens und Handelns. Sie bestimmen nicht nur die Art und Weise, wie wir uns selbst sehen, sondern ebenso unsere Haltung gegenüber anderen Menschen. Werden unsere Werte mit Füßen getreten, reagieren wir oftmals emotional.

Unsere Werte werden einerseits geprägt durch die Gesellschaft und Kultur, in der wir aufwachsen und leben. Anderseits werden wir als Individuen im Verlaufe unseres Lebens durch die Erziehung wie auch durch die Bildung in unserem Wertesystem beeinflusst. Dieser Prägungs- beziehungsweise Beeinflussungsprozess vollzieht sich vorwiegend unbemerkt. Unser Wertesystem bleibt zu einem großen Teil unbewusst, beeinflusst aber laufend unser Denken und Handeln sowie unser Verständnis darüber, was richtig und was falsch ist. Unsere Werte ermöglichen uns, unsere Ziele mit unserer Integrität abzugleichen. Möchten Sie als Führungsperson Ihre Menschenkenntnis verbessern und menschlich führen, ist es wichtig zu wissen, welche Werte Sie und Ihre Mitarbeitenden prägen.

„Wenn ich aus meiner Werthaltung heraus führe, die von Fairness und Transparenz geprägt ist, dann handle ich in Führungssituationen automatisch intuitiv und authentisch." Hansruedi Koeng, CEO Postfinance (Koeng 2021)

▶   **Wichtig** Echte Werte kommen von innen heraus, sie sind zu jedem Moment da und wirksam. Damit sie auf die Bewusstseinsebene gelangen, ist Selbstreflexion notwendig. Die Auseinandersetzung mit Ihren Werten ist sehr wichtig, um sie auf die Bewusstseinsebene zu bringen und Ihre Haltung und Ihr Verhalten besser zu verstehen. Je mehr Sie sich Ihrer Werte bewusst werden, diese reflektieren und auch kommunizieren, desto besser verstehen Sie sich selbst und umso klarer können Sie diese kommunizieren.

Der bekannte Coach und Autor Anthony Robbins (geb. 1960) unterscheidet in Bezug auf Werthaltungen zwischen den sogenannten „Appetenzwerten" und den „Aversionswerten":

Appetenzwerte
Appetenzwerte sind all jene positiven emotionalen Zustände, die wir am meisten schätzen und für die wir am meisten zu tun bereit sind, um diese zu erreichen. Gemäß Robbins sind folgende Werte die wichtigsten Appetenzwerte (Robbins 2021, S. 370–378):

Appetenzwerte
- Liebe
- Erfolg
- Freiheit
- Nähe
- Sicherheit
- Abenteuer
- Macht
- Leidenschaft
- Behaglichkeit
- Gesundheit

Diese Appetenzwerte sind je nach Individuum unterschiedlich wichtig, das heißt, jeder von uns hat eine andere Wertehierarchie. Entsprechend ist es auch nachvollziehbar, dass jeder Mensch je nach Wertehierarchie auch ganz unterschiedliche Entscheidungen trifft. Wenn Sie den Wert „Abenteuer" hoch oben auf Ihrer Wertehierarchie haben, werden Sie voraussichtlich ganz andere Entscheidungen treffen, als jemand, der einen großen Wert auf „Sicherheit" legt. (Robbins 2021, S. 370–378)

Aversionswerte

Aversionswerte beschreiben im Gegensatz zu den Appetenzwerten diejenigen Emotionen, die wir unter allen Umständen vermeiden möchten. Dabei beeinflusst das jeweilige Ausmaß des Schmerzes, den wir mit diesen Emotionen verknüpfen, unsere Entscheidungen. Gemäß Robbins sind die häufigsten Aversionswerte die Folgenden (Robbins 2021, S. 379–383):

Aversionswerte
- Zurückweisung
- Wut
- Frustration
- Einsamkeit
- Niedergeschlagenheit
- Versagen
- Erniedrigung
- Schuldgefühle

Bei jeder Entscheidung ergründet unser Gehirn ganz automatisch, ob eine Aktion zu einem positiven oder negativen emotionalen Zustand führen könnte (vgl. Abschn. 3.2.4 und 3.2.5). Dabei wägt es Alternativen ab und richtet sich unbewusst nach unserer Wertehierarchie. Wenn ich Ihnen schmackhaft machen möchte, auf eine Ballonfahrt mitzukommen, Sie aber unbedingt Ihr Angstgefühl vermeiden möchten, werden Sie sich vermutlich nicht auf meinen Vorschlag einlassen. Wenn Ihnen hingegen am meisten daran gelegen ist, nicht als Versager dazustehen, könnte es sein, dass Sie trotz Ihrer Angst bei diesem Abenteuer mitmachen. (Robbins 2021, S. 379–383)

Folgendes Vorgehen ist sehr hilfreich, um über Ihre eigenen Werte zu reflektieren (Robbins 2021, S. 370–378):

Werte – Reflexionsfragen
1. Welches sind meine fünf bis sieben wichtigsten Appetenzwerte?
2. Welches sind meine fünf bis sieben wichtigsten Aversionswerte?
3. Reflektieren Sie folgende Aussage: „Ich bin mir meiner Werte bewusst. Ich reflektiere und kommuniziere meine Werthaltungen offen und stehe auch bei Widerstand konsistent dafür ein". Stufen Sie sich auf einer Skala von 1 (trifft nicht zu) bis 10 (trifft sehr zu) ein.
4. Bringen Sie anschließend sowohl Ihre Appetenz- wie auch Ihre Aversionswerte in eine Hierarchie: Welcher ist der wichtigste, zweitwichtigste und so weiter.
5. Fragen Sie Menschen Ihres Vertrauens, welche Werte sie an Ihnen erkennen.

Sobald Sie Ihre eigene Wertehierachie kennen, können Sie besser verstehen, weshalb Sie immer in eine gewisse Richtung streben oder weshalb Sie immer die gleichen Entscheidungen treffen beziehungsweise Ihnen gewisse Entscheidungen schwerfallen. Es ist also durchaus lohnenswert, sowohl Ihre Appetenzwerte als auch Ihre Aversionswerte zu kennen.

Bei der Reflexion Ihrer Werte ist es zudem hilfreich, diese zu hinterfragen. Vielleicht haben Sie unbewusst Werte von Menschen übernommen, die Ihnen nahestehen. Es könnte sein, dass es sich bei gewissen Werten nicht um Ihre echten Werte handelt, sondern nur um Werte, die Sie zum Beispiel aus einem Harmoniebedürfnis heraus leben. Es kann auch sein, dass ein einschneidendes Ereignis – beispielsweise eine schwere Krankheit oder eine andere Krise – Ihr Wertesystem ins Wanken bringt. Oder Sie geraten in einen Wertekonflikt (zum Beispiel: Familie versus Karriere).

Die Werte anderer Menschen zu kennen ist ebenso wichtig. Wenn Sie in ein neues Unternehmen wechseln oder wenn Sie neue Mitarbeitende einstellen, lohnt es sich, über Werte zu diskutieren und diese abzugleichen: Passt dieser Mensch zu den Werten des Unternehmens und ins Team? Wenn Sie die Werte Ihres Gegenübers kennen, haben Sie einen wertvollen Fixpunkt auf dem Kompass dieses Menschen und eine Möglichkeit, seine Entscheidungen und sein Verhalten besser zu verstehen.

▶   **Tipp** Folgende Tools in der Toolbox in Kap. 8 unterstützen Sie bei der Reflexion Ihrer Werte:

- Tool 9: Werte ermitteln (Abschn. 8.1.2.3)
- Tool 10: Wichtiges im Leben erkennen und würdigen (Abschn. 8.1.2.4)

4.4   Mindset – die Kraft Ihrer Gedanken

4.4.1   Ihr Denken schafft Realität

Unser Mindset, also das, was wir über uns selbst, andere Menschen und die Welt denken, hat Auswirkungen auf unser Verhalten. Wenn ich denke „Mich mag keiner", begegne ich Menschen anders als jemand, der von sich denkt „Ich bin beliebt". Die Kraft unserer Gedanken lässt solche Gefühle und Glaubenssätze zur gefühlten Realität werden (vgl. auch „Broaden-and-Build Theorie" Abschn. 3.3.5).

Wie im vorhergehenden Kapitel zum Thema „Konstruktivismus" (vgl. Abschn. 3.4.2) bereits erörtert, erschaffen wir uns unser eigenes Bild von der Welt. Dieses individuelle Bild repräsentiert für uns die Realität, in welcher wir uns selbst als Subjekt und die Umwelt als Objekt sehen. Wir kreieren unsere Wirklichkeit selbst. Entsprechend findet letztendlich alles Erlebte in uns selbst statt. Wie wir uns verhalten und welche Ziele wir erreichen, wird durch unsere Gedanken, Emotionen wie auch über unser Körperempfinden gesteuert. Wenn Sie mit der Haltung „Mich mag keiner" durch die Welt gehen, werden Sie vielleicht ab-

lehnend oder vielleicht ängstlich auf andere Menschen wirken. Je nachdem wird Ihr Gegenüber Sie als arrogant einschätzen und Sie bewusst meiden. Jemand anderes erkennt vielleicht Ihre Unsicherheit und geht wohlwollend auf Sie zu. Wenn Sie es schaffen, Ihre
Haltung zu ändern in „Menschen mögen mich auch, wenn ich zurückhaltend bin", werden
Sie ganz anders auf andere wirken und auch völlig andere Reaktionen auslösen.

Wenn Sie Ihre Glaubenssätze oder Ihr Menschenbild verändern, oder Ihre Art, wie Sie
in schwierigen Situationen reagieren, schaffen Sie eine neue Konstellation beziehungsweise Ausgangslage. Die vollumfängliche Kontrolle darüber, dass Ihr Umfeld in Ihrem
Sinne reagiert, haben Sie jedoch nicht. Sie können nur basierend auf Ihren bisherigen Beobachtungen und Erfahrungen Annahmen darüber treffen, wie andere auf Sie reagieren
werden. Andere Menschen entscheiden selbst darüber, ob sie sich von Ihnen beeinflussen
lassen wollen oder nicht. Diese Erkenntnis mag für die einen radikal und beunruhigend,
für die anderen entlastend erscheinen.

„Als Führungskraft darf ich meine Mitarbeitenden nicht in eine ‚Schablone' pressen und erwarten, dass sie so sind wie ich. Denn sonst verpasse ich die Chance, andere Perspektiven zu
erfahren." Sandra Mounir-Rotzer, Geschäftsleiterin und Verwaltungsrätin Cave du Rhodan
Mounir Weine AG (Mounir-Rotzer 2021)

▶   **Wichtig** Sie können andere Menschen nicht „per Knopfdruck" ändern. Sie können
     nur sich selbst ändern und dadurch die Möglichkeit schaffen, dass sich auch das
     Umfeld um Sie herum verändert.

In meinen Beratungs- und Coachingkontexten sowie auch bei mir persönlich als Fach-
und Führungskraft hat sich zu meinem eigenen Erstaunen immer wieder gezeigt, dass –
wenn wir uns selbst verändern – sich ungeahnte Möglichkeiten eröffnen und dass sich
unser Umfeld auch verändert. Dazu eine schöne Geschichte zum Nachdenken (Sarica
2020, S. 207):

▶   **Der Tempel der tausend Spiegel** In Indien gab es den Tempel der tausend
     Spiegel. Dieser lag hoch oben auf einem Berg und sein Anblick war über-
     wältigend. Eines Tages erklomm ein Hund den Berg. Er lief die Stufen des Tem-
     pels hinauf und betrat den Tempel der tausend Spiegel.
        Als er in den Saal mit den tausend Spiegeln kam, sah er tausend Hunde. Vor
     Angst sträubte er das Nackenfell, klemmte den Schwanz zwischen seine Beine,
     knurrte laut und fletschte furchterregend die Zähne. Und tausend Hunde
     sträubten ihr Nackenfell, klemmten ihre Schwänze zwischen die Beine, knurrten
     laut und fletschten die Zähne.
        Verängstigt und voller Panik rannte der Hund aus dem Tempel. Er glaubte
     von nun an, dass die ganze Welt aus knurrenden, bedrohlichen Hunden
     bestehe.

Einige Zeit später kam ein anderer Hund den Berg herauf. Auch er lief die Stufen hinauf und betrat den Tempel der tausend Spiegel.

Als er in den Saal mit den tausend Spiegeln kam, erblickte er tausend andere Hunde und freute sich darüber. Er wedelte aufgeregt mit dem Schwanz, sprang fröhlich hin und her und forderte die Hunde zum Spielen auf.

Dieser Hund verließ den Tempel mit der Überzeugung und Freude darüber, dass die ganze Welt aus freundlichen Hunden besteht, die mit ihm spielen möchten.

4.4.2   Raus aus der Komfortzone – Vom Fixed Mindset zum Growth Mindset

Unsere Haltung, Überzeugungen und Glaubenssätze beeinflussen unser Verhalten und somit auch unsere Zielerreichung maßgeblich.

Die bekannte Psychologieprofessorin der Universität Stanford, Carol Dweck (geb. 1946) ist eine der führenden Forscherinnen auf dem Gebiet der Motivations- und Entwicklungspsychologie. Sie hat einen Großteil ihrer Forschungstätigkeit dem Thema Mindset und Umgang mit Niederlagen gewidmet. Ihre Forschungen nahmen in der Schule ihren Anfang, als sie sich darüber wunderte, dass in einem Experiment gewisse Schülerinnen und Schüler angesichts unlösbarer Aufgaben nicht frustriert waren, sondern sich positiv äußerten im Sinne von „Ich liebe knifflige Aufgaben" oder „Ich möchte etwas lernen". Carol Dweck erforschte daraufhin, wie diese Haltung entsteht und welche Folgen es haben kann, wenn Menschen eine Herausforderung positiv angehen. Basierend auf ihren umfangreichen Studien kam sie zur Erkenntnis, dass es zwei Ausprägungen von Mindsets gibt (siehe Abb. 4.4): das „Growth Mindset" (Wachstumsorientiertes, dynamisches Selbstbild) und das „Fixed Mindset" (Statisches Selbstbild). (Dweck 2020, S. 18–25)

Menschen mit einem **Fixed Mindset** gehen davon aus, dass ihre Fähigkeiten und ihre Intelligenz vorgegeben und kaum veränderbar sind. Für sie zählt das Ergebnis: beispielsweise gute Resultate zu erzielen oder zu gewinnen. Sie reagieren bei Herausforderungen oftmals mit Bedenken oder gar Angst vor dem Scheitern oder malen sich negative Szenarien aus. Entsprechend vermeiden sie tendenziell Herausforderungen, weil sie Niederlagen befürchten oder nicht gut damit umgehen können. Fehler werden gleichgesetzt mit einem Mangel an Fähigkeiten. Nach einem Misserfolg oder einem Fehler sinkt die Motivation und es kann zu Reaktionen wie Hilflosigkeit, Verärgerung oder gar Wut kommen. Sie erleben den eigenen Selbstwert als bedroht und geraten unter Druck und stellen ihre Fähigkeiten infrage. Oftmals suchen Menschen mit einem statischen Selbstbild nach Schuldigen oder Ausreden, um den eigenen Selbstwert nicht zu gefährden. Menschen mit einem Fixed Mindset weisen oftmals ein Set an negativen Glaubenssätzen auf (Dweck 2020, S. 18–25)

Menschen mit einem **Growth Mindset** hingegen sind der Ansicht, dass ihre Intelligenz und ihre Fähigkeiten grundsätzlich entwicklungsfähig und veränderbar sind. Sie suchen

Fixed Mindset

Growth Mindset

Herausforderungen	
… werden vermieden	… werden aktiv gesucht
Widerstände/Fehlschläge	
… führen zu Resignation	… spornen an
Anstrengung/Einsatz	
… wird negativ bewertet	… wird positiv bewertet
Negatives Feedback	
… wird als Angriff verstanden	… wird als Chance zum Lernen betrachtet

Abb. 4.4 Fixed Mindset und Growth Mindset; adaptiert nach Mindsetworks (2021)

aktiv nach Herausforderungen und sind der Überzeugung, dass sie etwas erreichen kön-nen, solange sie genügend Einsatz bringen – zum Beispiel durch Lernen oder Training. Sie sind wissbegierig, neugierig und sehen Fehler als Entwicklungsmöglichkeiten. Menschen mit einem Growth Mindset strengen sich wesentlich häufiger an und lassen sich durch Niederlagen nicht so schnell einschüchtern. Auf Fehlschläge reagieren sie proaktiv, nicht hilflos. Misserfolge sehen sie als Lernmöglichkeiten, die sie nutzen, um neue Strategien zu entwickeln und auszuprobieren. Ihre eigene Selbsteinschätzung ist realistischer. Bei Be-darf nutzen sie auch externe Unterstützung, um weiterzukommen. (Dweck 2020, S. 18–25)

►   **Wichtig** Ein Growth Mindset, erweitert das Denk- und Handlungsrepertoire und er-möglicht es, neue Skills im Sinne von Fähigkeiten und Stärken zu erwerben und sich neue Tools anzueignen. Durch die Stärkung beziehungsweise Entwicklung Ihres

Growth Mindsets eröffnen Sie sich selbst die Möglichkeit, Ihre Ressourcen zu stärken, Ihre Skills zu erweitern und dazuzulernen.

Ein wesentlicher Aspekt, um ein Growth Mindset bei sich und Ihrem Gegenüber zu
fördern, ist die positive Kommunikation, insbesondere auch Feedback. Carol Dweck fand
in ihren Studien heraus, dass vor allem ein positives Feedback zur Anstrengung statt zum
eigentlichen Resultat sehr bestärkend auf das Growth Mindset wirken kann.

Um ein Growth Mindset zu entwickeln, müssen wir uns bewusst den Herausforderungen
stellen und uns aus der Komfortzone (siehe Abb. 4.5) bewegen.

Die **Komfortzone** ist da, wo wir uns sicher fühlen, wo wir nicht unter Druck kommen
und uns auch nicht gestresst fühlen. Wir erledigen unsere gewohnten Aufgaben routiniert
beziehungsweise bewegen uns im gewohnten sozialen Umfeld. Die Dinge um uns herum
sind vertraut. Das ist ein großer Vorteil. Doch in der Komfortzone geschieht keine Veränderung und wir lernen nichts Neues. In der **Panikzone** hingegen fühlen wir uns existen-
ziell bedroht. Dies kann zum Beispiel der Fall sein, wenn wir durch eine Aufgabe absolut
überfordert werden und der Leistungsdruck für uns zu hoch ist. In dieser Zone sind wir
nicht mehr in der Lage, unser Verhalten zu reflektieren. Subjektiv gesehen befinden wir
uns in einer Art Notfallsituation. Unser Gehirn schaltet dann automatisch auf „Notfall-
betrieb" und unser Adrenalinspiegel steigt. Im schlimmsten Fall drohen Kontrollverlust
und Panik. Untersuchungen der Hirn- und Lernforschung haben gezeigt, dass in dieser
Zone die Leistungsfähigkeit stark sinkt (vgl. Abschn. 3.2.5). Der für die Leistungsfähigkeit wichtige Bereich des frontalen Cortex ist überreizt und kaum funktionsfähig.

Veränderung findet in der **Lernzone** (auch Stretchzone oder Wachstumszone genannt)
statt. Wenn wir uns neuen Herausforderungen stellen, betreten wir neues, unbekanntes
Terrain. Altbekannte Verhaltensmuster greifen nicht mehr wie gewohnt und wir müssen
uns neu orientieren oder sogar anpassen. Wir müssen unsere Grenzen überwinden und
diese ausloten. So schaffen wir uns Chancen, unsere Angst zu überwinden, Fehler zu machen und aus ihnen zu lernen. Dies geschieht zum Beispiel, wenn wir eine neue Sportart
lernen, zum ersten Mal einen Vortrag vor großem Publikum halten oder eine unpopuläre
Meinung selbstbewusst in einer Runde vertreten. (Rolfe 2019, S. 144–145)

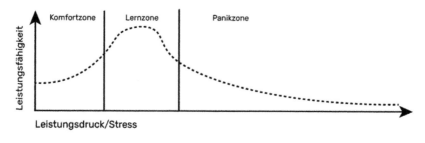

Abb. 4.5 Komfort-, Lern- und Panikzone; adaptiert nach Rolfe (2019, S. 145)

▶ **Wichtig** Wagen Sie sich hin und wieder aus der Komfortzone. Es lohnt sich, neue Herausforderungen anzunehmen und zu lernen, mit Niederlagen umgehen. Haben Sie dabei Geduld mit sich selbst, achten Sie auf Ihre Glaubenssätze und erfreuen Sie sich an kleinen Fortschritten. Wenn Sie als Führungskraft mit sich selbst geduldig umgehen und sich zugestehen, Fehler zu machen, werden Sie auch Ihren Mitarbeitenden Fehler zugestehen und so eine Kultur des Lernens und ein menschliches Umfeld entwickeln.

Wenn Sie sich als Führungskraft aus der Komfortzone bewegen, benötigen Sie Mut, sich zu zeigen sowie Entscheidungen unter Unsicherheit zu treffen und zu handeln. Sie können noch so viel analysieren, Gespräche führen und sich beraten lassen – die absolute Sicherheit gibt es kaum.

> „Menschliche Führung bedeutet für mich, mutig zu sein, mich zu exponieren und etwas zu wagen." Hansruedi Koeng, CEO Postfinance (Koeng 2021)

Mutig zu sein bedeutet nicht, leichtsinnig unnötige Risiken einzugehen oder Entscheidungen mit grober Fahrlässigkeit zu fällen. Dann sprechen wir von Übermut, Tollkühnheit oder Waghalsigkeit. Maßgeblich für mutiges Handeln ist deshalb das Risikobewusstsein. Angst spielt bei Mut immer mit. Sie ist gar keine so schlechte Beraterin. Denn sie ermöglicht, dass wir unsere Entscheidungen abwägen und Mut verantwortungsbewusst ausüben. So kann es ebenso mutig sein, ganz unheroisch die Kontrolle abzugeben, wenn etwas unsere Fähigkeiten übersteigt. Es kostet Mut, die eigene Angst ernst zu nehmen, eine Gefahr richtig einzuschätzen, sich dem Paradigma der Furchtlosigkeit zu widersetzen und etwas gerade deshalb nicht zu tun.

Mut basiert auf der Überzeugung, dass aus unserer Sicht etwas richtig ist, und auf der Hartnäckigkeit, dafür einzustehen. Eng verwandt mit Mut ist die Zivilcourage. Das französische Wort „Courage" bedeutet Mut. Mit dem Wort „Zivil" ist gemeint, dass es darum geht, das Gemeinwohl (zum Beispiel das Wohl des Teams oder eines Teammitglieds) im Fokus zu haben und persönliche Interessen in den Hintergrund zu stellen. Zivilcourage können wir zum Beispiel zeigen, indem wir für jemanden einstehen, der aus unserer Sicht unfair behandelt wird.

Es gibt immer etliche Gründe dafür, Unangenehmes und Unbequemes wie zum Beispiel ein herausforderndes Gespräch, eine schwierige oder unpopuläre Entscheidung zu verschieben oder zu verhindern. Sie können Probleme oder kritische Situationen ignorieren oder aussitzen, um sich ihnen nicht zu stellen. Aus meiner Erfahrung haben sich diese jedoch meistens nicht erledigt, sondern sie begegnen uns früher oder später wieder. Vielleicht sind die Probleme zwischenzeitlich sogar größer geworden. Es lohnt sich deshalb, sich aus der Komfortzone zu bewegen und Schwieriges und Unangenehmes raschmöglichst anzupacken und Entscheidungen zu treffen. Das heißt nicht, dass sie „aus der Hüfte schießen" müssen. Es gilt, das Risiko pragmatisch abzuschätzen und mit Mut und Entschiedenheit voranzuschreiten.

„Menschliche Führung hat viel mit Mut zu tun – auch mal bewusst anecken oder etwas Neues ausprobieren im Sinne von ‚Nudging' (Anstubsen). Diese Stubser können etwas in einer Organisation auslösen." Thomas Wegmann, Head Marketmanagement Allianz Schweiz und Head Global Center for Behavioral Economics (Wegmann 2021)

Als menschliche Führungskraft benötigen Sie Mut und manchmal auch Zivilcourage „nach oben" wie auch „nach unten". „Mut nach unten" bedeutet, mit Ihren Mitarbeitenden in die Auseinandersetzung zu gehen, wenn sie beispielsweise nicht bereit sind, ihr volles Leistungspotenzial zu erbringen oder gegen Spielregeln verstoßen. „Mut nach oben" ist ebenso wichtig. Wenn Sie mit einer Entscheidung oder Maßnahme nicht einverstanden sind oder diese nicht nachvollziehen können: Fordern Sie die notwendigen Begründungen ein, damit Sie die Entscheidung gegenüber Ihren Mitarbeitenden überzeugend vertreten und umsetzen können. Machen Sie den Mund auf. Selbstverständlich in angemessener Weise. Mutige, aufrichtige Führungskräfte bringen die Organisation weiter.

Wenn Sie sich mutig zeigen, sind Sie ein Vorbild für Ihre Mitarbeitenden und ermutigen sie, ebenso mutig zu sein. Freuen Sie sich über Mitarbeitende, die Ihnen auch mal widersprechen und ehrlich zu Ihnen sind. Das schafft Vertrauen und Innovation. Ich denke da nicht an die Nörglerinnen und Nörgler, sondern an die konstruktiven Querdenkerinnen und Querdenker, die das Unternehmen weiterbringen möchten. Dabei ist es wichtig, den Lern- und Verbesserungsprozess als Erfolg zu werten, nicht die perfekte Leistung. So gelingt es uns allmählich, unsere Lernzone zu erweitern. Denn wenn wir uns öfter und regelmäßig in diesem Bereich bewegen, wird aus der Lernzone wieder eine neue Komfortzone, indem wir sie erweitern. Wir haben Neues erfahren und dazu gelernt. In der Lernzone können wir gedeihen und wachsen.

▶ **Tipp** Folgende Tools in der Toolbox in Kap. 8 unterstützen Sie bei der Reflexion Ihrer Stärken und Ressourcen und damit bei der Entwickung Ihres Growth Mindsets:

- Tool 11: Bedürfnis-Reframing (Abschn. 8.1.3.1)
- Tool 12: Positiver Tagesrückblick (Abschn. 8.1.3.2)
- Tool 13: Mindset-Reflexion (Abschn. 8.1.3.3)

4.4.3 Anerkennen Sie Ihre eigene Subjektivität

Unser Gehirn wird laufend mit Reizen und einer riesigen Informationsflut überströmt. Um diese Menge an Informationen zu bewältigen, versucht unser Gehirn, Muster und Regelmäßigkeiten zu erkennen und die Reize entsprechend zu kategorisieren und zu filtern. Der Vorteil ist, dass wir durch unsere fokussierte Aufmerksamkeit beziehungsweise selektive Wahrnehmung eine Reizüberflutung verhindern, Wichtiges von Unwichtigem unterscheiden, effizienter denken und handeln sowie schnell entscheiden können (vgl. Abschn. 3.2.3). Andererseits nehmen wir dadurch viele ebenso wichtige Dinge nicht wahr und haben unsere rein subjektive Sicht auf die Dinge. Wir sehen die Welt durch unseren eigenen Filter. Dadurch besteht die Gefahr, dass wir feste Denk- und Verhaltensmuster entwickeln und dazu neigen, unsere schon bestehenden Meinungen und Ansichten zu zementieren und im schlimmsten Fall „Scheuklappen" zu entwickeln. Wir sehen, was wir sehen wollen und übersehen, was unseren Vorurteilen widerspricht. Was bedeutet diese Erkenntnis für Ihr Führungsverhalten?

Andersdenkende sind nicht eine Gefahr, sondern eine Bereicherung beziehungsweise ein Gewinn. Sie rütteln nicht an Ihrem Weltbild, sondern ergänzen Ihre subjektive Sicht durch eine andere subjektive Perspektive auf Situationen. Toleranz für andere Ansichten und Offenheit für andere, neue Ideen können Sie vor Irrtümern schützen sowie Ihren Horizont und mögliche Entscheidungs- und Handlungsoptionen erweitern. Die Meinung anderer zu respektieren oder sogar bewusst einzuholen, erweitert Ihre Perspektive sowie Ihren eigenen Wissens- und Informationsstand. Sie öffnen und erweitern so Ihre eigene Wahrnehmungsfähigkeit, den eigenen Interpretationsrahmen und die eigenen Bewertungsmechanismen. Doch nicht nur das: Mit wem möchten Kundinnen und Kunden oder Mitarbeitende lieber zusammenarbeiten? Wem vertrauen wir mehr: einem offenen, toleranten oder einem verschlossenen, überheblichen Menschen? Wem sagen wir lieber unsere ehrliche Meinung? An wen wenden wir uns, wenn der Schuh drückt? Durch welches Führungsverhalten fühlen wir uns fair behandelt und motiviert? (Hodler 2014, S. 16–22)

▶   **Wichtig** Wenn Sie als Führungskraft sich Ihrer Subjektivität bewusst sind, die Sicht Andersdenkender als Bereicherung anerkennen und wertschätzen, ihnen mit echtem Interesse zuhören und so Ihre eigene Sicht reflektieren, verhalten Sie sich automatisch menschlicher.

Es empfiehlt sich deshalb, hin und wieder einen Schritt zurückzutreten und eine Situation aus einem anderen Blickwinkel zu betrachten. Dazu können Sie zum Beispiel in die Rolle Ihres Gegenübers schlüpfen: Stellen Sie sich vor, Ihr bester Freund müsste die Entscheidung treffen, vor der Sie jetzt gerade stehen. Was würden Sie ihm raten? Oder stellen Sie sich vor, wie es Ihnen gehen würde, wenn Ihre Vorgesetzte diese Entscheidung fällen müsste. Was würden Sie ihr raten?

Nehmen Sie sich insbesondere vor wichtigen Entscheidungen Zeit. Wenn möglich, schlafen Sie eine Nacht darüber. Wenn Sie sich selbst oder durch andere unnötig unter Druck setzen lassen, besteht die Gefahr, dass Sie in altbekannte Muster verfallen. Ihr Gehirn schaltet dann auf Autopilot als eine Art Schutzreflex. Nehmen Sie vor wichtigen Entscheidungen daher immer den Druck raus und nehmen Sie sich soviel Zeit wie nötig beziehungsweise wie die Situation es erlaubt.

4.4.4   Setzen Sie den Fokus auf das Beeinflussbare

Ein wesentlicher Aspekt von Selbstführung ist es, seine Zeit und Energie auf diejenigen Dinge zu konzentrieren, die wir beeinflussen können. Dazu ist der Grundgedanke von

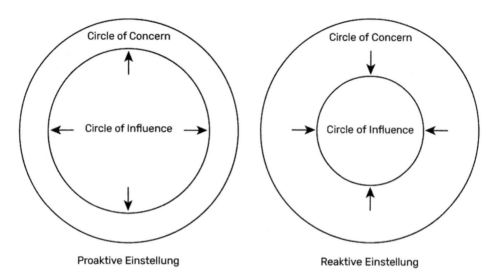

Abb. 4.6 Circle of Influence and Circle of Concern; adaptiert nach Covey (2020, S. 90–92)

Stephen Covey (1932–2012) in seinem Buch „The Seven Habits of Highly Effective People" (Covey 2020) sehr hilfreich. Covey unterscheidet den Circle of Influence und den Circle of Concern (siehe Abb. 4.6):

Der äußere Kreis – der sogenannte **„Circle of Concern"** – umfasst all jene Dinge, die unsere Aufmerksamkeit beanspruchen, uns im positiven wie im negativen Sinne gedanklich beschäftigen: Begebenheiten, auf die wir uns freuen, wie auch Dinge, die uns ärgern oder die uns Sorgen bereiten. Der Kreis in der Mitte – der sogenannte **„Circle of Influence"** – umfasst all jene Dinge, auf die wir einen direkten Einfluss nehmen können, die wir willentlich gestalten oder zumindest mitgestalten können. Der Gedanke, den uns Stephen Covey mitgibt, ist sehr pragmatisch und einfach: Verschwenden Sie Ihre Zeit nicht damit, sich auf Dinge außerhalb des eigenen „Circle of Influence" zu konzentrieren. Denn dies ist Zeitverschwendung und raubt Ihnen Energie. (Covey 2020, S. 90–97)

Ein naheliegendes Beispiel ist die Corona-Krise und meine Beobachtungen zu der Reaktionsweise der Menschen auf die ersten Lockdown-Maßnahmen: Einige Menschen haben sich maßlos darüber geärgert, dass die Restaurants, Fitnesscenter, Geschäfte und andere Institutionen geschlossen wurden. Sie waren frustriert oder fühlten sich in ihrer Freiheit eingeschränkt, weil sie nicht mehr ausgehen, trainieren und shoppen gehen konnten. Teilweise wurden sogar Hasstiraden gegen das Bundesamt für Gesundheit und den Bundesrat auf Facebook, Twitter und anderen Medien losgelassen. Lag die Corona-Krise und der in vielen Ländern verordnete Lockdown in unserem Einflussbereich? Nein. Sich zu lange darüber zu ärgern, kostete unnötige Zeit und Energie. Viel besser erging es denjenigen Menschen, die innerhalb ihres Circle of Influence nach Alternativen und Lösungen suchten. Als Alternative zum Restaurantbesuch freuten sie sich zum Beispiel über die Möglichkeit, zu Hause neue Menüs auszuprobieren. Statt im Fitnesscenter zu trainieren gingen sie draußen in der Natur spazieren, joggen oder fahrradfahren. Statt Shoppen konnten sie endlich wieder im Liegestuhl in der Sonne relaxen und ein Buch lesen.

Wenn es regnet und stürmt – warum über das Wetter klagen oder sich gar darüber ärgern? Es liegt außerhalb Ihres Einflussbereiches. Stattdessen können Sie sich auf das besinnen, was Sie beeinflussen können – innerhalb Ihres Circle of Influence. Sie können sich wetterfest anziehen oder drinnen einen gemütlichen Tag im Bett verbringen und ein spannendes Buch lesen.

Stephen Covey umreißt mit seinem Modell wichtige Grundaspekte des lösungsorientierten Denkens. Wir sollten nicht den Problemen zu viel Raum geben, sondern nach Alternativen und Lösungen innerhalb unseres Einflussbereiches streben. Nur so können wir unsere eigene Handlungsfähigkeit steigern. Wenn wir keine Lust dazu haben, können wir uns einfach in Gelassenheit jenen Dingen gegenüber üben, die wir nicht beeinflussen können. Sie haben die Wahl. Sie können also entweder den Circle of Concern durch mehr Gelassenheit schrumpfen lassen (reaktive Einstellung) oder durch die Suche nach Lösungen Ihren Circle of Influence erweitern (proaktive Einstellung). Dahinter liegen zwei entscheidende Fragen, die Sie sich in solchen Situationen stellen sollten – bevor Sie Ihre wertvolle Energie auf unveränderbare Dinge verschwenden: Kann ich die Situation beeinflussen? Wenn ja, welchen Aufwand ist es mir wert?

Wenn Sie den Fokus auf Ihren Circle of Influence setzen, kann es dazu führen, dass dieser wächst und sich Ihnen ungeahnte Möglichkeiten eröffnen. Mit einer proaktiven Haltung und Ihrem entsprechenden Verhalten senden Sie automatisch positive Signale an andere Menschen aus und beeinflussen diese in eine positive Richtung. Wenn Sie sich hingegen auf Ihren Circle of Concern fokussieren, auf den Sie keinen Einfluss haben, besteht die Gefahr, dass Sie in die Opferrolle rutschen. Dieser Fokus nährt die negativen Gedanken und Energien und es besteht die Gefahr, dass Sie negative Signale aussenden.

▶ **Wichtig** Wenn Sie als Führungskraft Ihre Ziele erreichen möchten, machen Sie sich Ihren Circle of Influence bewusst und fokussieren Sie auf diejenigen Dinge, die Sie beeinflussen können. Suchen Sie die Lösungen nicht irgendwo im Außen, sondern überlegen Sie, welchen eigenen Anteil Sie zur wahrgenommenen Situation beitragen oder beitragen könnten.

„Als Führungskraft schaue ich positiv nach vorne, um die Zukunft zu gestalten. Der Blick zurück lohnt sich nur im Sinne des „Learnings"." Dieter Vranckx, CEO Swiss International Air Lines (Vranckx 2021)

Überlegen Sie auch, wofür Sie Ihre wertvolle Zeit einsetzen möchten. Investieren Sie Ihre Zeit lieber in die Dinge, die Sie beeinflussen können. Bewegen Sie sich in dem Raum, in dem Sie eigene Entscheidungen treffen können.

▶ **Tipp** Tool 14 (Positives Priming, Abschn. 8.1.3.4) in der Toolbox in Kap. 8 hilft Ihnen, eine positive, proaktive Haltung einzunehmen und so Ihren Circle of Influence zu erweitern.

4.4.5 Entwickeln Sie ein positives Menschenbild

Wie denken Sie über Ihre Mitarbeitenden? Sehen Sie diese eher als faul und verantwortungsscheu oder als motiviert und selbstverantwortlich? Vertrauen Sie ihnen? Trauen Sie Ihren Mitarbeitenden etwas zu oder glauben Sie an die Macht der Kontrolle?

Das Bild, das Sie sich als Führungskraft von Ihren Mitarbeitenden machen, hat einen großen Einfluss auf Ihr Verhalten (vgl. auch Abschn. 3.3.5). Wie schon Mc Gregor in seiner Theorie feststellte (vgl. Abschn. 2.4.2), beeinflusst Ihr Menschenbild das Verhalten Ihrer Mitarbeitenden. Wenn Sie ein eher negatives Menschenbild haben, spüren dies Ihre Mitarbeitenden. Sie merken, dass Sie ihnen nicht oder wenig zutrauen und vertrauen, werden verunsichert und schlimmstenfalls demotiviert. Sie katapultieren sich und Ihre Mitarbeitenden mit diesem Menschenbild mitten in einen Teufelskreis, den Sie als Führungskraft mit ihrem negativen Menschenbild mitverantworten. Als Folge verbreiten sich Skepsis und Unsicherheit, vielleicht sogar Angst und Widerstände. Dies kann bei Ihren Mitarbeitenden zu passivem Verhalten, Ablehung von Verantwortung und mitunter zu mangelnder Initiative führen. Ihr Menschenbild wird sich verstärken, ohne dass Sie vielleicht realisieren, dass Sie mit Ihrem ursprünglich negativen Menschenbild der eigentliche Auslöser dafür sind.

> „So wie ich Mitarbeitende führe hat damit zu tun, wie ich wahrgenommen werden möchte und welche Ziele ich damit verfolge." Sandra Mounir-Rotzer, Geschäftsleiterin und Verwaltungsrätin Cave du Rhodan Mounir Weine AG (Mounir-Rotzer 2021)

Um menschlich zu führen, ist es unerlässlich, sich vom „mechanistischen Menschenbild" zu lösen, welches den Menschen als funktionierenden Organismus versteht und ihn auf eine biochemische Maschine reduziert. Mitarbeitende sind keine Maschinen oder Roboter, die man überwacht, kontrolliert, repariert und optimiert. Menschliche Führung basiert auf einem „holistischen Menschenbild", welches den Menschen nicht als Objekt sondern als individuelles, einmaliges Subjekt sieht, das eine lebendige Seele mit Gefühlen besitzt und sich entwickeln und entfalten möchte. Das zentrale Ziel von Führung muss es deshalb sein, die schöpferische Kraft und Würde der Mitarbeitenden zur Entfaltung zu bringen.

▶ **Wichtig** Die immense Kraft eines positiven Menschenbildes ist offensichtlich. Eine positive Haltung Menschen gegenüber – ungeachtet dessen, wie sie ticken – manifestiert eine Lebenseinstellung der Akzeptanz und Gleichwertigkeit.

Sie können sich nicht verstellen. Wenn Sie einem Menschen gegenüber eine negative Einstellung haben, ihm misstrauen oder nicht als gleichwertig erachten, merkt Ihr Gegenüber dies früher oder später. Schon Watzlawick stellte fest: „Man kann nicht nicht kommunizieren". Auch wenn Sie nur in Ihren Gedanken negativ über Menschen denken, zeigt sich dies in Ihrer Körperhaltung, in Ihrem Blick und Ihren Gesten. Ihr Gegenüber wird spüren, dass Sie ihn in Gedanken abwerten oder ihm mit Vorurteilen begegnen. Eine positive Haltung anderen Menschen gegenüber hingegen hat eine enorme Kraft, positive Gefühle und positive Beziehungen zu erzeugen.

Wenn Sie an die Fähigkeiten und Ressourcen der Menschen glauben, Verantwortung zu übernehmen und Leistung zu erbringen, spüren dies Ihre Mitarbeitenden. Dies bestätigt wiederum das positive Menschenbild und wirkt verstärkend und stimulierend. Ihre Mitarbeitenden werden eher mitdenken und mitgestalten wollen. Übungsmöglichkeiten gibt es in Ihrem Führungsalltag bestimmt genug. Probieren Sie's aus: Es funktioniert. Raus aus der Abwärtsspirale in eine Aufwärtsspirale!

> „Wir leben eine ‚Du-Kultur'. Doch dies ist nur eine Äußerlichkeit. Entscheidend ist für mich, Mitarbeitenden als Menschen positiv und auf Augenhöhe zu begegnen, ungeachtet der Hierarchiestufe." Hansruedi Koeng, CEO Postfinance (Koeng 2021)

Menschliche Führung ist von einer positiven Haltung Menschen gegenüber geprägt. Dies hat nichts mit Naivität zu tun. Wenn Sie enttäuscht oder verletzt werden, ist dies nicht in Ordnung. Dann sind Sie gefordert, angemessen zu reagieren und herauszufinden, woran es liegt. Wichtig ist, dass Sie mit Ihren Mitarbeitenden in Resonanz treten. Sie können jede Sekunde wählen, ob Sie diese Resonanz positiv, neutral oder negativ gestalten. Wenn Sie Ihren Mitarbeitenden grundsätzlich positive Absichten unterstellen, schenken Sie ihnen einen Vertrauensvorschuss (vgl. auch Abschn. 5.5) und schaffen so einen sehr fruchtbaren Boden für eine konstruktive, menschliche Beziehung. (Hodler 2014, S. 47–48)

▶ **Tipp** Tool 15 (Ein positives Menschenbild entwickeln, Abschn. 8.1.3.5) in der Toolbox in Kap. 8 unterstützt Sie dabei, Ihr Menschenbild zu reflektieren.

4.4.6 Erkennen Sie Ihre inneren Antreiber

Wie oft am Tag sind Sie effektiv bei der Sache? Oder besser gefragt: Wie oft lenken negative Gedanken oder Gefühle Sie vom Hier und Jetzt ab oder beeinträchtigen Ihre Denkleistung oder Entscheidungsfähigkeit? Kommen Ihnen diese Stimmen im Kopf vielleicht bekannt vor?

• „Ich muss mich beeilen, sonst schaffe ich die Arbeit nicht."
• „Ich darf am Meeting ja nichts Falsches sagen."
• „Hoffentlich finden alle mein Vorgehen gut."

Jede und jeder von uns folgt solchen Leitgedanken – den sogenannten inneren Antreibern.

▶ **Innere Antreiber** Innere Antreiber sind unbewusst ablaufende Denk- und Verhaltensmuster beziehungsweise Lebensregeln, die unser Denken, Fühlen und Handeln wie ein

Autopilot steuern. Zumeist unbewusst ablaufende innere Faktoren wie unsere Bedürfnisse, Werte und Gewohnheiten formen unsere inneren Antreiber.

Wie der Begriff „innere Antreiber" treffend beschreibt, „treiben" uns diese von „innen" heraus an und bestimmen maßgeblich unser Denken und Verhalten. Sie zeigen sich deutlich insbesondere bei Stress oder im Umgang mit anderen Menschen. Meistens verstärken sie sich sogar und können zu kritischem Arbeits- wie auch Führungsverhalten führen. Bisweilen können unsere inneren Antreiber auch der eigentliche Auslöser für Stress bei uns selbst und bei anderen sein.

Aus der Hirnforschung ist hinlänglich bekannt, dass unsere Denkmuster einen viel größeren Einfluss auf unser Verhalten und unsere Leistung haben, als wir gemeinhin annehmen. Denken wir nur an bestimmte Stereotypen, die sich unbewusst in unserem Kopf eingenistet haben und uns tagtäglich beeinflussen: Sind zurückhaltende, scheue Menschen effektiv weniger führungsstark als solche, die immer eine große Klappe haben? Oder wären ebendiese Menschen vielleicht geeigneter, Menschen zu führen, zumal sie sich nicht so in den Vordergrund stellen?

Unsere inneren Bilder, Worte und auch unsere Körperwahrnehmung beeinflussen unsere Haltung und unser Verhalten sehr stark. In verschiedenen Studien konnte nachgewiesen werden, dass beispielsweise gewisse Bilder sowie stärkende oder schwächende Worte unser Gehtempo maßgeblich beeinflussen können. Oder denken wir an unsere Körperhaltung: Je nachdem, ob wir aufrecht dastehen oder gebeugt, fühlen wir uns schon ganz anders.

Aus der Transaktionsanalyse, die in den 1950er- und 1960er-Jahren von Eric Berne (1910–1970) und Thomas Harris (1910–1995) begründet wurde, sind die fünf Motivatoren bekannt, die uns Menschen von innen heraus antreiben. Taibi Kahler (geb. 1943) entwickelte Ende der 1970er-Jahre auf der Basis der Tranksaktionsanalyse das Modell der Inneren Antreiber. Dieses beschreibt **fünf Typologien von inneren Antreibern**, die uns Menschen von innen heraus beeinflussen (Sarica 2020, S. 5; Taglieber und Reabricht 2020):

> **Die fünf inneren Antreiber**
> - Sei perfekt!
> - Sei stark!
> - Streng dich an!
> - Mach schnell!
> - Mach es allen recht!

Jeder Mensch hat alle Antreiber in sich. Ihr Ursprung und ihre Ausprägung liegen meistens in der Kindheit begründet. Unsere inneren Antreiber wurden insbesondere durch die Erwartungshaltung und Aussagen unserer Eltern und nahen Bezugspersonen geprägt. Vielleicht erinnern Sie sich an Aussagen Ihres Vaters, Ihrer Tante oder Ihrer Lehrerin aus der Kindheit oder an Sprichwörter wie:

- Jungs, die weinen, sind Schwächlinge!
- Was denken wohl die anderen, wenn du nicht gehorsam bist!?
- Ein Indianer kennt keinen Schmerz!
- Erst die Arbeit, dann das Vergnügen!
- Wer rastet, der rostet!
- Müßigang ist aller Laster Anfang!

Unsere inneren Antreiber stehen in einem engen Zusammenhang mit unseren Grundbedürfnissen wie Bindung, Anerkennung, Autonomie, Sicherheit und Wohlbefinden. Wir haben gelernt, dass durch unser an die Erwartungen angepasstes Verhalten unsere Bedürfnisse erfüllt werden und haben so entspechende Verhaltensmuster entwickelt. Zum Beispiel korrespondiert der Antreiber „Mach es allen recht" mit dem Bedürfnis nach Verbindung und der Antreiber „Sei perfekt" mit unserem Bedürfnis nach Anerkennung. Wir haben diese Antreiber unbewusst verinnerlicht und ins Erwachsenenalter mitgenommen. Jeder von uns hat eine Mischung von Antreibern, wobei diese individuell unterschiedlich ausgeprägt sind und zudem je nach Situation unterschiedlich zum Vorschein kommen. Kennen Sie auch den „Perfektionisten" oder die „Hektikerin" oder den „Verbissenen"? Diese zugeschriebenen Typologien könnten einen Hinweis auf innere Antreiber dieser Personen geben, die am stärksten ausgeprägt sind und sich uns am deutlichsten zeigen. (Taglieber und Reabricht 2020)

Praxisbeispiel

Stellen Sie sich folgende Situation vor: Eine Mitarbeiterin von Ihnen hat aktuell sehr viel zu tun. Die große Arbeitslast und das Bedürfnis nach Leistung und Anerkennung aktivieren ihren ausgeprägten inneren Antreiber „Mach schnell". Sie beeilt sich bei der Arbeit und macht keine Kaffee- und Mittagspause. Dadurch passieren ihr sehr viele Fehler, sie reagiert gegenüber den Kunden am Telefon sehr gereizt und die Qualität ihrer Leistung sinkt merklich. Aufgrund der vielen Fehler und den vielen Kundenreklamationen resultiert schlussendlich noch viel mehr Arbeit. Anstatt innezuhalten und ihren Antreiber zu hinterfragen, erhöht sie ihr Arbeitstempo und entsprechend ihren Stresspegel. Es ist offensichtlich, dass dieser Antreiber in diesem Kontext auf lange Sicht zerstörerisch wirken kann.

Oder denken wir an den stets loyalen und zuverlässigen Mitarbeiter, dessen Antreiber „Sei perfekt" sehr ausgeprägt ist. Sie können sich als Führungskraft jederzeit auf ihn verlassen und er plant und erledigt seine Aufgaben stets in einer einwandfreien Qualität. Der Nachteil ist jedoch, dass er sehr viel Zeit für Detailarbeit investiert. Bei hohem Arbeitsdruck und Zeitmangel gerät er deshalb sehr schnell unter Stress. Dadurch setzt er die anderen Mitarbeitenden im Team unnötig unter Druck und verbreitet eine miese Stimmung und unnötige Hektik. Zudem geht es ihm jeweils emotional sehr schlecht, da er seine hohen Ansprüche an sich selbst nicht erfüllen kann. Die Stimmung sowohl bei ihm als auch im gesamten Team kippt ins negative und Konflikte sind vorprogrammiert. ◀

Antreiber sind an und für sich nichts Schlechtes – im Gegenteil: Sie können sehr wertvolle Ressourcen sein und viele Vorteile in der Arbeit mit sich bringen. Doch sobald wir mit unseren inneren Antreibern übers Ziel hinausschießen, können sie negative Auswirkungen wie Stress, Burn-out, Krankheit oder auch Konflikte zur Folge haben. Insbesondere Stress hat den Effekt, dass er die inneren Antreiber zusätzlich befeuert und wir uns so selbst in eine Abwärtsspirale treiben können. Antreiber können in diesem Kontext zu sogennannten „Stressverschärfern" werden. (Taglieber und Reabricht 2020)

„Sei stark! Ein Indianer kennt keinen Schmerz!" Diese Antreiber findet sich bei sehr vielen Führungskräften. Wenn Ihr innerer Antreiber „Sei stark" sehr ausgeprägt ist, kann sich dies durch Ihren Ehrgeiz, Ihre ausgeprägte Selbstdisziplin oder hohe Belastbarkeit und Ihr starkes Durchhalte- und Durchsetzungsvermögen zeigen. Dies ist bestimmt ein Vorteil für Sie als Führungskraft. Doch wenn Sie sich immer „zusammenreißen" müssen, tun Sie weder sich selbst noch anderen einen Gefallen. Bei einer zu starken Ausprägung kann dieser Antreiber ins Negative kippen und zu Einzelkämpfertum, Unnachgiebigkeit und ausgeprägter Autorität führen. Wenn Sie es schaffen, Ihren Rucksack an inneren Antreibern etwas auszumisten, wird es Ihnen besser gelingen, Ihr volles Potenzial zu entfalten und menschlich zu führen.

▶   **Wichtig**   Das Erkennen Ihrer eigenen Antreiber ist sehr bedeutsam. Solange Sie sich den Automatismen Ihres Geistes ausliefern und diese nicht bewusst steuern, werden Sie immer wieder in die selben Fallen treten. Es lohnt sich, die eigenen Antreiber unter die Lupe zu nehmen. Sie erhöhen so die Wahlmöglichkeit Ihres Denkens, Handelns und der Gestaltung Ihrer Führungsrolle.

Wie können Sie Ihre inneren Antreiber auflösen? Eine Möglichkeit besteht darin, dass Sie diese durch sogenannte „Erlauber" ersetzen. Dabei handelt es sich um gegenteilige Aussagen, die helfen, den Zwang des inneren Antreibers zu lösen. Beispiele dazu sind:

Negative Antreiber in Erlauber umformulieren
- Sei perfekt!
  Mögliche Erlauber: Ich darf auch Fehler machen. / So wie ich bin, bin ich gut genug.
- Sei stark!
  Mögliche Erlauber: Gefühle zeigen zeugt von Stärke. / Ich darf um Hilfe bitten.
- Streng dich an!
  Mögliche Erlauber: Es darf auch leicht und mit Spaß gehen. / Entspannung ist ebenso wichtig.

- Mach schnell!
  Mögliche Erlauber: In der Ruhe liegt die Kraft. / Pausen sind wichtig. / Ich darf
  mir die notwendige Zeit nehmen. / Eile mit Weile.
- Mach es allen recht!
  Mögliche Erlauber: Meine Bedürfnisse und Wünsche sind mir wichtig. / Ich darf
  Nein sagen. / Mich müssen nicht alle mögen.

Ihre persönlichen inneren Antreiber begleiten Sie schon sehr lange in Ihrem Leben. Sie benötigen deshalb Zeit, diese eingefleischten Denk- und Verhaltensmuster zu verändern. Dies geschieht nicht auf Knopfdruck von heute auf morgen. Wenn Sie jedoch mit Bewusstheit und Konsequenz dranbleiben und diese immer wieder hinterfragen und in eine andere Richtung steuern, sobald Sie Ihnen schaden, kommen Sie schrittweise weiter. Mit kontinuierlicher Übung sowie Geduld und Wertschätzung Ihnen selbst gegenüber schaffen Sie es, Ihre schädlichen Antreiber in stärkende Antreiber umzuwandeln.

▶   **Tipp** Tool 16 (Umgang mit den inneren Antreibern, Abschn. 8.1.3.6) in der Toolbox in Kap. 8 hilft Ihnen, Ihre inneren Antreiber zu reflektieren und zu ändern.

4.4.7   Steuern Sie die Kraft von Glaubenssätzen in eine positive Richtung

Sehr eng verknüft mit den inneren Antreibern sind die vielen unbewussten Glaubenssätze, die wir im Verlaufe unseres Lebens verinnerlicht haben.

Sind Ihnen folgende Gedanken auch schon durch den Kopf gekreist oder haben Sie sie sich selbst oder anderen gegenüber geäußert?

- „Wir haben sowieso keine Chance, die Geschäftsleitung von dieser Idee zu überzeugen."
- „Das hat noch nie so richtig geklappt."
- „Unsere Mitarbeitenden sind veränderungsresistent und werden bestimmt Widerstand leisten."
- „Meine Chefin versteht mich sowieso nicht."
- „Ich schaffe das nur, wenn ich viele Überstunden leiste und Stress habe."
- „Ich muss hart arbeiten, um Anerkennung von meinem Chef zu erhalten."
- „Man kann meinen Mitarbeitenden nicht vertrauen."
- „Das schaffe ich nie."

▶ **Glaubenssätze** Glaubenssätze sind tief verwurzelte Überzeugungen, Einstellungen oder auch Erwartungen, die wir als richtig und wahr halten. Sie werden durch unsere persönlichen negativen wie positiven Erfahrungen, unsere Erziehung, unsere Ausbildungen, unsere Beziehungen und persönlichen Interpretationen gebildet. Sie werden nicht durch die Umwelt oder bestimmte Ereignisse in der Vergangenheit geprägt, sondern vielmehr aus der Bedeutung, die wir diesen Ereignissen beimessen.

Glaubenssätze setzen sich im Laufe unseres Lebens meistens unbewusst und schleichend als Muster in unserem Kopf fest und finden schlussendlich ihren Ausdruck in einem inneren Dialog, der im Kopf herumkreist, oder sogar in explizit ausformulierten Floskeln, die wir gegenüber uns selbst oder anderen Menschen äußern. Wir alle haben sowohl positive als auch limitierende Glaubenssätze. Glaubenssätze zu haben, muss also nicht nur negativ sein. Sie können uns auch stärken und uns Halt und Orientierung geben. Glaubenssätze sind sozusagen die Triebkraft, die entweder schöpferische oder zerstörerische Impulse auslösen können. (Robbins 2021, S. 74–85)

Negative Glaubenssätze sind insofern problematisch, als dass sie die Bandbreite unserer künftigen Entscheidungen, die Entwicklung unserer Persönlichkeit und unser Fähigkeitspotenzial einengen. Wie wir bereits in meinen Ausführungen zur Hirnforschung (vgl. Abschn. 3.2) wie auch der Positiven Psychologie (vgl. Abschn. 3.3) erfahren haben, bestimmen unsere Gedanken im Kopf unsere Emotionen. Unsere Emotionen wiederum bestimmen unser Handeln. Wenn wir es schaffen, positive Glaubenssätze zu formulieren und negative Glaubenssätze zu entlarven und umzuformulieren, erzielen wir am Ende des Tages deutlich bessere Ergebnisse in all unseren Lebensbereichen.

Was denken Sie, welcher Glaubenssatz gibt Ihnen mehr Kraft und hat mehr Wirkung auf Sie und andere? Sie haben die Wahl:

- „Das klappt sowieso wieder nicht!"

oder:

- „Gemeinsam werden wir es schaffen!"

▶ **Wichtig** Für Sie als Führungskraft ist es wichtig, sich mit Ihren Glaubenssätzen zu beschäftigen. Denn diese bestimmen sehr stark darüber, in welchen Situationen Sie positiv oder negativ denken. Glaubenssätze prägen maßgeblich Ihren Charakter und Ihr Handeln und damit den Umgang mit Ihren Mitarbeitenden.

Glaubenssätze funktionieren nach dem Gesetz der Anziehung. Das, was Sie denken, ziehen Sie automatisch an. Wenn Sie eine positive Haltung haben, strahlen Sie diese Zuversicht auch aus uns stecken andere Menschen damit an.

Treffend bringt es folgende weise Aussage aus dem jüdischen Talmud auf den Punkt:

„Achte auf Deine Gedanken, denn sie werden zu Gefühlen. Achte auf Deine Gefühle, denn sie werden zu Worten. Achte auf Deine Worte, denn sie werden zu Handlungen. Achte auf Deine Handlungen, denn sie werden zu Gewohnheiten. Achte auf Deine Gewohnheiten, denn sie werden Dein Charakter. Achte auf Deinen Charakter, denn er wird Dein Schicksal."

Über eine gezielte Programmierung lassen sich Glaubenssätze ändern. Eine umfassende Vorgehensweise umschreibt die Neurolinguistische Programmierung (NLP). Die NLP berücksichtigt neurologische Vorgänge in unserem Kopf und verknüpft diese mit der Sprache. Die Haltung und Grundannahme der NLP basiert darauf, auf der Basis einer systematischen Veränderung der Sprache unser Denken und Handeln zu beeinflussen.

▶   **Tipp** Tool 17 (Verabschieden von negativen Glaubenssätzen, Abschn. 8.1.3.7) in der Toolbox in Kap. 8 basiert auf der NLP und hilft Ihnen, Ihre Glaubenssätze umzuformulieren.

Ein wichtiger Schritt ist die konsequente Umsetzung in der Praxis. Sie erinnern sich an die Aussage von Lutz Jänke (vgl. Abschn. 3.2.2): Die Wiederholung ist die Mutter des Lernens! Erst die regelmäßige, konsequente Umsetzung Ihrer neu formulierten Glaubenssätze kann neue neuronale Verbindungen in Ihrem Gehirn schaffen. Je mehr Sie diese wiederholen, desto mehr werden sie in Ihrem Gehirn verankert. Und je länger Sie ihre alten, negativen Glaubenssätze nicht mehr anwenden, desto mehr verkümmern sie.

4.5   Emotionen – Ihre wichtigen Wegweiser

4.5.1   Ihre Emotionen beeinflussen Ihre Energie und Denkleistung

Emotionen spielen in unserem Leben und auch im Führungs- und Arbeitskontext eine bedeutende Rolle. Sehr eindrücklich ist die Tatsache, dass unsere Erinnerungen an Situationen und Menschen sehr stark mit Emotionen verbunden sind. Wenn wir zum Beispiel an unsere erste Liebe oder an unsere Hochzeit zurückdenken, kommen die damaligen Emotionen wie Aufregung und Glück wieder in uns hoch. Oder wenn wir uns an eine große Enttäuschung oder den Tod eines geliebten Menschen erinnern, empfinden wir wieder Traurigkeit in uns. Ereignisse und Situationen, die mit starken Emotionen verbunden sind, bleiben ewig im Gedächtnis abgespeichert. Emotionen sind der Spiegel der eigenen inneren Vorgänge wie auch dessen, was man im Gegenüber erkennt beziehungsweise zu erkennen glaubt. Einige Menschen haben Schwierigkeiten, die eigenen Emotionen wahrzunehmen und einzuordnen oder mit den Emotionen von anderen Menschen umzugehen. Dies, weil uns oftmals nicht klar ist, woher diese Emotionen kommen und was sie bedeuten. (Elger 2013, S. 110–113)

Der Umgang mit Emotionen wird in vielen Unternehmen jedoch immer noch als Tabu angesehen. Wenn jemand „emotional" reagiert, läuft er oftmals Gefahr, als „unprofessionell" oder „Gefühlsdusel" etikettiert zu werden, insbesondere bei negativer Emotionalität wie Enttäuschung oder Verärgerung. Wenn dann noch Tränen fließen, sind viele vollends überfordert mit der Situation.

▶ **Wichtig** Insbesondere in der heutigen VUCA-Welt, in der wir laufend mit Veränderungen in Unternehmen konfrontiert werden, müssen Sie sich als Führungskraft immer mehr mit Emotionen beschäftigen – einerseits mit den eigenen Emotionen wie auch insbesondere mit den Emotionen Ihrer Mitarbeitenden. Denn Emotionen beeinflussen die Energie, die Motivation wie auch das Commitment, die für Veränderungsprozesse essenziell sind.

Menschliches Handeln und Entscheiden ist neurobiologisch darauf ausgerichtet, Stress möglichst zu vermeiden und stattdessen positive Stimuli anzustreben (vgl. Abschn. 3.2.4 und 3.2.5). Positive Stimuli entstehen, wenn die neuronale Struktur des Belohnungszentrums in unserem Gehirn aktiviert wird, zum Beispiel durch Anerkennung und Lob, entgegengebrachtes Vertrauen oder ein erfreuliches Ereignis. Positive Emotionen werden entsprechend über das Belohnungssystem unseres Gehirns gesteuert. Das Belohnungssystem ist ein höchst individueller und komplexer Mechanismus, an dem verschiedene Hirnareale beteiligt sind. Die Aktivierung des Belohnungssystems, unter anderen dem Nucleus accubens im Zwischenhirn, und die damit verbundene Ausschüttung der Neurotransmitter Dopamin, Oxytocin und Endomorphinen sind für unser Gehirn offensichtlich erstrebenswert. Negative Stimuli hingegen aktivieren unser Schmerzzentrum. Wird dieses erst einmal aktiviert, werden automatisch die höheren Hirnfunktionen, die für das rationale Denken und Handeln zuständig sind, gehemmt. Das ist der Grund dafür, dass uns negative Emotionen wie Wut, Enttäuschung und Traurigkeit oftmals „kopflos" werden lassen. Wir können dann nicht mehr richtig denken.

▶ **Wichtig** Emotionen sind bei dem Prozess der Entscheidungsfindung sehr wichtig. Es ist ein Irrtum zu denken, dass wir Entscheidungen rein aufgrund rationaler Überlegungen treffen. Ab einer gewissen Komplexitätsstufe gibt es keine menschlichen Entscheidungen und Handlungen mehr, die alleine auf objektiven, rationalen Fakten basieren.

Das Belohnungs- und das Schmerzzentrum in unserem Gehirn bewerten Situationen und anstehende Entscheidungen ganz automatisch nach bereits gemachten Erfahrungen, die in unserem Gehirn abgespeichert sind. Die beiden Hirnzentren sind an allen Verarbeitungsprozessen bewusst oder unbewusst beteiligt und beeinflussen diese. Die emotional gefärbte Entscheidung oder Handlung wird entsprechend erst nachträglich durch rationale Argumente für die entscheidende Person und die Außenwelt nachvollziehbar gemacht. (Draht 2015, S. 40–41)

4.5.2 Erkennen und benennen Sie Ihre Emotionen

Ein wichtiger Aspekt erfolgreicher und menschlicher Führung ist der richtige Umgang mit den eigenen Emotionen. Als Führungskraft haben Sie nicht nur eine fachliche Vorbildfunktion, sondern auch eine Verantwortung, was den Umgang mit Ihren Emotionen betrifft. Wenn Sie sich zu einer menschlicheren Führungskraft entwickeln möchten, ist es unverzichtbar, sich mit der urmenschlichen Frage „Wie geht es mir?" und „Wie fühle ich mich?" auseinanderzusetzen. Denn die Wahrnehmung der eigenen Emotionen ist die Grundlage dafür, persönliche Schwierigkeiten zu lösen, individuelle Bedürfnisse zu erkennen und zu erfüllen sowie das eigene Potenzial effektiv zu nutzen. Gemäß Anthony Robbins gibt es vier Möglichkeiten, mit unseren Emotionen umzugehen (Robbins 2021, S. 266–269):

Vermeiden von Gefühlen

Viele Menschen versuchen, schmerzlichen Gefühlen auszuweichen und vermeiden deshalb möglichst Situationen, die Emotionen auslösen könnten, vor denen sie Angst haben. Wer zum Beispiel Angst hat, enttäuscht zu werden, vermeidet jegliche Situation, einem anderen Menschen zu vertrauen. Diese Vermeidungsstrategie kann uns zwar kurzfristig vor negativen Emotionen schützen, kann aber dazu führen, dass wir keine vertrauensvollen Beziehungen zu Menschen aufbauen können.

Leugnen von Gefühlen

Die zweite Strategie ist die des Leugnens. Viele Menschen versuchen, sich von den eigenen Emotionen zu distanzieren. Wenn wir Gefühle empfinden und vorgeben, dass diese nicht existieren, quälen wir uns schlussendlich selbst. Denn wir ignorieren die Botschaft, die die Gefühle uns vermitteln möchten. Unterdrückte Emotionen lösen sich jedoch nicht einfach in Luft auf. Im Gegenteil: Mit der Zeit werden sie viel stärker und irgendwann so intensiv, dass wir nicht mehr umhin können, den Emotionen unsere Aufmerksamkeit zu schenken. Wenn Sie sich zum Beispiel über eine längere Zeit über das Verhalten einer Mitarbeiterin ärgern und diesen Ärger unterdrücken, kann es sein, dass Ihnen plötzlich im falschen Moment der Kragen platzt und sie die Mitarbeiterin in einem übermäßigen Wutanfall anschreien. Sie selbst kann die Heftigkeit Ihrer Reaktion dann überhaupt nicht nachvollziehen.

Wettbewerb der Gefühle

Einige Menschen geben sich ihren negativen Emotionen willenlos hin oder suhlen sich sozusagen darin. Das kann sogar dazu führen, dass jemand sich angesichts der eigenen negativen Emotionen Tapferkeit vorgaukelt und bei jeder Begegnung mit anderen Menschen, denen es nicht so gut geht, ein immer gleiches Klagelied von sich gibt: „Du glaubst, dass du schlecht dran bist? Dann erzähl ich dir mal, wie schlecht es mir geht." Diese Art von Umgang mit negativen Gefühlen kann zu einer sich selbst erfüllenden Prophezeiung werden und bedeutet einen enormen Kraftaufwand.

Lernen aus Gefühlen

Wir können nicht vor unseren Gefühlen davonlaufen, sie nicht per Knopfdruck aus-
schalten, herunterspielen oder uns über deren Bedeutung hinwegtäuschen. Sie sind der
Schlüssel unserer Kraft.

▶   **Wichtig** Emotionen, selbst die, die uns kurzfristig als schmerzvoll erscheinen, sind
    in Wirklichkeit unser innerer Kompass. Sie sind die Stimmen unserer Bedürfnisse
    und sie weisen uns den Weg zu den Maßnahmen, die wir ergreifen müssen, um
    unsere Bedürfnisse zu erfüllen und unsere Ziele zu erreichen.

Ihre Mitarbeitenden nehmen sofort wahr, wie Sie drauf sind. Damit ist nicht gemeint,
dass Sie immer guter Laune sein müssen. Aber sensibel dafür zu sein, wie Ihre Stimmung
ist und zu erkennen, warum und wann sie kippt. Cholerische Vorgesetzte, die Angst und
Schrecken verbreiten, sind bei Mitarbeitenden besonders gefürchtet. Insbesondere wenn
die Wutanfälle unvorhergesehen und unberechenbar sind. Jähzornigkeit und Wutanfälle
von Menschen beruhen wahrscheinlich auf Überbahnungen im Gehirn. Wenn Sie zu dieser
Überreaktion neigen, sollten Sie sich sehr achtsam selbst beobachten, wann und weshalb
Sie diese Wutanfälle bekommen. Ein CEO, der seine Mitarbeiterin vor versammelter Be-
legschaft abkanzelt oder eine Vorgesetzte, die ihrem Assistenten wutentbrannt die Akten
vor die Nase knallt, verhalten sich nicht wirklich vorbildlich. Zudem ist es sehr wahrscheinlich, dass jemand, dessen Emotionen mit ihm durchgegangen sind, nicht nur
schlechte Entscheidungen getroffen, sondern auch das Vertrauen seiner Mitarbeitenden
unwiderruflich erschüttert hat. Spätere Entschuldigungen dafür ändern leider kaum die
Tatsache, dass die Erwartungshaltung der Mitarbeitenden und das Arbeitsverhältnis in Zukunft nachhaltig gestört sind.

Das bewusste Steuern der eigenen Emotionen ist eine sehr anspruchsvolle Aufgabe, die
wir zuerst erlernen müssen. Viele Führungskräfte lernen im Verlauf der Jahre, ihre Emotionen zu unterdrücken oder gar zu ersticken und mit einem angelernten Pokerface dazu-
sitzen. Dies kann schlussendlich dazu führen, dass sie den Bezug zu ihren Bedürfnissen
verlieren und als nicht authentisch wahrgenommen werden. Zudem können Sie dadurch
krank werden. Hirnforscher konnten in Untersuchungen nachweisen, dass die Unter-
drückung der eigenen Emotionen zu erhöhtem Blutdruck führt und damit das Herz-
Kreislauf-System stark belastet. (Draht 2015, S. 42–43)

Indem Sie bewusst dem auslösenden Moment nachgehen und sich damit auseinandersetzen, kann es Ihnen gelingen, den Auslöser bewusst zu betrachten und zu reflektieren.
Indem Sie den Grund „extrahieren" und genau betrachten, kann sich das diffuse Gefühl
auflösen und Sie können Ihre Missstimmung verorten. Vielleicht gelingt es Ihnen dann
sogar, Ihre Gesamtstimmung wieder ins Positive zu wenden. Und wenn es mal nicht gelingt, die emotionale Stimmung zu verbessern – dann ist's auch gut. Dann lohnt es sich,

ein anspruchsvolles Gespräch mit einem Kunden allenfalls zu vertagen. Oder sich einfach ganz menschlich und authentisch zu zeigen und dazu zu stehen, dass Sie im Moment nicht so gut drauf sind. Wichtig ist, dass Sie ihre schlechte Stimmung nicht an anderen auslassen.

In gewissen Situationen kann es auch hilfreich sein, wenn Sie mit einem anderen Menschen über Ärger, Trauer oder andere Dinge, die Sie gerade beschäftigen, reden können. „Sich etwas von der Seele reden" kann eine sehr befreiende Wirkung haben. Vielleicht haben Sie eine Kollegin oder einen Kollegen auf Ihrer Führungsstufe, mit der beziehungsweise dem Sie sich austauschen können?

▶ **Tipp** Folgende Tools in der Toolbox in Kap. 8 unterstützen Sie dabei, Ihre Emotionen wahrzunehmen und positive Emotionen zu verankern:

- Tool 18: Emotionen wahrnehmen (Abschn. 8.1.4.1)
- Tool 19: Verankerung positiver Emotionen (Abschn. 8.1.4.2)

4.6   Energie – mit Achtsamkeit zu mehr Klarheit und Fokus

4.6.1   Nutzen Sie Ihre Energiequellen und vermeiden Sie Energiepiraten

Eine große Bedeutung in Bezug auf Selbstführung hat die Frage nach dem eigenen Energiehaushalt. Wenn Sie als Führungskraft auf Ihre eigenen Energien und Kräfte achten und Sorge dafür tragen, haben Sie genügend Power, Ihre Führungaufgaben mit Freude wahrzunehmen.

Jeder Körper hat seine Grenzen in Bezug auf Energie und Leistungsfähigkeit. Mangelnde Bewegung, schlechte Ernährung sowie zu wenig Schlaf sind nur einige Faktoren, die unsere Energie und Leistungsfähigkeit einschränken und auf Dauer sogar zu einem Burn-out führen können. Deshalb ist es für Sie als Führungskraft besonders wichtig, gesunde Gewohnheiten aufzubauen. Ausreichend Schlaf, Phasen der Entspannung und regelmäßige Bewegung sind notwendig, um genügend Energie für Ihre Selbstführung und die Führung Ihrer Mitarbeitenden zur Verfügung zu haben.

> „Ich achte auf eine gute Balance zwischen Belastung und Entlastung. Als Führungskraft muss ich mir persönlich Sorge tragen, um genug Energie zu haben und weitergeben zu können."
> Patrik Lanter, CEO und VR Präsident NeoVac Gruppe (Lanter 2021)

Wichtig ist dabei, dass Sie immer wieder die Möglicheit zur Regeneration, also einen vernünftigen Rhythmus der An- und Entspannung haben. Wirkliche Regeneration bedeutet mehr als Abschalten. Sie setzt voraus, dass Sie Ihre wirkungsvollsten „Tankstellen" erkennen, die Ihre Batterien wieder aufladen. Genauso wie Sie in Ihrem Privatleben (hoffentlich) Phasen der Regeneration einbauen, beispielsweise einen Spaziergang im Wald, qualitative Zeit mit Freunden, Sport und vieles mehr, sollten Sie sich auch im dichten Arbeitsalltag Phasen der Regeneration einplanen.

> „Wenn ich das Gefühl habe, dass ich als Führungskraft nur mit sehr großer Anstrengung Ziele erreichen kann, ist dies ein Irrtum. Wichtig ist es, meine Arbeit mit einer Unverkrampftheit und Leichtigkeit anzugehen, im Flow zu sein. Eine Führungskraft, die nicht im Flow ist, kann keine Energie an die Mitarbeitenden weitergeben." Thomas Wegmann, Head Marketmanagement Allianz Schweiz und Head Global Center for Behavioral Economics (Wegmann 2021)

Wir erleben alle immer wieder Momente, in denen wir über eine kürzere oder längere Zeit Stress empfinden. Oftmals reagieren wir dann erst, wenn wir bereits im Hamsterrad drehen und erste Symptome aufweisen: Kopfschmerzen, Magenbrennen, Gereiztheit oder gar schlaflose Nächte machen uns dann das Leben schwer. Und oftmals grübeln wir dann darüber nach, woher der Stress kommt, was die Auslöser sind und wie der Stress vermieden werden kann.

Ich bin der Überzeugung, dass der Fokus auf Vermeidungsstrategien nicht der richtige Weg ist. Im Sinne der Erkenntnisse der Positiven Psychologie (vgl. Abschn. 3.3) empfehle ich Ihnen, sich darauf zu konzentrieren, was Ihnen Energie gibt. Was können Sie für sich tun, damit Sie erst gar nicht in Stress geraten? Anstatt sich die Frage zu stellen „Was stresst mich?" stellen Sie sich die Frage „Was gibt mir Energie?". Bereits durch diese Änderung des Fokus auf Ihre Ressourcen entsteht eine ganz andere Energie und Dynamik in Ihrem Kopf und in Ihrem Körper.

▶ **Wichtig** Richten Sie Ihre Gedanken und Ihre Energie auf diejenigen Dinge, die Ihnen wichtig sind und Kraft geben. Verschwenden Sie keine Energie an Dinge oder Menschen, die Ihnen wertvolle Energie rauben oder unwichtig sind für Sie.

Wenn Sie sich zu sehr mit unwichtigen, energieraubenden Dingen und Menschen umgeben, haben Sie am Ende des Tages zu wenig Energie für all das, was wirklich von Bedeutung ist und Ihnen Kraft gibt. Lassen Sie „Energiepiraten" hinter sich. Es lohnt sich.

▶ **Tipp** Folgende Tools in der Toolbox in Kap. 8 unterstützen Sie dabei, Ihre Energiequellen zu erkennen und zu stärken:

- Tool 20: Energiefass (Abschn. 8.1.5.1)
- Tool 21: Energiebaum (Abschn. 8.1.5.2)
- Tool 22: Energiecheck für die Führungsrolle (Abschn. 8.1.5.3)
- Tool 23: Selbsttest – Energetisierer oder Energiedieb? (Abschn. 8.1.5.4)

4.6.2   Beruhigen Sie Ihren Affengeist

Wer kennt es nicht, dieses Gefühl, ständig im Kreis zu drehen? Nach einem langen, intensiven Arbeitstag lässt uns der Gedanke nicht los, dass wir nicht vom Fleck kommen und die Arbeitstage nur so vorbei fliegen – hier ein Meeting, da mehrere Besprechungen und Telefonate und vieles mehr. Und am Ende des Tages merken wir, dass uns die operative Betriebsamkeit in ihren Bann gezogen hat und wir keine Zeit hatten für uns selbst und wichtige Führungsthemen.

Viele meiner Coachees schildern mir jeweils ihren dichten Arbeitsalltag als Abbild einer kognitiven Höchstleistung von dem Augenblick an, wo sie ihre Augen am Morgen beim Erwachen aufmachen, bis zum Abend, wenn sie todmüde einschlafen. Viele Führungskräfte sind stark gefordert und kommen insbesondere geistig kaum zur Ruhe. Wo sie auch sind, pausenlos kreisen verschiedene Gedanken in ihrem Kopf: Das Telefonat mit der Chefin, das pendente E-Mail an Kunde XY, die dringende Projektskizze, das Geburtstagsgeschenk für die Tochter und das bevorstehende Meeting.

Buddhisten bezeichnen unsere Ruhelosigkeit als „Affengeist" (Monkey Mind). Wer Affen in freier Natur oder auch im Zoo beobachtet hat, weiß, dass Affen höchst unruhige Wesen sind. Sie klettern die Bäume hoch, hangeln sich von Ast zu Ast, rennen fortwährend hin und her, um sich Futter zu holen, kratzen und lausen sich. Dazu folgende Geschichte:

▶   Ein in der Meditation erfahrener Mann wurde einmal gefragt, warum er trotz seiner vielen Beschäftigungen immer so glücklich sein könne. Er sagte: „Wenn ich stehe, dann stehe ich, wenn ich gehe, dann gehe ich, wenn ich sitze, dann sitze ich, wenn ich esse, dann esse ich, wenn ich spreche, dann spreche ich". Dann fielen ihm die Fragesteller ins Wort und sagten: „Das tun wir auch, aber was machst Du darüber hinaus?" Er sagte wiederum: „Wenn ich stehe, dann stehe ich, wenn ich gehe, dann gehe ich, wenn ich sitze, dann sitze ich, wenn ich esse, dann esse ich, wenn ich spreche, dann spreche ich." Wieder sagten die Leute: „Das tun wir doch auch!" Er aber sagte zu ihnen: „Nein, wenn ihr sitzt, dann steht ihr schon, wenn ihr steht, dann lauft ihr schon, wenn ihr lauft, dann seid ihr schon am Ziel." (Blickhan 2018, S. 171; Kruljac 2021)

Wir springen mit unseren Gedanken hin und her, Gedankenströme fließen unentwegt durch unseren Kopf, wir lassen uns von Unwichtigem unterbrechen und vergessen teilweise Wesentliches. Dieser nervöse, geschwätzige Affe sitzt sozusagen auf unserem Kopf, treibt sein Unwesen und sorgt für Unruhe in unserem Geist. Entwicklungsgeschichtlich und neurobiologisch betrachtet macht dieser Mechanismus durchaus Sinn, da er unseren Vorfahren half, Gefahren zu erkennen. In der heutigen Zeit, insbesondere im Arbeitskontext, ist dieser urgenetische Mechanismus eher hinderlich. Wir vergleichen und bewerten unsere Wahrnehmung automatisch mit bereits bekannten Mustern, anstatt einfach nur zu beobachten. Dies schränkt unsere Wahrnehmung und unsere Offenheit für Neues stark ein. Zudem sind wir durch diesen Mechanismus weniger konzentriert und fokussiert.

Genauso wie unser Körper ein Minimum an regelmäßiger Regeneration benötigt, ist es im Umgang mit unserem Geist und unserem Bewusstsein der Fall. Insbesondere als Führungskraft benötigen Sie bewusste Inseln der Ruhe und Reflexion, um die tagtäglichen Herausforderungen im Führungsalltag zu meistern und dem Anspruch an eine menschliche Führung gerecht zu werden.

> ▶   **Wichtig** Um in Ihrem Führungsalltag präsent und menschlich sein zu können, ist es
> notwendig, dass sie immer wieder aus Ihren gewohnten Mustern des Wahrnehmens,
> Fühlens, Denkens und Handelns heraustreten können. Sie benötigen Raum und Zeit,
> um innezuhalten und den Blick von Außen auf sich selbst zu richten. Dies ermög-
> licht Ihnen, Ihre Gewohnheiten in Ruhe zu beleuchten, unterschiedliche Perspekti-
> ven auf eine Situation einzunehmen oder sich intuitiv auf kommende Situationen
> einzustimmen.

Meditieren ist eine der wirksamsten Methoden des achtsamen Umgangs mit sich selbst. Mittlerweile hat diese Praktik der Achtsamkeit den esoterischen Beigeschmack verloren und hat sich auch in der Businesswelt etabliert. Es gibt viele verschiedene Meditations-arten wie Atemmeditation, Bodyscan, Beobachtung der Gedanken und viele mehr. Im Kern geht es darum, durch Meditation Ihren Körper, Ihr Denken und Ihre Emotionen wahrzunehmen und in ein Gleichgewicht zu bringen. Neueste wissenschaftliche Erkennt-nisse aus der modernen Hirnforschung, der Psycho-Neuro-Immunologie wie auch der Epigenetik konnten nachweisen, dass unsere Psyche über das Gehirn zahlreiche Vorgänge in unserem Körper, wie zum Beispiel das Immunsystem, beeinflusst. Anderseits beein-flusst unser Körper unseren Gehirnstoffwechsel und damit unser seelisches Gleich-gewicht – zum Beispiel über körperliche Bewegung oder Meditation. Diese Wechsel-wirkung zwischen Geist und Körper hat bedeutsame Auswirkungen auf unsere Stressresistenz. Diese Erkenntnisse sind eigentlich nicht neu, denn sie sind bereits seit mehreren Jahrtausenden Bestandteil vieler asiatischer Heilslehren und Philosophien, wie zum Beispiel im Buddhismus, Hinduismus und in der chinesischen Medizin. (Draht 2015, 67–71)

Meditation und Achtsamkeit gründen auf der buddhistischen Tradition der Kontempla-tion. Der Meditierende richtet seinen Blick achtsam nach innen, auf sein Selbst. Anfangs des 21. Jahrhunderts begannen einige buddhistische Lehrer mit neuen Achtsamkeits-Tools zu arbeiten, die helfen sollen, besser mit schwierigen Situationen und Emotionen umzu-gehen. Einer der Pioniere des Achtsamkeits-Konzepts ist der ehemalige amerikanische Medizinprofessor Jon Kabat-Zinn (geb. 1944). Inspiriert durch einen buddhistischen Mönch und spirituellen Lehrer entwickelte er 1979 das Mindfullness Based Stress Reduc-tion Programm (MBSR). Dieses an der Stress Reduction Clinic der Massachusetts Uni-versity wissenschaftlich erforschte Programm hilft Menschen, besser mit Stress, Angst und Krankheiten umzugehen. Das Konzept wurde mittlerweile vielfach in wissenschaft-lichen Studien überprüft und gilt als anerkannt. Es gibt inzwischen einige Unternehmen, die ihren Mitarbeitenden im Rahmen des Gesundheitsmanagements interne MBSR Programme anbieten. (Kabat-Zinn 2021)

▶ **Achtsamkeit** Achtsamkeit oder Englisch „Mindfulness" ist eine nicht-wertende Form von absichtsvoller Aufmerksamkeit nach innen. Sie konzentriert sich weder auf die Vergangenheit noch auf die Zukunft. Achtsamkeit bezieht sich einzig und allein auf den gegenwärtigen Moment. Achtsamkeitsübungen ermöglichen es Ihnen, das, was um Sie herum geschieht, ohne Wertungen wahrzunehmen, um im Hier und Jetzt anzukommen und innerlich Klarheit zu erlangen.

„Achtsamkeit ist eine einfache und zugleich hochwirksame Methode, uns wieder in den Fluss des Lebens zu integrieren, uns wieder mit unserer Weisheit und Vitalität in Berührung zu bringen." Jon Kabat-Zinn (Kabat-Zinn 2009, S. 18)

Im Hier und Jetzt zu sein bedeutet, weder in die Vergangenheit zu schauen, noch in die Zukunft zu blicken. Das heißt, weder Dinge zu bereuen noch sich Sorgen zu machen. In der Haltung der Achtsamkeit richten wir unsere ganze Aufmerksamkeit auf den gegenwärtigen Moment. Unser Bewusstsein fokussiert sich auf die Empfindungen aus der Umgebung sowie auf unseren Körper, unsere Gedanken und Gefühle. Mit Ruhe und Gelassenheit können wir diese freundlich und nicht wertend wahrnehmen, akzeptieren und wieder ziehen lassen. So sind wir anschließend bereit für den nächsten Moment.

▶ **Wichtig** Achtsamkeit kann Ihnen helfen, Ruhe und Ordnung in Ihre gedanklich geschaffene Unruhe zu bringen. Durch die Achtsamkeitspraxis können Sie Ihre eigenen Denk- und Verhaltensmuster immer mehr ins Bewusstsein holen und erkennen. Durch bewusstes Innehalten können Sie eine innere Distanz zu den an Sie gestellten Anforderungen schaffen.

Da Sie während der Achtsamkeitsübung Ihre Gedanken und Körperempfindungen nicht werten, macht es Ihnen die bewusste Entkoppelung von Reiz und Reaktion möglich, aufkommende Gedankenmuster und dahinterliegende Motive zu erkennen. Mit etwas Übung können Sie diese sogar durchbrechen. Achtsamkeit kann Ihnen helfen, sich von verzerrten Sichtweisen und negativen Reaktionen zu befreien, die eigenen Denkmuster wie zum Beispiel Stereotypen zu erkennen oder auch bessere Entscheidungen zu treffen. Menschen, die Achtsamkeit bewusst und regelmäßig in ihren Alltag einbauen, berichten, dass sie sich insgesamt ausgeglichener, klarer und den täglichen Anforderungen besser gewachsen fühlen. Zahlreiche wissenschaftliche Studien zeigen, dass die regelmäßige Anwendung von Achtsamkeitsübungen eine gesundheitsförderliche, heilende Wirkung hat.

▶ **Wichtig** Bereits mit einer täglichen Meditation von zehn bis fünfzehn Minuten können Sie Ihr Bewusstsein regelmäßig trainieren, indem Sie Ihre Gedanken, Gefühle und Körperempfindungen beobachten und sie – idealerweise in Verbindung mit einer unterstützenden Atemtechnik – ziehen lassen. Im Laufe der Zeit ensteht so ein Gefühl von Stille und Achtsamkeit.

Unsere Energie ist – zumindest wenn wir genügend geschlafen haben – am Morgen am größten und nimmt im Tagesverlauf kontinuierlich ab, insbesondere während eines anstrengenden Arbeitstages. Es ist deshalb sehr lohnenswert, in den früheren Morgenstunden in sich selbst zu investieren. Eine einfache, praktische Möglichkeit ist folgende Achtsamkeitsübung, die Sie einfach in Ihren Arbeitsalltag einbauen können und die sich fast an jedem Ort und zu jeder Zeit anwenden lässt:

Eine kleine Achtsamkeitsübung für den Alltag
Setzen Sie sich bequem aufrecht hin – auf ein Kissen oder auch auf einen bequemen Stuhl – und schließen Sie Ihre Augen. Sie können die Augen auch offen lassen und eine möglichst weiße Fläche betrachten. Sobald Sie eine Sitzposition haben, die Ihnen angenehm ist, konzentrieren Sie sich auf Ihren Atem. Atmen Sie langsam ein und nehmen Sie das Einatmen bewusst wahr. Dann atmen Sie wieder aus. Nehmen sie in der Pause zwischen dem Ende des Ausatmens und dem Beginn des Einatmens Ihr Körpergefühl war. Folgen Sie nun mehrmals diesem Dreiklang: 1. Einatmen, 2. Ausatmen, 3. Körpergefühl wahrnehmen. Ihre ganze Aufmerksamkeit richten Sie auf diesen Dreiklang. Wenn Ihre Aufmerksamkeit von diesem Dreiklang wegwandert, steuern Sie Ihre Aufmerksamkeit wieder bewusst auf die Atmung. (Kruljac 2021)

Durch diese Achtsamkeitsübung können Sie sich im wohlwollenden, nicht urteilenden Beobachten des inneren und äußeren Geschehens üben. Um dies zu schaffen, ist Geduld und Übung notwendig. Denn im Moment zu sein ist gar nicht so einfach. Meistens bewegt sich unser Geist im Wachzustand immer wieder zwischen Vergangenheit und Zukunft hin und her und bewertet laufend, was um uns herum passiert. Am Anfang werden Sie merken, wie der Affe weiterhin auf Ihrem Kopf hin- und herrennt. Sie werden vielleicht ans letzte Telefonat denken oder an das bevorstehende Meeting oder das Nachtessen mit Ihren Freunden.

Versuchen Sie, diese Übung am Anfang rund drei Minuten durchzuführen. Sie können den „Affengeist" eigentlich überall bändigen: vor einem schwierigen Gespräch, in einem Meeting, nach dem Mittagessen, auf dem Arbeitsweg in der Bahn. Sobald Ihnen die Übung gut gelingt, können Sie die Dauer ausdehnen. Mit der Zeit wird es Ihnen immer mehr gelingen, den Affen in Ihrem Kopf zu zähmen und in eine innere Ruhe zu kommen.

Gerade wenn Sie sich abgelenkt, müde oder gestresst fühlen, lohnt es sich, innezuhalten. Insbesondere in kritischen Momenten, in denen uns negative Gefühle oder Gedanken belasten, empfiehlt sich, sich Zeit für Achtsamkeit zu nehmen. Sie erlangen innere

Stabilität und Ruhe, indem Sie negative oder irritierende Gedanken und Gefühle zulassen, sie beobachten oder als körperliche Empfindung wahrnehmen ohne sie zu werten, und sie dann als dunkle Wolken wieder davonziehen zu lassen.

Neurowissenschaftler haben herausgefunden, dass durch Achtsamkeitsübungen und Meditation der anteriore cinguläre Cortex aktiviert und durch regelmäßige Anwendung trainiert wird. Dieser liegt zwischen dem präfrontalen Cortex, welcher für das rationale Denken zuständig ist und dem limbischen System, in welchem Emotionen verarbeitet werden (vgl. Abschn. 3.2.1). Die Aktivierung des anterioren cingulären Cortex wirkt regulierend zwischen Gedanken und Gefühlen. Dadurch kann die Neigung vermindert werden, in Situationen, die das Gehirn als gefährlich einstuft, reflexhaft mit Angst oder Wut zu reagieren. Meditation unterstützt die Fähigkeit, insbesondere in kritischen und stressigen Situationen vor einer unüberlegten Reaktion innezuhalten und seinen eigenen Handlungsspielraum zu erweitern. (Sprenger und Novotny 2016, S. 92–97)

Bewusstseinstraining hat einen positiven Einfluss auf die Aktivität in den Parietallappen des Gehirns. Der Parietallappen übernimmt wichtige Aufgaben bei der Verarbeitung sensorischer Eindrücke und übernimmt eine wichtige Funktion bei der Sprache, dem Einfühlungsvermögen und auch bei der Aufmerksamkeit. Meditation führt also nicht nur zu mehr innerer Ruhe, sondern auch zu einem erhöhten Verbundenheitsgefühl mit dem Umfeld und anderen Menschen durch verbessertes Einfühlungsvermögen und Aufmerksamkeit. Durch das gesteigerte Verbundenheitsgefühl entsteht die Fähigkeit, Einfühlungsvermögen zu entwickeln. Eine Qualität, die für menschliche Führung essenziell ist. (Sprenger und Novotny 2016, S. 98–100)

▶   **Wichtig** Achtsamkeitsübungen ermöglichen nicht nur eine verbesserte Emotionsregulation sowie ein besseres Lern- und Erinnerungsvermögen, sondern auch ein verbessertes soziales Bewusstsein.

Unser Gehirn ist in zwei Hemisphären unterteilt – die linke und die rechte Hirnhälfte. Die linke Gehirnhälfte verarbeitet Informationen analytisch und sequenziell. Sie ist auf die Wahrnehmung von Ordnungen und Mustern fokussiert. Sie umfasst das rationale, lineare Denken wie zum Beispiel die Analyse und Logik, die logische Entscheidungsfindung, Argumentation wie auch die Sprache. Die rechte Gehirnhälfte verarbeitet Informationen intuitiv und abstrakt. Sie steht für ganzheitliches Denken, die intuitive Entscheidungsfindung, räumliche Wahrnehmung, Bildsprache wie auch Intuition. Regelmäßige Achtsamkeits- und Meditationsübungen steigern die Fähigkeit zur Präsenz wie auch zur Intuition. Und Präsenz schafft eine enorme Kraft, ein Gegenwärtig-Sein, in dem unser Geist im Jetzt verdichtet ist und für das Hier und Jetzt mobilisiert wird. Wenn wir präsent sind, können wir unseren Verstand wie auch unsere Intuition viel besser mobilisieren und verknüpfen. Wenn es uns gelingt, den Automatismus des inneren Dialogs zum Stillstand zu bringen, kommt die Intuition viel mehr in den Vordergrund.

▶   **Wichtig** Durch Achtsamkeit lösen wir die geistige und körperliche Unruhe auf, die den Informationsfluss zwischen Intuition und Verstand behindert. Der Zustand von Ruhe, Achtsamkeit und Absichtslosigkeit in sich selbst ist die beste Voraussetzung, um sich die Intuition zu erschließen.

Viele Wissenschaftler bezeichnen Intuition sogar als höchste Form von Intelligenz, die wir besitzen. Meistens taucht die Intuition als leise Stimme oder vages Gefühl in uns auf, das uns einen Hinweis gibt. Von Elias Howes Erfindung der Nähmaschine, über Albert Einsteins Entdeckung der Relativitätstheorie bis hin zu Isaac Newtons Gravitationstheorie – viele große Errungenschaften in der menschlichen Geschichte sind auf Intuition zurückzuführen. (Fröse et al. 2016, S. 80–82; Sprenger und Novotny 2016, S. 105–106)

Achtsam und präsent zu sein hilft Ihnen zudem, in anspruchsvollen Führungssituationen von vereinfachenden Ursache-Wirkungs-Vorstellungen und -Zuschreibungen und eigenen Projektionen auf sich selbst und andere bewusst Abstand zu nehmen und schlussendlich bessere Entscheidungen zu treffen.

▶   **Wichtig** Sie schaffen sich durch Achtsamkeit bewusst einen Raum, um andere Aspekte von sich und anderen Menschen wahrzunehmen, zu fühlen und zu denken. Sie können Entscheidungen besser aus Ihrer Mitte heraus fällen, mit einem inneren Abstand leben und arbeiten sowie mit entspannter Aufmerksamkeit handeln und kommunizieren. (Fröse et al. 2016, S. 88–89)

Die beste Zeit für Achtsamkeit ist morgens direkt nach dem Aufwachen: Wie wäre es, wenn Sie morgens statt nach dem Handy oder Notebook zu greifen, um die News und eingegangenen Nachrichten zu checken, sich zuerst auf sich selbst besinnen und den Fokus auf sich richten? Oder in der Kaffeepause eine Insel der Ruhe schaffen statt Kaffeetrinken in der Cafeteria? Oder nach der Mittagspause, bevor Sie in den Nachmittag starten?

Der erste wesentliche Schritt ist, dass Sie sich überhaupt Zeit für diese Ruheinsel schaffen. Aus meiner eigenen Erfahrung – ich hatte immer wieder Mühe, mir diese Zeit der Achtsamkeit zu schaffen – lohnt es sich, sich einen fixen Termin im Kalender zu reservieren. Genauso wie Sie sich Meetings mit anderen reservieren, können Sie einen Termin mit sich selbst vereinbaren. Täglich 10–15 Minuten. Durchaus machbar, oder?

Eine weitere Hürde ist das Durchhalten der Achtsamkeitsübungen – insbesondere in der Anfangsphase. Ich erinnere mich an meine ersten Übungssequenzen: Mich störte das Rauschen der Wasserleitung im Hintergrund und ich fühlte mich dadurch abgelenkt. Dann zwickte mein linkes Knie vor Schmerz und ich versuchte irgendwie durch Hin- und Herrutschen eine bequemere Position auf dem Kissen zu finden. Einfach nur still dasitzen und mein Inneres mit wohlwollender Aufmerksamkeit zu beobachten – das gelang auch mir nicht von Anfang an. Dazu sind – wie bei so vielen Dingen – Geduld mit sich selbst und Dranbleiben wichtig.

Wenn Sie dranbleiben und regelmäßig Momente der Achtsamkeit in Ihren Alltag einbauen, kann sich mit der Zeit eine nie dagewesene Gegenwärtigkeit entwickeln, die mit der Zeit eine Haltung bildet. So schöpfen Sie sehr viel Energie für Ihre täglichen Führungsaufgaben und einen nährenden Boden für menschliche Führung.

▶   **Tipp** Eine weitere hilfreiche Achtsamkeitsübung finden Sie in Tool 24 (Moment der Achtsamkeit, Abschn. 8.1.5.5) in der Toolbox in Kap. 8.

4.7   Selbstführung ist keine Eintagsfliege

Selbstführung ist nicht damit gemacht, sich einmalig oder ganz sporadisch mit sich selbst auseinander zu setzen. Selbstführung erfordert – ähnlich wie das tägliche Zähneputzen – eine aktive Pflege und Praxis. Genauso wie Sie mit regelmäßigem Training fit werden, bringt Sie die regelmäßige Beschäftigung mit sich selbst als Führungskraft weiter.

Aus der Hirnforschung ist bekannt, dass eine erhöhte Aufmerksamkeit und Konzentration auf bestimmte Dinge die Persönlichkeit und Identität eines Menschen durchaus formen können. Neue Haltungen, Muster und Verhaltensweisen können Sie nicht einfach nur durch Einsicht verändern. Sie müssen über einen längeren Zeitraum bewusst wiederholt und praktiziert werden. Erst wenn Ihr Gehirn die Chance erhält, durch kontinuierliche Wiederholung Ihrer neuen Haltungen und Verhaltensweisen neue Verbindungen herzustellen, werden Sie eine nachhaltige Veränderung realisieren können (vgl. Abschn. 3.2.2). Und das genau möchte Ihr Gehirn: sich verändern und entwickeln. (Elger 2013, S. 18–19)

Als Führungskraft sollten Sie mindestens eine Vertrauensperson haben, die Sie in ihrer Selbstführung begleitet und bestärkt, Ihnen bei allgemeinen Lebensfragen ein qualifiziertes Feedback gibt und konstruktiv Kritik äußert. Dies kann Ihre Selbstwahrnehmung und -achtsamkeit sehr stärken. Es kann durchaus auch sinnvoll sein, dass Sie sich in Ihrem Entwicklungsprozess während einer gewissen Zeit von einem Coach begleiten lassen. Ein Coach ist weniger befangen als Ihr bester Freund. Sie werden dann eher Dinge entdecken, die Ihnen vielleicht noch nicht bewusst oder unangenehm sind – oder Ihnen überhaupt nicht in Ihr Selbstkonzept passen. Je exponierter Ihre Führungsfunktion ist, desto mehr sollten Sie darüber nachdenken, sich in Bezug auf Ihre Selbstführung von einem Coach begleiten zu lassen.

> „Wenn ich mich als Führungsperson nicht selbst hinterfrage, kann ich auch andere Menschen nicht erfassen. Selbstkritisch zu sein, kann sehr anspruchsvoll sein. Ich hole mir deshalb immer wieder Feedback und Feedforward von meinen Vorgesetzten, Arbeitskolleginnen und -kollegen sowie meinen Mitarbeitenden ein, um mich selbst besser zu reflektieren." Bernhard Soltermann, COO Operating Director AMAG Import, AMAG Group AG (Soltermann 2021)

Ebenso wichtig wie die Kontinuität ist die Selbstwertschätzung: Wertschätzen Sie sich selbst und glauben Sie an sich selbst und Ihre Fähigkeiten als Führungskraft? Nicht im narzistischen Sinne von „Ich bin der Größte" beziehungsweise „Ich bin die Beste". Es geht um die Überzeugung, dass Sie als Mensch und Führungskraft OK und an der richtigen Stelle sind und sich die Führungsaufgabe zutrauen. Wenn Sie an sich und Ihre Fähigkeiten glauben und dies ausstrahlen, wird auch Ihr Team daran glauben und hinter Ihnen stehen.

Meistens richten wir unsere Aufmerksamkeit auf all diejenigen Dinge, die uns ärgern, beunruhigen, nicht funktionieren oder schief gelaufen sind. Das ist normal, zumal unser Gehirn im Gefahrenmodus funktioniert. Oft sind wir selbst unser strengster Kritiker. Vielen Menschen fällt es schwer, wertschätzend oder gar liebevoll mit sich selbst umzugehen. Leider überschatten wir damit all das Positive und die Erfolge, die wir ebenfalls erlebt haben. Ständige Eigenkritik, Unzufriedenheit mit sich selbst und seinen Leistungen, Grübeln und Gedankenkreisen schwächen unseren Selbstwert und können sogar zu Ängsten oder Depressionen führen.

▶ **Wichtig** Selbstreflexion mit der Qualität von Menschlichkeit bedeutet, menschlich mit sich selbst umzugehen. Behandeln Sie sich selbst wie Ihre beste Freundin oder Ihren besten Freund. Blicken Sie freundlich auf Ihre Fehler und Schwächen und nehmen Sie sich so an, wie Sie sind.

Natürlich soll eine Selbstreflexion positive Veränderungen bei Ihnen selbst auslösen. Dieser Prozess der Selbstführung setzt jedoch Wohlwollen, Geduld und Herzlichkeit sich selbst gegenüber voraus. Das würde Ihr bester Freund doch auch tun, oder?

Wenn ich auf meine persönlichen Erfahrungen als Führungskraft zurückblicke, haben mich meine Erfolge zwar weitergebracht und ich habe diese bedeutenden Meilensteine immer sehr genossen. Doch so richtig „wetterfest" bin ich erst durch herausfordernde oder gar schmerzhafte Erfahrungen und Misserfolge geworden. Erst dann konnte ich mein wahres Potenzial erkennen, freisetzen und entwickeln. Misserfolge gehören ebenso dazu wie Erfolge. Die bewusste, ehrliche Auseinandersetzung mit sich selbst ist nicht immer leicht und schmerzfrei. Sich den eigenen Fehlern, Misserfolgen und Unzulänglichkeiten zu stellen oder sich mit schmerzvollen Ereignissen im Leben zu beschäftigen, setzt Selbstmitgefühl voraus. Selbstmitgefühl zu praktizieren ist nicht einfach, denn es setzt voraus, sein eigenes Perfektionsstreben zu hinterfragen. Ein wichtiger Schritt zu mehr Selbstmitgefühl ist, sich nicht zu verurteilen, wenn man zum Grübeln neigt oder unter Ängsten leidet.

„Selbstführung bedeutet auch, hin und wieder mit sich selbst gnädig zu sein und über sich lachen zu können. Humor und Leichtigkeit gehören ebenso dazu." Sandra Mounir-Rotzer, Geschäftsleiterin und Verwaltungsrätin Cave du Rhodan Mounir Weine AG (Mounir-Rotzer 2021)

Ebenso können Sie lernen, Ihre Aufmerksamkeit bewusst auf diejenigen Dinge zu richten, die positiv waren. Es müssen dabei nicht immer die großen Würfe sein. Es dürfen auch kleine Erfolgsmomente sein, die Sie würdigen. Ich habe immer ein Notizbuch neben mir liegen. Darin notiere ich mir die positiven Dinge des Tages, welche ich erlebt oder realisiert habe. So schließe ich meinen Tag jeweils positiv ab und würdige meine kleinen Erfolge. Wenn ich dann nach Wochen oder Monaten in mein Notizbuch blicke, bin ich immer wieder erstaunt, wieviele erfolgreiche Momente sich gesammelt haben.

▶   Tool 12 (Positiver Tagesrückblick, vgl. Abschn. 8.1.3.2) kann Sie dabei unterstützen, einen positiven, wertschätzenden Blick auf die eigenen Erfolgsmomente zu halten.

Wie die Erkenntnisse der Positiven Psychologie zeigen, ist ein gesunder Selbstwert ein menschliches Bedürfnis und ein wichtiger Aspekt unseres Wohlbefindens. Die eigene Wertschätzung und der Glaube an sich selbst repräsentiert den Kern und Ausgangspunkt, um anderen Menschen wertschätzend und positiv zu begegnen. Ein guter, wertschätzender Kontakt zu sich selbst ist eine wichtige Voraussetzung, um überhaupt in die Selbstreflexion gehen zu können. Der Glaube an Sie selbst gibt Ihnen auch Kraft, wenn der Wind mal heftig weht und Sie schwierige Entscheidungen treffen und durchsetzen müssen. Und der Glaube an sich selbst ist die Grundvoraussetzung, an andere und ihre Fähigkeiten glauben zu können.

Und Selbstwertschätzung hat schlussendlich sehr viel mit Selbstliebe zu tun. Vielleicht wirkt diese Aussage aus der Business-Perspektive auf den ersten Blick esoterisch. Doch Hand aufs Herz: Im Kern geht es in unserem Leben um Liebe: zu lieben und geliebt zu werden. Und wenn wir als Führungskraft lernen, uns selbst zu lieben – eben wert-zu-schätzen – können wir auch andere wertschätzen. Plötzlich sehen wir unsere Einzigartigkeit und auch die Einzigartigkeit unseres Gegenübers. Unsere wertschätzende Haltung und Liebe uns gegenüber wirkt nach außen und ermuntert andere, ebenso wertschätzend mit sich selbst und anderen umzugehen.

Wir tragen die ganze Verantwortung und Macht in uns selbst, wie wir als Führungskraft mit uns selbst und herausfordernden Situationen umgehen möchten und wie wir unseren Mitarbeitenden begegnen möchten.

▶   Ein alter, weiser Indianer sitzt am Lagerfeuer und erzählt seinem Enkel von den täglichen Herausforderungen und vom Kampf, der in jedem Menschen tobt: „Mein Sohn. In unserem Herzen leben zwei Wölfe. Sie kämpfen oft miteinander. Der eine Wolf ist der Wolf der Dunkelheit, der Ängste, des Misstrauens und der Verzweiflung. Er kämpft mit Zorn, Neid, Eifersucht, Sorgen, Schmerz, Gier, Selbstmitleid, Überheblichkeit, Lügen und falschem Stolz. Der andere Wolf ist der Wolf des Lichts, des Vertrauens, der Hoffnung, der Freude und der Liebe. Er kämpft mit Gelassenheit, Heiterkeit, Güte, Wohlwollen, Zuneigung, Großzügigkeit, Aufrichtigkeit, Mitgefühl und Zuversicht!" Der kleine Indianer denkt eine Weile über die Worte seines Großvaters nach. Dann schaut er ihn aufmerksam an und fragt ihn: „Und welcher Wolf gewinnt?" Der alte Indianer antwortete: „Der, den du fütterst." (Achtsamkeitsbox 2021)

Welchen Wolf möchten Sie in Zukunft füttern?

Literatur

Achtsamkeitsbox (2021). Welcher Wolf gewinnt? Online: www.achtsamkeitsbox.de/welcher-wolf-gewinnt/. Zugegriffen: 21.09.2021.

Blickhan, D. (2018). *Positive Psychologie. Ein Handbuch für die Praxis*. Paderborn: Junfermann.

Covey, S. (2020). *The 7 Habits of Highly Effective People*. New York: Simon & Schuster.

Draht, K. (2015). *Neuroleadership. Was Führungskräfte aus der Hirnforschung lernen können*. Freiburg: Haufe.

Dweck, C. (2020). *Selbstbild. Wie unser Denken Erfolge oder Niederlagen bewirkt*. München: Piper.

Elger, C. (2013). *Neuroleadership. Erkenntnisse der Hirnforschung für die Führung von Mitarbeitern*. Freiburg: Haufe.

Frankl, V. (2020). *Über den Sinn des Lebens*. Weinheim Basel: Beltz.

Fröse, M., Kaudela-Baum, S., & Dievernich, F. (2016). *Emotion und Intuition in Führung und Organisation*. Wiesbaden: Springer.

Hodler, M. (2014). *Visionär führen, menschlich handeln – Gedanken und Strategien für den beruflichen Erfolg*, Bern: Stämpfli.

Hüther, G. (2011). Hirnforschung: Nur mit Begeisterung lernen wir wirklich gut. In: Welt vom 30.04.2011, Online: www.welt.de/debatte/article13309602/Nur-mit-Begeisterung-lernen-wir-wirklich-gut.html. Zugegriffen: 18.07.2021.

Hüther, G. (2018). Wer ein Bewusstsein seiner eigenen Würde entwickelt hat, ist nicht mehr verführbar. *Siegeszug der Emotionen. Erfolgreich in die intensivste Wirtschaft aller Zeiten*. Trendstudie. Frankfurt: Zukunftsinstitut, S. 56.

Japanwelt (2021). Ikigai oder das Glück im Alltag – mehr Sinn im Leben finden. Online: www.japanwelt.de/blog/ikigai-philsophie-geschichte-und-methoden. Zugegriffen: 21.09.2021.

Kabat-Zinn, J. (2021). Online: mbsrtraining.com/jon-kabat-zinn/. Zugegriffen: 21.08.2021.

Kabat-Zinn, J. (2009). Im Alltag Ruhe finden. Meditationen für ein gelassenes Leben. Frankfurt: Fischer.

Kruljac, R. (2021). Was ist Achtsamkeit. Online: www.achtsamkeit-intuition.de/achtsamkeit/was-ist-achtsamkeit/: Zugegriffen: 20.06.2021.

Kühmeyer, F. (2018). Herzblut. Die Rolle von Emotionen im Leadership. *Franz Kühmayers Leadershipreport*. Frankfurt: Zukunftsinstitut, S. 75–95.

Mauritz, S. (2021). Schutzfaktor Kohärenzgefühl. Resilienz-Akademie. Online: www.resilienz-akademie.com/schutzfaktor-kohaerenzgefuehl/. Zugegriffen: 15.05.2021.

Mindsetworks (2021): The Impact of a Growth Mindest. Online: www.mindsetworks.com/science/Impact. Zugegriffen: 15.05.2021.

Miralles, F., & Garcia, H. (2018). *Ikigai – Gesund und glücklich hundert werden*. Berlin: Ullstein.

Mogi, K. (2018). *The little Book of Ikigai. The Japanese Way to finding your purpose in life*. London: Quercus.

Richter, J. (2021). Die Weisheit des Universums. Online: www.jeanetterichter.de/die-weisheit-des-universums/. Zugegriffen: 21.09.2021.

Robbins, A. (2021). *Das Robbins Power Prinzip – befreie die innere Kraft*. Berlin: Ullstein.

Rolfe, M. (2019). *Positive Psychologie und organisationale Resilienz. Stürmische Zeiten besser meistern*. Berlin. Springer.

Sarica, R. (2020). *Gesunde Führung in der VUKA-Welt – Orientierung, Entwicklung und Umsetzung in die Praxis*. Freiburg: Haufe-Lexware.

Sinek, S. (2021). The Golden Circle Presentation. Online: simonsinek.com/product/share-the-golden-circle-presenter-slides-and-notes/. Zugegriffen: 16.06.2021.

Sprenger, B., & Novotny, T. (2016). *Der Weg aus dem Leadership Dilemma. Team-Excellenz an der Spitze!*. Berlin Heidelberg: Springer.

Taglieber, B., & Reabricht, S. (2020). Innere Antreiber Transaktionsanalyse – Wie sie dich stressen und was du dagegen tun kannst. Online: www.transaktionsanalyse-online.de/innere-antreiber/. Zugegriffen: 16.05.2021.

Persönliche Interviews

Kashyap, K. (2021). Persönliches Interview vom 31.05.2021.
Koeng, H. (2021). Persönliches Interview vom 04.06.2021.
Lanter, P. (2021). Persönliches Interview vom 21.06.2021.
Mounir-Rotzer, S. (2021). Persönliches Interview vom 21.09.2021.
Müller C. (2021). Persönliches Interview vom 21.07.2021.
Soltermann, B. (2021). Persönliches Interview vom 30.05.2021.
Vranckx, D. (2021). Persönliches Interview vom 04.10.2021.
Wegmann, T. (2021). Persönliches Interview vom 11.06.2021.
Werner, H. C. (2021). Persönliches Interview vom 15.06.2021.

Mitarbeitende menschlich führen

5

Führen heißt vor allem, Leben in den Menschen wecken, Leben aus ihnen hervorlocken. Anselm Grün

Zusammenfassung

Die Führung von Menschen geschieht nicht einfach so nebenbei, sondern ist eine sehr wichtige, oftmals unterschätzte Schlüsselrolle. Menschlich zu führen bedeutet vor allen Dingen, Arbeitsbeziehungen zu gestalten. Die Rolle als menschliche Führungskraft ist vielschichtig und beinhaltet verschiedene Führungsqualitäten auf der Ebene der sozialen Interaktion, die im folgenden Kapitel detailliert erörtert werden.

5.1 Stärken Sie Ihre menschliche Führungskompetenz

5.1.1 Führung – die unterschätzte Schlüsselrolle

Mit Blick auf die Resultate von Mitarbeiterbefragungen in Unternehmen rangiert das Führungsverhalten der Vorgesetzten häufig weit oben als Grund für die Unzufriedenheit der Mitarbeitenden. Das gleiche Bild zeigt sich bei den Kündigungsgründen: Sehr oft sind die Führungskräfte der Grund, dass Mitarbeitende das Unternehmen verlassen. Der HR Report der Beratungsfirma Hays (2021) wie auch der Engagement Index von Gallup (2020) zeigen im Kontext von New Work sowie der Corona Pandemie auf, dass die Unzufriedenheit und das abnehmende Commitment der Mitarbeitenden oftmals mit dem Verhalten der Führungskräfte zusammenhängt: mangelnde Kommunikation und Transparenz,

M. Zbinden, *Menschlichkeit in der Führung*,
https://doi.org/10.1007/978-3-662-64896-4_5

fehlendes Vertrauen, zu wenig Wertschätzung, zu wenig Handlungsspielraum, fehlende Entwicklungsmöglichkeiten und zu wenig Zeit für Führungsaufgaben. Die viel zitierte Aussage „Menschen kommen zu Unternehmen und verlassen Vorgesetzte" hat ihre Berechtigung und stimmt nachdenklich.

Wenn Sie auf Ihren beruflichen Werdegang und Ihre eigenen Erfahrungen zurückblicken – ungeachtet der Tatsache, ob Sie noch nie Mitarbeitende geführt haben, am Anfang Ihrer Führungskarriere stehen oder schon über viel Führungserfahrung verfügen – vermutlich haben Sie selbst sehr unterschiedliche Formen von Führung am eigenen Leib erfahren. Vielleicht haben Sie die eine oder andere Führungskraft erlebt, deren Art von Führung für Sie demotivierend oder sogar unmenschlich war. Ich hoffe, Sie haben auch Vorgesetzte erlebt, die für Sie Vorbilder waren, die Sie inspiriert und ermutigt haben – und vielleicht sogar ein stückweit dazu beigetragen haben, dass Sie beruflich da sind, wo sie heute stehen. Und vielleicht können Sie sogar sagen, dass Sie die eine oder andere Führungskraft kennen oder erlebt haben, die menschlich führt.

Als Coach und Beraterin beobachte ich immer wieder, dass es in Unternehmen große Unterschiede bezüglich der Qualität von Führung gibt. Was sind die Gründe dafür?

Aus meiner Erfahrung liegt es meistens nicht daran, dass Führungskräfte „Unmenschen" sind, die bewusst schlecht führen. Oftmals gibt es in Unternehmen als einzigen Karriere- beziehungsweise Entwicklungsschritt nur den Wechsel in eine Führungsrolle. So landen talentierte Fachspezialistinnen und -spezialisten in einer Führungsfunktion, obwohl sie dies eigentlich gar nicht wollen. Und wer fachlich sehr gut ist, kann deshalb noch lange nicht führen. Dazu kommt, dass Führung unterschätzt wird: Den Führungskräften wird zu wenig Zeit einberaumt oder die Führungskräfte selbst nehmen sich zu wenig Zeit für ihre Führungsarbeit. Sie denken, Führung könne man eben nebenbei erledigen.

> „Menschlich führen bedeutet, sich bewusst zu sein, dass man als Führungskraft eine wichtige Rolle innehat. Entscheidungen treffen zu dürfen, heisst, Verantwortung zu übernehmen." Andreas Schönenberger, CEO Sanitas Krankenversicherung. (Schönenberger 2021)

Sind sich Unternehmen beziehungsweise Führungskräfte dieser Verantwortung nicht bewusst, findet man als Konsequenz häufig überforderte und unmotivierte Führungskräfte, die sich mehr schlecht als recht durch die Führungsarbeit wursteln oder quälen. Die Mitarbeitenden erleben auf diese Weise Vorgesetzte, die in ihren Augen unqualifiziert und unmenschlich führen. Sie sind deshalb frustriert und verlassen schlimmstenfalls nach einer gewissen Zeit das Unternehmen.

5.1.2 Führungsstile auf dem Prüfstand

In der Managementliteratur finden sich vielfältige Führungsstile und entsprechend auch verschiedene Empfehlungen für ein optimales Führungsverhalten. In der Realität werden meistens verschiedene Schattierungen von Führungsstilen gelebt.

Die Frage nach dem einzig richtigen Führungsstil kann meines Erachtens nicht pauschal beantwortet werden. Menschliche Führung zeigt sich als Mix aus den besten Eigenschaften verschiedenster Führungsstile. Mit Blick auf das Systemische Denken (vgl. Abschn. 3.4), die Erkenntnisse der Positiven Psychologie (vgl. Abschn. 3.3) sowie der Hirnforschung (vgl. Abschn. 3.2) beinhalten insbesondere folgende Führungsstile wichtige Ansätze menschlicher Führung (Rolfe 2019, S. 164–167):

Partizipative Führung
Die Grundidee dieses Führungsansatzes liegt darin begründet, den Mitarbeitenden Partizipation, das heißt Teilhabe an der Ideenfindung oder an Entscheidungsprozessen zu ermöglichen. Durch Einbezug, Mitspracherecht und Verantwortung soll eine erhöhte Motivation, Leistungsfähigkeit und Zufriedenheit erreicht werden. Neben der potenziellen Innovationskraft durch Partizipation sind weiter die Stärkung von Selbstbewusstsein, Kreativität und Identifikation der Mitarbeitenden sowie Empowerment als Vorteile zu nennen.

Für Sie als Führungskraft besteht bei der Partizipation die große Herausforderung darin, genau abzuwägen, wann Partizipation sinnvoll ist und in welchem Maße Sie Ihre Mitarbeitenden angemessen fordern und nicht zu sehr überfordern. Sie brauchen als Führungskraft ein gutes Gespür dafür, wo Sie sich in partizipativen Prozessen zurücknehmen und wo Sie sich einbringen. Zudem sollte eine Kultur geschaffen werden, die Fehler als Lernchancen sieht (vgl. auch Abschn. 5.7.1). Verschiedene Studien zeigen, dass ein partizipativer Führungsstil zu einer hohen Arbeitszufriedenheit führen kann.

Systemische Führung
Der systemische Führungsansatz basiert auf dem systemischen Denken (vgl. Abschn. 3.4) und betrachtet Führung als ganzheitliches Phänomen. Systemische Führung umfasst eine dynamische, menschliche und leistungsorientierte Perspektive der Führung und die Akzeptanz, dass verschiedene Faktoren auf die Beziehung zwischen der Führungskraft und den Mitarbeitenden einwirken. Zu diesen Faktoren gehören insbesondere die Arbeitskolleginnen und -kollegen, aber auch die Unternehmenskultur sowie weitere Stakeholder wie Kunden, Lieferanten und viele mehr.

Im Führungsalltag bedeutet dies, dass Sie individuell und situationsbezogen führen. Sie passen den eigenen, individuellen Führungsstil an die Situation, das Unternehmen und die Menschen an. Wenn Sie systemisch führen, anerkennen Sie, dass es keine einheitliche Wirklichkeit gibt, sondern dass jeder Mensch seine eigene Wahrnehmung der Wirklichkeit hat.

Transformational Leadership
Bei diesem Leadership-Ansatz geht die Führungskraft mit einer überzeugenden Vision voran und motiviert die Mitarbeitenden durch Inspiration, Sinnorientierung und ihre glaubwürdige Vorbildfunktion (vgl. auch Abschn. 5.11). Dabei ist das Vorleben der Werte ein wichtiger Ankerpunkt.

Als transformational Leader fördern Sie Vertrauen und Zuversicht (vgl. auch Abschn. 5.5), strahlen Begeisterung und Zuversicht aus. Gleichzeitig motivieren Sie Ihre Mitarbeitenden, Dinge zu hinterfragen sowie unabhängig und kritisch zu denken (vgl. auch Abschn. 5.7). Als transformational agierende Führungskraft behandeln Sie jede und jeden als Individuum, nehmen sich bewusst Zeit für Führung, leiten Mitarbeitende in der Rolle als Coach an und fördern die Entwicklung ihrer Fähigkeiten und Potenziale (vgl. Abschn. 5.9).

Transformationale Führung soll Mitarbeitende zu mehr Selbstständigkeit befähigen und sie motivieren, eigeninitiativ herausfordernde Ziele anzugehen (vgl. Abschn. 5.6). Wie der Name sagt, will die transformationale Führung in erster Linie transformieren. Sie ist deshalb vor allem wirksam, wenn Veränderungen erreicht werden sollen.

Positive Leadership

Dieser Führungsstil gewinnt zunehmend an Bedeutung, zumal dieser Führungsatz die Selbstwirksamkeit und Selbstverantwortung der Mitarbeitenden stärkt. Positive Leadership gründet auf den Erkenntnissen der Positiven Psychologie (vgl. Abschn. 3.3.7) und bezieht sich sehr stark auf das Mindset der Führungskraft: eine positive Haltung sich selbst und anderen gegenüber (vgl. Abschn. 4.4), Vertrauen in die Fähigkeiten der Mitarbeitenden (vgl. Abschn. 5.5) und Freude daran, andere zu befähigen statt zu kontrollieren und Dinge selbst zu erledigen (vgl. Abschn. 5.9). Positive Leadership soll positive Emotionen, unterstützende Beziehungen, tugendhaftes Verhalten und schlussendlich das Aufblühen bei der Arbeit fördern.

Servant Leadership

Der Servant-Leadership-Ansatz geht noch weiter. Er zeichnet sich dadurch aus, dass Führung kompromisslos an den Interessen der Mitarbeitenden, ihrem Wohlbefinden und Wachstum sowie an den Zielen der Organisation ausgerichtet wird. Ein Servant Leader versteht Führung als Dienstleistung und steht damit als moderner Gegensatz zum klassischen Verständnis von Führung in der Rolle als „Chefin" oder „Vorgesetzter". Servant Leadership geht mit einer Haltung des Dienens einher und setzt Demut (vgl. Abschn. 5.7.3) sowie die Bereitschaft und Fähigkeit, auf Macht zu verzichten, voraus. Dieser Führungsstil vertraut darauf, dass sich die Mitarbeitenden der Führung freiwillig anschließen, statt sich der institutionalisierten Macht zu beugen. Servant Leadership stößt Veränderungsprozesse auf eine subtilere Weise an als Transformational Leadership. Beiden Führungsansätzen ist gemeinsam, dass der Wandel auf der individuellen Ebene ausgelöst wird, um schlussendlich über soziale und kulturelle Prozesse die Organisation zu durchdringen.

5.1.3   Wirkungsfelder menschlicher Führung

Im Zusammenhang mit „richtiger" Führung und den verschiedenen „Hüten", die Sie als Führungskraft tragen, wird immer wieder die Frage nach der richtigen Balance zwischen den beiden Wirkungsfeldern „Management" und „Leadership" aufgeworfen. Die Unterscheidung zwischen den Rollen „Manager" und „Leader" geht vor allem auf John P. Kotter (geb. 1947) zurück. Der Harvard-Professor hat bereits in den 90er-Jahren die Unterschiede zwischen Management und Leadership in seinem Buch „A force for Change: How Leadership differs from Management" (Kotter 1990) dargelegt. Er sieht Manager eher als Verwalter und Leader hingegen als Visionäre.

Die Diskussionen über Leadership und Management sind sowohl in der Literatur wie auch in der Praxis vielfältig und kontrovers. Leader werden oftmals idealisiert und Manager belächelt. Einige sehen unüberwindbare Gräben, andere nur einen schmalen Grat, der die beiden Rollen trennt. In erfolgreichen Unternehmen braucht es beide Rollen: Managerinnen und Manager, die die Organisation am Laufen halten, in dem sie das Tagesgeschäft effizient abwickeln, und ebenso die Leaderinnen und Leader, die das große Ganze im Blick haben und durch ihre Vision die Organisation zukunftsorientiert weiterentwickeln. Leader sind nicht bessere Führungskräfte als Manager oder umgekehrt. Es braucht beide. Wichtig ist die richtige Balance: Zuviel Management lässt die Organisation schwerfällig werden und erstarren. Zudem mangelt es meistens an einer Vision und klaren Ausrichtung. Einem Leader ohne Managementfähigkeiten hingegen bleibt ohne Struktur und Organisation mit der Zeit die Luft weg. Im Führungsalltag lässt sich meist nicht klar zwischen Leadership und Management unterscheiden. Idealerweise vereinigen Sie als Führungskraft beide Rollen in sich analog dem Yin-Yang-Prinzip: Je nach Situation, Teamkonstellation und Komplexität der Aufgabe kommt die jeweilige Rolle mehr zum Tragen oder nicht. Wenn Sie es als Führungskraft schaffen, visionäres Leadership und effizientes Management zu vereinigen und zu balancieren, ist dies mitunter ein Schlüssel zum Erfolg und eine wichtige Grundlage, um menschlich führen zu können. (Baumgartner 2015, S. 42–47)

> „Menschliche Führung ist alles andere als ‚Command & Control'. Es geht um Sinnstiftung, Zielbilder, Beziehungen und menschliche Bedürfnisse." Hansruedi Koeng, CEO Postfinance (Koeng 2021)

Dem Management werden insbesondere die „Hard Skills" und Leadership die „Soft Skills" zugeschrieben. Wenn es um menschliche Führung geht, sind vor allem Leadership-Qualitäten gefragt, die eine menschliche Unternehmenskultur schaffen und die Mitarbeitenden zu Höchstleistungen motivieren. Doch genügt nach meiner Ansicht und Erfahrung die vereinfachende Aufteilung in diese beiden Führungsrollen nicht mehr, um ein modernes, menschliches Führungsverständis zu erlangen. In Zukunft werden diejenigen Führungskräfte erfolgreich sein, die sich der Vielfalt ihrer Rolle bewusst sind und die folgenden Wirkungsfelder menschlicher Führung situativ angemessen in ihrem Führungsalltag leben (vgl. Abbildung Abb. 5.1):

Um menschlich zu führen, benötigen Sie als Führungskraft in Bezug auf diese Wirkungsfelder eine sogenannte „Vielseitigkeitskompetenz" (Becker 2021, S. 27). Dabei geht es im Kern darum, positive Beziehungen zu Ihren Mitarbeitenden zu gestalten und

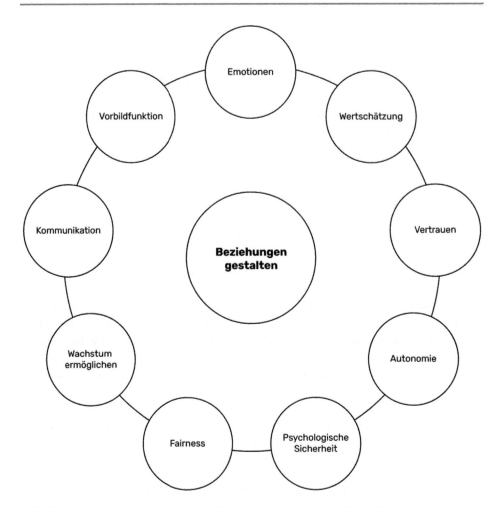

Abb. 5.1 Wirkungsfelder menschlicher Führungskompetenz; eigene Darstellung

dabei die individuellen Stärken, Bedürfnisse, Potenziale und Grenzen situativ angemessen zu berücksichtigen

Die zehn Wirkungsfelder menschlicher Führung werden im Folgenden detailliert erläutert.

5.2   Menschliche Führung heisst, Beziehungen zu gestalten

5.2.1   Zeigen Sie echtes Interesse am Menschen

Ohne dass wir es merken, stehen wir in all unseren unterschiedlichen Lebensbereichen fortwährend in Beziehung zu anderen Menschen – in der Gesellschaft, im privaten Umfeld mit unserer Familie, Freunden und Bekannten und am Arbeitsplatz. Ohne Beziehungen gäbe es die Welt und uns nicht. Wer wir sind, ergibt sich aus der Beziehungsgestaltung und Position im Verhältnis zu den Menschen um uns herum. Eine „Kunden-Beraterin-Beziehung" ist nicht einfach eine Verbindung zwischen einem Berater und einer Kundenberaterin. Erst durch die Rollengestaltung und Beziehung zwischen den beiden Personen wird die Beraterin zur Beraterin und der Kunde zum Kunden.

Im Arbeitskontext werden Beziehungen meistens anders betrachtet als private Beziehungen. Wenn wir eine Person am Arbeitsplatz kennenlernen, werden wir anders mit ihr in Kontakt treten, als wenn wir sie abends in einer Bar antreffen. Dies ist darauf zurückzuführen, dass wir ein bestimmtes Verständnis von Beziehungen im Arbeitsumfeld und von Professionalität haben. In der Organisationsforschung werden daher menschliche Interaktionen am Arbeitsplatz oft auf rein rationale Austauschprozesse reduziert. (Goetzke 2021, S. 6–13)

Einige Führungskräfte vertreten die Meinung, dass es im Führungskontext und in der Zusammenarbeit vor allem darum geht, gemeinsam fachliche Themen zu besprechen und zu lösen. Dieser aufgabenorientierte Führungsansatz hat bestimmt seine Berechtigung, zumal es darum geht, Leistung zu erbringen und gemeinsam bestimmte Ziele zu erreichen. Aufgabenorientierte Führungskräfte kümmern sich stark um strukturelle Aufgaben, planen und organisieren, um sicherzustellen, dass die Aufgaben produktiv und rechtzeitig erledigt werden. Stark aufgabenorientierte Führungskräfte sind auf die Sache fokussiert und denken weniger über das Wohlbefinden ihrer Mitarbeitenden nach. Wir alle haben jedoch mehrfach erlebt, dass Interaktionen rein auf der Sachebene nicht möglich sind. Denken wir zum Beispiel an all die Teammeetings zurück, die wir in der Vergangenheit erlebt haben: Bestimmt kam es auch bei Ihnen schon vor, dass gewisse Mitarbeitende gereizt oder gar ablehnend auf ein Thema reagierten, obwohl aus Ihrer Sicht doch ganz sachlich diskutiert wurde. Obwohl Sie sich inhaltlich und sachlich austauschen, schwingt die Beziehungsebene immer automatisch mit, ob Sie dies wollen oder nicht.

Wir Menschen sind soziale Wesen. Wir folgen Gefühlen und Intentionen, sind fürsorglich, hilfsbereit und empfinden Schuld und Scham. Viele Studien in der Vergangenheit haben bewiesen, dass Menschen, die isoliert leben, schneller krank werden oder sogar sterben. Babies und Kleinkinder haben ohne Beziehung und Wärme keine Chance zu gedeihen. Wie die Erkenntnisse der Positiven Psychologie zeigen, sind positive Beziehungen ein wichtiger Faktor für Glück und Wohlbefinden von uns Menschen (vgl. Abschn. 3.3.3). Und aus der Hirnforschung ist hinlänglich bekannt, dass unser Gehirn sich letztendlich im Austausch mit anderen weiterentwickelt (vgl. Abschn. 3.2.4). Trotzdem gestehen wir der Beziehungsgestaltung im privaten Umfeld eine größere Bedeutung zu als im Arbeitskontext. Und wir finden, dass einiges „nicht auf die Arbeit gehört". Als Konsequenz tragen wir Probleme am Arbeitsplatz mit nach Hause. Teamevents finden häufig außerhalb der ordentlichen Arbeitszeit statt und Teambildungs-Aktivitäten werden „off-site" veranstaltet. Wenn wir über Beziehungen und Arbeit sprechen, erscheint es so, als ende unser privates Leben an der Bürotür. Viele Führungskräfte tendieren dazu, den privaten Kontext, in dem ihre Mitarbeitenden leben, zu ignorieren. Oftmals arbeiten Menschen jahrelang zusammen, ohne sich gegenseitig zu kennen. (Goetzke 2021, S. 6–13)

▶ **Wichtig** Wenn Sie als Führungskraft kaum ein ernsthaftes Interesse und Freude an Menschen haben, werden Sie niemals gute Beziehungen gestalten und menschlich führen können. Erst durch Ihre aufrichtige Neugierde, wie es Ihren Mitarbeitenden geht, welche Persönlichkeiten, Bedürfnisse und Interessen sie haben, erzeugen Sie einen menschlichen Umgang miteinander.

„Als Führungskraft muss ich Menschen mögen und mich für sie interessieren, damit ich mich individuell auf Mitarbeitende einlassen kann: Was ist das für ein Mensch, was braucht die Person?" Hans Werner, ehem. Head Human Resources Swisscom, Stiftungsratspräsident Careum. (Werner 2021)

Die Corona Krise hat uns allen unmissverständlich aufgezeigt, wie wichtig Beziehungen im Arbeitskontext sind. Die Digitalisierung und neuen Arbeitsformen weichen die Grenzen zwischen Arbeit und Privatleben immer mehr auf. Dies ist eine große Chance – aber nur, wenn Führungskräfte Beziehungsarbeit als festen Bestandteil ihrer Führungsarbeit verstehen. Führung bedarf neben der Aufgabenorientierung unbedingt der Beziehungsorientierung.

5.2.2 Ebenen der Beziehungsgestaltung

Wir begegnen täglich sehr vielen Menschen: auf dem Weg zur Arbeit, im Bus, auf der Straße, im Büro, im Restaurant oder im Sport. Aber sind wir wirklich in Kontakt und treten wir in Beziehung? Wenn wir andere duzen oder zur Begrüßung umarmen, haben wir schnell den Eindruck, dass auf der Beziehungsebene alles wunderbar funktioniert. Aber mit wirklich guten Beziehungen hat das wenig zu tun.

Aus unserer eigenen Erfahrung im privaten wie beruflichen Umfeld wissen wir, dass die Gestaltung positiver Beziehungen ein anspruchsvolles und komplexes Unterfangen darstellt: Beziehungen zu anderen Menschen entstehen und verändern sich. Manche gehen auch auseinander. Negative Beziehungen können Krisen auslösen, positive Beziehungen hingegen können uns helfen, schwierige Zeiten zu überwinden.

„Ich glaube daran, dass das größte Geschenk, das ich von jemandem empfangen kann, ist, gesehen, gehört und verstanden zu werden. Das größte Geschenk, das ich geben kann, ist, den anderen zu sehen, zu hören und zu verstehen. Wenn dies geschieht, entsteht Beziehung" Virginia Satir, Autorin und Sozialtherapeutin

Aber was bedeutet „Beziehung" genau? Was heißt es, „Beziehungen zu schaffen" beziehungsweise „Mitarbeitende zu kennen"?

Der amerikanische Organisationspsychologe Edgar Schein (geb. 1928) verortet Beziehungen zwischen Führungskräften und Mitarbeitenden innerhalb eines Kontinuums von **vier „Beziehungsebenen"**, welche in unserer Gesellschaft akzeptiert und uns vertraut sind (Schein und Schein 2019, S. 39–40):

Die vier Beziehungsebenen

Ebene Minus 1 – Verleugnung des Menschseins: Die sogenannte „Ebene Minus 1" beinhaltet nach Schein die Beziehung, welche auf Zwang und unpersönlicher Beherrschung basiert. Diese Art von Beziehungen finden sich insbesondere in Gefängnissen, in Kriegsgefangenschaft, in der Sklaverei oder in auf Zwang basierenden Organisationen. Auf dieser Beziehungsebene sind Vertrauen und Offenheit minimal. Es können sich jedoch unter den unterdrückten Menschen Beziehungen bilden, die dem Eigenschutz dienen.

Ebene 1 – Anerkennung eines Menschen in seiner Rolle: Diese Beziehungsebene umfasst transaktionale rollen- und regelbasierte Beziehungen, Dienstleistungen sowie alle Formen von Helferbeziehungen. Es handelt sich dabei um Beziehungen mit Fremden sowie auch zu direkten Vorgesetzten und Arbeitskolleginnen und -kollegen, zu denen wir eine angemessene professionelle Distanz wahren. Wir behandeln auf dieser Beziehungsebene unser Gegenüber als einen Mitmenschen, bei dem wir zu einem gewissen Grad darauf vertrauen, dass er uns nicht schaden wird. Wir führen Gespräche in höflicher Offenheit, haben jedoch nicht das Bedürfnis, diesen Menschen abseits unserer Rollen zu „kennen". Helferberufe wie zum Beispiel Ärzte und Pflegepersonal gehören ebenfalls zu dieser Beziehungskategorie, weil ihre Rollendefinition die Aufrechterhaltung einer „professionellen Distanz" erfordert.

Ebene 2 – Betrachtung des ganzen Menschen unabhängig von Rolle und Status: Die Ebene 2 beinhaltet persönliche, partnerschaftliche Beziehungen ungeachtet der Rolle und des Status. Derartige Beziehungen sind zum Beispiel in Freundschaften und unter Teamkolleginnen und -kollegen zu finden, die wir als Individuen kennen und zu denen wir eine persönliche – aber nicht intime – Beziehung pflegen. Diese Art von Beziehungen setzt ein höheres Maß an Vertrauen und Offenheit voraus.

Ebene 3 – Tiefe Bindung zu einem Menschen: Diese Beziehungsebene umfasst die völlig gegenseitige, emotional-intime Hingabe. Es handelt sich um Beziehungen, die starke positive Gefühle oder intimen körperlichen Kontakt beinhalten. Solche tiefen Bindungen finden sich unter Ehe- beziehungsweise Lebenspartnern, Vertrauten und Freunden, denen wir unsere intimen und privaten Gefühle mitteilen.

Transaktionale Beziehungen der Ebene 1, die rund um Rollen und entsprechende Verhaltensregeln aufgebaut sind, treffen wir gemäß Schein noch immer in einem Großteil der Organisationen an. Schein betont, dass in der heutigen VUCA-Welt Formen von Zusammenarbeit wichtiger werden, die verstärkt auf Vertrauen und Offenheit basieren, um mit dem immer schneller werdenden Tempo des Wandels Schritt halten zu können. Damit Organisationen Veränderungen effektiver gestalten und umsetzen können, muss sich die Beziehung zwischen Führungskräften und ihren Mitarbeitenden, die Veränderungen schlussendlich im Arbeitsalltag umsetzen sollen, in eine persönlichere und verstärkt auf Zusammenarbeit beruhende Ebene 2 entwickeln. Gemäß Schein lässt sich bereits eine Tendenz in Richtung Ebene 2 zwischen Ärztinnen und Ärzten und ihren Patientinnen und Patienten, Produktdesignern und ihrer Kundschaft sowie Lehrpersonen und Schülerinnen und Schülern beobachten. (Schein und Schein 2019, S. 39–40)

Im Allgemeinen ist davon auszugehen, dass Ebene 3 im beruflichen Kontext vermieden werden sollte, da sich auf dieser Ebene eine Form von „Verbrüderung" oder „Vetternwirtschaft" entwickeln kann, die in unserer Führungskultur als nicht professionell erachtet wird. Die Grenzen zwischen Ebene 2 und Ebene 3 sind jedoch fließend, also situationsabhängig, dynamisch, individuell und eine gemeinsame Angelegenheit zwischen den Involvierten. (Schein und Schein 2019, S. 19–26)

> „Die persönliche Beziehung zu meinen Mitarbeitenden ist mir sehr wichtig. Ich möchte verstehen, was sie brauchen, um gut arbeiten zu können. Ich arbeite als Führungsperson in einem internationalen Umfeld. Da ist neben der individuellen Beziehungsgestaltung auch sehr viel Sensibilität in Bezug auf kulturelle Unterschiede wichtig." Cora Hentrich-Henne, Geschäftsführerin Alstom Schweiz (Hentrich-Henne 2021)

Schein ist überzeugt, dass es möglich ist, im beruflichen Kontext eine offene und vertrauensvolle Beziehung zu pflegen und gleichzeitig sorgfältig die Grenzen der Angemessenheit und der Privatsphäre zu wahren. Wir können einander bei der Arbeit gut genug kennen, um uns gegenseitig Vertrauen zu schenken und unsere Aufgaben erfolgreich zu erledigen, ohne gleich gute Freunde zu werden. Das Wesentliche an Beziehungen auf Ebene 2 ist, dass wir unser Gegenüber nicht mehr nur als „Rolle" sondern als „vollständigen" Menschen betrachten. „Personisierung" heißt, jemanden wahrhaftig zu „sehen". Dies schaffen Sie als Führungskraft insbesondere dann, wenn Sie Ihr Gegenüber etwas Persönliches fragen oder auch von sich etwas Persönliches preisgeben.

> „Mir ist es wichtig, dass meine Mitarbeitenden jederzeit das Gefühl haben, dass ich sie ernst nehme. Dazu gehört, dass ich echtes Interesse an ihnen zeige als Mensch und auch mal etwas Privates frage." Bernhard Soltermann, COO/Operations Director AMAG Import, AMAG Group AG (Soltermann 2021)

Dabei sind es meistens die ganz alltäglichen Kleinigkeiten im Umgang miteinander, die menschlich wirken. Wenn Sie sich zum Beispiel für Ihre Mitarbeitenden und ihre Familien sowie ihre Hobbies ehrlich interessieren, wecken Sie Emotionen und schaffen Verbindung.

Andreas Fähndrich, CEO der XOVIS AG achtet bewusst darauf, dass er in face-to-face Meetings nicht einfach sachlich einsteigt mit der Frage „Wie läuft das Projekt?", sondern seinem Gegenüber als Mensch Raum gibt und zu etwas Persönlichem Bezug nimmt: „Wie geht es dir oder wie waren deine Ferien?" Gemäß Andreas Fähndrich wurde dieser persönliche, menschliche Bezug insbesondere während der Corona Pandemie, als viele Mitarbeitende im Home-Office arbeiteten, noch wichtiger. (Fähndrich 2021)

Für Andreas Schönenberger, CEO der Sanitas Krankenversicherung, gehört zur Beziehungspflege auch dazu, ein echtes Interesse dafür zu zeigen, was für eine Arbeit die Mitarbeitenden tagtäglich machen, und dafür Respekt und Wertschätzung zu zeigen (Schönenberger 2021). ◄

In Bezug auf Beziehungen ist ebenso folgende Erkenntnis bedeutsam: Für uns Menschen sind vor allem zwei Bedürfniskomplexe wichtig, die auf den ersten Blick in Widerspruch zu stehen scheinen: Auf der einen Seite haben wir alle ein Bedürfnis nach Sicherheit und Geborgenheit. Auf der anderen Seite haben wir ebenso das Bedürfnis nach Wachstum, Entfaltung und Autonomie. Ersteres will den Status quo bewahren, letzeres will sich weiterentwickeln. Dadurch entsteht eine Mischung, die auch zu Reibung führen kann – im Innen wie im Außen. Jedoch suchen wir genau diese Mischung in unseren Beziehungen wie auch in der Arbeit. Erst wenn wir den Eindruck gewinnen, dass wir die Möglichkeit zur Weiterentwicklung und gleichzeitig das Gefühl von Sicherheit haben, erleben wir Beziehungen als positiv und bereichernd. (Klein 2021b, S. 19)

▶   **Wichtig** Die Beziehungsgestaltung ist eine sehr wichtige und anspruchsvolle Kompetenz – insbesondere für Sie als Führungskraft. In Organisationen, wo Hierarchien flacher werden und sich die Grenzen zwischen privat und beruflich immer mehr aufweichen, müssen Sie umso mehr Raum für Beziehungsarbeit schaffen – bei sich und Ihren Mitarbeitenden. Als beziehungsorientierte Führungkraft verstehen Sie, dass positive Beziehungen ein Umfeld schaffen, in dem sich Ihre Mitarbeitenden motiviert fühlen und bessere Leistungen erbringen.

5.2.3   Seien Sie ein Energiegeber statt ein Energieräuber

Es gehört zu einer der anspruchsvollsten und bedeutungsvolleren Aufgaben für Sie als Führungskraft, die eigene Energie sowie die Energie Ihrer Mitarbeitenden richtig zu orchestrieren. Wenn Sie die Fähigkeit haben, Ihre Mitarbeitenden zu energetisieren, haben Sie dadurch eine positive Wirkung auf deren Wohlbefinden, Zufriedenheit und schlussendlich auf deren Engagement und Leistung (Rolfe 2019, S. 177). Gemäß Kim Cameron (geb. 1946), der den Positive Leadership Ansatz bekannt gemacht hat, sind Beziehungen sehr wichtig für das Energiemanagement (Cameron 2013, S. 55–57). Er unterscheidet zwischen Beziehungen beziehungweise Personen, die Energie geben („Energizers"), und solchen, die Energie rauben („De-Energizers").

„Als Führungskraft darf ich nur so lange Mitarbeitende führen, wie ich Freude und Energie dafür habe." Renato Grasso, Leiter Filialgebiet, Die Schweizerische Post (Grasso 2021)

Kim Cameron hat zusammen mit anderen Forschern in verschiedenen Organisationen Befragungen bei Mitarbeitenden durchgeführt, um zu messen, inwiefern diese durch das Verhalten von Führungkräften energetisiert werden oder nicht. In ihrer Studie fanden sie fünf Items beziehungsweise Fragestellungen, um die positive Energie einer Person zu messen (Cameron 2013, S. 55):

1. Ich fühle mich gestärkt, wenn ich mit dieser Person Kontakt habe.
2. Nach einem persönlichen Kontakt mit dieser Person habe ich mehr Energie, um meine Arbeit zu erledigen.
3. Ich fühle mich vitaler, wenn ich mit dieser Person in Kontakt bin.
4. Ich würde mich an diese Person wenden, wenn ich Aufmunterung benötige.
5. Nach einem persönlichen Kontakt mit dieser Person habe ich mehr Ausdauer, um meine Arbeit zu erledigen.

In ihrer Studie fanden Sie heraus, dass Führungskräfte „Energieräuber" (De-energizers) beziehungsweise „Energiegeber" (Energizers) sind, wenn sie folgende Attribute zeigen (Cameron 2013, S. 57):

Energieräuber
- sehen mehrheitlich Probleme und Hindernisse
- haben es nicht gerne, wenn andere besser sind
- sind unflexibel in ihrem Denken
- sind Wichtigtuer und Selbstdarsteller
- sind meistens sachlich und förmlich
- sind oberflächlich und wenig authentisch
- sind oft kritisch

Energiegeber
- sehen Möglichkeiten und Chancen
- sind Problemlöser
- helfen anderen Menschen, zu wachsen und sich zu entwickeln
- sind vertrauenswürdig und integer
- sind verlässlich
- nutzen eine vielfältige Sprache
- sind aufmerksam und engagiert
- sind echt und authentisch

Noch heute erinnere ich mich an folgendes Erlebnis aus meiner eigenen beruflichen Vergangenheit: Ich arbeitete in jungen Jahren als Teilprojektleiterin in einem anspruchsvollen IT Projekt. Wir waren als Dreier-Team zuständig für das Customizing einer Human Resources Software. Unsere Vorgesetzte war überaus ehrgeizig und wollte das Projekt unbedingt mit höchster Qualität und innerhalb der gesetzten Deadlines umsetzen. Dies führte mitunter dazu, dass sie minutiös jeden unserer Arbeitsschritte plante und kontrollierte. Sie rief uns sogar aus ihren Ferien täglich an, um sicher zu gehen, dass wir die Deadlines einhielten. Sie selbst gönnte sich kaum eine Kaffeepause und gab uns mit ihrem vorwurfsvollen Blick jeweils zu verstehen, dass sie es nicht wirklich schätzte, wenn wir eine Pause machten. Als die Partnerin unseres Arbeitskollegen sehr schwer erkrankte und sich deshalb einer dringenden Operation unterziehen musste, informierte er unsere Vorgesetzte, dass er in der Folgewoche zu Hause bleiben müsse, um sich um die gemeinsame Tochter zu kümmern. Unsere Vorgesetzte antwortete emotionslos und völlig unempathisch: „Du kannst schon zu Hause bleiben. Sieh aber zu, dass du das Projekt nicht gefährdest!" Meine Arbeitskollegin und ich trauten unseren eigenen Ohren nicht, was wir zu hören bekamen. Der ohnehin schon sehr tiefe Energielevel in unserem Team sank auf den Nullpunkt.

Möchten Sie lieber eine Führungskraft sein, die Energie gibt oder die Energie raubt? Sie haben die Wahl.

▶ **Tipp** In der Toolbox in Kap. 8 finden Sie folgende hilfreiche Tools, um die Beziehungen zu Ihren Mitarbeitenden zu reflektieren und positiv zu gestalten:

- Tool 23: Selbsttest – Energetisierer oder Energiedieb? (Abschn. 8.1.5.4)
- Tool 25: Die einfache 5:1 Regel (Abschn. 8.2.1.1)

5.2.4 Investieren Sie genügend Zeit in die Beziehungsgestaltung

Wenn Sie als Führungskraft Ihre Mitarbeitenden wirklich kennen lernen wollen, wenn Sie echt und wahrhaftig für sie interessieren, erfordert dies ein gewisses Maß an Zeiteinsatz und Ihre volle Aufmerksamkeit.

> „Meine Mitarbeitenden sind immer zuoberst auf der Agenda: Ich nehme mir genügend Zeit und schenke ihnen meine volle Aufmerksamkeit." Bernhard Soltermann, COO/Operations Director AMAG Import, AMAG Group AG (Soltermann 2021)

Wenn Sie nicht einen gewissen Anteil Ihrer Zeit für beziehungsorientierte Führung einsetzen, dann führen Sie nicht mehr. Dann können Sie niemals das ganze Potenzial Ihrer Mitarbeitenden entdecken. Reservieren Sie sich genügend Zeit pro Woche für Ihre Führungsarbeit – je mehr Mitarbeitende Sie direkt führen, desto mehr Zeit benötigen Sie.

> „Als Führungskraft kann ich nicht nur Schreibtischtäter sein. Ich muss mir genügend Zeit für meine Mitarbeitenden nehmen und mich ihnen bei Fragen und Anliegen mit voller Aufmerksamkeit widmen." Renato Grasso, Leiter Filialgebiet, Die Schweizerische Post (Grasso 2021)

▶ **Wichtig** Wenn Sie Zeit in die Beziehungsgestaltung zu Ihren Mitarbeitenden investieren, geben Sie dieser einen Wert. Und Sie vermitteln Ihren Mitarbeitenden, dass sie wichtig sind. Die große Herausforderung besteht darin, insbesondere in Zeiten von hohem Arbeits- und Leistungsdruck nicht nur aufgabenorientiert den Sachthemen eine hohe Priorität einzuräumen, sondern auch der Beziehungsgestaltung.

In Beziehung zu jemandem zu treten und in Kontakt zu sein bedeutet vor allem, mit seiner ganzen Aufmerksamkeit bei unserem Gegenüber zu sein, ohne in Gedanken Vergangenem nachzugrübeln oder schon an die nächste Tätigkeit zu denken (vgl. auch Abschn. 5.10.4). Aufmerksam sein fängt bereits damit an, dass Sie Gespräche mit Ihren Mitarbeitenden in einer ungestörten Atmosphäre führen, wo Sie nicht andauernd durch andere oder durch das Brummen Ihres Handy gestört werden. Und wenn eine Mitarbeiterin etwas mit Ihnen besprechen möchte und Sie haben im Moment tausend andere Dinge im Kopf oder erwarten einen dringenden Telefonanruf: Führen Sie kein unaufmerksames Gespräch zwischen Tür und Angel, sondern vereinbaren Sie das Gespräch für einen späteren Zeitpunkt, zu dem sie ungestörter und aufmerksamer sein können.

„Ich fülle meine Tage nicht lückenlos mit Terminen. Es muss Zeit bleiben für menschliche Begegnungen." Andreas Fähndrich, CEO XOVIS AG (Fähndrich 2021)

Praxisbeispiel

Ein Manager schilderte mir folgende Situation aus seinem Führungsalltag: Eine langjährige Mitarbeiterin – alleinerziehende Mutter mit zwei kleinen Kindern – erzählte ihm ganz nebenbei nach einem Meeting, dass ihr Ex-Ehepartner die Alimente für die Kinder seit einiger Zeit nicht mehr bezahlt habe. Die Mitarbeiterin stand unter großem finanziellen Druck, zumal eines der beiden Kinder unter einer Entwicklungsstörung litt und eine kostspielige Ganztagesbetreuung benötigte. Er nahm die finanzielle Sorge seiner Mitarbeiterin sehr ernst. Obwohl sie ihn nicht darum gebeten hatte, setzte er alle Hebel in Bewegung, kontaktierte die Human Resources Abteilung, um gemeinsam nach einer finanziellen Übergangslösung zu suchen. Die Mitarbeiterin hatte von ihm nicht erwartet, dass er sich um ihre privaten Sorgen kümmerte. Dank seines zwischenmenschlichen Sensoriums erkannte er die private Notlage seiner Mitarbeiterin und zeigte durch sein Engagement sehr viel Menschlichkeit. ◀

„Kleine menschliche Gesten können eine ungeahnt starke Wirkung haben. Als Führungskraft muss ich die ‚Windows of Opportunity' erkennen. Es gibt viele verletzliche Phasen. In diesen Momenten muss man die Situation erkennen und zeigen, dass mich der Mensch interessiert." Thomas Wegmann, Head Marketmanagement Allianz Schweiz und Head Global Center for Behavioral Economics (Wegmann 2021)

5.2.5 Vom Ich zum Wir

Aus systemischer Sicht (vgl. Abschn. 3.4) stellt Führung ein komplexes Beziehungssystem dar. Führungskräfte, die kein echtes Interesse an ihren Mitarbeitenden haben, werden niemals wirklich zum Team beziehungsweise zum System dazugehören.

> „Menschliche Führung ist nur dann möglich, wenn es keine Separation gibt durch Rollen oder Hierarchien. Menschliche Führung geht immer in Richtung des Verbindenden und der Einheit. Ich führe menschlich, wenn ich Menschen verbinde, statt sie zu separieren. Das heißt nicht, dass ich immer mit allem einverstanden sein muss und alles akzeptiere. Aber die Intention muss immer verbindend sein." Kaivalya Kashyap, CEO International Academy of Transformative Leadership IATL (Kashyap 2021)

Wenn ich von menschlicher Führung spreche, habe ich zwar die Führungsperson im Fokus, andere Menschen als Teil dieser Führungsbeziehung, insbesondere die Mitarbeitenden, das ganze Team wie auch die nächsthöheren Vorgesetzten spielen jeweils auch eine wesentliche Rolle im Führungsgefüge. Als Führungskraft sind Sie nicht nur dafür verantwortlich, eine positive Beziehung zwischen Ihnen selbst und Ihren Mitarbeitenden aufzubauen, sondern tragen auch wesentlich dazu bei, ein Gefühl des Zusammenhalts – ein „Wir-Gefühl" – zu schaffen.

> „Als Führungskraft schaffe ich einen persönlichen Draht zu den einzelnen Mitarbeitenden und auch zum ganzen Team. Das schafft Commitment. Als engagierte Mannschaft schaffen wir es gemeinsam, das beste Potenzial in uns und für uns herauszuholen." Cora Hentrich-Henne, Geschäftsführerin Alstom Schweiz (Hentrich-Henne 2021)

Mitarbeitende sehen sich oftmals in der Rolle als „abhängige Beschäftigte" und schieben der Führungskraft die vollumfängliche Verantwortung zu, dafür zu sorgen, dass es ihnen und dem ganzen Team gut geht. Eine Beziehung entsteht jedoch erst durch Gegenseitigkeit, sie ist keine Einbahnstrasse. Alle Beteiligten müssen sich bewusst sein, dass keiner die alleinige Verantwortung trägt. Alle Mitglieder eines Beziehungssystems müssen gemeinsam an einer funktionsfähigen, fruchtbaren Beziehung arbeiten. In diesem Sinne tragen die Mitarbeitenden als Teil der Führungsbeziehung ebenfalls eine Mitverantwortung für Menschlichkeit. Menschliche Führung beruht auf einem partnerschaftlichen Prinzip. (Heini 2020, S. 72–73)

> „Führen heißt auch ‚Geben und Nehmen'. Beide Seiten sind für die Gestaltung einer fruchtbaren Arbeitsbeziehung verantwortlich." Sandra Mounir-Rotzer, Geschäftsleiterin und Verwaltungsrätin Cave du Rhodan Mounir Weine AG (Mounir-Rotzer 2021)

5.3   Emotionen als Katalysatoren

5.3.1   Eine Ära der Emotionen bricht an

Steve Ballmer wurde als CEO von Microsoft insbesondere durch seine emotionale Abschiedsrede im Jahr 2013 berühmt, als er Tränen vergießend vor Tausenden von Mitarbeitenden auf der Bühne stand und „I love you" in die Massen schrie. Die einen waren fasziniert, die anderen etwas verstört ob dieser geballten Emotionalität. (Kühmeyer 2018, S. 75–92; Youtube 2013)

Aus der Positiven Psychologie ist bekannt, dass Menschen, die positiv emotionalisiert sind, mehr wahrnehmen und leisten können. Positive Emotionen entstehen, wenn wir Positives in der Zukunft erwarten und uns selbst Gelingen zuschreiben. Positive Emotionen wirken ansteckend und geben Energie. Trotzdem tun wir uns gerade in europäischen Breitengraden immer noch sehr schwer mit Emotionen, insbesondere auch als Führungskraft. Rasch gelangen wir zu dem Urteil, dass Emotionalität unprofessionell ist oder gar manipulativen Charakter hat. Ob Ballmer bei seiner Abschiedsrede effektiv so bewegt war oder ob er als geschickter Redner seine Mitarbeitenden durch eine Hollywood-reife Show instrumentalisiert hat, können wir nicht überprüfen. Doch alleine die Tatsache, dass es uns unnatürlich oder gar verdächtig erscheint, wenn ein Manager Worte wie „Liebe" in den Mund nimmt und vor laufenden Kameras weint, sagt viel über unseren Umgang mit Emotionen aus. Emotionen haben im Arbeitsleben kaum oder nur sehr selektiv Platz. Gefühlsregungen wie Stolz, Hoffnung oder auch Freude dürfen gerne gezeigt werden. Demgegenüber müssen wir Emotionen wie zum Beispiel Liebe, Angst, Wut oder Verzweiflung morgens spätestens dann ablegen, wenn wir das Firmengebäude betreten.

Die Verhaltensökonomie hat im Marketing die Bedeutung der Gefühle auf Kaufentscheidungen längst erkannt. In der Führung und Zusammenarbeit hingegen wird Professionalität nach wie vor gleichgesetzt mit Zurückhaltung. Es hat sich in unserer Arbeitswelt eine Art emotionales Ideal entwickelt, welches man als „Maske der Coolness" beschreiben kann. Wir zeigen uns emotional distanziert oder gar emotional abgebrüht im Umgang mit uns selbst und anderen, obwohl wir vielleicht innerlich brodeln vor Freude oder auch vor Ärger. (Kühmeyer 2018, S. 75–92)

Wie die Forschung zeigt, gehen unsere vielfältigen Gefühle auf eine kleine Zahl von lebenswichtigen Grundemotionen zurück: Liebe, Freude, Lust, Interesse und Neugier, Angst, Panik, Wut, Zorn sowie Trauer. Gefühle wie Liebe und Freude schaffen Nähe und stärken unsere Abwehrkräfte. Angst mahnt uns zur Vorsicht oder Vermeidung. Emotionale Zustände sind wertvolle und lebenswichtige Botschaften an uns selbst. Sie helfen, uns im Leben zurechtzufinden. Eine emotionale Reaktion ist auch immer eine körperliche Reaktion. Leider herrscht heute immer noch die Überzeugung vor, wir könnten unsere Gefühle abtrennen von dem, was wir denken und sagen. Denken, Fühlen und Handeln sind jedoch neurologisch gesehen untrennbar miteinander verbunden (vgl. Abschn. 3.2.4). Wenn wir unsere emotionalen Botschaften unterdrücken, führt dies dazu, dass wir unsere eigentlichen Bedürfnisse überhören und vernachlässigen. So verlieren wir den Kontakt zu unseren Emotionen und damit zu uns selbst. Wir „funktionieren" nur noch. (Seitz 2018, S. 62; Hüther 2018, S. 56)

> „Das Unterdrücken von emotionalen Botschaften führt dazu, dass Menschen den Kontakt zu sich selbst verlieren und nur noch funktionieren." Gerald Hüther (Hüther 2018, S. 56)

In unseren Breitengraden herrscht immer noch das Primat des Verstandes. Wenn wir nach Lösungen suchen, aktivieren wir unser Denken und bedienen uns vor allem unserer Ratio. Beim Arbeiten erschließen wir uns unsere Welt vor allem durch analytisches Denken: Wir nutzen analytische Methoden und Instrumente, um Talente zu typisieren, bewerten Mitarbeitende im Rahmen der Jahresendgespräche numerisch oder nach Kategorien A bis D und teilen Kunden fein säuberlich in Zielgruppen ein. Analytik und Messbarkeit sind uns vertraut. Wir haben verlernt, im Arbeitsleben die Kraft von Emotionen einzusetzen. Wenn wir jedoch unsere Emotionen ausbremsen, werden unsere Wahrnehmung und unser Denkvermögen eingeschränkt. Als Konsequenz werden neuartige Ideen und Innovationen zugunsten altbekannter Vorgehensweisen zurückgestellt. Statt uns zu öffnen, ziehen wir uns zurück, grenzen uns ab und verkrusten schlimmstenfalls.

Dabei dienen Emotionen uns Menschen seit Urgedenken als wertvolle Signale zur Welterschließung. Emotionen helfen uns, mit der Komplexität unserer Welt umzugehen und handlungsfähig zu bleiben. Dank unserer Emotionen können wir wahrgenommene Veränderungen um uns herum beurteilen, indem uns das Gehirn blitzschnelle Bewertungen liefert und so unmittelbare Reaktionen ermöglicht (vgl. Abschn. 3.2.4). Dies wird insbesondere in der heutigen VUCA-Welt, in der es keine Eindeutigkeit mehr gibt, immer wichtiger. Emotionen helfen uns, Orientierung in der komplexen Welt zu finden und Entscheidungen anzustoßen. (Seitz 2018, S. 60–62)

> „Rein rationales Denken war gestern, die Ära der Emotionen bricht an." Verena Muntschick und Janina Seitz, Zukunftsinstitut (Muntschick und Seitz 2018, S. 29)

▶ **Wichtig** Es ist bekannt, dass Emotionen als Katalysatoren für Veränderung und innovatives Denken dienen. Emotionen verlangen eine Veränderung des aktuellen Zustands und sind auf die Zukunft gerichtet. Emotionen sind insbesondere in der heutigen Zeit, in der Kreativität und Innovation besonders gefordert sind, von besonderem Wert und werden in Zukunft immer bedeutsamer.

5.3.2 Entwickeln Sie Ihre emotionale Führungskompetenz

Eine menschliche Führungskultur steht und fällt mit Ihrer emotionalen Kompetenz als Führungskraft. In der heutigen komplexen Welt ist Ihre Rolle längst nicht mehr die der rationalen Entscheiderin, die die Richtung angibt. Heute sind Sie als empathische Persönlichkeit gefordert. Sie müssen ein Gespür für die emotionale Verfassung Ihrer Mitarbeitenden haben, positive Arbeitsbeziehungen gestalten, ein Wir-Gefühl fördern sowie die Identität und den Zusammenhalt stärken. Da spielen die Emotionen der Mitarbeitenden immer mit. Führung – insbesondere menschliche Führung – erfordert heute mehr denn je soziale, emotionale Kompetenzen. (Muntschick und Seitz 2018, S. 28–36)

> „Empathie ist sehr wichtig – zu verstehen, in welcher Situation beziehungsweise in welchem psychologischen Zustand unsere Mitarbeitenden sind und was sie beschäftigt." Dieter Vranckx, CEO Swiss International Air Lines (Vranckx 2021)

In unserer heutigen Gesellschaft wie auch in Organisationen, die sich unter dem Einfluss des Wandels, insbesondere der Digitalisierung, auch sozial verändern, werden Emotionen immer wichtiger für die Zukunftsfähigkeit. Das Kollektiv wird an Bedeutung gewinnen und Emotionen bieten einen großen Resonanzraum für neue, soziale Interaktionen (vgl. auch Abschn. 6.4). Ebenso sind Emotionen wichtig in Veränderungsvorhaben von Teams und ganzen Organisationen. Für Sie als Führungskraft ist es wichtig, die Emotionen Ihrer Mitarbeitenden wahrzunehen und zu lesen, sinnvoll damit zu umzugehen und sie als Veränderungstreiber wie auch Veränderungsverhinderer zu verstehen. (Muntschick 2018, S. 16–17)

> „Menschliche Führung bedeutet, die Herzensebene bei den Menschen zu erreichen und eine gesunde emotionale Verbundenheit zu schaffen." Kaivalya Kashyap, CEO International Academy of Transformative Leadership IATL (Kashyap 2021)

Vorgesetzte, die positive Emotionen äußern, können dadurch dieselben positiven Gefühle bei ihren Mitarbeitenden hervorrufen. Es wird also sozusagen ein positiver Ansteckungsprozess in Gang gesetzt.

▶ **Wichtig** Wenn Sie es als Führungskraft schaffen, bei sich und Ihren Mitarbeitenden positive Emotionen zu wecken und das Level der Positivität zu erhöhen, erlangt das Gehirn einen „Glücksvorteil" und arbeitet viel produktiver. Dies führt zu wesentlich besseren Leistungen als ein negativer oder gestresster Zustand. Ebenso erhöht sich das Potenzial für Kreativität und Intelligenz sowie der allgemeine Energielevel. Durch das Wecken positiver Emotionen können Sie für sich und Ihre Mitarbeitenden ein enormes Glücks- und Leistungspotenzial entfalten. (Pesch 2020, S. 250)

Emotionen sind dabei nicht als Werkzeuge zu verstehen, die es manipulativ zu bedienen gilt. Leider gibt es noch heute Unternehmen, die die emotionalen Zustände ihrer Mitarbeitenden im Sinne der Leistungs- und Gewinnmaximierung bewusst für ihre Zwecke instrumentalisieren. So gibt es zum Beispiel insbesondere in den USA professionelle

Empathieseminare für Manager, um sich empathische Reaktionen anzueignen und so das Vertrauen bei den Mitarbeitenden zu wecken. Diese Art von emotionaler Manipulation ist ethisch höchst bedenklich und wird früher oder später in eine Sackgasse führen. (Hüther 2018, S. 56)

Sie sollten es unbedingt unterlassen, negative Emotionen Ihrer Mitarbeitenden als gemeinhin schlecht einzustufen oder zu unterdrücken. Natürlich macht es viel mehr Freude und Spaß, mit Mitarbeitenden zusammen zu arbeiten, die motiviert sind und Begeisterung zeigen. Doch negative Reaktionen haben auch ihre positiven Seiten: Wenn Ihre Mitarbeitenden offen negative Emotionen zeigen und äußern, ist dies ein Vertrauensbeweis und ein Zeichen dafür, dass noch Herzblut vorhanden ist. Ihre Mitarbeitenden haben offenbar ein Interesse daran, auf wahrgenommene Fehleinschätzungen oder Missstände aufmerksam zu machen. Dies ist insbesondere in Veränderungsphasen sehr wichtig: Wenn Sie als Führungskraft Ihren Mitarbeitenden Gehör schenken, ihre Kritik sowie Zweifel und Ängste aufnehmen, spüren Ihre Mitarbeitenden, dass Sie sie ernst nehmen. Dies schafft Psychologische Sicherheit (vgl. Abschn. 5.7) und kann im optimalen Fall dazu führen, dass die konstruktiv-kritischen Mitarbeitenden zu Unterstützerinnen und Unterstützern Ihres Vorhabens werden oder sogar bereit sind, bei der Lösungssuche aktiv mitzuwirken. Blockieren oder unterdrücken Sie hingegen negative Emotionen Ihrer Mitarbeitenden, besteht die Gefahr, dass diese Emotionen in den Untergrund versinken und sich dort als fatale korrosive Energien ausbreiten. (Rolfe 2019, S. 186)

Der Zukunftsforscher Franz Kühmayer bringt in seinem Artikel „Herzblut – die Rolle von Emotionen in Leadership" (Kühmeyer 2018, S. 88 und S. 90) die Bedeutung von Emotionen als sogenanntes „Herzblut" sehr treffend auf den Punkt:

> „Wer sich nicht nur mit dem Kopf, sondern mit dem Herzen auf andere einlässt, kann kooperativ führen. Herzblut hebt Führungsarbeit aus der Rationalität auf die Ebene der Sinnlichkeit." Franz Kühmayer, Zukunftsinsitut

Unter „Herzblut" versteht er dabei keine Hyperemotionalisierung, sondern ein empfängliches Gestalten auf der Basis einer ernsthaften Auseinandersetzung mit den eigenen Emotionen sowie den Emotionen der Mitarbeitenden.

Es gibt Unternehmen, die haben die Bedeutung von Emotionen in der Führung bereits erkannt. In einem Interview äußert Antje von Dewitz, Geschäftsführerin des Outdoor-Herstellers VAUDE, dass Emotionen explizit ein Teil der Führungskultur geworden sind und diese auf verschiedenen Ebenen mitprägen. Die Mitarbeitenden können an verschiedenen Trainings zum Thema „Vertrauenskultur" teilnehmen. Dabei geht es vor allem um Beziehungsgestaltung und den Umgang mit den eigenen und fremden Emotionen. VAUDE will dadurch die Selbstwirksamkeit ihrer Führungskräfte und Mitarbeitenden fördern. (Dewitz 2018, S. 108–110)

5.4   Das Wunder der Wertschätzung

5.4.1   Die Sehnsucht, gesehen zu werden

Was hat Wertschätzung mit menschlicher Führung zu tun? Meines Erachtens sehr viel. Wertschätzung ist sehr wichtig für eine gesunde, positive Beziehung zwischen Ihnen als Führungskraft und Ihren Mitarbeitenden. Die Bereitschaft und Fähigkeit, sich Zeit für Wertschätzung der Mitarbeitenden zu nehmen, ist einer der effektivsten Einflussfaktoren auf die Profitabilität von Unternehmen.

> „Menschliche Führung bedingt einen gemeinsamen Nenner: Gegenseitige Wertschätzung."
> Sandra Mounir-Rotzer, Geschäftsleiterin und Verwaltungsrätin Cave du Rhodan Mounir Weine AG (Mounir-Rotzer 2021)

Wir alle wissen aus eigener Erfahrung, wie wichtig es ist, Dankbarkeit und Wertschätzung zu erfahren. Leider zeigt es sich in der Realität immer wieder, dass Menschen unfreundlich miteinander umgehen, teilweise ist der Umgangston sogar rauher geworden. Beleidigungen und Bloßstellungen sind insbesondere auf den Social Media Plattformen immer wieder an der Tagesordnung. Die Digitalisierung hat das ihre dazu beigetragen, dass wir uns immer mehr distanzieren und in die Anonymität abtauchen können. Gleichzeitig ist spürbar, dass wir eine große Sehnsucht nach mehr Wertschätzung hegen. Umso mehr erstaunt es, dass es trotzdem vielen Führungskräften schwerfällt, echte Wertschätzung zu zeigen.

▶   **Wichtig** Als emotionale Wesen wollen wir Menschen einerseits Zuwendung und Anerkennung bekommen und andererseits auch weitergeben. Wir fühlen uns gut, wenn wir Wertschätzung erfahren und wenn wir andere wertschätzen. Andere Menschen zeigen sich uns gegenüber viel freundlicher, zugänglicher oder sogar herzlicher, wenn wir uns wertschätzend verhalten. Wertschätzung ist die Voraussetzung für die Entwicklung eines gesunden Selbstwertgefühls.

Mangelnde Wertschätzung hingegen hat immer negative Folgen: Je nach Situation und Persönlichkeit kann jemand aufgrund fehlender Wertschätzung Aggressionen entwickeln und zeigen. Oftmals reagieren wir jedoch auf das unerfüllte Bedürfnis nach Zuwendung im Verlaufe der Zeit leise und nach innen gerichtet: Psychische Störungen, Burn-out, Suchterkrankungen wie auch Konflikte in der Familie, in der Partnerschaft und im beruflichen Umfeld können durch fehlende Wertschätzung ausgelöst werden. (Haller 2019, S. 127–128)

In Führungs- und Teamentwicklungsworkshops mit Mitarbeitenden verschiedenster Unternehmen und Funktionen erfahre ich als Beraterin immer wieder, dass Führungkräfte und Mitarbeitende sich wünschen, mehr gesehen zu werden. Nicht primär auf der Leistungsebene, sondern auf der menschlichen Ebene. Statt „Super, du hast einen guten

Job gemacht!" könnten Sie fragen: „Wie geht es dir?" Diese Frage wirkt jedoch nur wertschätzend, wenn sie authentisch und mit echtem Interesse, nicht als Floskel gestellt wird.

▶ **Wichtig** Um das menschliche Bedürfnis nach Wertschätzung und Zuwendung erfüllen zu können, ist Empathie eine Grundvoraussetzung. Empathie umfasst die Sensibilität für die Gefühlslage unseres Gegenübers, sodass wir seine Bedürfnisse und Absichten nachempfinden können. Wir alle kennen den Begriff „sich in die Haut von jemandem versetzen". (Haller 2019, S. 16)

5.4.2 Stufen der Wertschätzung

Es ist gar nicht so einfach, den uns geläufigen Begriff der Wertschätzung treffend zu umschreiben. Vielleicht liegt dies daran, dass wir ihn inflationär verwenden oder weil wir uns kaum Gedanken darüber machen, was wertschätzendes Verhalten überhaupt bedeutet. Im alltäglichen Gebrauch wird Wertschätzung oftmals mit Lob, Anerkennung, Respekt oder Freundlichkeit in Zusammenhang gebracht.

Reinhard Haller differenziert in seinem Buch „Wunder der Wertschätzung" die Wertschätzung anhand eines Stufenmodells (Haller 2019, S. 57–71), welches **sieben Stufen** umfasst (siehe Abb. 5.2).

Stufe 1: Aufmerksamkeit/Beachtung
Wertschätzung basiert immer auf Aufmerksamkeit, sei es für unsere Umwelt, eine spezifische Situation und insbesondere für Menschen. Nichts kann kränkender wirken als fehlende Aufmerksamkeit oder Nichtbeachtung. Es gibt Menschen, die sehr viel unternehmen, um Aufmerksamkeit zu erlangen. Sie äußern sich zum Beispiel provozierend

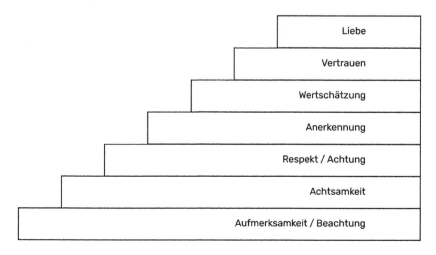

Abb. 5.2 Die sieben Stufen der Wertschätzung; eigene Darstellung nach Haller (2019, 57–71)

oder kleiden sich auffallend, um von anderen gesehen zu werden. Aufmerksamkeit kann sich nach außen richten, auf Ereignisse, Dinge oder Personen. Sie kann aber auch nach innen gerichtet sein auf die eigenen Bedürfnisse und Emotionen. Echte Aufmerksamkeit führt zu mehr Klarheit und Verbesserung der zwischenmenschlichen Interaktion.

Stufe 2: Achtsamkeit

Eine Stufe höher anzusiedeln ist die Achtsamkeit. Achtsamkeit, weitläufig bekannt als „mindfulness", umfasst das bewusste Lenken unserer Aufmerksamkeit auf den gegenwärtigen Augenblick (vgl. Abschn. 4.6). Achtsamkeit ist eine Form der Aufmerksamkeit, welche auf unser Inneres gerichtet ist und eine akzeptierende Haltung uns selbst gegenüber beinhaltet. Sie hilft uns, unseres Innenlebens gewahr zu werden. Während im buddhistischen Sinne das wertfreie Betrachten der eigenen Wahrnehmung betont wird, betont die Psychologie das bewusste Innehalten zwischen Wahrnehmung und Reaktion. Das Gegenstück zur Achtsamkeit sind Unachtsamkeit oder Gedankenlosigkeit. Insbesondere in der heutigen reizüberfluteten Zeit besteht die Gefahr, dass wir unachtsam und gedankenlos werden.

Stufe 3: Respekt/Achtung

Wenn wir achtsam mit uns und unserem Gegenüber umgehen, können wir auch den Wert der anderen würdigen. Respekt beziehungsweise Achtung kann sich auf die Würde des Menschen, auf seine Werte und seinen Lebensentwurf, einzelne Eigenschaften oder auch auf seine Rechte beziehen. Respekt setzt Toleranz voraus. Toleranz umfasst das Dulden fremder Werte, Meinungen und Lebensformen. Ohne Aufmerksamkeit und Achtsamkeit ist eine respektvolle Haltung sowie ein entsprechender Umgang mit anderen nicht möglich. Auf der Beziehungsebene ist Respekt ein wichtiger regulierender Faktor, der unberechenbares Verhalten reduzieren und eine achtsame Kommunikation ermöglichen kann. Respekt kann man auch für sich selbst einfordern, im Dienste des Selbstschutzes, der Erhaltung und Förderung des Selbstwertes oder der Stärkung unserer eigenen Macht. Respektloses Verhalten kann zu Konflikten führen, verärgern oder kränken. Eine der absolut destruktivsten Formen von Respektlosigkeit ist die Verachtung.

Stufe 4: Anerkennung

Die nächste Stufe beinhaltet die Anerkennung als positive Rückmeldung. Diese kann sich auf einzelne Leistungen oder besondere Ereignisse beziehen. Anerkennung ist neutraler und distanzierter als Wertschätzung. Wenn Sie als Führungskraft die Leistung Ihrer Mitarbeitenden anerkennen, indem Sie ihnen eine gute Beurteilung abgeben, heißt dies noch lange nicht, dass Sie ihnen Wertschätzung entgegenbringen. Die große Bedeutung der Anerkennung wird heute insbesondere durch die Erkenntnisse der Hirnforschung unterstrichen: Lob und Anerkennung bewirken, dass in unserem Gehirn der Botenstoff Dopamin ausgeschüttet wird und das körpereigene Oxytoxin ansteigt, welches zu einem Glücksempfinden führt (vgl. Abschn. 3.2.5).

Stufe 5: Wertschätzung
Auf der fünften Stufe kommt die eigentliche Wertschätzung zum Tragen. Wertschätzung beinhaltet alle vorhergehenden Stufen: Wenn wir aufmerksam und achtsam sind, uns anderen gegenüber respektvoll zeigen und Anerkennung geben, zeigen wir ein wertschätzendes Verhalten. Wobei Wertschätzung wohlwollender und ganzheitlicher ist als Anerkennung. Wertschätzung umfasst den Menschen in seiner Gesamtheit mit all seinen Eigenschaften.

Stufe 6: Vertrauen
Vertrauen als Gefühl der Echtheit von Denken, Fühlen und Handeln gegenüber anderen Menschen ist von großer Bedeutung für menschliche Führung und wird in Abschn. 5.5 detailliert erörtert.

Stufe 6: Liebe
Die Liebe stellt die höchste und reinste Form der Wertschätzung dar. Bei der Liebe handelt es sich um eines der komplexesten Phänomene überhaupt. Liebe kann eine romantische partnerschaftliche und sexuelle Ebene, aber auch eine Ebene der Fürsorge und Bindung haben. Liebe ist mehr als Wertschätzung. Ohne Wertschätzung jedoch ist Liebe nicht möglich.

> „ Menschliche Führung ist einfach: Sie geht nur aus dem Herzen heraus; wenn ich aus Liebe meine Aufgabe mache und wenn ich meinen Kolleginnen und Kollegen mit Liebe begegne." Kaivalya Kashyap, CEO International Academy of Transformative Leadership IATL (Kashyap 2021)

5.4.3   Starten Sie mit Lob und Dankbarkeit

Wertschätzung wirkt erst, wenn Menschen sich wahrhaftig gesehen fühlen. Sie müssen dazu nicht jeden Tag stundenlange Gespräche mit Ihren Mitarbeitenden führen. Wertschätzung muss sich auch nicht zwingend in offiziellen Ansprachen oder großen Lobeshymnen äußern. Echte Wertschätzung zeigen Sie im Führungsalltag insbesondere dadurch, wie Sie mit Ihren Mitarbeitenden umgehen, ob Sie sich Zeit für ihre Anliegen nehmen, ob Sie aufmerksam, achtsam und empathisch im richtigen Moment und passenden Kontext aufrichtige Fragen stellen oder echtes Feedback beziehungsweise Lob geben.

Zweifelsohne sind Lob und Dankbarkeit die explizitesten Formen der Wertschätzung. Sie haben das Potenzial, das Gegenüber zu motivieren oder gar zu energetisieren. Wenn Sie Lob aussprechen oder sich für etwas aufrichtig bedanken, können Sie die Zufriedenheit, den Stolz und das Selbstvertrauen Ihrer Mitarbeitenden steigern. Zudem können Sie dadurch die Beziehung zwischen Ihnen und Ihren Mitarbeitenden stärken.

> „Lob spenden kostet mich keinen Rappen und wirkt unendlich stark." Bernhard Soltermann, COO/Operations Director AMAG Import, AMAG Group AG (Soltermann 2021)

Praxisbeispiel

Ein Manager schilderte mir in einem Coaching folgende Situation: „Kurz vor meinen Ferien habe ich einen dreistündigen ‚Topteam-Workshop' mit meinen unterstellten Führungskräften durchgeführt. Der Workshop war sehr anspruchsvoll und intensiv, verlief aber sehr gut. Ich war mir jedoch nicht sicher, ob mein Vorgesetzter den Workshop gut fand. Als ich am Abend nach Hause fuhr, blinkte überraschenderweise eine Whatsapp-Nachricht von ihm auf meinem Handy-Display auf mit der kurzen Nachricht ‚Well done!'. Ich war hochmotiviert und ging mit einem ganz anderen Gefühl in die Ferien." Ein kleine Geste des Lobes kann so vieles bewirken! ◄

Weshalb tun wir uns so schwer, Lob und Dank auszusprechen? Einigen Menschen ist es peinlich, andere unterschätzen schlichtwegs die Kraft dieser Form der Wertschätzung. Lob oder Dank sollten Sie nie aussprechen, um andere zu manipulieren oder gar zu erpressen. Sie sollten nicht „gönnerhaft" von oben herab oder unpersönlich loben. Es ist ein „No go", Lob als Vehikel für anschließende Kritik zu missbrauchen. Selbstverständliche Dinge sollten Sie nicht ständig loben. Dadurch wird Lob inflationär und verwässert. (Haller 2019, S. 160–168)

▶   **Wichtig**   Lob muss echt und glaubhaft wirken. Formulieren Sie Lob deshalb immer in Ihren eigenen Worten, nicht als aufgesetzte Floskel. Echtes, aufrichtiges Lob soll nicht übertrieben und stets individuell sein. Lob soll von Herzen kommen. Dabei lohnt es sich, insbesondere die Anstrengung beziehungsweise das Engagement statt nur das Können und das Ergebnis zu loben (vgl. auch Abschn. 4.4.2).

„Ich habe selbst mehrfach erlebt, wie Wertschätzung bei mir wirkt – dass ich mich mehr einbringe. Wenn ich meine Mitarbeitenden wertschätze, engagieren sie sich in wichtigen Momenten für mich und das Unternehmen." Cora Hentrich-Henne, Geschäftsführerin Alstom Schweiz (Hentrich-Henne 2021)

Eine weitere einfache Möglichkeit der Wertschätzung bietet sich dadurch, Erfolge gemeinsam zu feiern. Insbesondere auch kleine Erfolge. Natürlich muss nicht jede Kleinigkeit mit einer großen Party zelebriert werden. Das wirkt übertrieben und unglaubwürdig. Kleine Erfolge angemessen zu würdigen, können Sie zum Beispiel, indem Sie allen Beteiligten persönlich einen aufrichtigen, wertschätzenden Dank aussprechen oder wenn Sie nach Erreichen der Wochenziele ein Eis für alle spendieren. In großen Projekten empfehle ich, nicht nur den Projektabschluss zu zelebrieren. Auch während des Projektverlaufs stellen sich immer wieder Teilerfolge ein, die es wert sind, gefeiert zu werden. Dies kann mitunter die Motivation für den nächsten Projektschritt bei den Mitarbeitenden fördern.

Auch bei schwierigen Aufgaben oder Projekten gibt es immer wieder Erfolge zu verzeichnen, zum Beispiel Hürden, die Sie gemeinsam im Team überwunden haben: Eine

Mitarbeiterin hat eine Kundenreklamation ins Positive wenden können oder ein kritisches Meeting mit schwierigen Kunden geschafft. Dann lohnt es sich ebenfalls, diesen Erfolg zu feiern.

5.5 Vertrauen als Königsweg

5.5.1 Das Band, das alles zusammenhält

Ein sehr hohe Stufe der Wertschätzung ist Vertrauen, denn es ist hochwirksam, kraftvoll und in vielen Bereichen des Geschäftslebens greifend. In der Führungsbeziehung beruht Vertrauen auf Gegenseitigkeit: Vertrauen schenken und Vertrauen erhalten. Vertrauen ist grundlegend und hat viele Facetten: Wir sprechen von Selbst-vertrauen, Zu-trauen, An-vertrauen, aber auch von Miss-trauen. Der bekannte deutsche Soziologe und Systemtheoretiker Niklas Luhmann (1927–1998) beschreibt Vertrauen als elementaren Tatbestand des sozialen Lebens (Luhmann 2014, S. 1).

Der Edelman Trust Barometer (2021) zeigt auf, dass die Erosion des Vertrauens weltweit seit einigen Jahren fortschreitet. Vor dem Hintergrund zunehmender populistischer Bewegungen in Europa, des politischen Ungleichgewichts und der wirtschaftlichen Krise breitet sich auf der ganzen Welt ein Misstrauen gegenüber den politischen Systemen, den gesellschaftlichen Institutionen und ebenso gegenüber Führungkräften aus. Insbesondere die Corona Pandemie, die bis Herbst 2021 weltweit mehr als 4,9 Millionen Tote und eine hohe Arbeitslosigkeit verursacht hat, hat die Erosion des Vertrauens beschleunigt. Auffallend ist, dass im Jahr 2021 ebenfalls die Glaubwürdigkeit von CEOs in vielen Ländern auf einen nie dagewesenen Tiefpunkt gesunken ist. Der Edelman Trust Barometer spricht in diesem Zusammenhang von einer „Crisis of Leadership".

Insbesondere die Corona-Pandemie hat außergewöhnliche Anforderungen an die Führungkräfte gestellt. Die Pandemie und ihre Auswirkungen erzeugten Angst und Unsicherheit bei den Mitarbeitenden. Die schiere Unberechenbarkeit der Situation erschwerte es für Führungskräfte, darauf zu reagieren. Umso wichtiger war in dieser Krise das Vertrauen in die Führung.

In der heutigen, von Unsicherheit, Mehrdeutigkeit und Komplexität geprägten Welt ist es kaum noch möglich, eine Organisation oder ein Team über Macht und Kontrolle zu führen. Gerade in Zeiten des Wandels ist Vertrauen in der Führung von großer Bedeutung.

▶ **Wichtig** Ohne Vertrauen ist keine Führung erfolgreich, können Kunden nicht ans Unternehmen gebunden werden. Und ohne Vertrauen ist kein Unternehmen schnell genug, um auf turbulenten Märkten erfolgreich zu sein. Eine angemessene Vertrauensbasis ist eine wesentliche Voraussetzung für einen wirksamen Umgang mit Veränderungen. (Sprenger 2021)

Vertrauen verpflichtet und bindet. Es ist sozusagen das „Schmieröl" einer Organisation. Je unruhiger und agiler Arbeitsverhältnisse werden, desto wichtiger wird Vertrauen, das die Menschen im Unternehmen zusammenarbeiten lässt und zusammenhält. Neue Organisations- und Arbeitsformen wie zum Beispiel Selbstorganisation, agiles Projektmanagement, Work-Life Blending stellen Führungskräfte zunehmend vor neue Herausforderungen. In unserer heutigen digitalisierten und vernetzen Arbeitswelt werden Kooperation und Kollaboration immer wichtiger. Das setzt Vertrauen und ein „Wir-Gefühl" voraus. Vertrauen ist das Band, das alles zusammenhält.

Gemäß Hansruedi Koeng, CEO von Postfinance, muss man als Führungskraft darauf vertrauen können, dass die Mitarbeitenden auch Erfolg haben möchten und nennt als ehemaliger Leistungssportler (Handball) folgende treffende Metapher:

> „Wir wollen als Team den Match gewinnen. Als Captain gehe ich davon aus, dass mein rechter Flügel den Match auch gewinnen will und sein Bestes gibt. Darüber müssen wir nicht sprechen, darauf vertraue ich." Hansruedi Koeng, CEO Postfinance (Koeng 2021)

5.5.2   Micromanagement als zerstörerische Kraft

In meiner Praxis als Beraterin kann ich immer wieder beobachten, dass Führungskräfte ihren Mitarbeitenden zwar ein wertschätzendes Verhalten entgegenbringen, es jedoch nicht immer schaffen, ihnen vollends zu vertrauen und loszulassen. Noch heute gibt es viele Vorgesetzte, die über alles informiert sein wollen, alles kontrollieren und hinter jede Kleinigkeit ihren Haken setzen. Haben Sie sich auch schon bei solchen Aussagen ertappt?

- „Setz mich bitte in deinen e-Mails ins cc."
- „Bitte zeig mir die Offerte, bevor du sie verschickst."

Der Wunsch, alles im Griff zu haben, ist verständlich. Schließlich tragen Sie als Führungskraft am Ende des Tages die Gesamtverantwortung für Ihren Bereich. Wenn Sie jedoch alles getan haben, damit in Ihrem Führungsbereich Ihre Mitabeitenden erfolgreich arbeiten können, dann können Sie ruhig loslassen und darauf vertrauen, dass „es läuft". Wenn Sie jedoch weiter an jedem Detail festhalten, ängstlich jeden Arbeitsschritt beobachten und kontrollieren, damit ja nichts schief geht, dann betreiben Sie Micromanagement.

> „Vertrauen bedeutet für mich, kein Micromanagement zu betreiben und zu delegieren. Dann habe ich auch genügend Raum für meine eigene Entwicklung als Führungskraft." Kaivalya Kashyap, CEO International Academy of Transformative Leadership IATL (Kasyhap 2021)

Micromanager sind meistens sehr detailorientiert und brauchen das Gefühl, jederzeit die Zügel fest in der Hand zu haben. Das führt dazu, dass sie viele unnötige Abstimmungsschleifen etablieren und jeden Arbeitsschritt überwachen. Konstante Beobachtung, Steuerung und Kontrolle durch den intensiven Einsatz von Sicherungsmaßnahmen gehört zu ihrem Führungsalltag. Hinzu kommt meistens noch der Hang zum Perfektionismus. Micromanager finden immer ein Haar in der Suppe und es gibt immer etwas, das man noch besser machen könnte. Am Ende erledigen sie am liebsten alles selbst. Ein Micromanager ist wie ein Wolf im Schafspelz: Vordergründig zeigt er sich als „Unterstützer" und „Kümmerer", sein Verhalten als Kontroll-Freak ist jedoch getrieben von Zwang, Angst, Misstrauen und Macht. Wer es schon selbst am eigenen Leib erfahren hat, weiß, dass dieses Verhalten auf verschiedenen Ebenen zu negativen Effekten führen kann.

▶ **Wichtig** Micromanagement wird von den Mitarbeitenden als Vertrauensentzug erlebt. Sie werden durch die ständige Kontrolle und Überwachung demotiviert, da sie keinen Schritt ohne Abstimmung machen und entsprechend keine Verantwortung übernehmen können.

Viele Mitarbeitende haben bei fehlendem Vertrauen Angst davor, Fehler zu machen und verlieren an Selbstvertrauen. Sie fühlen sich dadurch frustriert oder sogar gestresst. Die Eigeninitiative und das Engagement der Mitarbeitenden kommen unter dem Diktat von Micromanagement mit der Zeit vollends zum Erliegen. Oftmals führt übermäßiger Kontrollwahn erst recht dazu, dass etwas schief läuft. Denn mit dem geringen Freiraum sinkt die Arbeitsmoral: Die Mitarbeitenden sind nicht mehr bereit, die volle Verantwortung für etwas zu übernehmen, wenn sie permanent Überwachung im Nacken spüren. Mehr noch: Kontrolliert und misstrauisch beobachtet fühlen sich die Mitarbeitenden zu unkooperativem Verhalten geradezu ermutigt, da die inneren psychologischen Barrieren eines schlechten Gewissens mit der Zeit entfallen. Jegliche Energie und Kreativität wird im Keim erstickt. Das ganze Team beziehungsweise die ganze Organisation ist so nur noch mit angezogener Handbremse unterwegs. Es beginnt eine Misstrauensspirale, die nicht selten zu einem völligen Zusammenbruch der Vertrauensbeziehung führt. (Sprenger 2021)

5.5.3 Zu vertrauen ist eine wichtige Entscheidung

Vertrauen fällt Ihnen nicht einfach so in den Schoß. Und Vertrauen ist keine Stetigkeitserwartung, sondern eine bewusste Entscheidung, die Sie als Führungkraft treffen.

> „Der beste Weg herauszufinden, ob man jemandem vertrauen kann, ist ihm zu vertrauen."
> Ernest Hemingway, Schriftsteller

Vertrauen ist eine Entscheidung in Unsicherheit. Anderen zu vertrauen, beinhaltet die Bereitschaft, sich aktiv verletzlich, gar verwundbar zu machen. Luhmann spricht in diesem Zusammenhang von einer „riskanten Vorleistung". Vertrauen bezieht sich auf eine kritische Alternative, in der der Schaden im Falle eines Vertrauensbruchs größer sein kann als der Vorteil, der aus dem Vertrauenserweis gezogen wird. Nach Luhmann liegt dann ein

Fall von Vertrauen vor, „wenn die vertrauensvolle Erwartung einer Entscheidung den Ausschlag gibt – andernfalls handelt es sich um bloße Hoffnung". (Luhmann 2014, S. 27–29)

Doch welches sind die Voraussetzungen, damit wir überhaupt den Mut aufbringen, jemandem zu vertrauen? Stephen Covey führt im Zusammenhang mit Vertrauen **vier Säulen der Glauwürdigkeit** ins Feld, welche zwischen einer Führungsperson und den Mitarbeitenden Vertrauen schaffen (Covey 2018, S. 68–73):

> **Vertrauen – die vier Säulen der Glaubwürdigkeit**
> **Säule 1: Integrität & Konsistenz:** Integrität umfasst das kongruente Handeln, das heißt, Worten Taten folgen zu lassen. Tun Sie effektiv, was Sie sagen? Und sagen Sie, was Sie tun? Sie wirken als Führungskraft integer, wenn Sie als Vorbild vorangehen und einhalten, was sie versprechen. Integrität schafft Verlässlichkeit und Berechenbarkeit.
> **Säule 2: Absicht:** Absicht bedeutet, dass Ihr Vorhaben transparent und bekannt ist und die Verbindung zu den gemeinsamen Zielen und Aufgaben klar ist – Sie führen keine „versteckte Agenda".
> **Säule 3: Fähigkeiten:** Damit Sie jemandem eine wichtige Aufgabe anvertrauen, müssen Sie auch überzeugt sein, dass die Person über die entsprechenden Fähigkeiten verfügt. Es ist eine zentrale Führungsaufgabe, zu erkennen, welche Fähigkeiten Ihre Mitarbeitenden haben und wie Sie Ihre Mitarbeitenden in Zukunft befähigen können, ihre Aufgabe zu bewältigen.
> **Säule 4: Ergebnisse:** Sie müssen darauf vertrauen können, dass Ihre Mitarbeitenden ihr bestes geben, um die erwarteten Ergebnisse zu liefern.

„Ich gebe viel Freiheiten und schenke großes Vertrauen. Wenn jemand dies ausnutzt, bin ich konsequent." Patrik Lanter, CEO und VR Präsident NeoVac Gruppe (Lanter 2021)

Insbesondere Integrität und Absicht als Verhaltensaspekte charakterisieren wichtige Einstellungswerte im Sinne einer sinnvollen und ethisch verantwortlichen Grundhaltung gegenüber anderen Menschen. Damit Sie als Führungskraft das Vertrauen Ihrer Mitarbeitenden gewinnen beziehungsweise behalten, müssen Sie sich dieses immer wieder durch Vorleben verdienen. Reine Lippenbekenntnisse enttäuschen und zerstören Vertrauen.

5.5.4 Bauen Sie Vertrauen auf

Durch folgende Verhaltensweisen können Sie gegenseitiges Vertrauen aufbauen (Zak 2017):

Weniger Kontrolle
Der direkteste und schnellste Weg zum Vertrauen führt über den Abbau von Kontrolle.

▶   **Wichtig** Eine Vertrauensbeziehung beginnt mit Kontrollverzicht oder zumindest
      dem Abbau des Kontrollsystems: Schaffen Sie überflüssige Regularien ab, lockern
      Sie unnötige Zugangsbeschränkungen auf Informationen und verzichten Sie auf un-
      sinnige Kontrollschleifen.

„Man muss das Kontrollsystem angemessen, überlegt und sichtbar zurückfahren, um den
Verpflichtungssog des Vertrauens entstehen zu lassen". Reinhard Sprenger (Sprenger 2021)

Offene Kommunikationskultur
Schaffen Sie positive Beziehungen, indem Sie sich um die Themen und auch Bedenken
Ihrer Mitarbeitenden kümmern. Sprechen Sie offen darüber. Hören Sie Ihren Mitarbeitenden aktiv zu, um ihre Bedürfnisse und Absichten zu verstehen. Stellen Sie mehr
Fragen, als Anweisungen zu geben. Geben Sie echtes, aufrichtiges Feedback. Ehrlichkeit
und Transparenz schaffen ebenso Vertrauen. Dabei müssen Sie nicht immer alles mit dem
rosaroten Pinsel anmalen. Menschen wollen klare, ehrliche Aussagen, im Positiven wie im
Negativen. Als Führungskraft können Sie auch mal sagen: „Da haben wir eine Fehlent-
scheidung getroffen." oder „Da haben wir ein Problem." Wichtig dabei ist jedoch, dass Sie
den Mitarbeitenden eine Perspektive aufzeigen können, wie und in welche Richtung es
weiter gehen soll.
   Eine offene Kommunikationskultur ist insbesondere in hierarchischen Strukturen von
Bedeutung. Aus eigenen Beobachtungen konnte ich festellen, dass Mitarbeitende in größeren Unternehmen meistens ein hohes Vertrauen in die direkten Vorgesetzten haben, aber
weniger in die höheren Führungsstufen. Dies kann vor allem damit erklärt werden, dass es
mit zunehmender Hierarchie weniger Berührungspunkte nach oben gibt.

„Der Abstand zwischen dem Top-Management und der Basis muss so klein wie möglich sein.
Dies erreichen wir durch möglichst flache Hierarchien und eine Open Door Policy. Als
Führungskraft muss ich nahbar und greifbar sein. Diese Haltung erwarte ich von all meinen
GL-Mitgliedern." Dieter Vranckx, CEO Swiss International Air Lines (Vranckx 2021)

▶   **Wichtig** Für Führungskräfte, insbesondere auf höheren Managementpositionen, ist
      es wichtig, gezielt Möglichkeiten beziehungsweise Formate zu schaffen, welche die
      Interaktion und Kommunikation über alle Führungsebenen hinweg ermöglichen.
      Ein offener Dialog und Transparenz über alle Hierarchiestufen hinweg helfen, Ver-
      trauen im Unternehmen aufzubauen beziehungsweise zu stärken.

„Mir ist es wichtig, mich mit Mitarbeitenden über alle Hierarchiestufen hinweg austauschen
zu können. Das schafft Vertrauen. Dazu überspringe ich auch mal Hierarchien." Hansruedi
Koeng, CEO Postfinance (Koeng 2021)

Kooperation und konstruktive Konfliktlösung ermöglichen
Ermöglichen Sie Kooperation und sorgen Sie für eine konstruktive Konfliktlösung im Team.

▶   **Wichtig** Wenn Sie als Führungskraft ebenfalls Fragen stellen und um Unterstützung bitten, anstatt immer nur vorgeben, was zu tun ist, fördern Sie ebenso das gegenseitige Vertrauen und die Kooperation im Team.

Delegation von Verantwortung und Entscheidungsspielraum
Wenn Sie als Führungskraft Ihren Mitarbeitenden vertrauen, können Sie das Potenzial der Aufgabendelegation und Motivation besser ausschöpfen.

▶   **Wichtig** Übertragen Sie bewusst Verantwortung und delegieren Sie auch anspruchsvolle Aufgaben – so können sich Ihre Mitarbeitenden weiterentwickeln. Setzen Sie dabei klare Ziele und lassen Sie Ihren Mitarbeitenden Freiraum, wie sie die Zielerreichung ausgestalten.

Vertrauen manifestiert sich auch darin, dass Sie ihnen nicht ständig über die Schultern schauen. Verantwortung und Entscheidungskompetenz zu delegieren, soll nicht heißen, dass Sie sich um nichts mehr kümmern und sich nicht interessieren. Signalisieren Sie Ihren Mitarbeitenden, dass Sie bei Schwierigkeiten oder bei Bedarf mit Rat und Tat zur Verfügung stehen.

▶   **Wichtig** Lassen Sie Ihren Mitarbeitenden die Bühne, erarbeitete Resultate und Erfolg selbst in Meetings oder bedeutenden Gremien zu präsentieren.

5.5.5 Vertrauen gibt Power und senkt die Transaktionskosten

Die Motivation und Begeisterung, die durch Vertrauen und Loslassen entstehen können, wirken aus neurowissenschaftlicher Sicht wie Dünger fürs Gehirn. Wenn Sie Ihren Mitarbeitenden vertrauen, gewisse Aufgaben zu bewältigen, werden diese für sie wichtig. Die Mitarbeitenden werden angespornt, diesem Vertrauensvorschuss zu entsprechen und die Aufgaben bestmöglich zu erledigen. Dadurch werden bestehende neuronale Netzwerke im Gehirn ausgebaut und verstärkt. Zudem kann empfundenes Vertrauen einen Teil der Aktivität der Amygdala, welche unter anderen eine zentrale Rolle im Angst- und Stresssystem spielt, reduzieren. Durch Vertrauen können Menschen besser auf ihre höheren geistigen Potenziale zugreifen. (Sauta 2020, S. 109–109)
Vertrauen stärkt die Beziehung innerhalb des Teams, verringert Unsicherheit und fördert Kreativität und Innovation. Zudem ist Vertrauen die Voraussetzung für neue Formen der Zusammenarbeit und nachhaltigen Wandel, verbessert die Kooperation sowie den Informations- und Wissenstransfer. Eine Studie in amerikanischen Unternehmen hat zudem

ergeben, dass Mitarbeitende in einer von Vertrauen geprägten Unternehmenskultur 106 Prozent mehr Energie hatten, 76 Prozent engagierter und entsprechend um 50 Prozent produktiver waren. Gemäß der Studie hat Vertrauen auch einen positiven Einfluss auf die Loyalität der Mitarbeitenden. (Zak 2017)

> „Ich muss nicht alles regeln und kontrollieren, das verbraucht zuviel unnötige Energie. Eine vertrauensvolle Zusammenarbeit und weniger Kontrolle bedeutet weniger Interventionskosten, weckt Energie und macht dazu noch Spaß!" Thomas Wegmann, Head Marketmanagement Allianz Schweiz und Head Global Center for Behavioral Economics (Wegmann 2021)

Organisationen brauchen deshalb dringend Führungskräfte, die eine auf Vertrauen und Empowerment basierende Kultur pflegen. Führungskräfte sind gefordert, ihr verstaubtes Menschenbild umzukrempeln und ein Umfeld zu schaffen, in dem klare Ziele im Mittelpunkt stehen und die Mitarbeitenden die Möglichkeit haben, sich selbst zu steuern und täglich zu lernen. Rigide Vorgaben, unnötige Kontrolle und Misstrauen sind in einer modernen Arbeitswelt nicht mehr dienlich.

> „Vertrauen leistet mehr als die Steuerungsmittel Macht und Geld. Es sichert mehr als jede Sicherungsmaßnahme. Es kontrolliert effektiver als jedes Kontrollsystem. Es schafft mehr Werte als jedes wertsteigernde Managementkonzept. Es ist der alles entscheidende Wettbewerbsvorteil auf schnellen Märkten. Deshalb sollte Vertrauen das grundlegende Organisationsprinzip von Unternehmen sein." Reinhard Sprenger (Sprenger 2021)

▶ **Wichtig** Vertrauen ist ein „ökonomisches Prinzip, das sich rechnet". Misstrauen und Kontrolle äußern sich in Bürokratie, Trägheit und hohen Transaktionskosten. Vertrauen hingegen senkt die Transaktionskosten. Ein hoher Vertrauenspegel im Unternehmen schafft durch Kostenminimierung, Schnelligkeit und Innovation einen entscheidenden Wettbewerbsvorteil. (Sprenger 2021)

5.6 Autonomie als Grundbedürfnis

5.6.1 Autonomie fördert Lernprozesse

Unser Bedürfnis nach Autonomie besteht darin, selbstbestimmt und in Einklang mit unseren eigenen Werten entscheiden und handeln zu können. Autonomie wird unterstützt durch die Möglichkeit, frei zu entscheiden und frei wählen zu können. Sie manifestiert sich als empfundene Kontrolle über das eigene Umfeld sowie das Gefühl, über Entscheidungsspielräume zu verfügen. Autonomie bedeutet, dass wir in einer spezifischen Situation das Gefühl haben, eine Wahl zwischen mehreren Optionen zu haben. Das Gegenteil von Autonomie ist Fremdbestimmung.

In ihrer Selbstbestimmungstheorie gehen die beiden amerikanischen Psychologen Richard M. Ryan (geb. 1953) und Edward L. Deci (geb. 1942) davon aus, dass wir Menschen aktive, wachstumsorientierte Individuen sind. Wir neigen von Natur aus dazu, uns in soziale Gefüge einzuordnen und Beziehungen zu knüpfen sowie uns interessanten Tätigkeiten zu widmen. Gemäß Ryan und Deci stellt die Autonomie neben Kompetenz und sozialer Eingebundenheit ein wichtiges psychologisches Grundbedürfnis dar und beeinflusst die intrinsische Motivation (vgl. Abschn. 3.3.4).

Neurologisch gesehen führt die Erhöhung der Autonomie, also die Wahrnehmung der eigenen Kontrolle über das Umfeld zu einer Belohnungsreaktion im Gehirn. Eine Reduktion der Autonomie kann eine Bedrohungsreaktion im Gehirn auslösen (vgl. Abschn. 3.2.5), in der Praxis zum Beispiel ausgelöst durch strenge und rigide Vorgaben durch die Führungskraft. Das damit verbundene Gefühl des Kontrollverlusts kann zu Handlungsunfähigkeit oder zu einem Gefühl von eigenem Unvermögen führen. (Reinhardt 2014, S. 114–115)

Gemäß Cora Hentrich-Henne, Geschäftsführerin Alstom Schweiz, ist das richtige Maß an Autonomie sehr individuell. Einige Mitarbeitende sind sehr glücklich und entfalten ihr volles Potenzial, wenn sie völlig autonom und frei entscheiden können. Andere wollen oder benötigen mehr Guidance und Support. Es braucht nach ihrer Erfahrung als Führungskraft ein gewisses Feingespür, um einschätzen zu können, ob die Mitarbeitenden die notwendigen Fähigkeiten haben, vollumfänglich autonom zu entscheiden beziehungsweise wieviel Autonomie sie effektiv wollen. (Hentrich-Henne 2021)

▶ **Wichtig** Autonomie ist eng verknüpft mit Vertrauen. Wenn Sie als Führungkraft Ihren Mitarbeitenden Freiraum zusprechen, bedeutet dies, dass Sie ihnen vertrauen. Vertrauen wird von vielen Menschen als Wertschätzung (vgl. Abschn. 5.4) wahrgenommen. Zudem fördert Autonomie die Fähigkeit von Mitarbeitenden, selbstbestimmt über ihre Grenzen hinauszuwachsen. Sie schaffen so für Ihre Mitarbeitenden die Möglichkeit, sich aus der Komfortzone in die Lernzone zu bewegen (vgl. Abschn. 4.4.2).

Autonomie im Sinne von Selbstbestimmung, Eigenverantwortung und Entscheidungsfreiheit hat einen großen Einfluss auf die Motivation von Mitarbeitenden. Zudem wirkt die Befähigung durch Autonomie verstärkend auf die Bindung und Loyalität.

5.6.2 Ermöglichen Sie Autonomie

Das Bedürfnis nach Autonomie gewinnt in der Arbeitswelt gegenüber Status, Gehalt und anderen materiellen Anreizen immer mehr an Bedeutung.

„Es wird starke Veränderungen in der Arbeitwelt geben. Es wird eine neue Generation von Mitarbeitenden auf den Arbeitsmarkt kommen, die selbstbestimmter arbeiten wollen. Sie wollen mehr Gestaltungsfreiraum, Freiheiten, Augenhöhe und Wertschätzung." Hans Werner, ehem. Head Human Resources Swisscom, Stiftungsratspräsident Careum. (Werner 2021)

Die beiden amerikanischen Arbeits- und Organisationpsychologen Erik Gonzalez-Mulé und Bethany Cockburn untersuchten in einer repräsentativen Studie, wie die Kontrolle am Arbeitsplatz beziehungsweise der Grad an Autonomie Einfluss darauf haben, wie sich Arbeitsstressoren wie zum Beispiel Arbeitsbelastung oder Zeitdruck auf die psychische und körperliche Gesundheit auswirken. Sie haben herausgefunden, dass die Arbeitsstressoren eher zu Depressionen oder gar zum Tod von Mitarbeitenden führen, wenn es sich um Tätigkeiten mit einem tiefen Autonomiegrad handelt. Die Wissenschaftler nehmen dabei an, dass dieser Effekt darauf zurückgeführt werden kann, dass Autonomie und die damit geforderten kognitiven Fähigkeiten als Ressourcen wirken, um mit Arbeitsstressoren wie Druck und Arbeitsbelastung besser umzugehen. Autonomie ermöglicht es den Mitarbeitenden, Aufgaben eigenständig zu priorisieren und einzuteilen. (Gonzalez-Mulé und Cockburn 2021)

Das Maß an Autonomie beeinflusst entsprechend die Fähigkeit, Stresssituationen bewältigen zu können. Reduzierte Autonomie und hoher Stress können uns entscheidungsunfähig machen oder sogar lähmen. Dies ist darauf zurückzuführen, dass die wahrgenommene Reduktion der Autonomie – wie eingangs bereits erwähnt – eine Bedrohungsreaktion bei uns auslöst. (Rolfe 2019, S. 55 und S. 174)

In Bezug auf Autonomie lohnt es sich, wenn Sie folgende Verhaltensweisen als Führungskraft beherzigen:

▶ **Wichtig**
- Verzichten Sie auf unnötige Kontrolle und Mikromanagement.
- Gewähren Sie Handlungsspielräume, damit Ihre Mitarbeitenden eigene Ideen und Lösungen erarbeiten können.
- Zeigen Sie mögliche Optionen auf.
- Schaffen Sie Möglichkeiten der individuellen, flexiblen Arbeitszeit- und Arbeitsplatzgestaltung.
- Geben Sie Freiraum in Bezug auf Priorisierung von Aufgaben.

Die gute Nachricht ist, dass Autonomie Innovation im Team fördert, da die Mitarbeitenden angesichts des erhöhten Autonomiegrades selbstbestimmt unterschiedliche Vorgehensweisen wählen und ausprobieren. Wir Menschen benötigen einen gewissen Spielraum für Entscheidungen. Deshalb sollten Sie als Führungskraft darauf achten, dass Sie Ihren Mitarbeitenden für das Erreichen von Zielen beziehungsweise bei der Erledigung von Arbeitsaufträgen immer eine Wahl zur Lösung der Aufgabe lassen und nicht Ihren Lösungsweg als den einzig richtigen vorgeben. Zur Vermeidung einer Bedrohungsreaktion bei Ihren Mitarbeitenden kann es bereits genügen, die Delegation einer Aufgabe beziehungsweise einen Arbeitsauftrag anders zu formulieren: Statt „Du musst bis heute Abend folgende Aufgabe erledigen!" können Sie die Aufforderung anders formulieren: „Hast du die Möglichkeit, diese Aufgabe zu übernehmen und bis heute Abend zu erledigen?". Diese Art der Formulierung berücksichtigt das Bedürfnis nach Autonomie und gibt den Mitarbeitenden das Gefühl von Freiraum, auf Ihre Bitte zu reagieren. (Rolfe 2019, S. 55 und S. 174)

▶ **Tipp** Tool 26 (GROW Modell, Abschn. 8.2.2.1) in der Toolbox in Kap. 8 gibt Ihnen eine hilfreiche Anleitung, wie Sie die Autonomie Ihrer Mitarbeitenden wirksam erweitern können.

5.7   Psychologische Sicherheit als Erfolgsfaktor für Teams

5.7.1   Von einer Angstkultur zu einer Fehlerkultur

Psychologische Sicherheit hat eine sehr hohe Verbindung mit Vertrauen. Sie wird allgemein als eine Arbeitsatmosphäre bezeichnet, in der sich die Menschen ausdrücken und sie selbst sein können. Obwohl Psychologische Sicherheit und Vertrauen viel gemeinsam haben, sind es dennoch keine austauschbaren Konzepte: Psychologische Sicherheit wird auf der Ebene der Gruppe erfahren. Vertrauen hingegen bezieht sich auf Interaktionen zwischen einzelnen Individuen. (Edmondson 2020, S. 15)

Amy Edmondson (geb. 1959), Professorin für Leadership und Management an der Harvard Business School, hat die Bedeutung der Psychologischen Sicherheit erforscht und war eine der ersten, die sich mit dem Konzept beschäftigt hat. Die Kernaussage ihres Buches „Die angstfreie Organisation" (Edmondson 2020) lautet, dass sich heute keine Organisation eine Kultur der Angst leisten kann. Teams und ganze Unternehmen fahren besser, in denen eine Kultur des offenen Austauschs gelebt wird, wo Mitarbeitende sich trauen, auch unangenehme Dinge anzusprechen und Risiken einzugehen.

> „Eine positive Fehlerkultur ist sehr wichtig. Offen über Fehler sprechen zu können, schafft Vertrauen und eine Kultur des Lernens. Zum Beispiel: unsere Piloten machen nach jedem Flug einen Review – was lief gut, was lief nicht gut – die Erkenntnisse werden festgehalten und als Learnings transparent gemacht." Dieter Vranckx, CEO Swiss International Air Lines (Vranckx 2021)

▶ **Wichtig** Insbesondere eine positive Fehlerkultur schafft Psychologische Sicherheit. Zu einer positiven Fehlerkultur gehört einerseits, dass Mitarbeitende Fehler machen können und daraus lernen. Dazu gehört aber auch, dass Mitarbeitende Fehler nicht vertuschen, sondern offen legen. Mitarbeitende, die am Arbeitsplatz Psychologische Sicherheit erfahren, können Bedenken und Fehler äußern, ohne Angst vor Beschämung oder Strafe zu haben. Sie vertrauen darauf, dass sie ihre Meinung vertreten dürfen, ohne bloßgestellt, gedemütigt oder ausgegrenzt zu werden.

Mitarbeitende vertrauen ihren Vorgesetzten und den Kolleginnen und Kollegen im Team. Sie wagen, andere zu fragen, wenn sie sich in einer Sache nicht sicher sind. Psychologische Sicherheit löst sozusagen die mentale Bremse, die Mitarbeitende sonst davon abhält, ihr Bestes zu geben. Sie müssen sich nicht mehr damit beschäftigen, sich Sorgen zu machen, ob sie im letzten Meeting etwas Falsches gesagt haben, sondern können sich auf das Erreichen gemeinsamer Ziele konzentrieren.

„Führung und Zusammenarbeit bedeuten mehr als nur ‚nett' zueinander zu sein. Wir alle benötigen jedoch Raum und Sicherheit, um Bedenken, Frust und Ideen zu äussern und um Sichtweisen anpassen und Fehler korrigieren zu können. Offen über Emotionen zu sprechen ist in Teams mit einer hohen Diversität besonders anspruchsvoll. Doch genau dieser Austausch stärkt unser gegenseitiges Vertrauen und hält unser Bewusstsein für die Eigenverantwortung am Leben." Claudia Müller, Leiterin Marktgebiet Digital Banking, Credit Suisse (Müller 2021)

Leider glauben immer noch viele Führungskräfte an die Macht von Angst und an eine Null-Fehler-Kultur. Sie nehmen bewusst oder unbewusst an, dass Mitarbeitende, die bei schlechter Leistung Angst vor den Konsequenzen haben, härter beziehungweise besser arbeiten. Doch dies ist ein Trugschluss: Die Neurowissenschaften haben hinlänglich belegt, dass Angst das Lernen und die Zusammenarbeit erkennbar einschränkt. Angst führt zu einer Stressreaktion im Gehirn: Sie aktiviert die Amygdala, denjenigen Teil im Gehirn, der für das Erkennen von Gefahren zuständig ist (vgl. Abschn. 3.2.5). Sie haben bestimmt auch schon selbst erlebt, wie Ihr Herz bis in den Kopf gepocht hat und Sie Schweiß auf der Stirn hatten, weil Sie vor etwas Angst hatten. Da war die Amygdala in Ihrem Gehirn hochaktiv. Durch die Aktivierung der Amygdala werden wertvolle Ressourcen sozusagen verpufft, weil dadurch das rationale Denken, die Kreativität und Problemlösung eingeschränkt werden. Angst ist der größte Feind der Potenzialentfaltung und Innovation.

„Es gibt nichts Schlimmeres: Es ist ein Elefant im Raum und niemand wagt, es auszusprechen." Andreas Fähndrich, CEO XOVIS AG (Fähndrich 2021)

Praxisbeispiele

Es gibt einige Beispiele in der Praxis, die zeigen, wohin eine Angstkultur führen kann: Firmen wie Nokia haben den Wandel der Zeit verschlafen, weil der damalige CEO jeglichen Widerspruch der Mitarbeitenden unterdrückte und bestrafte. Mitarbeitende hielten als Konsequenz wichtige Informationen zurück, was das einst so erfolgreiche Technologieunternehmen schlussendlich in eine Sackgasse führte. Im Dieselskandal von VW trat neben anderen Dingen zutage, dass der damalige Vorstandsvorsitzende die Mitarbeitenden einschüchterte und unangenehme Nachrichten nicht hören wollte. Dies führte mitunter dazu, dass die Mitarbeitenden lieber schwiegen, statt unangenehme Dinge anzusprechen, und wegschauten, statt Bedenken zu Abläufen oder unethischem Verhalten im Unternehmen zu äußern. (Klein 2021a, S. 60) ◄

Als Führungskraft muss ich Verständnis dafür haben, wenn Mitarbeitende nach gefühlten 200 Telefonaten es nicht mehr schaffen, absolut freundlich zu sein oder Fehler machen. Ich bin auch nicht fehlerfrei. Wir sind alle nur Menschen, keine Maschinen." Renato Grasso, Leiter Filialgebiet, Die Schweizerische Post (Grasso 2021)

Google führt alle zwei Jahre eine Umfrage zur Team-Performance durch. Zudem hat der Technologiegigant im Jahr 2016 eine mehrere Jahre dauernde Studie unter dem Namen „Project Aristotle" gestartet, um herauszufinden, was Teams benötigen, um Hochleistungen zu erbringen. Die Studie kam zu folgendem Ergebnis: Hochleistungsteams zeigen insbesondere fünf Schlüsseldynamiken: Klare Ziele, verlässliche Arbeitskolleginnen und -kollegen, persönlich sinnstiftende Arbeit, die Überzeugung, dass die Arbeit eine Wirkung entfaltet sowie Psychologische Sicherheit. Es konnte festgestellt werden, dass die Psychologische Sicherheit der mit Abstand wichtigste der fünf Faktoren ist, welcher die Grundlage für die anderen vier Faktoren bildet. Für Google ist die Psychologische Sicherheit der wichtigste Faktor in der Bildung erfolgreicher Teams. (Delizonna 2017; Edmondson 2020, S. 37)

▶   **Wichtig** Psychologische Sicherheit fördert positive Emotionen. Wenn wir uns sicher fühlen, werden wir offener, motivierter, resilienter. Studien zeigen, dass Psychologische Sicherheit die Risikobereitschaft, die freie Meinungsäußerung, Kreativität und Innovation ermöglicht und steigern kann. Zudem nehmen Humor, Lösungsorientierung sowie divergentes Denken zu. (Delizonna 2017)

Bei der Psychologischen Sicherheit geht es nicht darum, immer nur „nett" oder immer der gleichen Meinung zu sein. Im Gegenteil: Meinungsverschiedenheiten und Spannungen sind willkommen, denn sie sind der beste Treiber von Verbesserungen und Innovationen. Wenn sich ein Team immer nur in der Komfortzone bewegt und stets Konsens herrscht, entwickelt es sich nicht weiter. Insbesondere in Unternehmen, die sich in einem dynamischen Umfeld bewegen und wo Innovation gefragt ist, ist die Psychologische Sicherheit essenziell.

5.7.2 Schaffen Sie Psychologische Sicherheit

Was bedeutet es für Sie als Führungskraft, eine Kultur zu schaffen, in der Psychologische Sicherheit gegeben ist?
    Eine wichtige Voraussetzung ist, dass im Team Klarheit über den Sinn und Zweck der Zusammenarbeit besteht und darüber, an welchen Zielen aktuell gearbeitet wird. Sind Richtung und Ziele klar, sind vor allem zwei Dinge sehr wichtig: Aufrichtigkeit und Wertschätzung. Aufrichtigkeit in dem Sinne, dass Mitarbeitende ihre Ideen genauso äußern wie Bedenken und Kritik. Wertschätzung in dem Sinne, dass der gegenseitige Respekt für alle an erster Stelle steht.
    Basierend auf den Empfehlungen von Amy Edmondson und Paul Santagata, Head of Industry Google, empfiehlt sich insbesondere folgendes Verhalten, um Psychologische Sicherheit aufzubauen (Delizonna 2017; Edmondson 2020, S. 137–150):

Psychologische Sicherheit schaffen

Schaffen Sie einen Bezugsrahmen und betonen Sie die Sinnausrichtung: Sprechen Sie im Team über Psychologische Sicherheit. Formulieren Sie die Erwartungen in Bezug auf Unsicherheit, Scheitern und wechselseitiger Abhängigkeit, um Ihren Mitarbeitenden die Notwendigkeit des Äußerns der eigenen, individuellen Meinung aufzuzeigen. Zeigen Sie nachvollziehbar auf, warum und für wen es wichtig ist, dass die Mitarbeitenden sich äußern, und was auf dem Spiel steht, wenn sie es unterlassen.

Zeigen Sie Wertschätzung und Demut: Sprechen Sie von Mensch zu Mensch: Seien Sie sich auch in strittigen Diskussionen und Verhandlungen bewusst, dass Ihr Gegenüber genauso ein Mensch mit Bedürfnissen ist wie Sie auch. Geben Sie die eigenen Schwächen und Fehler zu. Holen Sie immer wieder Feedback zu Ihrem eigenen Führungsverhalten ein und reflektieren Sie.

Fragen Sie proaktiv nach: Ersetzen Sie Vorwürfe und Schuldzuweisungen durch Neugierde. Wenn Sie andere beschuldigen und kritisieren, lösen Sie Widerstände und Demotivation aus. Beschreiben Sie hingegen das problematische Verhalten als neutrale Beobachtung und geben Sie Feedback. Wirken Sie als Vorbild für aktives Zuhören: Stellen Sie gute Fragen statt Anweisungen zu geben. Fragen Sie nach Lösungen. So entwickeln Sie eine „Kultur des Fragens" statt eine „Kultur des Sagens".

Betonen Sie das Gemeinsame im Sinne von Win-Win: Gehen Sie Konflikte konstruktiv an und sorgen Sie für eine Win-Win Lösung, indem Sie folgende Frage stellen: „Wie können wir ein gemeinsam erstrebenswertes Resultat erzielen?"

Befreien Sie Scheitern vom Stigma – sanktionieren Sie jedoch klare Verstösse: Machen Sie keine Beschuldigungen und bieten Sie Hilfe an. Richten Sie den Blick nach vorne und suchen Sie gemeinsam nach möglichen Lösungen. Belegen Sie jedoch klare Verstöße mit Sanktionen.

„Als Führungskraft muss ich berechenbar sein. So wissen die Mitarbeitenden, was gilt und haben Vertrauen." Patrik Lanter, CEO und VR Präsident NeoVac Gruppe (Lanter 2021)

Durch diese Verhaltensweisen ermöglichen Sie, dass die Bedeutung und die Erwartungen in Bezug auf die Psychologische Sicherheit für alle nachvollziehbar werden. Die Mitarbeitenden merken, dass die eigene Stimme willkommen ist und dass das kontinuierliche Lernen im Vordergrund steht.

Es könnte der Eindruck entstehen, dass in Teams, in denen Psychologische Sicherheit gegeben ist, langsamer und ineffizient werden, weil nur noch diskutiert wird und so keine Zeit bleibt, die eigentliche Arbeit zu machen. Psychologische Sicherheit impliziert nicht, dass nicht gleichzeitig klare Regeln existieren, wie effektiv gearbeitet wird. Zudem ist Psychologische Sicherheit nicht ein Ersatz für gute Arbeitsgestaltung und -bedingungen.

Als Führungskraft müssen Sie zusätzlich dafür sorgen, dass Ihre Mitarbeitenden über die notwendigen technischen, professionellen und psychologischen Kompetenzen verfügen, um den Anforderungen ihrer Rolle gerecht zu werden.

Praxisbeispiel

Für Andreas Fähndrich, CEO der innovativen Firma XOVIS AG, hat die Psychologische Sicherheit einen sehr großen Stellenwert. So achtet er zum Beispiel in Teammeetings bewusst darauf, durch ein gutes Intro und ein strukturiertes Debriefing Psychologische Sicherheit zu schaffen: „Was läuft gut? Was läuft schlecht? Wie geht es uns?" Die Mitarbeitenden mussten sich jedoch zuerst daran gewöhnen, eine entsprechende Kultur musste sich langsam entwickeln. (Fähndrich 2021) ◄

Psychologische Sicherheit können Sie nicht auf die Schnelle in einem Kurs lernen und dann in Ihrem Team per Knopfdruck von heute auf morgen aktivieren. Psychologische Sicherheit erfordert psychologisches Feingefühl, Zeit und Geduld, bis Ihre Mitarbeitenden soweit sind, den „Elefanten im Raum" zu benennen. Zudem ist es wichtig, dass Taten folgen, dass die Mitarbeitenden spüren und sehen, dass ihr Input ernst genommen wird. (Burroughs 2021)

5.7.3   Zeigen Sie Mut zur Demut

Zu menschlicher Führung und Psychologischer Sicherheit gehört auch, dass Sie die Führungsrolle nicht als Positionsmacht leben. Leider finden sich in den Führungsetagen immer noch Vorgesetzte, die sich durch Arroganz, Machtmissbrauch und Manipulation Anerkennung und Respekt bei ihren Mitarbeitenden zu verschaffen suchen.

Ich erinnere mich an ein Projekt-Meeting, dem ich vor ein paar Jahren als externe Beraterin beiwohnte. Der Gesamtprojektleiter legte im Meeting ein auffallend arrogantes, aggressives und dominantes Verhalten gegenüber seinen Projektmitarbeitenden an den Tag: Er ließ die anderen Meinungen kaum gelten, unterbrach die anderen Teilnehmenden konstant und hatte immer das letzte Wort. Im Verlaufe des Meetings wurden die Wortmeldungen immer weniger und die Stimmung war sehr bedrückt. Anschließend verschaffte er seinem Frust über das vermeintlich unproduktive Meeting wie folgt Luft: „Lahme Säcke sind das alles, alle völlig passiv und uninteressiert!" Als ich ihm nahelegte, seine Dominanz im Zaum zu halten, aufmerksam zuzuhören und Respekt, und Bescheidenheit gegenüber den anderen zu zeigen, meinte er zu mir: „Ich bin doch kein Weichei!"

Als menschliche Führungskraft benötigen Sie sowohl Mut wie auch Demut. Und „Mut" steckt ohnehin im Wort „Demut" drin. Es braucht Mut, Demut zu zeigen. Denn leider kreist in vielen Köpfen von Managern nach wie vor der Irrglaube, Demut und Bescheidenheit sei mit Schwäche und fehlender Durchsetzungskraft gleichzusetzen. In Studien konnte nachgewiesen werden, dass Teams von demütigen Führungskräften sich überdurchschnittlich gut entwickeln. Weiß eine Führungskraft nicht mehr weiter und fragt die Mitarbeitenden um Rat und Unterstützung, wird sie zu einem Vorbild für die Mitarbeitenden. Zu sehen, dass auch eine Führungskraft an ihre Grenzen kommt und persönliche Widerstände erlebt und meistert, kann inspirierend auf die Mitarbeitenden wirken. (Purps-Pardigol 2021)

> „Als Führungskraft menschlich zu sein bedeutet auch, zu den eigenen Unzulänglichkeiten zu stehen. Jeder hat seine Schwächen und macht Fehler." Andreas Schönenberger, CEO Sanitas Krankenversicherung (Schönenberger 2021)

Zu Demut gehört auch die Haltung, die Führungsaufgabe als Dienstleistung für die Mitarbeitenden zu sehen. In der modernen Managementliteratur hat sich für diese Haltung der Begriff beziehungsweise Führungsstil „Servant Leadership" (vgl. Abschn. 5.1.2) etabliert. Führung als Dienstleistung ist nicht im Sinne von „Diener sein" sondern im Sinne von „Dienstleister sein" gemeint. Die Dienstleistungshaltung macht deutlich, dass es fundamental wichtig ist, die Mitarbeitenden zu befähigen und sie erfolgreich zu machen. Wer seine Führungsaufgabe als Dienstleistung sieht, ist auch weit davon entfernt, Macht und Missbrauch auszuüben. Ein solches Verständnis von Führung schafft Augenhöhe.

> „Menschliche Führung bedeutet für mich, den Menschen zu dienen und Rahmenbedingungen zu schaffen, die uns als Team unterstützen. Dafür exponiere ich mich auch mit dem Wissen, dass für gewissen Veränderungen ein langer Weg vor mir liegen könnte." Claudia Müller, Leiterin Marktgebiet Digital Banking, Credit Suisse (Müller 2021)

Sogenannte „Servant Leaders" haben den Mut und die Demut, zuzugeben, dass sie von der Expertise und Erfahrung ihrer Mitarbeitenden profitieren. Demut bedeutet dabei nicht, dass eine Führungskraft wenig Selbstvertrauen hat. Im Gegenteil: Diese Führungskräfte haben die Absicht, die Autonomie und Verantwortung ihrer Mitarbeitenden zu stärken. Mutige und gleichsam demütige Führungskräfte schreiben ihren Mitarbeitenden nicht vor, wie sie ihre Arbeit machen sollen, sondern stellen Fragen: „Wie kann ich dir helfen, damit du deine Arbeit gut machen kannst?" (Cable 2018)

5.8   Fairness als bedeutender Wert

Das Gefühl von Fairness oder Unfairness haben wir alle in irgendeiner Art und Weise bereits erfahren. Aus der Arbeitspraxis wie aus der Forschung wissen wir, dass die Qualität der Zusammenarbeit, Motivation und Leistungsbereitschaft sehr stark davon abhängt, wie fair wir uns behandelt fühlen.

Fairness – dieser englische Begriff hat sich in unserem Wortgebrauch eingebürgert und ist dennoch durch seine Vielseitigkeit und Vieldeutigkeit charakterisiert. In der deutschen Sprache wird Fairness mit dem Begriff „Gerechtigkeit" gleichgesetzt.

Gerechtigkeit ist zwar ein universelles Bedürfnis. Aber was als Recht oder Unrecht wahrgenommen wird, variiert zwischen den verschiedenen Kulturen, Kontexten wie auch Individuen. Die Vorstellungen von Gerechtigkeit gehen auch in Unternehmen sehr stark auseinander. Dies manifestiert sich oftmals sehr stark, wenn über Lohngerechtigkeit diskutiert wird. Die einen basieren bei der Diskussion über Fairness auf dem Individualprinzip im Sinne von „Jedem das Seine", andere auf dem Gleichheitsprinzip im Sinne von „Jedem das Gleiche". Andere verstehen unter Gerechtigkeit das Nutzenprinzip, das heißt, „der größtmögliche Nutzen für die größtmögliche Zahl". (Reinhardt 2014, S. 131–132)

Fairness ist entsprechend ein sehr vielschichtiges Phänomen. Dieses lässt sich anhand folgender Dimensionen besser differenzieren und erfassen.

5.8.1 Dimensionen der Fairness

Fairness beziehungsweise Gerechtigkeit kann in **vier verschiedene Ausprägungen** differenziert werden (Colquitt und Rodell 2011; Reinhardt 2014, S. 134–135):

Distributive Fairness
Die Distributive Fairness umfasst die Arbeitsverteilung und Belohnung entsprechend der Erfahrung, Anstrengung und Leistung der Mitarbeitenden. Eine Verteilung wird dann als fair wahrgenommen, wenn das Verhältnis der eigenen Anstrengung (z. B. Leistung) zum Ergebnis (z. B. Lohn oder Wertschätzung) dem entspricht, was relevante Bezugs- beziehungsweise Vergleichspersonen erreichen. Dann spricht man von **relativer Fairness**. Ein weiterer nennenswerter Aspekt der fairen Verteilung ist die Norm der absoluten Gleichheit (**absolute Fairness**). In der Arbeitspraxis wird beim Lohn in der Regel eine Kombination von relativer und absoluter Gleichheit angewendet. Bei der Distributiven Fairness geht es auch um den Ausgleich zwischen Vor- und Nachteilen, von Pflichten und Rechten und von Lasten und Entlastungen. Dabei sind Verhältnismäßigkeit, Zumutbarkeit und Erforderlichkeit maßgebend. In der Unternehmenspraxis ist es zum Beispiel fair, dass Lernende weniger leisten müssen als erfahrene Mitarbeitende.

Dieser Ebene kann auch die Chancengleichheit zugeordnet werden, das heißt die Gleichheit in Bezug auf Lebens-, Zugangs- und Verwirklichungschancen von Menschen. Diese manifestiert sich in einem Unternehmen zum Beispiel über die gleichen Karrierechancen sowie die Lohngleichheit zwischen Männern und Frauen.

Prozedurale Fairness
Diese Dimension der Fairness kann als die „Fairness des Entscheidungsverfahrens" bezeichnet werden. Sie umfasst die unternehmensinterne Organisation und die Prozesse. Sie soll sicherstellen, dass interne Abläufe nicht willkürlich stattfinden, sondern klar geregelt sind. Regeln sollen für alle gleichermaßen gelten. Sie sollen unter fairer Beteiligung trans-

parent zustande kommen und können von allen Betroffenen nachvollzogen und ein-
gehalten werden. Ausnahmen von der Regel sind gestattet, wenn Sie Unfairness verhindern. Einige Beispiele aus der Unternehmenspraxis: Mitarbeitende mit schulpflichtigen
Kindern haben Priorität bei der Ferienplanung, da sie auf die Schulferien Rücksicht nehmen müssen. Leistungsbeurteilungen sind dann fair, wenn die Beurteilungskritieren vorher definiert wurden, realistisch sind und für alle gleichermaßen gelten. Eine Konfliktlösung wird dann als fair betrachtet, wenn alle ihren Standpunkt einbringen können.

Informationale Fairness
Die informationale Fairness umfasst den transparenten und nachvollziehbaren Umgang
mit Informationen und wird dann als hoch eingeschätzt, wenn den Betroffenen alle relevanten Informationen zur Verfügung gestellt werden. Entscheidungen sind transparent und
nachvollziehbar, wenn Mitarbeitende wissen, warum etwas geschieht. Dabei sind qualitative Aspekte wie der Umgangston, die Verständlichkeit und die Nachvollziehbarkeit wichtige Aspekte der informationalen Fairness.

Interpersonale Fairness
Diese Dimension der Fairness bezieht sich auf zwischenmenschliches Verhalten. Sie zeigt
sich durch einen respektvollen, freundlichen und wertschätzenden Umgang. Wie fair ist
das Miteinander? Sind Kommunikation und Interaktion zwischen Vorgesetzten und Mitarbeitenden gerecht? Werden die verschiedenen Interessen und Meinungen berücksichtigt
und einbezogen? Die interpersonale Fairness beinhaltet auch Fairplay, das heißt die gegenseitige Rücksichtnahme. Diese schließt ein, dass eigene Rechte und erlangte Vorteile nicht
missbraucht werden. Zur interpersonalen Fairness gehört auch die Fürsorge für andere,
das Aufgreifen von Sorgen und Ängsten der Betroffenen und die Vermittlung von Verständnis und Unterstützung.

In den Studien von Colquitt und Rodell (2011) konnte nachgewiesen werden, dass ge-
lebte Fairness dazu beiträgt, einen Rahmen innerhalb eines Teams oder einer Organisation
zu schaffen, mit dem sich Mitarbeitende identifizieren können. Fairness leistet entsprechend einen wichtigen Beitrag zu einer identitätsstiftenden Team- beziehungsweise
Unternehmenskultur. Demgegenüber kann geringe oder fehlende Fairness zu einer Vielzahl von negativen Auswirkungen wie zum Beispiel höheren Fehlzeiten, gesteigertem
Stresserleben, Widerstand gegenüber Veränderungen, Hilflosigkeit, emotionaler Rückzug
oder sogar zu Sabotage oder Aggression führen. (Dorsch 2021)

▶ **Wichtig** Fairness ist eine der wirksamsten Maßnahmen, um Vertrauen zu fördern.
Zudem hat Fairness einen positiven Effekt auf die Zufriedenheit, die affektive Bindung, die Leistungsbereitschaft und Leistungsfähigkeit.

5.8.2   Schaffen Sie Rahmenbedingungen für ein faires Miteinander

Aus diesen Ausführungen und Differenzierungen wird deutlich, dass Fairness ein facetten-reiches Konstrukt darstellt. Als Führungskraft sind Sie deshalb gefordert, immer wieder darüber zu reflektieren, inwiefern Sie Fairness in Ihrem Führungsalltag leben. Dabei kön-nen Ihnen die eben erwähnten Aspekte beziehungweise Dimensionen helfen.

Ein hilfreicher Ausgangspunkt ist dabei immer das eigene Empfinden: Was verstehen Sie persönlich unter Fairness? Wann fühlen Sie sich als gerecht oder ungerecht behandelt? Wie reagieren Sie in solchen Situationen? Was ist Ihnen wichtig?

Fairness am Arbeitsplatz wird oftmals sehr individuell und subjektiv wahrgenommen. Fairness lässt sich nicht topdown diktieren. Es lohnt sich deshalb, das Thema Fairness im Team zu thematisieren und zu klären. Dabei können Ihnen folgende Leitfragen helfen:

Fairness – Leitfragen
- Gibt es objektive Vorgaben, Gesetze, Reglemente, Vereinbarungen, Standards?
- Welchen Ermessensspielraum haben Sie beziehungsweise das Team?
- Wie ist der Betroffenheitsgrad der Involvierten?
- Wie muss der Entscheidungsprozess ablaufen?
- Wie können alle Interessen berücksichtigt beziehungsweise alle Betroffenen ein-bezogen werden oder zumindest zu Wort kommen?
- Wie können Sie Ihre Entscheidung, das Vorgehen, Verhalten etc. plausibel begründen?

Im Führungs- und Arbeitsalltag ist es erfahrungsgemäß oftmals so, dass die idealen Rahmenbedingungen für absolute Fairness nicht gegeben sind. Führung bedeutet unter dem Aspekt der Gerechtigkeit häufig auch, mit Enttäuschungen und fehlgeschlagenen Hoffnungen der Mitarbeitenden umgehen zu können. Vielleicht können Sie jemanden nicht befördern, weil es aktuell keine entsprechende Position gibt. Oder sie können kein besseres Salär bezahlen, weil das Budget ausgeschöpft ist. In diesem Sinne können Sie die individuell wahrgenommene distributive Fairness nicht erfüllen. Wichtig ist in solchen Situationen, dass Sie rechtzeitig, offen und ehrlich informieren (informelle Fairness) und erläutern, wie und warum dieser Entscheid zustande gekommen ist (prozedurale Fairness). Ebenso gilt es darauf zu achten, dass sich der betroffene Mitarbeitende respektvoll be-handelt fühlt (interpersonale Fairness).

Fairness kann auch Mut erfordern, insbesondere in einer Situation, in der eine Sanktion notwendig wird. Wenn Sie zum Beispiel beobachten oder erfahren, dass ein Teammitglied sich absichtlich oder grob fahrlässig nicht entsprechend der geltenden Abmachungen verhält, sollten Sie zeitnah und adäquat intervenieren. Eine nachvollziehbare Entscheidung aufgrund der geltenden Regeln, eine klare Kommunikation und ein respektvoller Umgang sind dabei sehr wichtig. Denn wenn Sie unfaires Verhalten von Mitarbeitenden tolerieren, werden Sie früher oder später bei den anderen Mitarbeitenden ebenso als unfair gelten.

„Fairness bedeutet, auch mal einen ‚Pflock einzuschlagen‘, wenn ein Verhalten inakzeptabel ist. Fairness bedeutet auch, Grenzen setzen zu können." Andreas Schönenberger, CEO Sanitas Krankenversicherung (Schönenberger 2021)

Fairness zeigt sich insbesondere auch durch Loyalität Ihren Mitarbeitenden gegenüber, zum Beispiel dadurch, ob und wie Sie für Ihre Mitarbeitenden einstehen: Wie verhalten Sie sich, wenn sich eine Kundin über eine Mitarbeiterin beschwert? Stehen Sie für die Mitarbeiterin ein und besprechen den Sachverhalt dann in einer vertraulichen, ruhigen Umgebung? Engagement für Ihre Mitarbeitenden gegen Außen bedeutet nicht, dass Sie intern keine Auseinandersetzungen führen dürfen, wenn ein Fehler passiert ist oder die Leistung nicht erbracht wurde. Es geht jedoch darum, dass Ihre Mitarbeitenden vor Kunden oder anderen Kolleginnen und Kollegen nicht das Gesicht verlieren.

„Einen Mitarbeiter, der nicht die erwarteten Leistungen bringt, aus Führungsbequemlichkeit einfach zu loben, ist keine Fairness. Nicht ihm gegenüber und nicht dem Team gegenüber. Ich befürworte sehr, in einem solchen Fall die Person zu unterstützen, aber mit klaren Zielen. Auch wenn es persönliche Gründe sind. Sollte es trotzdem zu einer Trennung führen, ist es fair. Auch dem Rest des Teams gegenüber." Andreas Fähndrich, CEO XOVIS AG (Fähndrich 2021)

Wenn Sie für eine Mitarbeiterin nicht mehr einstehen können, weil zuviel vorgefallen ist, kann es sinnvoll und fair sein, das Arbeitsverhältnis auf eine anständige Art zu beenden. Eine faire Trennung ist menschlicher als eine Weiterarbeit unter Misstrauen. Fairness zeigt sich auch, wenn Mitarbeitende ein Unternehmen verlassen wollen oder müssen: Bleiben Sie auch in solchen Situationen bis zum Ende fair. Die anderen Mitarbeitenden im Team werden sehr genau beobachten, wie Sie mit der ausscheidenden Kollegin oder dem Kollegen umgehen.

„Wenn ich jemanden entlassen muss, möchte ich diesem Menschen in die Augen schauen können, wenn ich ihn nach Jahren wieder antreffe. Harte Entscheide können auch menschlich und fair ausgeführt werden." Hansruedi Koeng, CEO Postfinance (Koeng 2021)

Wenn Sie als Führungskraft als Vorbild vorangehen und die Prinzipien der Fairness in Ihrem Führungsalltag leben, bilden Sie ein wichtiges Fundament für Vertrauen.

5.9   Wachstum ermöglichen

5.9.1   Säen Sie, um zu ernten - Mitarbeitende weiterentwickeln

Als Führungskraft müssen Sie auf ein hoch motiviertes und effektives Team bauen können, um die gemeinsamen Ziele zu erreichen und das Unternehmen zum Erfolg zu führen. Langfristig sind Sie nur dann erfolgreich, wenn Sie die richtigen Kompetenzen in Ihrer Organisation zusammenbringen.

Wie uns die Erkenntnisse der Positiven Psychologie zeigen (vgl. Abschn. 3.3), gehört persönliches Wachstum zu den wichtigsten Bedürfnissen von uns Menschen, um glücklich und zufrieden zu sein. Persönliches Wachstum und Weiterentwicklung sind die Voraussetzungen, damit wir ein Gefühl von Leistung, Bedeutsamkeit und Entwicklung haben.

> „Als menschliche Führungskraft sehe ich den Menschen und wohin er will. Das menschliche Leben hat in seiner Essenz Wachstum. So ist die Natur des Lebens. Der Mensch will Erfahrungen machen, wachsen und sich weiterentwickeln. Mein Anspruch als Leader ist es, eine Basis und das Umfeld dafür zu schaffen, dass meine Mitarbeitenden wachsen können." Kaivalya Kashyap, CEO International Academy of Transformative Leadership IATL (Kashyap 2021)

▶ **Wichtig** Den Mitarbeitenden die Möglichkeit zu bieten, an ihren Aufgaben zu wachsen und sich weiterzuentwicklen, stellt eine zentrale Führungsaufgabe dar. Dazu gehört auch, dass Sie Ihren Mitarbeitenden ermöglichen und sie ermutigen, durch die Übernahme anspruchsvollerer Aufgaben ihre Komfortzone zu verlassen und in die Zone der Herausforderung und des Lernens zu kommen. (vgl. Abschn. 4.4.2)

Wenn sich Ihre Mitarbeitenden zu lange in der Komfortzone bewegen, kann dies zu Langeweile, Unterforderung und schlussendlich zu Unzufriedenheit führen. Wenn Mitarbeitende nur einen Teil ihrer Fähigkeiten und Talente einbringen dürfen, geht Ihrem Team und schlussendlich dem Unternehmen viel Potenzial verloren. Auch wenn Sie heute ein Team von erstklassigen, motiverten Mitarbeitenden haben, ist es unerlässlich, dass Sie laufend in ihre Weiterentwicklung investieren. Sie müssen immer wieder säen, um Wachstum zu erzielen. (Breckwoldt 2017, S. 74–77)

> „Ich habe einen unternehmerischen Auftrag. Menschliche Führung bedeutet auch, Mitarbeitende aus der Komfortzone zu bewegen." Hansruedi Koeng, Postfinance (Koeng 2021)

Wichtig ist, dass Sie Talente in Ihrem Team erkennen und sie bewusst fördern. Halten Sie Talente in Ihren Reihen nicht zurück, wenn sie sich intern verändern möchten. Talente lassen sich nicht kleinhalten oder einsperren. Wenn Sie Ihnen nicht die Chance zur Weiterentwicklung geben, werden sie früher oder später das Unternehmen verlassen.

> „Als Führungskraft biete ich den Rahmen, dass meine Mitarbeitenden wachsen und sich entwickeln können. Ich durfte selbst erfahren, wie ich gefordert und gefördert wurde. Das will ich weitergeben. Ich ermutige meine Talente im Team proaktiv, sich intern für eine anspruchsvollere Stelle zu bewerben. Auch wenn ich dadurch sehr gute Mitarbeitende verliere. Das Schönste ist jeweils, wenn sich Mitarbeitende nach vielen Jahren bei mir dafür bedanken, dass ich ein Stück ihrer Entwicklung mitgeprägt habe. Das gibt mir als Führungskraft Sinn und Energie." Renato Grasso, Leiter Filialgebiet, Die Schweizerische Post (Grasso 2021)

5.9.2 Stärken- und Ressourcenorientierung

Bereits in den 1960er-Jahren betonte der Managementexperte Peter Drucker, dass es Aufgabe der Führung sei, sich auf die Stärken auszurichten (Drucker 2002). Die Erkenntnisse der Positiven Psychologie haben die ressourcen- und stärkenorientierte Führung schlussendlich zum Blühen gebracht (vgl. Abschn. 3.3). Trotzdem beschäftigen sich viele Führungskräfte und Human Resources Experten vor allem mit Abweichungen vom sogenannten Soll-Zustand – mit Schwächen und Defiziten.

Dazu eine kleine Übung (Bach 2021):

Übung

Betrachten Sie die folgenden Mathematik Lösungen:

$$1 + 1 = 2$$
$$2 + 2 = 4$$
$$3 + 3 = 9$$
$$4 + 4 = 8$$
$$5 + 5 = 10$$

Was fällt Ihnen auf? ◄

Den meisten von uns springt sofort ins Auge, dass die Lösung der dritten Berechnung falsch ist, das heisst, dass 6 die korrekte Lösung wäre.

Weshalb sehen wir nicht zuerst das Positive? Zum Beispiel, dass insgesamt 80 Prozent der Aufgaben korrekt gelöst worden sind – ein beachtliches Resultat, oder? Und wenn wir zum Beispiel das + in der dritten Reihe zu einem x umkehren würden, die Lösung korrekt würde? Woran liegt es, dass unsere Wahrnehmung und unser Denken sich vor allem mit Negativem beschäftigt?

Grund dafür liegt in unserer „biologischen Ausstattung", welche urgenetisch beziehungsweise neurologisch bedingt immer noch so funktioniert, als wären wir Jäger und Sammler, die mit lebensbedrohlichen Gefahren konfrontiert würden. Unser Gehirn ist evolutionsbedingt darauf ausgerichtet, stets in Alarmbereitschaft zu sein, uns vor Gefahren zu schützen und so unser biologisches Überleben zu sichern. Es funktioniert wie ein Frühwarnsystem, das alles, was um uns herum geschieht, auf potenzielle Bedrohungen abcheckt. (vgl. Abschn. 3.2.5). Deshalb beschäftigt sich unser Gehirn vor allem mit Dingen, die störend sind. Dieser negative Fokus mag in einzelnen Branchen oder Funktionen sinnvoll sein: Beispielsweise im Katastrophenschutz, in der Medizin oder auch in der Rechtswissenschaft hätte das Übersehen von Gefahren und Fehlern dramatische Folgen. Wir müssen unser Gehirn also bewusst immer wieder auf das Positive lenken.

▶ **Wichtig** Basierend auf den Erkenntnissen der Positiven Psychologie liegt der Grundsatz des ressourcen- und stärkenorientierten Denkens darin, uns auf das zu konzentrieren, wovon wir mehr wollen: Richten wir unsere Aufmerksamkeit auf

Probleme, werden diese größer. Richten wir unsere Aufmerksamkeit hingegen auf Ressourcen – auf das, was gut funktioniert – kommen wir den Stärken auf die Spur. Damit Ihre Mitarbeitenden das Beste aus sich hervorbringen, ist ein stärkenorientierter Ansatz erfolgsversprechender.

Stärkenorientierte Führung besteht darin, identifizierte Stärken der Mitarbeitenden weiter zu entwickeln. Damit ist nicht gemeint, dass wir Schwächen verneinen. Wir sollten uns und anderen erlauben, „menschlich zu sein", also gleichzeitig Stärken und Schwächen zu haben. Wenn wir jedoch auf unsere eigenen Stärken wie auch auf die Stärken anderer fokussieren, fallen störende Schwächen meistens weniger ins Gewicht. Durch den Fokus auf Stärken werden wir in denjenigen Bereichen besser, die wir bereits beherrschen und für die wir eine Leidenschaft entwickeln können (vgl. auch Abschn. 3.3.6 und 3.3.7).

> „Menschlich führen bedeutet für mich auch, dass ich meine Mitarbeitenden unterstütze, erfolgreich zu sein. Ich glaube daran: Fühlen sich Mitarbeitende erfolgreich und zufrieden, können sie sich viel besser entwickeln und mit ihren Aufgaben wachsen" Andreas Fähndrich, CEO XOVIS AG (Fähndrich 2021)

Leider sind in vielen Unternehmen die jährlichen Leistungsbeurteilungsgespräche zu Pflichtübungen geworden, teilweise sogar zu rein defizitären Soll-Ist Vergleichen verkommen: Entweder geht es darum, Entwicklungsmaßnahmen zur Eliminierung von Leistungsdefiziten und Schwächen zu bekämpfen oder eine Lohnerhöhung oder einen Bonus zu verhandeln. Würden Führungskräfte solche Gespräche als stärkenorientierte Standortbestimmung nutzen im Sinne von „Über welches Potenzial verfügst du und was können wir tun, damit du dein Potenzial im Team oder im Unternehmen entfalten kannst?", bekämen diese einen anderen Fokus und damit eine andere Qualität.

> „Ich verurteile Menschen, die Menschen instrumentalisieren, um ihren persönlichen Erfolg sicherzustellen. Leistungsbeurteilungen, die teils auf Defizite fokussiert sind, werden der Gesamtleistung nicht immer gerecht. Wir versuchen in einigen Bereichen mit Teamzielen die Stärken ins Zentrum zu rücken und damit einen Mehrwert für das Team und das Individuum zu schaffen." Claudia Müller, Leiterin Marktgebiet Digital Banking, Credit Suisse (Müller 2021)

Nehmen wir an, eine Ihrer Mitarbeiterinnen verfügt über ein Kompetenzenprofil, bei dem die drei wichtigsten Fähigkeiten als Kundenberaterin unterschiedlich stark ausgeprägt sind: Die Akquise- und Verkaufskompetenz ist sehr stark ausgeprägt. Die digitalen Fähigkeiten sind mittelstark und die Organisationskompetenz eher tief. Ihre Mitarbeiterin ist ein Verkaufstalent, kennt sich mit den wichtigsten IT-Tools einigermaßen aus und kann diese im Arbeitsalltag kompetent anwenden. Leider ist ihre Arbeitsorganisation ein wenig chaotisch. Trotzdem sind ihre Kundinnen und Kunden sehr zufrieden und die Verkaufszahlen sind außerordentlich gut. Wenn Sie nun als Führungskraft andauernd ihre Schwächen bemängeln und ihre Unordentlichkeit kritisieren, demotivieren Sie im besten Fall Ihre Mitarbeiterin, weil sie das Gefühl hat, dass Sie ihre Stärken nicht sehen. Wenn Sie ihr aber die

Möglichkeit bieten, ihre ohnehin schon gute Verkaufskompetenz zu steigern, wird Sie ein Glücksgefühl erleben, welches durch die Ausschüttung von Dopamin verursacht wird. Dieses Glücksgefühl wird dafür sorgen, dass sich mit der Zeit auch die anderen Fähigkeiten von alleine verbessern werden. (Elger 2013, S. 187–188)

Praxisbeispiel

Ein Manager hat mir geschildert, dass er einen Mitarbeiter im Team hatte, der unter einem leichten Autismus-Spektrum litt. Der Mitarbeiter war hochintelligent. Entsprechend liebte er es, die anderen im Team mit seinem Wissen zu „belehren", worüber sich seine Arbeitskolleginnen und -kollegen oftmals ärgerten. Der Vorgesetzte erkannte, dass dieser Mitarbeiter eine Art Bühne brauchte, um sein Wissen in die Welt zu tragen. Er bot dem Mitarbeiter mehrmals die Möglichkeit, an Kadermeetings und Informationsanlässen eine Präsentation zu seinem Fachgebiet zu halten. Dies führte dazu, dass der Mitarbeiter einerseits sehr motiviert war und andererseits viel weniger das Bedürfnis hatte, seine Kolleginnen und Kollegen im Team mit seinem Wissen „zuzutexten".

Ein anderer Mitarbeiter in seinem Team war in Meetings jeweils sehr ausschweifend und entsprechend kam er nie auf den Punkt. Der Vorgesetzte gab ihm immer wieder Feedback zu seinem Kommunikationsverhalten und schickte ihn sogar in mehrere Kommunikationstrainings. Ohne Erfolg. Eine herausragende Stärke des Mitarbeiters war seine Hartnäckigkeit. Der Vorgesetzte entschied sich, auf diese Stärke zu bauen: Er übergab dem Mitarbeiter die schwierigsten Kunden, denn da war Hartnäckigkeit im Verhandeln gefragt. Der Mitarbeiter liebte es, seine Hartnäckigkeit in den anspruchsvollen Verkaufsgesprächen einzusetzen. Mit der Zeit lernte er in den Verkaufsverhandlungen, klarer zu kommunizieren und schneller auf den Punkt zu kommen. ◄

„Menschlich zu führen heißt, situativ zu führen und für jeden das richtige individuelle Maß zu finden." Cora Hentrich-Henne, Geschäftsführerin Alstom Schweiz (Hentrich-Henne 2021)

Wenn Sie Mitarbeitende in Funktionen beziehungsweise Positionen (ver-)setzen, die nicht ihren Fähigkeiten und Stärken entsprechen, werden sie keine Leidenschaft für ihre Arbeit entwickeln. Leider beobachte ich in der Praxis immer wieder, dass Mitarbeitende dazu angehalten werden, ihre Schwächen zu reduzieren, damit sie besser in die Funktion hineinpassen. Doch wer an seinen Schwächen feilen muss, erreicht höchstens Mittelmaß. Erst das Stärken von Stärken hat das Potenzial zu Exzellenz!

5.9.3 Stärken stärken stärkt am stärksten

Stärken bei sich selbst wie auch bei anderen Menschen zu erkennen, ist der erste Schritt zu einem stärkenorientierten Führungsstil. Stärken können beispielsweise mithilfe verschiedener Tests zur Selbsteinschätzung evaluiert werden.

▶   **Tipp**   In Tool 4 (Verschiedene Stärken-Tests, vgl. Abschn. 8.1.1.4) in der Toolbox
in Kap. 8 finden Sie hilfreiche Tests, um Ihre eigenen Stärken sowie die Stärken
Ihrer Mitarbeitenden zu eruieren.

Als Führungskraft können Sie jedoch auch ein Sensorium entwickeln und Stärken Ihrer
Mitarbeitenden über die verbale und non-verbale Kommunikation erkennen: Mitarbeitende, die ihre Stärken zeigen und ausleben können, wirken motiviert und enthusias-
tisch. Ihre Körpersprache ist lebendig und drückt Zuversicht aus. Sie sind fokussiert und
lassen sich weniger stören. Sie zeigen rasche Lernfortschritte und die Tätigkeiten gehen
ihnen leichter von der Hand. Idealerweise kommen sie in einen Flow, jenen Zustand, in
dem sie ganz in ihrer Tätigkeit aufgehen und nicht mehr spüren, wie die Zeit vergeht (vgl.
Abschn. 3.3.3).

Cora Hentrich-Henne, Geschäftsführerin Alstom Schweiz, musste im Zuge der Integration des kanadischen Flugzeugherstellers Bombardier mitten im Lockdown der Corona-
Pandemie ihr gesamtes Führungsteam für die Schweizer Ländergesellschaft neu zu-
sammenstellen. Alle saßen im Home Office und sie musste die Interviewgespräche online
durchführen. Dabei achtete Cora Hentrich-Henne sehr stark auf die Körpersprache – gemäß ihrer Erfahrung sagt die Körpersprache sehr viel darüber aus, ob jemand über seine
Stärken und Interessen spricht oder nicht. (Hentrich-Henne 2021)

Folgende Verhaltensweisen unterstützen Sie in der stärkenorientierten Führung (Seliger 2014, S. 150–158; Rolfe 2019, S. 175–177):

Stärkenorientierte Führung

Machen Sie sich Ihre eigenen Stärken bewusst: Wenn Sie Ihre eigenen Stärken
wie auch Schwächen kennen und dazu stehen, wirken Sie authentisch. Sie entwickeln zudem ein Sensorium für die Ressourcen und Stärken Ihrer Mitarbeitenden.
Identifizieren Sie Stärken: Finden Sie heraus, wann Ihre Mitarbeitenden engagiert
sind und die beste Leistung erbringen. Halten Sie nach Stärken Ihrer Mitarbeitenden
Auschau und sprechen Sie mit ihnen darüber. Ihr Ziel sollte es sein, dass Sie die
Stärken und Talente all Ihrer Mitarbeitenden detailliert beschreiben können und wissen, was jede und jeden motiviert.
Bestärken Sie Stärken durch Feedback: Wenn Sie erkennen, dass Ihre Mit-
arbeitenden eine Stärke einsetzen, geben Sie zeitnah ein entsprechendes Feedback.
Erklären Sie die Wirkung der Stärke auf das Ergebnis und das Team.
Formieren Sie ein High Performance Team: Fördern Sie in Ihrem Team eine Kultur der Zusammenarbeit und Partnerschaft und achten Sie darauf, dass Ihr Team di-
vers aufgestellt ist, eine große Bandbreite an Stärken abdeckt. Unterstützen Sie Ihre
Mitarbeitenden, die Talente der anderen Teammitglieder zu verstehen und wertzuschätzen. Ermutigen und motivieren Sie Ihre Mitarbeitenden, in die Stärken der an-

deren zu investieren und bekannte Schwächen der anderen Teammitglieder zu kompensieren. Dadurch ist Ihr Team in der Lage, effektiver zusammenzuarbeiten, eine bessere Leistung zu erbringen und erlebt einen stärkeren Zusammenhalt.

Führen Sie leistungsbezogen: Geben Sie Leistungsziele klar vor und kommunizieren Sie Ihre Erwartungen. Dabei ist es wichtig, dass Sie die strategischen Unternehmensziele verständlich kommunizieren und eine sinnvolle Verbindung mit den individuellen Zielen der Mitarbeitenden schaffen. Durch Klarheit und Transparenz ermöglichen Sie Ihren Mitarbeitenden, Verantwortung zu übernehmen und die richtigen Entscheidungen zu treffen. Stellen Sie dabei sicher, dass Sie die Ziele an den Stärken und Potenzialen Ihrer Mitarbeitenden orientieren und dass die Mitarbeitenden ihren Beitrag zum Ganzen sehen. Ziele sollten angemessen, herausfordernd und motivierend sein. Geben Sie Ihren Mitarbeitenden die Möglichkeit und Verantwortung, ihre Ziele selbst zu formulieren und den Weg zur Zielerreichung selbst zu gestalten. Dabei sind langfristige Lern- und Entwicklungsziele ebenso wichtig wie Ergebnisziele.

„Es ist wichtig, klare Ziele zu setzen und diese zu kommunizieren. Die Ziele müssen realistisch sein, gemeinsam erarbeitet und angepasst werden können, wenn sich das Umfeld ändert. Wichtig ist, zu verstehen, wohin die Reise geht. Erst wenn das Endziel klar ist, haben unsere Mitarbeitenden Verständnis für den Weg. Bei uns werden Objective Key Results OKR bis auf Stufe Mitarbeitende heruntergebrochen und alle drei Monate angepasst beziehungweise verfeinert." Dieter Vranckx, CEO Swiss International Air Lines (Vranckx 2021)

Unternehmen, in denen die Mitarbeitenden das tun dürfen, was sie am besten können und ihnen Spaß macht, sind die Zufriedenheit, das Engagement und die Loyalität wie auch die Leistung bedeutend höher. Die Mitarbeitenden fühlen sich „am richtigen Platz", denn sie können jeden Tag das tun, was sie am besten können. Dieser Effekt äußert sich meistens auch in einer höheren Kundenzufriedenheit. (Rolfe 2019, S. 177)

„Viele haben das Gefühl, dass sie nur mit viel Ehrgeiz und einer sehr großen Anstrengung Ziele erreichen und Karriere machen können. Das ist ein Irrtum. Wichtig ist es, auf seine Stärken zu bauen und seine Arbeit mit Leichtigkeit und unverkrampft anzugehen, im Flow zu sein." Thomas Wegmann, Head Marketmanagement Allianz Schweiz und Head Global Center for Behavioral Economics (Wegmann 2021)

Die höchste Form von Stärkenorientierung ist, für Mitarbeitende Möglichkeiten zu schaffen, in den Flow zu kommen. Das Flow-Konzept (vgl. auch Abschn. 3.3.3) ist eigentlich ganz einfach: Wenn Sie die Stärken und Talente Ihrer Mitarbeitenden kennen und ihnen entsprechend herausfordernde Aufgaben übertragen, für die sie eine Leidenschaft entwickeln können. Voraussetzung dazu ist, dass Sie die Stärkenprofile Ihrer Mitarbeitenden ermitteln und versuchen, die anstehenden Projekte und Aufgaben mit den Stärken Ihrer Mitarbeitenden zu matchen. Diesen Matching Prozess können Sie auch sehr gut gemeinsam im Team machen. Das stärkt zusätzlich den Zusammenhalt und schafft die Möglichkeit, dass die Mitarbeitenden im Team voneinander die Stärken und Potenziale kennen. (Seliger 2014, S. 156)

▶ **Wichtig** Ein weiterer wichtiger Faktor der Ressourcen- und Stärkenfokussierung ist Zuversicht beziehungsweise Optimismus: Wenn Sie als Führungskraft Ihre Aufmerksamkeit und Energie auf Zuversicht lenken, werden Sie auch diejenigen Faktoren erkennen, die Ihnen Zuversicht geben: Stärken, Fähigkeiten, Talente sowie Erfolgserfahrungen.

Als Führungskraft schaffen Sie Zuversicht und damit positive Energie, wenn Sie Ihren eigenen Fokus sowie den Ihrer Mitarbeitenden konsequent auf die positiven Dinge lenken. Ein sehr hilfreiches Instrument dazu ist „Appreciate Inquiry" (vgl. Abschn. 3.3.7). Dieses kann als Grundlage für Feedback, Gespräche, Teammeetings oder auch in Team-Workshops angewendet werden.

▶ **Tipp** Tool 27 (Appreciate Inquiry – das Gelingende analysieren, Abschn. 8.2.3.1) in der Toolbox in Kap. 8 unterstützt Sie dabei, eine ressourcenorientierte Haltung und Gesprächsführung anzuwenden.

5.10 Kommunikation – der Motor guter Beziehungen

5.10.1 Stärken Sie Ihre Kommunikationskompetenz

Führung ist vor allen Dingen Kommunikation. Kommunikation spielt eine bedeutende Rolle, wenn es um den Umgang mit Menschen geht. Systemisch betrachtet kommt ein System – wie das Führungssystem – erst durch Kommunikation und Interaktion zustande. Kommunikation ist sozusagen der Motor, der alles zum Laufen bringt.

Der aktuelle Wandel durch die Digitalisierung und die Veränderung hin zu flexibleren, agileren und dynamischeren Arbeitsformen in Unternehmen wird oftmals sehr stark im technischen Kontext betrachtet. In allererster Linie benötigt der digitale Wandel jedoch ein neues Verständnis der Unternehmens- und Führungskultur. Diese drückt sich vor allem dadurch aus, wie wir miteinander kommunizieren.

▶ **Wichtig** Die Anforderung an die kommunikativen Kompetenzen der Führungskräfte wird in Zukunft noch mehr zunehmen. Die Fähigkeit, Mitarbeitende zu überzeugen, argumentativ wie auch emotional zu erreichen, ist eine unerlässliche Schlüsselkompetenz für menschliche Führung in der Zukunft.

„Die Wertschöpfung wird in Zukunft davon bestimmt sein, ob es Führungskräften gelingt, komplexe Kommunikation zu gestalten." Matthias Horx, Zukunftsforscher (Permantier 2019, S. 24)

Wir können auf **vier Ebenen** kommunizieren (Permantier 2019, S. 25–31):

Ebenen der Kommunikation

Monolog: Wenn Sie als Führungskraft Monologe halten, ist es Ihnen egal, was andere denken oder fühlen. Es findet kein intellektueller Austausch von Fragen und Argumenten statt. Die Kommunikation auf dieser Ebene ist einseitig, eher manipulativ und die Mitarbeitenden fühlen sich wie Kinder behandelt beziehungsweise entmündigt, da sie sich nicht einbringen können.

Debatte: Die Ebene der Debatte stellt eine etwas höhere Kommunikations- und Führungsqualität dar. In der Debatte findet vor allem ein intellektueller, sachlicher Austausch in Form von Diskussionen statt. Auf dieser Ebene geht es in erster Linie darum, gegenseitig sachliche Argumente auszutauschen und Überzeugungsarbeit zu leisten.

Dialog: Erst auf der Dialogebene eröffnet sich die Möglichkeit, zu erfahren, was mein Gegenüber denkt und fühlt. Im Dialog wechseln die Gesprächspartner die Perspektive und versetzen sich empathisch in die Situation des Gegenübers. So wird ein Austausch auf Augenhöhe ermöglicht, der sowohl die Sach- wie Emotionsebene berücksichtigt.

Ko-Kreation: Auf der Ebene der Ko-Kreation kommt neben dem intellektuellen wie auch dem emotionalen Austausch die Intuition ins Spiel. Hier findet ein freier Gedankenaustausch über alle Hierarchien hinweg statt. Emotionale Wahrnehmungen sind erwünscht und unkonventionelle Ideen und Denkansätze willkommen. Insbesondere auf dieser Ebene ist psychologische Sicherheit eine wichtige Voraussetzung. (vgl. auch Abschn. 6.4)

Um als Führungskraft menschlich zu führen, ist die Kommunikationsfähigkeit mindestens auf der Ebene des Dialogs essenziell.

„Kommunikation ist das A und O, sie bringt unsere Leute zusammen. Sie muss klar und transparent sowie offen und direkt sein. Dabei ist die Relevanz für die jeweiligen Zielgruppen von Bedeutung. Kommunikation darf zudem nicht nur ,one way', sondern sie muss ,two way' sein: unsere Mitarbeitenden können Kommentare und Kritik anbringen und Fragen stellen. Wir stellen jeweils nach jedem Webcast den Dialog mit unseren Mitarbeitenden mit einem Q&A sicher." Dieter Vranckx, CEO Swiss International Air Lines (Vranckx 2021)

5.10.2 Gewaltfrei kommunizieren

Die Gewaltfreie Kommunikation (GFK) kommt aus der humanistischen Psychologie. Sie wurde von dem amerikanischen Psychologen Marshall Rosenberg (1934–2015) begründet. Die Bezeichnung „gewaltfrei" kann auf den ersten Blick irreführend wirken: In der GFK geht es weder um Gewalt noch im Kern um Kommunikation, sondern um eine Haltung – die innere Einstellung im Umgang mit uns selbst und mit anderen Menschen. Das Konzept der GFK wird heute in Familien, Schulen, Therapien, in der Beratung sowie auch bei Verhandlungen erfolgreich angewandt.

Als „gewaltvoll" bezeichnet Marshall Rosenberg diejenige Kommunikation, welche bei unserem Gegenüber Scham, Schuldgefühle und Angst auslöst. Zu einer gewaltsamen Sprache gehören zum Beispiel unberechtigte Forderungen, Vorwürfe, moralische Urteile, Drohungen, Bestrafungen, aber je nachdem auch Belohnungen. All diese Arten von Kommunikationsverhalten führen dazu, dass sich Menschen anpassen, ohne innerlich einverstanden zu sein. Gewaltsame Sprache berücksichtigt weder die Bedürfnisse der anderen noch deren Autonomie.

Ohne dass wir es bewusst wollen oder merken, hat sich in unsere alltägliche Kommunikation eine Sprache eingeschlichen, die auf unser Gegenüber aggressiv wirken kann. Beispiele dazu:

- „Das habe ich Ihnen schon schon mehrmals gesagt!"
- „Du hast keine Ahnung!"
- „Sie liegen da völlig falsch."
- „Das müssten Sie doch wissen!"

Kommen Ihnen solche Sätze bekannt vor? Meistens umfasst diese Form der Kommunikation Du-Botschaften. Diese Art der Kommunikation führt dazu, dass sich Ihr Gegenüber nicht gleichwertig behandelt oder sogar schlecht fühlt. Als Effekt resultiert meistens eine Rechtfertigung, eine Abwehrhaltung oder sogar ein Gegenangriff des Gesprächspartners. Im weiteren Verlauf nimmt das Gespräch meistens einen angespannten oder aggressiven Charakter an, was für beide Seiten unbefriedigend ist.

Ziel der GFK ist es, authentisch und wertschätzend zu kommunizieren, um eine tragfähige Verbindung zum Gegenüber und ein wohlwollendes Verhältnis zu sich selbst aufzubauen. Sie ist in **vier Schritte** (siehe Abb. 5.3) aufgebaut (Fischer 2021, S. 39–40; Neue Narrative 2021, Nr. 10, S. 86–91):

Schritt 1: Wahrnehmung
Bei diesem Schritt geht es zunächst um eine möglichst objektive Beschreibung des Sachverhalts. Es geht darum, die Gesprächspartner zu beobachten und das, was sie sagen, wahrzunehmen – aufmerksam zuzuhören, zu sehen und zu empfinden. Dieser Vorgang basiert auf Beobachtung und nicht auf Bewertung. Die Wahrnehmung ist völlig neutral

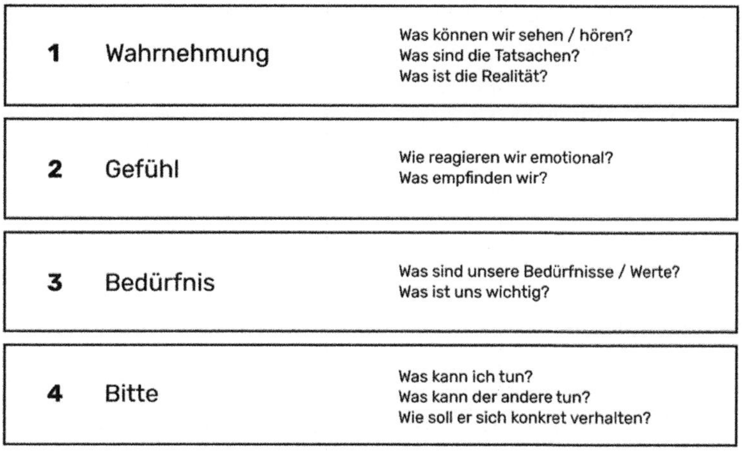

1	Wahrnehmung	Was können wir sehen / hören? Was sind die Tatsachen? Was ist die Realität?
2	Gefühl	Wie reagieren wir emotional? Was empfinden wir?
3	Bedürfnis	Was sind unsere Bedürfnisse / Werte? Was ist uns wichtig?
4	Bitte	Was kann ich tun? Was kann der andere tun? Wie soll er sich konkret verhalten?

Abb. 5.3 Die vier Schritte der Gewaltfreien Kommunikation; eigene Darstellung (Fischer 2021, S. 39)

und stützt sich auf beobachtbares Verhalten und Fakten, ohne eine Analyse, Interpretation oder Wertung vorzunehmen.

Wir Menschen sind immer wieder versucht, Situationen, andere Menschen und Dinge zu bewerten und irgendwie einzuordnen. Bewertungen sind ein wichtiger Teil des Menschseins, denn dadurch geben wir den Dingen ihren Sinn und wir können uns im Leben orientieren. Aus neurologischer Sicht ist unser Gehirn immer aktiv. Alle eingehenden Informationen werden sozusagen auf Vorteile und Gefahren gescannt. Wichtig ist, dass wir uns bewusst sind, dass sämtliche Vorinformationen, die wir über einen Menschen oder eine Situation haben, sowie unsere Erfahrungen unsere Wahrnehmung maßgeblich beeinflussen. Versuchen Sie deshalb, Beobachtung und Bewertung bewusst zu trennen: Eine Beobachtung beschreibt objektiv, was andere ebenso sehen würden, und gibt keinen Raum für Interpretationen und unterschiedliche Ansichten. Statt zu Ihrer Mitarbeiterin zu sagen „Du hast mir die Projektskizze nicht geschickt!" (subjektiv, aggressiv-beschuldigend), können Sie ihr ganz objektiv mitteilen: „Ich habe die Projektskizze nicht erhalten." Diese Aussage ist sachlich-neutral formuliert, ohne dass Sie beschuldigen. Es kann ja sein, dass Ihre Mitarbeiterin die Projektskizze per E-Mail an Sie geschickt hat, Sie die Nachricht in Ihrer E-Mail Flut jedoch übersehen haben oder die E-Mail im Spam-Filter gelandet ist. Insbesondere in Konflikten ist es durchaus sinnvoll, sich zunächst auf das zu verständigen, was objektiv beobachtbar ist. Statt „Du warst in der Sitzung total angriffig", können Sie sagen: „Du hast mich in der Sitzung drei Mal unterbrochen und mich zwei Mal angeschrien".

Schritt 2: Gefühl
Die aufmerksame und empathische Beobachtung einer Gesprächssituation führt unmittelbar zu Gefühlen bei den Beteiligten. In diesem Schritt gilt es herauszufinden und zu

verbalisieren, wie sich die beiden Gesprächspartner mit dem Gesagten fühlen. Dabei ist es wichtig, für sich zu reflektieren, welches Gefühl vorliegt.

Gefühle sind echte Emotionen wie zum Beispiel „wütend", „traurig", „verletzt" zu sein. Oftmals verwechseln wir jedoch Gefühle mit Pseudo-Gefühlen, die im Grunde versteckte Werturteile beziehungsweise Bedürfnisse sind. Pseudo-Gefühle äußern sich in Aussagen wie:

- „Ich fühle mich nicht verstanden."
- „Ich wurde übergangen."
- „Du hast mich bloßgestellt."

Es geht in diesem Schritt also darum, dass Sie für sich reflektieren, dass es sich nicht um eine objektive Tatsache handelt („ich wurde übergangen"), sondern um die eigene individuelle Interpretation. Diese sollten Sie entsprechend auch als solche kennzeichnen. Welches ist aber das echte Gefühl, das Sie mit „Ich wurde übergangen" verbinden? Waren Sie verärgert oder traurig darüber? Oder waren Sie enttäuscht? In der GFK stehen die echten Gefühle im Vordergrund:

- „Ich fühle mich traurig."
- „Das ärgert mich."
- „Ich bin irritiert."
- „Das enttäuscht mich."
- „Ich bin wütend darüber."

Sie müssen nicht in jedem Gespräch offenlegen, ob Sie bei einer Sache wütend, verletzt oder traurig waren. Sie erzielen jedoch einen wichtigen Erkenntnisgewinn, wenn sie darüber zumindest reflektieren.

Schritt 3: Bedürfnis
Gemäß der Grundannahme der GFK haben wir Menschen universelle Bedürfnisse wie zum Beispiel Sinnhaftigkeit, Selbsterhalt, Liebe, Verständnis, Aufrichtigkeit, Zugehörigkeit und Autonomie (vgl. Abschn. 3.3.4). Das Feststellen unserer Gefühle hilft, unsere verborgenen Bedürfnisse dahinter zu ergründen. Wenn Sie sich „einsam" fühlen, haben Sie vielleicht das Bedürfnis nach Zugehörigkeit. Wenn Sie „verärgert" sind, benötigen Sie vielleicht mehr Verständnis. Wenn unsere Bedürfnisse nicht erfüllt werden, zeigt sich dies in negativen Gefühlen. Wir befriedigen unsere Bedürfnisse durch sogenannte „Strategien", durch Handlungen, um diese zu erfüllen: Beispielsweise verschaffen wir uns Aufmerksamkeit und Anerkennung, indem wir andere in Meetings und Gesprächen immer unterbrechen oder abwerten.

In der GFK geht es darum, von der Strategieebene auf die Bedürfnisebene zu kommen. Sich im Klaren darüber zu sein, was eine Strategie und was ein Bedürfnis ist, macht es leichter, aus gedanklichen Sackgassen und vermeintlich unlösbaren Konflikten („Ich will A, du willst B") wieder herauszufinden.

Schritt 4: Bitte

Die Bitte ist der vierte Schritt in der GFK. Damit ist jedoch nicht eine Forderung gemeint, die mit „Bitte" formuliert wird. Eine Bitte gemäß GKF charakterisiert sich dadurch, dass die Autonomie unseres Gegenübers gewahrt wird und diejenige Person, die die Bitte formuliert, ein Nein akzeptieren kann. Statt „Erledige bitte die Pendenz raschmöglichst!" könnten Sie fragen: „Hast du Zeit, diese dringende Pendenz raschmöglichst für mich zu erledigen?" In einer Bitte steckt ein gewisser Grad an Autonomie. Eine echte Bitte gibt Raum zu Verhandlungen. Noch besser wäre folgende Formulierung: „Die Pendenz ist ein Antwortschreiben an unseren wichtigsten Kunden und hat höchste Priorität. Wärest du bereit, mir dieses wichtige Antwortschreiben raschmöglichst zu erledigen?"

Bei der Forderung hingegen ist es anders: Es gibt keinen Raum für Verhandlungen und ein Nein wird nicht akzeptiert. In diesem Schritt ist es sehr hilfreich, sich zu reflektieren: Haben Sie eine echte Bitte? Sind Sie bereit, ein Nein zu akzeptieren und über die Art der Umsetzung zu verhandeln? Oder haben Sie eine klare Forderung und wissen genau, was Sie möchten und akzeptieren kein Nein? Dann sollten Sie die Forderung auch nicht in eine Bitte verpacken, sondern diese klar als solche deklarieren.

▶ **Wichtig** In der GFK ist Empathie, das heißt die Fähigkeit, sich in sein Gegenüber einfühlen und dessen Bedürfnisse erkennen zu können, sehr wichtig. Wenn die Bedürfnisse erkannt, kommuniziert und berücksichtigt werden, nehmen das gegenseitige Vertrauen und die Kooperationsbereitschaft zu.

Denn neurologisch betrachtet passiert folgender Effekt: Wenn wir Menschen uns in unseren Bedürfnissen und Anliegen wahrgenommen fühlen, empfinden wir Sicherheit. Empathie wirkt deshalb de-eskalierend. Deshalb ist empathisches Reden und Zuhören sehr wichtig für eine konstruktive, menschliche Kommunikation.

Eine wichtige Anmerkung zur Anwendung: Wird die GFK rein als Sprachmodell verwendet, kann dies zu einer unnatürlichen Sprache führen. Es empfiehlt sich, die vier Schritte der GFK nicht absolut dogmatisch zu sehen, sondern vor allem zur Reflexion der eigenen Kommunikation zu nutzen. Wenn Sie eine Haltung gemäß der GFK einnehmen, können Sie Gespräche mit Ihren Mitarbeitenden konstruktiv, wertschätzend und ohne verletzende Absicht führen. (Fischer 2021, S. 18–20)

Selbstreflexive Fragen können dabei den konstruktiven Charakter der Gespräche zusätzlich stärken:

• Welche Unterstützung braucht mein Gegenüber von mir, um seine Stärken zu entwickeln?
• Ermutige ich oder erzeuge ich eher Angst bei meinem Gegenüber?
• Schüre ich Konkurrenz oder fördere ich Kooperation?
• Verantworte ich Manipulation und Misstrauen oder unterstütze ich Freude und Kreativität am gemeinsamen Wirken?

▶ **Tipp** Folgende Tools in der Toolbox in Kap. 8 können Sie dabei unterstützen,
Ihr Kommunikationsverhalten und Ihre Reaktionsmuster zu reflektieren und bei
Bedarf anzupassen:

- Tool 28: Reiz-Reaktions-Muster durchbrechen (Abschn. 8.2.4.1)
- Tool 29: Die echte und wirksame Entschuldigung (Abschn. 8.2.4.2)

5.10.3 Geben Sie konstruktives Feedback

Leider löst das Wort „Feedback" nicht nur positive Erinnerungen aus. Für einige von uns
ist es sogar zu einem Reizwort verkommen. Dies ist vor allen Dingen darauf zurückzuführen, dass Feedback inflationär für jede Art von Rückmeldung benutzt wird. Dazu
kommt, dass viele ein unqualifiziertes Feedback geben oder mit einem defizitären Fokus
kommunizieren und deshalb vor allem Fehler, Mängel und Schwächen aufzeigen. Teils
wird im vermeintlichen Feedback verallgemeinert, gewertet und entwertet oder gar ver-
urteilt. Dann wird Feedback zu einem unliebsamen Hammer. Dabei wäre ein qualifiziertes
Feedback als Geschenk gedacht.

Ein regelmäßiges qualifiziertes Feedback trägt dazu bei, dass sowohl Sie als Führungskraft wie auch Ihre Mitarbeitenden sich reflektieren und entwickeln können. Unser Gegenüber kann uns Dinge spiegeln, die uns selbst nicht bewusst sind. Doch wie geben Sie ein
qualifiziertes Feedback?

Zuerst gilt es zwischen Lob und Feedback zu unterscheiden. Echtes, authentisches Lob
drückt Wertschätzung aus und ist positiv, wohingegen das Feedback sowohl positiv wie
auch negativ sein kann und viel spezifischer ist. Die Aussage „Wow, du hast heute einen
super Job gemacht!" ist ein Lob, das Ihrem Mitarbeiter sehr gut tut. Er weiß aber nicht
wirklich, weshalb er einen tollen Job gemacht hat. Beim Feedback geht es darum, möglichst zeitnah und präzise eine Rückmeldung zum beobachteten Verhalten zu geben. Ein
konstruktives Feedback auf der Grundlage der GFK ist direkt und verzichtet auf An-
schuldigungen und Schuldzuweisungen. Positives wie auch kritisches Feedback hat so das
Potenzial, Beziehungen zu Katalysatoren für Wachstum zu machen.

> „Feedback als Resonanz ist sehr wichtig. Es muss offen, ehrlich und direkt sein. Kritisches
> Feedback ist nicht unmenschlich. Im Gegenteil. Wenn man nicht direkt und ehrlich ist, ergibt
> sich ein Disconnect. Die Mitarbeitenden wissen selbst, wenn etwas nicht ok ist. Wenn wir uns
> als Menschen kennen und schätzen, ist kritisches Feedback immer möglich." Andreas Fähn-
> drich, CEO XOVIS AG (Fähndrich 2021)

In Anlehnung an die GFK erfolgt **Feedback in sieben Schritten** (Klein 2021b, S. 23):

Feedback in sieben Schritten

Schritt 1 - Um Erlaubnis bitten: Fragen Sie immer zuerst, ob Ihr Gegenüber bereit ist für ein Feedback oder wann der geeignete Moment dafür ist. Es ist unangebracht, mit der Tür ins Haus zu fallen und Feedback ungefragt zu geben.

Schritt 2 - Die Situation beschreiben: Informieren Sie zuerst, um welche konkrete Situation es geht (Kontext). Beschreiben Sie, was Sie beobachtet haben. Umschreiben Sie ganz konkret und faktenbasiert das beobachtete Verhalten ohne wertende, abstrakte oder verallgemeinernde Formulierungen.

In unserem Beispiel: Statt zu sagen „Du hast einen tollen Job gemacht!" beschreiben Sie spezifisch, um welche konkrete Situation beziehungsweise Aufgabe es sich handelt: „Im Verkaufsgespräch mit Kundin XY hast du sehr gute Fragen gestellt und so ihre Bedürfnisse gut abgefragt. Man hat gemerkt, dass sich die Kundin sehr ernstgenommen fühlte. Super war, dass sie am Schluss Interesse an unserem Produkt zeigte." Wenn ein Mitarbeiter immer wieder zu spät in Sitzungen kommt, sagen Sie statt „Du bist immer zu spät" folgendes: „Im Teammeeting von letzter Woche warst du 5 Minuten zu spät und im Teammeeting von heute haben wir 10 Minuten auf dich gewartet."

Schritt 3 - Eigene Gefühle benennen: Beschreiben Sie, welche Gefühle das Verhalten bei Ihnen ausgelöst hat. Benennen Sie dieses, ohne Vorwürfe zu machen oder das Gegenüber anzuklagen.

In unserem ersten Beispiel: Haben Sie sich gefreut? Waren Sie stolz? Waren Sie überrascht? Formulieren Sie Ihr Gefühl: „Ich war sehr stolz" oder „Ich war überwältigt." Wenn Ihr Mitarbeiter jeweils zu spät ist, löst das etwas in Ihnen aus: Sind Sie irritiert, wütend, oder enttäuscht? Formulieren Sie Ihr Gefühl: „Ich ärgere mich darüber." oder „Ich bin enttäuscht."

Schritt 4 - Bedürfnisse und Werte mitteilen: Teilen Sie Ihrem Gegenüber mit, welche Bedürfnisse und Werte durch die Situation beziehungsweise das Verhalten berührt wurden. Achten Sie darauf, dass Sie nicht belehrend wirken.

In unserem ersten Beispiel: „Das von dir geführte Kundengespräch entspricht genau der Art und Weise, wie wir in unserer Firma mit Kundinnen und Kunden umgehen möchten." Im Beispiel des Zuspätkommens: „Ich ärgere mich darüber, weil wir jeweils gestört werden. Andererseits bin ich auch enttäuscht, weil es nicht unserer Abmachung von Fairplay entspricht."

Schritt 5 - Bitte formulieren: Formulieren Sie eine positive, konkrete und realistische Bitte. Seien Sie sich bewusst, dass vergangenheitsorientierte Bitten nicht erfüllt werden können. Achten Sie darauf, dass die Bitte möglichst zukunftgerichtet ist.

Im ersten Beispiel: „Ich würde mich darüber freuen, wenn du auch zukünftige Kundengespräche so professionell führst."

Im zweiten Beispiel: „Ich bitte dich, pünktlich ins Meeting zu kommen. Wenn du Verspätung hast, rufe mich bitte frühzeitig an, damit wir nicht unnötig warten und bereits mit dem Meeting starten können."

Schritt 6 - Die andere Seite anhören: Bitten Sie Ihr Gegenüber, die Situation aus der eigenen Sicht zu schildern. Hören Sie dabei aktiv, aufmerksam und empathisch zu. Vielleicht erfahren Sie wichtige Aspekte, die für das Verständnis des Verhaltens beziehungsweise die Lösungssuche hilfreich sind.

Schritt 7 - Einigung finden: Fragen Sie nach, ob Ihre Bitte akzeptabel ist. Gegebenenfalls suchen Sie eine Lösung, die für beide Seiten besser ist.

In vielen Kommunikationstrainings hören Führungskräften die Empfehlung, sie sollen ihr Feedback in ein sogenanntes „Sandwich" verpacken: Zuerst mit einem Lob starten, dann das kritische Feedback aussprechen und am Schluss das Ganze mit einem Lob abrunden. Das „Feedback-Sandwich" mag zwar besser sein als pauschal abwertende Kritik, doch es verfehlt den positiven Effekt, den ein Feedback haben sollte.

„Du bist wohl keine Verkäuferpersönlichkeit." oder „Diese Chance hast du aber gründlich verpatzt." Solche Aussagen vermischen die Person und das Verhalten, sind defizitorientiert und generalisierend. Für die Empfängerin ist eine solche Kritik nicht nachvollziehbar und abwertend. Wenn die Kritik hingegen klar, präzise, nachvollziehbar und wertschätzend übermittelt wird, kann sie ebenso positiv ankommen und die persönliche Entwicklung fördern. Wird das beobachtete Verhalten (Was?) sachlich und verständlich im Sinne seiner Wirkung (Wozu führt das?) beschrieben, stößt das auf mehr Verständnis als pauschale, abwertende Kritik.

Wenn Sie Ihrem Mitarbeiter sagen „Du bist der Beste!", dies aber eher ironisch meinen – lassen Sie es sein! Unglaubwürdiges Lob wird vom Gegenüber schnell als inkongruent entlarvt und wird als nicht ehrlich erlebt. Unglaubwürdiges Lob schadet einer Beziehung, weil sich das Gegenüber nicht ernstgenommen fühlt. Eine ehrliche Wertschätzung wirkt dagegen positiv. Wenn wir hören, was wir gut machen oder wo wir uns verbessert haben, wird unser Belohnungssystem im Gehirn aktiviert. Ist die Wertschätzung ehrlich und glaubwürdig, stärkt dies die Bindung und aktiviert das Bindungssystem (Blickhan 2018; S. 277–283). So kann Vertrauen wachsen und unterstützt die Mitarbeitenden, die nächsten Entwicklungsschritte anzugehen. Konstruktives, ehrliches Feedback unterstützt das „Growth Mindset" Ihrer Mitarbeitenden (vgl. Abschn. 4.4.2 und 5.9.1).

5.10.4 Richtig zuhören – Presencing

Bei Kommunikation denken die meisten von uns ans Reden. Die wenigsten von uns denken ans Zuhören. Dabei ist Zuhören eine fundamentale Fähigkeit und gleichzeitig eine Voraussetzung, die positive Kommunikation überhaupt erst ermöglicht. Aktives Zuhören ist eine sehr wirkungsvolle Möglichkeit, unserem Gegenüber unser echtes Interesse zu zeigen und Verständnis zu signalisieren. Aktives Zuhören schafft Verbindung. Dazu gehört mehr, als beim Gesagten zu nicken oder die Aussagen des Gesprächspartners zu wiederholen. Leider wird das Zuhören von vielen Führungskräften sträflich vernachlässigt. Führungskräfte, die nicht zuhören, riskieren, ihre Mitarbeitenden zu frustrieren oder nur noch von Ja-Sagern umgeben zu sein.

   Einen sehr differenzierten Ansatz des Zuhörens präsentiert Claus Otto Scharmer (geb. 1963), Gründer des Precencing Institute am Massachusetts Institute of Technology (MIT) in Cambridge/USA mit den **vier Ebenen des Zuhörens** (siehe Abb. 5.4).

Ebene	Austausch	Ergebnis
1) Downloading Downloaden eigener Denkweisen und Erfahrungen	Meinungsaustausch Small Talk	Bestätigung alter Meinungen und Urteile
2) Faktisches Zuhören Unterschiede erkennen	Diskussion Erörterung Debatte	Beurteilung, ob richtig oder falsch, partielles Aufnehmen von Kontexten, Fakten und Details
3) Empathisches Zuhören Aktives Zuhören mit Einfühlungsvermögen	Dialog	Durch die Augen anderer sehen, neue / andere Einsichten erhalten erkunden, reflektieren
4) Schöpferisches Zuhören Zukunftspotential erkennen	Presencing Vergegenwärtigen Schöpferischer Dialog	Das Unbekannte entdecken, zukunftsorientiertes Gewahrsein und Lernen Co-kreatives Fliessen

Abb. 5.4 Ebenen des Zuhörens; eigene Darstellung nach Scharmer (2019, S. 43)

Ebene 1: Downloading (Herunterladen)
Die erste Ebene des Zuhörens umfasst den uns allen bekannten Modus des Zuhörens. Wir hören zwar zu, was unser Gegenüber uns erzählt, sind aber abgelenkt durch eigene Gedanken oder gar Emotionen und hören dadurch nicht wirklich aufmerksam zu. Auf dieser Ebene hören wir zudem über unsere inneren Filter, welche geprägt sind von eigenen Erfahrungen und hören beziehungsweise projizieren nur das, was wir schon wissen. Wir bewegen uns somit beim Zuhören in Gedanken in der Vergangenheit oder sind in Gedanken schon in der Zukunft. Wir sind „am downloaden" und bestätigen dadurch lediglich unser bisheriges Wissen. Wir bewegen uns sozusagen im Zentrum unseres Gedanken-Gefängnisses. (Scharmer 2019, S. 43 und S. 59–60)

Nehmen wir an, eine Mitarbeiterin schildert Ihnen in aller Ausführlichkeit, wie schwierig und anspruchsvoll eine Kundenreklamation zu handhaben war und dass sie es nicht geschafft habe, den Kunden mit ihrem Lösungsvorschlag zufrieden zu stellen. Auf dieser Ebene denken Sie vielleicht an das letzte Meeting mit diesem Kunden und stellen sich in Gedanken bildhaft vor, wie er damals gegenüber Ihrer Mitarbeiterin reagiert hat oder Sie denken bereits an mögliche Lösungen, um den anspruchsvollen Kunden zufrieden zu stellen. Dies hindert Sie daran, wirklich zu hören, was Ihre Mitarbeiterin Ihnen zu sagen hat.

Ebene 2: Factual Listening (Faktisches Zuhören)
Auf dieser Ebene des Zuhörens öffnen wir bewusst unseren Filter. Wir lassen unseren inneren Gedankenstrom in den Hintergrund treten und hören genau zu. Um die Situation beziehungsweise das Problem umfassender zu verstehen, müssen wir uns in die relevanten Kontexte einlassen. Wir achten auf Unterschiede – auf das, was für uns neu ist oder uns überrascht. Wir bewegen uns also nicht mehr nur in unserem Gedankengefängnis, sondern blicken aus dem Fenster. Um möglichst viel zu erfahren, fragen wir nach, um die Aussagen des Gegenübers inhaltlich zu verstehen. Wenn Sie faktisch zuhören, also dem genauen Wortlaut folgen, erfahren Sie mehr Nuancen und Details von Ihrem Gegenüber. (Scharmer 2019, S. 43 und S. 60–61)

In unserem Beispiel. „Was meinen Sie mit unzufrieden"?" oder „Was war besonders schwierig im Umgang mit dem Kunden?" Oder wir wiederholen sinngemäß, was wir eben gehört haben: „Der Kunde bemängelte also sowohl die Qualität wie auch die Lieferfrist." Sie erfahren durch faktisches Zuhören, welche Argumente Ihre Mitarbeiterin im Kundengespräch eingebracht hat und wie der Kunde darauf reagiert hat. Sie hören auch heraus, dass Ihre Mitarbeiterin sich bereits Gedanken über mögliche weitere Lösungen gemacht hat und sich im Gespräch sehr engagiert hat, den Kunden zufriedenzustellen. Auf dieser Ebene achten Sie auf Fakten und können so die Situation besser erfassen.

Ebene 3: Empathic Listening (Empathisches Zuhören)
Neben dem kognitiven Verständnis dessen, was Ihr Gegenüber Ihnen sagt oder ausdrückt, zeigen Sie auf dieser Ebene Verständnis und Empathie für die geäußerte Sichtweise beziehungsweise die Situation Ihres Gegenübers. Sie nutzen Ihre Gefühle als Wahrnehmungssensoren. Auf dieser Ebene fahren Sie Ihre emotionalen „Antennen" aus, um sich in das

Erleben des Anderen hineinzuspüren. Sie schlüpfen sozusagen für einen Moment in die Schuhe Ihres Gegenübers, Sie versuchen, die Situation durch die Augen Ihres Gegenübers zu sehen. (Scharmer 2019, S. 43 und S. 61–62)

In unserem Beispiel: Sie erkennen, dass die Situation für Ihre Mitarbeiterin sehr schwierig und unangenehm war, weil der Kunde sie persönlich angegriffen hat. Sie können nachfühlen, dass diese Situation für Ihre Mitarbeiterin belastend war und sie immer noch stark beschäftigt.

Beim empathischen Zuhören geht es nicht darum, dass Sie mit dem Verhalten oder der Ansicht Ihres Gegenübers einverstanden sind. Es geht auf dieser Ebene darum, die emotionale Verfassung des Gegenübers wahrzunehmen. Die Qualität einer Beziehung zeigt sich durch die Fähigkeit, empathisch zuhören zu können.

Ebene 4: Generative Listening (Schöpferisches Zuhören)
Auf dieser Ebene geht es darum, herauszuhören, was nicht explizit gesagt wird. Sie hören mit innerer Offenheit, welches Potenzial im Gesagten sowie in der erzählenden Person steckt. Sie beschreiben dieses Potenzial und machen es wahrnehmbar. Professionelles Coaching bewegt sich auf dieser Ebene. (Scharmer 2019, S. 43 und S. 62–63)

Vielleicht erkennen Sie im Gesagten Ihrer Mitarbeiterin, dass Sie über eine sehr große Hartnäckigkeit verfügt oder Sie erkennen, dass die Mitarbeiterin trotz des aus Ihrer Sicht unbefriedigenden Kundengesprächs bereits sehr gute Fortschritte gemacht hat.

Die meisten von uns bewegen sich vorwiegend auf den beiden ersten Ebenen des Zuhörens. Meine eigene Erfahrung hat mir gezeigt, dass ein Gespräch erst an Qualität und Kraft gewinnt, wenn wir auf der dritten und vierten Ebene zuhören. Gespräche auf diesen Ebenen stärken nicht nur die Beziehung, sondern eröffnen neue Potenziale und Möglichkeiten.

▶ **Wichtig** Wenn Sie sich bewusst dafür entscheiden, auf allen vier Ebenen zuzuhören, werden Sie bald sehen, wie sich die Ergebnisse Ihrer Gespräche verändern. Auch können Sie auf diese Weise viele Missverständnisse reduzieren und bestenfalls verhindern. Wenn sie bewusst auf allen Stufen aktiv zuhören, werden sich Ihre Mitarbeitenden ernstgenommen und wertgeschätzt fühlen. Zudem werden sie zunehmend motiviert sein, sich aktiv einzubringen.

5.10.5 Gehen Sie Konflikte mutig und beherzt an

Die steigende Komplexität unseres Umfelds sowie der Organisationen führt zu steigenden Interessensgegensätzen und damit auch zu einem steigenden Potenzial für Konflikte. Als Führungskraft werden Sie immer wieder gefordert sein, Interessenkonflikte zu balancieren oder auszuhalten und Konflikte zu deeskalieren. Auch wenn die Leistung von Mitarbeitenden oder die Zusammenarbeit im Team nicht mehr Ihren Erwartungen entsprechen, gilt es, die Gründe dafür herauszufinden.

„Als Führungskraft bin ich nicht nur Schönwetterpilot. Konflikte und Probleme gehören ebenso zum Führungsalltag." Renato Grasso, Leiter Filialgebiet, Die Schweizerische Post (Grasso 2021)

Ein erster wichtiger Schritt ist es, die eigene Haltung gegenüber Konflikten zu überdenken. Leider werden Konflikte meistens negativ bewertet und deren Potenzial zu wenig gesehen. Das führt als Konsequenz dazu, dass Konflikte ignoriert, unterdrückt oder als Machtkampf ausgetragen werden. Schade, denn Konflikte haben ein großes Potenzial und sind der Puls einer Organisation: Es gehört zum Menschsein, Fehler zu machen, anderer Meinung zu sein und sich über andere zu ärgern. Wie langweilig wäre es, wenn es keine Konflikte gäbe. Je lebendiger eine Organisation ist und je selbstbewusster und vertrauter Menschen miteinander umgehen, desto häufiger entstehen Reibungen. Es gilt, diese Reibungen im Sinne des Grundsatzes „Reibung erzeugt Wärme. Wärme ist Energie" zu nutzen. Denn Konflikte offenbaren meistens latende Themen, Schwierigkeiten oder Schwachstellen in einer Organisation. Ungelöste Konflikte hingegen sind Sand im Getriebe, bremsen die Leistungsfähigkeit und -bereitschaft und kosten am Ende viel Geld. Dies führt dazu, dass viel Energie verpufft und Konflikte wichtige Vorhaben bremsen oder sogar vollständig blockieren. Ein erkannter Konflikt hingegen kann ein hilfreiches Warnsignal und eine Chance sein, Verbesserungen vorzunehmen. Freuen Sie sich deshalb über jeden Konflikt als Beweis für die Lebendigkeit und Energie, die in Ihrem Team oder in Ihrer Organisation steckt. (Priess und Spörer 2014, S. 164–166)

„ Konflikte auszutragen, ist etwas sehr menschliches und ist nicht unfair. Eine Organisation, in der keine Konflikte ausgetragen werden, ist dysfunktional." Andreas Fähndrich, CEO XOVIS AG (Fähndrich 2021)

Ein typisches Anzeichen eines beginnenden Konflikts ist meistens, dass die Qualität der Kommunikation leidet. Die Betroffenen gehen sich aus dem Weg, sprechen kaum noch miteinander. Manchmal nehmen Sarkasmus und Ironie zu, der Umgangston wird unfreundlicher oder sogar aggressiv. Es herrscht sozusagen „dicke Luft". Entsprechend ist es entscheidend, dass Sie Konfliktanzeichen frühzeitig wahrnehmen und beherzt angehen, damit der Konflikt nicht eskaliert. Dazu sind Ihre Menschenkenntnis, Sensibilität und Ihr Kommunikationsgeschick gefragt.

„Für mich fängt Konfliktmanagement bereits damit an, dass ich bewusst Teamkonstellationen schaffe, die funktionieren. Falls es Konflikte gibt, versuche ich, Brücken zu bauen. Als Führungskraft vermittle ich zwischen den Mitarbeitenden, um gemeinsam herauszufinden, wieso etwas nicht funktioniert. Manchmal braucht es gar nicht so viel, Menschen wieder zusammenzubringen." Bernhard Soltermann, COO/Operations Director AMAG Import, AMAG Group AG (Soltermann 2021)

▶   **Wichtig** Menschliche Führung bedeutet, dass Sie Konflikte und Probleme, unvereinbare Meinungen und Werte offen ansprechen und nicht einfach „aussitzen".

Wenn ein Mitarbeiter einmal wütend wird und explodiert: Das kann geschehen und es muss sich nicht unbedingt um einen Konflikt handeln. Kommen Ausraster oder Angriffe häufiger vor, sollten Sie das Verhalten jedoch direkt ansprechen. Denn ungelöste Konflikte neigen dazu, sich zu verfestigen und ihre destruktive Wirkung zu steigern. Schaffen es die Beteiligten nicht, den Konflikt alleine zu lösen, ist es Ihre Aufgabe, sich der Sache anzunehmen. Es ist fatal, Krisen auszusitzen, bis sie sich vermeintlich „von alleine" gelöst haben. Mit Bemerkungen wie „Könnt Ihr euch denn nicht vertragen?" oder „Macht doch endlich Frieden untereinander!" ist es nicht getan. Zögern und Aussitzen sind kontraproduktiv. Es geht nicht darum, den Konflikt zu überspielen beziehungsweise zu verdecken, sondern diesen möglichst schnell anzugehen. Folgende Vorgehensweise kann helfen, Konflikte zu deeskalieren:

Konflikte de-eskalieren

Schritt 1 – Beiderseitige Anerkennung des Konflikts: In einem ersten Schritt ist es wichtig, dass die Konfliktparteien anerkennen, dass sie einen gemeinsamen Konflikt haben. Fragen Sie deshalb ganz konkret und direkt: „Siehst du es auch so, dass wir in diesem Punkt einen Konflikt haben? (wenn Sie selbst involviert sind) oder „Seht Ihr es auch so, dass Ihr in diesem Punkt einen Konflikt habt?" (zwei Mitarbeitende haben einen Konflikt). Wenn der Konflikt von allen Involvierten anerkannt wird, wird eine erste verbindende Gemeinsamkeit und damit eine Grundlage zur Bearbeitung des Konflikts geschaffen.

Schritt 2 – Gemeinsame Ausrichtung auf die Lösungsfindung: In einem zweiten Schritt soll ein Commitment für eine gemeinsame Lösungssuche und -findung abgeholt werden. Mit der Frage „Bist du genau so wie ich bereit, deinen Beitrag zu leisten, um eine gemeinsame Lösung zu finden? (wenn Sie selbst involviert sind) oder „Seid Ihr bereit, Euren Beitrag zu leisten, um eine gemeinsame Lösung zu finden?" richten Sie den Blick in die gleiche Richtung und haben das Commitment der Konfliktparteien, ihr Bestes zu geben.

Schritt 3 – Jeder erläutert seinen Standpunkt: In einem nächsten Schritt erhält die erste Konfliktpartei die Gelegenheit, den Sachverhalt zu erläutern und ihren Standpunkt zu erklären. Die andere Konfliktpartei hört aufmerksam zu und unterbricht nicht. Am Ende der Ausführungen fasst die zuhörende Konfliktpartei das Gesagte in eigenen Worten zusammen ohne zu werten. Hat sie die Sachverhalte oder Standpunkte nicht verstanden, kann sie nachfragen. Daraufhin erklärt die erste Konfliktpartei nochmals genauer, was sie meint. Danach fasst die zuhörende Konfliktpartei wieder zusammen. Dies geschieht so lange, bis die erste Konfliktpartei sich vollständig verstanden fühlt. Verstehen bedeutet nicht, dass die andere Konfliktpartei zustimmt. Die andere Sichtweise wird jedoch als ebenbürtig anerkannt.

Anschließend werden die Rollen gewechselt. Nun erläutert die zweite Konfliktpartei die Situation und ihre Sichtweise darauf. Die andere Person hört zu und fasst so lange zusammen, bis sie die Position des Gegenübers versteht.

Oftmals reicht diese strukturierte Art des Austausches bereits, dass die Beteiligten die Perspektive wechseln und so einen gemeinsamen Weg aus dem Konflikt finden. Wichtig ist, dass eine Win-Win-Situation herbeigeführt werden kann und nicht ein fauler Kompromiss.

Zur Entspannung einer Konfliktsituation kann es auch hilfreich sein, wenn die am Konflikt Beteiligten zuerst aufgefordert werden, zu beschreiben, was sie an ihrem Gegenüber schätzen. Dies hilft, eine positive Haltung einzunehmen in Richtung Miteinander statt Gegeneinander.

Praxisbeispiel

Ein Manager schilderte mir folgenden Fall: Eine Produktmanagerin verstand sich überhaupt nicht mit einem IT-Projektleiter in der Firma. Die beiden mussten sehr eng in einem gemeinsamen Projekt zusammenarbeiten. Die Produktmanagerin war Mutter von zwei Kindern und darauf angewiesen, ihre Arbeit während der ordentlichen Arbeitszeit erledigen zu können. Der IT-Projektleiter war alleinstehend, arbeitete lieber in die Nacht hinein und dies am liebsten an sieben Tagen pro Woche. Für ihn war dieser Arbeitsrhythmus normal. Entsprechend erwartete er von der Produktmanagerin absolute Flexibilität, was die Arbeitszeit und die telefonische Erreichbarkeit anbelangte. Die beiden gerieten sich diesbezüglich immer wieder in die Haare. Der Manager beobachtete die frostige Stimmung zwischen den beiden Mitarbeitenden und sprach den Konflikt an (Schritt 1). Er fragte beide, ob Sie die Situation angehen möchten (Schritt 2) und schlug vor, das Thema anlässlich eines gemeinsamen Mittagessens zu dritt zu besprechen. Die beiden erläuterten während des Mittagessens ihren Standpunkt, indem sie vor allem ihre private Situation näher beschrieben (Schritt 3). Plötzlich wurde den beiden bewusst, dass jeder ein völlig anderes Leben mit einem ganz anderen Rhythmus führte. Dieses Bewusstsein schaffte viel gegenseitiges Verständnis für die unterschiedlichen Bedürfnisse und Erwartungen. Seit diesem klärenden Mittagessen hat sich der Konflikt aufgelöst. ◄

Bei schwierigen Konflikten, in die Sie nicht direkt involviert sind, ist es durchaus sinnvoll, wenn Sie als Führungskraft das Gespräch moderieren. Bei sehr anspruchsvollen Konflikten oder wenn Sie selbst involviert sind, empfehle ich Ihnen, einen professionellen Konfliktcoach beziehungweise eine Mediatorin beizuziehen.

►   **Tipp** Folgende Tools in Kap. 8 sind hilfreiche Instrumente für eine konstruktive Konfliktlösung, die Sie in Ihrem Führungalltag anwenden können:

- Tool 30: Konfliktlösung – Bedürfnisse versus Strategien (Abschn. 8.2.5.1)
- Tool 31: Konfliktlösung – Das Doppel (Abschn. 8.2.5.2)
- Tool 32: Vom Dilemma zum Tetralemma (Abschn. 8.2.5.3)
- Tool 33: Souverän und menschlich auf Angriffe reagieren (Abschn. 8.2.5.4)

5.10.6 Setzen Sie Schweigen wohlüberlegt ein

Während die Kraft der Sprache und die Macht des Wortes so viel Beachtung findet, geht das Schweigen in seiner Bedeutung oftmals unter. Es gibt zwar das Sprichwort „Reden ist Silber. Schweigen ist Gold." Ob dieses Sprichwort effektiv stimmt, muss etwas differenzierter betrachtet werden.

Wer glaubt, Schweigen bedeutet Nichtkommunikation, der irrt. Wie die bekannte Aussage des Kommunikationswissenschaftlers Paul Watzlawik (1921–2007) „Man kann nicht nicht kommunizieren" bereits verdeutlicht, kann Schweigen vielfältige Absichten haben: Wir schweigen aus Klugheit, Höflichkeit, Ärger, Scham, oder weil es in der konkreten Situation angemessen ist. Es mag paradox erscheinen: Schweigen ist die intensivste und anspruchsvollste Form der Kommunikation. Manchmal kann unser Schweigen mehr sagen als tausend Worte. Schweigen kann einfühlsam und verständnisvoll, eisern und hartnäckig, andächtig, ängstlich, verlegen, zerstörerisch und vieles mehr sein. Wir können „schweigen wie ein Grab", „jemanden zum Schweigen bringen" oder „das Schweigen brechen". (Haller 2019; S. 105–108)

Wir können durch Schweigen Wertschätzung oder sogar Bewunderung ausdrücken, wir können zu etwas zustimmen oder jemandem ohne Worte Trost spenden. Mit Schweigen können wir aber auch Desinteresse, Ablehnung oder gar Verachtung ausdrücken. Dies kann beim Gegenüber Gefühle der Irritation oder Hilflosigkeit auslösen. Wir drücken aus, dass uns dieser Mensch „kein Wort mehr wert" ist. Obwohl Schweigen eine „leise" Kommunikationsart ist, kann sie sehr viel Gewalt ausüben. So kann zum Beispiel eine wortlose Anklage als viel beschämender erlebt werden als jede Form der verbalen Schuldzuweisung. Eisernes Schweigen kann ein Klima der emotionalen Kälte erzeugen, welche schwerer zu ertragen sein kann als eine Beschimpfung. Schweigt uns jemand an, können wir uns missachtet, enttäuscht, entwertet oder gar gelähmt fühlen. Neurologisch konnte nachgewiesen werden, dass destruktives Schweigen seine Spuren hinterlässt: Die für die Enstehung und Verarbeitung verantwortliche Hirnregion, der sogenannte Cyrus cinguli, wird aktiviert und kann körperliche Symptome wie Kopfschmerzen, Müdigkeit bis zu Schlafproblemen und Verdauungsstörungen auslösen. (Haller 2019; S. 105–108)

> „Das Schweigen kann nichts verbergen, nur die Worte können es." August Strindberg, Schriftsteller

Es gibt auch Situationen, in denen Schweigen tatsächlich Gold wert sein kann: in Streitgesprächen, Konflikten und hitzigen Diskussionen, bei emotionaler Erregung oder auch in kreativen Pausen. Beim Zuhören ist Schweigen besonders wertvoll. Wenn wir dem Gegenüber aufmerksam zuhören, nicht ständig ins Wort fallen und über das Gesagte ruhig reflektieren, dann kann Schweigen sehr konstruktiv sein. Wenn Sie mit der Unterstützung Ihrer Körpersprache (Blickkontakt, Nicken, freundliche Zuwendung) eine akzeptierende oder respektvolle Haltung zum Ausdruck bringen, kann das durchaus wertschätzend sein. Schweigen kann auch die Bedeutung der Zustimmung in Form des stillen Einverständnisses haben. Meistens ist zu beobachten, dass vor allem bei Menschen, die sich kennen und sich vertrauen, keine Worte notwendig sind.

▶   **Wichtig** Im Großen und Ganzen eröffnet das Schweigen die Möglichkeit vieler Deutungen, die in der Regel destruktive Kräfte freizusetzen vermögen – denn wir wissen nicht, wie unser Gegenüber unser Schweigen interpretiert. Im Umgang mit Mitarbeitenden sollten Sie Schweigen deshalb besonders achtsam einsetzen und sich vorher im Klaren darüber sein, was Sie damit auslösen möchten.

5.10.7 Die Macht Ihrer Worte

Worte haben einen großen Einfluss auf uns und unsere Wahrnehmung. Worte helfen uns, unsere Gedanken und Emotionen zu formulieren. Es gibt aber auch Situationen, in den wir unsere Gedanken und unsere Emotionen nicht in Worte fassen können oder aus einem anderen Grund sprachlos sind. Der bewusste und achtsame Umgang mit Worten ist in der Kommunikation sehr wichtig, denn Worte lösen – meist unbewusst – Assoziationen bei uns und anderen aus. Unser Denken und Handeln kann nur durch einzelne Begriffe positiv oder negativ beeinflusst werden. Worte haben eine unglaubliche Kraft und Macht – sie können uns verbinden und uns neue Welten eröffnen, können uns aber auch manipulieren oder gar zerstören.

> „Das Bewusstsein für die Sprache ist für uns wesentlich. Mit Worten beschreiben wir unsere Überzeugung und steuern unser Handeln." Claudia Müller, Leiterin Marktgebiet Digital Banking, Credit Suisse (Müller 2021)

Die Manipulationskraft von Worten können wir sehr gut in der medialen Berichterstattung beobachten. Ein sehr gutes Beispiel ist die Flüchtlingsthematik in den Medien: Da wird ganz selbstverständlich von der sogenannten „Flüchtlingswelle" gesprochen. Das Wort „Welle" suggeriert dabei etwas, das mit großer Geschwindigkeit und unkontrolliert auf uns zukommt. Der wiederholte Gebrauch des Wortes „Welle" im Kontext der Flüchtlinge manipuliert unsere Sichtweise auf die Flüchtlingsproblematik auf eine negative, sogar angstmachende Art und Weise.

▶   **Wichtig** Mit Sprache programmieren wir uns und andere ganz unbewusst. Worte sind nicht nur die Folge unseres Mindsets, sondern sie prägen unser Mindset.

Wenn wir uns selbst wie auch andere beobachten, ist unsere Kommunikation von negativen Wörtern und Formulierungen geprägt. Die einen sind vielleicht nur so salopp dahingesagt, andere scheinen bei gewissen Menschen bereits zur Einstellung zu gehören. Die Problematik der negativen Sprache ist, dass psychologisch betrachtet mit jedem negativen Begriff eine sogenannte negative Bahnung (Priming, vgl. Abschn. 3.2.2) in unserem Gehirn passiert. Wenn wir häufig negativ reden, werden wir auch weniger Positives erreichen. Es ist sogar wissenschaftlich erwiesen, dass sich negative Formulierungen auch körperlich leistungsvermindernd auswirken können. Wer andauernd von „Problemen" und „Schwierigkeiten" oder ähnlichem spricht, verfestigt ein negatives Priming.

> „Die Grenzen meiner Sprache sind die Grenzen meiner Welt." Ludwig Wittgenstein, Philosoph

▶ **Wichtig** Folgende Wörter gilt es sehr achtsam zu nutzen beziehungsweise zu vermeiden:

Vielleicht, möglicherweise, eigentlich, ziemlich, etwas, mal, ein bißchen: Diese Weichmacher haben das unglaubliche Potenzial, Unsicherheit zu äußern, Aussagen zu verwässern oder zu entwerten. Lassen Sie diese möglichst weg. Anstelle von „Können Sie das Dokument vielleicht nochmals überarbeiten?" sagen Sie: „Können Sie das Dokument nochmals überarbeiten?"

Müssen, dürfen, sollen, würde, könnte: „Ich muss Kunde XY noch heute zurückrufen." „Ich darf im Management-Meeting unsere Idee vorstellen." „Wir sollten das gleich besprechen." Wer immer „muss", „darf" oder „soll", wirkt passiv und fremdbestimmt. Wer „würde" und „könnte", wirkt unverbindlich und nicht fassbar. Eine viel aktivere, selbstbestimmtere Wirkung haben die Wörter „wollen" und „können": „Ich will Kunde XY noch heute zurückrufen." „Ich kann im Management-Meeting unsere Idee vorstellen." „Wir können das gleich besprechen".

Aber: Das unscheinbare, kleine Wort „aber" wird sehr inflationär benutzt und hat eine enorm große Auswirkung. Wenn Sie sagen „Ich verstehe dich, aber ich kann im Moment keine Lohnerhöhung geben", dann sagen Sie effektiv aus, dass Sie Ihr Gegenüber NICHT verstehen. Das kleine Wort „aber" hat einen absolut vernichtenden Effekt auf alles, was Sie vor dem Komma gesagt haben. Es signalisiert Ablehnung beziehungsweise Widerstand. Das Wort „aber" wirkt trennend statt verbindend. Streichen Sie „aber" aus Ihrem Wortschatz und ersetzen Sie es durch das verbindende Wort „und". Statt „ja, aber" sagen sie lieber „Ja und": „Ich verstehe dich, und doch kann ich dir im Moment keine Lohnerhöhung geben."

> „Der Unterschied zwischen dem richtigen Wort und dem beinahe richtigen ist derselbe Unterschied wie zwischen dem Blitz und einem Glühwürmchen." Mark Twain, Schriftsteller

Es lohnt sich, als Führungskraft auf die eigene Sprache zu achten und aktiv nach positiven Formulierungen zu suchen. So schaffen Sie eine konstruktivere Stimmung und die Chance steigt, dass Sie gerade auch in schwierigen Situationen eine Lösung finden.

Claudia Müller, Marktgebietsleiterin Digital Banking der Credit Suisse, hat die Sprache in ihrem Team bewusst zum Thema gemacht. Heute achten ihre Mitarbeitenden viel mehr auf die Wortwahl. Statt von „Chefin" oder „Mitarbeiterin" sprechen sie von „Kollegin" beziehungweise „Kollege". Das schafft Augenhöhe und stärkt das Wir-Gefühl. Jegliches Gespräch, sei es ein bilaterales Meeting oder ein Verkaufsgespräch, wird als „Austausch" bezeichnet. „Verkauf" oder „Sales" haben sie als Unwörter aus dem Vokabular gestrichen und sprechen stattdessen vom „Austausch mit dem Kunden" beziehungsweise „Besprechung des Kundenbuches". Dies schafft ein Bewusstsein für die Bedeutung der Beziehung und den Informationsaustausch zwischen den Menschen. Sie sprechen auch nicht von „Ziele erreichen" sondern „einen Mehrwert schaffen". Das spornt alle an, ihr Bestes zu geben. Für Claudia Müller ist auch die Bezeichnung „Human Resources" nicht mehr zeitgemäß. Mitarbeitende sind keine „Ressourcen" sondern Menschen. (Müller 2021) ◄

Zwei Journalistinnen der unabhängigen Zeitung Republik (Beck und Kolly 2020) haben das Kommunikationsverhalten der Schweizer Bundesrätin Simonetta Sommaruga und Neuseelands Premierministerin Jacinda Ardern während der Corona-Krise analysiert und sind zu vielen eindrücklichen Erkenntnissen gekommen.

Jacinda Ardern hat es verstanden, ihr Land ganz besonders gut durch die Corona-Pandemie zu führen. Nicht nur das Virus konnte eingedämmt werden, es haben sich im Vergleich zu anderen Ländern nur kleine Risse in Wirtschaft und Gesellschaft aufgetan. Selbstverständlich hat Neuseeland geografisch gesehen einen Vorteil: Es ist bestimmt viel einfacher, die Verbreitung des Corona-Virus auf einer dünn besiedelten Insel zu verhindern als in einem Land inmitten Europas. Zudem sind die politischen und kulturellen Kontexte der Schweiz und Neuseelands sehr unterschiedlich. Doch abgesehen von den geografischen Vorteilen und den unterschiedlichen politischen Systemen hat Jacinda Ardern in ihrer Kommunikation während der Krise doch einiges richtig gemacht. Ihr Spruch „Our team of 5 million" ging um die Welt. Wenn man die Inhalte vertieft analysiert, fällt insbesondere ein wichtiges Element auf. Jacinda Ardern spricht auf Augenhöhe und sie drückt durch ihre verbindende Sprache Mitgefühl aus. Die Kommunikation von Simonetta Sommaruga zu den Corona-Maßnahmen ist klar und differenziert, wirkt jedoch nüchtern und distanziert. Dieser Unterschied resultiert zu einem großen Teil durch die Anwendung von zwei Worten: „wir" und „unser". Jacinda Ardern spricht im Gegensatz zu Simonetta Sommaruga sehr viel mehr von „wir" und „unser" (Beck und Kolly 2020):

„Schauen Sie, was *unser* Team von 5 Millionen zusammen geschafft hat, als es um die Bekämpfung des Virus ging; was können *wir* nun gemeinsam tun, um *unsere* Wirtschaft wieder anzukurbeln, *uns* um *unsere* Bevölkerung zu kümmern …"

Bundespräsidentin Somaruga hingegen sagt meistens: *die* Wirtschaft, *die* Bevölkerung, *die* Gesundheit: „Nicht alle Menschen können zu Hause bleiben. Wir brauchen *das*

Gesundheitspersonal, *die* Pöstler, *die* Verkäuferinnen, *die* Lastwagenfahrer, *die* Bus-Chauffeure, *die* Armeeangehören: Sie schauen, dass *die* Versorgung auch weiterhin funktioniert."

Wenn Jacinda Ardern von „our team" oder „our recovery" spricht, bezieht sie einerseits die Bevölkerung mit ein und anderseits positioniert sie sich im gleichen Boot und auf Augenhöhe. Wenn Simonetta Somaruga von Eigenverantwortung spricht sagt sie „Ich traue euch das zu". Sie manifestiert zwar ein Vertrauen in die Bevölkerung, transportiert durch ihre Botschaft aber auch die Haltung, dass sie sich nicht als Teil des Teams versteht. (Beck und Kolly 2020)

▶ **Wichtig** Es geht nicht darum, dass Sie Informationen und Botschaften mit einer Zuckerglasur überziehen. Doch es ist wichtig, dass Sie sich als Führungskraft der Kraft der Worte bewusst sind und durch eine verbindende, empathische, persönliche Sprache das Wir-Gefühl stärken und Vertrauen aufbauen.

Dazu braucht es nur die verbindenden Wörter „wir" und „unser". Gerade in Phasen der Veränderung sowie in Krisen ist es auch für Sie als Führungskraft sehr wichtig, das Gemeinsame zu betonen und sich als Teil des Teams zu verstehen.

5.11 Memento: Sie sind immer Vorbild!

Wenn Sie Menschen führen, nehmen Sie tagtäglich durch Ihr Verhalten auf verschiedenen Ebenen Einfluss. Ihre Integrität und damit Ihr Vorbildverhalten spielen dabei eine fundamentale Rolle.

„Für mich waren Vorbilder immer sehr wichtig. Als Führungskraft muss ich mir meiner Vorbildrolle jederzeit bewusst sein. Ich kann nicht Wasser predigen und Wein trinken." Renato Grasso, Leiter Filialgebiet, Die Schweizerische Post (Grasso 2021)

Wer führt, ist immer Vorbild. Im Positiven wie im Negativen. Denn Sie stehen als Führungskraft unter ständiger Beobachtung und die Mitarbeitenden orientieren sich an Ihnen – nicht an dem, was Sie sagen, sondern an dem, was Sie effektiv tun.

Vorbild zu sein bedeutet nicht, die Beste oder Größte zu sein und alles besser zu können als Ihre Mitarbeitenden. Vorbild zu sein bedeutet auch nicht, dass alle Mitarbeitenden so sein müssen wie Sie. Vorbild zu sein, bedeutet, mit gutem Beispiel voranzugehen und als Führungskraft auch wirklich vorzuleben, was Sie sagen und von Ihren Mitarbeitenden einfordern.

„Die Welt verändert sich durch dein Vorbild, nicht durch deine Meinung." Paulo Coelho, Schriftsteller

Literatur

Bach, M. (2021). Marte Meo Institut, Herleshausen. Praxisbeispiel anlässlich der MMC Ausbildung vom 18.–19.10.2021 am Institut für Systemische Impulse Isi, Zürich.

Baumgartner, P. (2015). *Leadership leben. Charakter und Charisma entscheiden.* Kulmbach: Börsenmedien.

Becker, P. (2021). *Führen mit Herz. Wie sie als vielseitige Führungspersönlichkeit mit Würde, Werten und Vertrauen erfolgreich in einer digitalen Arbeitswelt 4.0 führen können.* Bonn: Manager-Seminare.

Beck, R., & Kolly M.-J. (2020). Die gute Rede. Die Republik. Online www.republik.ch/2020/12/19/die-gute-rede, abgerufen am 28.07.2021.

Blickhan, D. (2018). *Positive Psychologie. Ein Handbuch für die Praxis.* Paderborn: Junfermann.

Breckwoldt, F. (2017). *Hochleistung und Menschlichkeit. Das pragmatische Führungskonzept für gesunde Spitzenleistung.* Offenbach: Gabal.

Burroughs, D. (2021). *Psychological Safety – has it become the next Maslow's hammer?* Psychological Safety Australia, May 28 2021. Online: www.psysafe.com.au/post/psychological-safety-has-it-become-the-next-maslows-hammer. Zugegriffen: 24.07.2021.

Cable, D. (2018). How Humble Leadership Really Works. Harvard Business Review. Online: www.hbr.org/2018/04/how-humble-leadership-really-works. Zugegriffen: 02.08.2021.

Cameron, K. (2013). *Practicing Positive Leadership. Tools and Techniques That Create Extraordinary Results.* Oakland: Berret-Koehler.

Colquitt, J., & Rodell, J. (2011). Justice, Trust and Trustworthiness: A longitudinal Analysis integrating three theoretical Perspectives. Academy of Management Journal 2011. Online: www.leeds-faculty.colorado.edu/dahe7472/colquitt%202011.pdf. Zugegriffen: 31.07.2021.

Covey S. (2018). *Schnelligkeit durch Vertrauen. Die unterschätzte ökonomische Macht.* Offenbach: Gabal.

Delizonna, L. (2017). High-Performing Teams Need Psychological Safety. Here's How to Create it. *Harvard Business Review.* Online: www.hbr.org/2017/08/high-performing-teams-need-psychological-safety-heres-how-to-create-it. Zugegriffen: 23.07.2021.

Dewitz von, A. (2018). Die Basis unserer Unternehmenskultur ist ein positives Menschenbild. *Siegeszug der Emotionen. Erfolgreich in die intensivste Wirtschaft aller Zeiten.* Trendstudie. Frankfurt: Zukunftsinstitut, S. 108–110.

Dorsch (2021). Lexikon der Psychologie. Fairness. Online: www.dorsch.hogrefe.com/stichwort/fairness. Zugegriffen: 18.07.2021.

Drucker, P. (2002). *Was ist Management? Das Beste aus 50 Jahren.* Berlin: Econ.

Edelmann Trust Barometer (2021). Global Report. Online: www.edelman.com/trust/2021-trust-barometer. Zugegriffen: 18.07.21.

Edmondson, A. (2020). *Die angstfreie Organisation, Wie Sie psychologische Sicherheit am Arbeitsplatz für mehr Entwicklung, Lernen und Innovation schaffen.* München: Franz Vahlen.

Elger, C. (2013). *Neuroleadership. Erkenntnisse der Hirnforschung für die Führung von Mitarbeitern.* Freiburg: Haufe.

Fischer, M. (2021). *Die neue Gewaltfreie Kommunikation. Empathie und Eigenverantwortung ohne Selbstzensur.* Göttingen: Businessvillage.

Gallup (2020). Gallup Engagement Index 2020 Deutschland. Online: www.gallup.com/de/engagement-index-deutschland.aspx?utm_source=report&utm_medium=email&utm_campaign=German_Index_Engagement_Report&utm_content=Download_Now_CTA_1&elqTrackId=d2630c1c7c714aa1a9dda0aee53fae14&elq=729bad61c2e54fb781487e765b40fe51&elqaid=5250&elqat=1&elqCampaignId=. Zugegriffen: 21.09.2021.

Gallup Report (1994–2000). State of the American. Analytics and Advice for Managers. Online: www.gallup.com/services/182216/state-american-manager-report.aspx. Zugegriffen: 02.08.2021.

Goetzke, L. (2021). Das zwischen uns. *Neue Narrative. Das Magazin für neues Arbeiten. Nr. 11: Gute Arbeit braucht gute Beziehungen,* S. 6–13.

Gonzalez-Mulé, E., & Cockburn, B. (2021). This Job is (Literally) Killing Me: A Moderated-Mediated Model Linking Work Characteristics to Mortality. *Journal of Applied Psychology*: Online: pubmed.ncbi.nlm.nih.gov/32271030/. Zugegriffen: 02.08.2021.

Haller, R. (2019). *Das Wunder der Wertschätzung. Wie wir andere stark machen und dabei selbst stärker werden.* München: Gräfe und Unzer.

Hays (2021). HR Report 2021. Schwerpunkt New Work. Online: www.hays.de/documents/10192/118775/hays-hr-report-2021-new-work-de.pdf/. Zugegriffen: 21.09.2021.

Heini, C. (2020). *Menschliche Führung gewinnt! Führung im Wandel: Wirklich menschliche Führung macht den Unterschied.* Hamburg: tradition.

Hüther, G. (2018). Wer ein Bewusstsein seiner eigenen Würde entwickelt hat, ist nicht mehr verführbar. *Siegeszug der Emotionen. Erfolgreich in die intensivste Wirtschaft aller Zeiten.* Trendstudie. Frankfurt: Zukunftsinstitut, S. 56–59.

Klein, S. (2021a). Frag Fred. Wie schaffe ich eine Kultur, in der Menschens sich trauen, mutig zu sein? *Neue Narrative. Das Magazin für neues Arbeiten. Nr. 10. Klima des Muts,* S. 58–62.

Klein, S. (2021b). Wie gestalten wir Beziehungen, in denen wir wachsen können. *Neue Narrative. Das Magazin für neues Arbeiten. Nr. 11: Gute Arbeit braucht gute Beziehungen,* S. 18–23.

Kotter, J. (1990). *Force for Change. How Leadership differs from Management.* New York: Simon & Schuster.

Kühmeyer, F. (2018). Herzblut. Die Rolle von Emotionen im Leadership. *Franz Kühmayers Leadershipreport.* Frankfurt: Zukunftsinstitut, S. 75–92.

Luhmann, N. (2014). *Vertrauen.* Konstanz und München: UVK.

Muntschick (2018). Kontrast. Umdenken – welches Mindset ist zukunftsweisend. *Siegeszug der Emotionen. Erfolgreich in die intensivste Wirtschaft aller Zeiten.* Trendstudie. Frankfurt: Zukunftsinstitut GmbH, S. 16–19.

Muntschick, V, & Seitz, J. (2018). Emotionale Entfaltung. *Siegeszug der Emotionen. Erfolgreich in die intensivste Wirtschaft aller Zeiten.* Trendstudie. Frankfurt: Zukunftsinstitut GmbH, S. 28–36.

Neue Narrative (2021). Das Magazin für neues Arbeiten. Nr. 10. Klima des Muts. Achtsame Kommunikation, S. 86–91.

Permantier, M. (2019). *Haltung entscheidet. Führung & Unternehmenskultur zukunftsfähig gestalten.* München: Franz Vahlen.

Pesch, N. (2020). *Der bewusste Leader. Fokussiert, gelassen und erfolgreich führen im digitalen Zeitalter.* Offenbach: GABAL.

Priess, A., & Spörer, S. (2014). *Führen mit dem Omega-Prinzip. Neuroleadersip und Führungspraxis erfolgreich vereint.* Freiburg: Haufe.

Purps-Pardigol, S. (2021). Mehr Menschlichkeit in Unternehmen. Online: kulturwandel.org/inspiration/interviews-und-texte/mehr-menschlichkeit-in-unternehmen/. Zugegriffen: 02.08.2021.

Reinhardt, R. (2014). *Neuroleadership. Empirische Überprüfung und Nutzenpotenziale für die Praxis.* München: Oldenbourg Wissenschaftsverlag.

Rolfe, M. (2019). *Positive Psychologie und organisationale Resilienz. Stürmische Zeiten besser meistern.* Berlin. Springer.

Sauta R. (2020). *Gesunde Führung in der VUKA-Welt. Orientierung, Entwicklung und Umsetzung in die Praxis.* Freiburg: Haufe-Lexware.

Scharmer C. (2014*). Presencing.* Video, Online: www.bing.com/videos/search?q=otto+scharmer+zuhören&docid=608039370646320453&mid=A30260502E66B3282DB9A30260502E66B3282DB9&view=detail&FORM=VIRE. Zugegriffen: 22.09.2021.

Scharmer, C. (2019). *Essentials der Theorie U. Grundprinzipien und Anwendung*. Heidelberg: Carl-Auer.

Schein, E., & Schein, P. (2019). *Humble Leadership. Erfolgreich führen mit Beziehung, Offenheit und Vertrauen. Führungskompetenzen III*. Gevelsberg: EHP.

Seitz, J. (2018). Herzensbildung. *Siegeszug der Emotionen. Erfolgreich in die intensivste Wirtschaft aller Zeiten*. Trendstudie. Frankfurt: Zukunftsinstitut GmbH, S. 60–63.

Seliger, R. (2014). *Positive Leadership. Die Revolution in der Führung*. Stuttgart: Schäffer-Poeschel.

Sprenger, K. (2021). Vertrauen. Online: www.sprenger.com/themen/vertrauen.html. Zugegriffen: 21.07.21.

Youtube (2013). Steve Ballmer crying on stage during his last speech at Microsoft. Online: www.youtube.com/watch?v=CYKFcwrHmi0. Zugegriffen: 26.09.2021.

Zak, P. (2017). The Neoroscience of Trust. *Harvard Business Review*, January–February 2017.

Persönliche Interviews:

Fähndrich, A. (2021), Persönliches Interview vom 25.06.2021.

Grasso, R. (2021), Persönliches Interview vom 28.07.2021.

Kashyap, K. (2021). Persönliches Interview vom 31.05.2021.

Koeng, H. (2021). Persönliches Interview vom 04.06.2021.

Hentrich-Henne, C. (2021). Persönliches Interview vom 07.07.2021.

Lanter, P. (2021). Persönliches Interview vom 21.06.2021.

Mounir-Rotzer, S. (2021). Persönliches Interview vom 21.09.2021.

Müller C. (2021). Persönliches Interview vom 21.07.2021.

Schönenberger, A. (2021). Persönliches Interview vom 01.07.2021.

Soltermann, B. (2021). Persönliches Interview vom 30.05.2021.

Vranckx, D. (2021). Persönliches Interview vom 04.10.2021.

Wegmann, T. (2021). Persönliches Interview vom 11.06.2021.

Werner, H. C. (2021). Persönliches Interview vom 15.06.2021.

Organisationen menschlich führen

6

Kultur bestimmt, wie der Organismus Organisation wahrnimmt, denkt, fühlt und handelt.

Simon Sagmeister

Zusammenfassung

Organisationen zu führen, bedeutet, „Systeme zu führen", auf Ebene von Teams, Abteilungen, Bereichen, Projekt- oder auch auf Gesamtunternehmensebene. Führung auf Ebene der Organisation bedeutet, das System im Spannungsfeld des kontinuierlichen Wandels zu gestalten und weiterzuentwickeln und dabei die Balance zwischen Stabilität und Flexibilität zu schaffen. Organisationen menschlich zu führen, setzt voraus, dass sie nicht als funktionierende Maschinen, sondern als lebendige Organismen betrachtet werden. In diesem Kapitel werden wichtige Aspekte sowie neue Ansätze menschlicher Führung auf der organisationalen Ebene aufgezeigt.

6.1 Eine lebendige Organisation schaffen

6.1.1 Mitarbeitende sind keine Zahnräder in einer Maschinerie

Heutige Organisationsmodelle kommen zunehmend an ihre Grenzen. Mehr und mehr Menschen sehen keinen Sinn mehr in ihrer Arbeit, wodurch ihre Motivation und ihre Arbeitsleistung sinken. Gemäß Frédéric Laloux, ehemaliger McKinsey Unternehmensberater und Autor des Bestsellers „Reinventing Organizations" (Laloux 2017), ist der Leidensdruck von Mitarbeitenden und insbesondere auch von Führungkräften erkennbar größer geworden.

In einem Interview mit dem Beratungsunternehmen Egon Zehnder äußert sich Laloux (2018) dahingehend, dass er in all den Jahren seiner Beratungstätigkeit bei Führungs-kräften in verschiedensten Unternehmen und Branchen zunehmend auf die Einsicht treffe, dass alles zu langsam, zu bürokratisch und zu wenig innovativ sei und das Management nicht mehr wisse, wie man die Mitarbeitenden motivieren könne. Dazu kommt eine wei-tere Beobachtung, über die laut Laloux kaum jemand zu sprechen wage: Es mache heute vielen Top-Managern keinen Spaß mehr, Führungskraft zu sein, denn die Arbeit an der Unternehmensspitze sei zu einem „Rat Race" verkommen. Viele seien einem enormen Druck ausgesetzt und bewegen sich im Grunde am Rande eines Burn-outs. Laloux führt diesen Effekt vor allem darauf zurück, dass die Komplexität unaufhörlich steigt. Die schiere Größe von Organisationen nimmt zu, ebenso der Einfluss der verschiedenen An-spruchsgruppen und die Erwartungen der Mitarbeitenden, die es zu managen gilt. Natür-lich ließen sich in Unternehmen noch mehr Entwicklungs- und Veränderungsprogramme aufsetzen, um agiler zu werden und den Mitarbeitenden mehr Mitgestaltung zu ermög-lichen. Allerdings vermögen diese Programme bestenfalls die Halbwertszeit des aktuellen, veralteten Managementsystems zu verlängern. Die meisten Veränderungsvorhaben zeigen gar keinen Effekt mehr oder wirken sogar kontraproduktiv, weil sie die Komplexität zu-sätzlich erhöhen.

Weshalb erfreuen sich bestimmte Unternehmen eines langen, erfüllten Lebens? Gemäß Arie de Geus (1930–2019), ehemaliger Leiter der strategischen Planung von Royal Dutch/ Shell und Change Management Berater, ist die Antwort auf diese Frage einfach: Weil die Organisationen nicht wie Maschinen, sondern wie lebendige Organismen behandelt wer-den. In seiner Studie über die langlebigsten Unternehmen hat er neben der Umwelt-sensibilität und umsichtigen Finanzierung herauskristallisiert, dass erfolgreiche Unter-nehmen ähnlich einem Organismus über einen festen Zusammenhalt, ein starkes Identitätsgefühl, Toleranz und eine dezentralisierte Führung verfügen. (De Geus 1998, S. 23–25)

> „Ein Unternehmen ist ein Zuhause für Menschen und nicht für Roboter." Thomas Wegmann, Head Marketmanagement Allianz Schweiz und Head Global Center for Behavioral Econo-mics (Wegmann 2021)

Gemäss Laloux erstaunt es nicht, dass immer mehr Ärztinnen und Ärzte sowie Pflege-rinnen und Pfleger in Scharen Krankenhäuser verlassen, die zu seelenlosen Maschinerien verkommen sind. In vielen Ländern finden sich auch keine Lehrerinnen und Lehrer mehr, die bereit sind, in öffentlichen Schulen zu arbeiten. Gemäß Laloux ist etwas zerbrochen und die Art und Weise, wie Organisationen heute geführt werden, ist in eine tiefe Krise geraten. (Laloux 2018)

„Es gibt keine bessere Zeit als jetzt für Menschlichkeit. Unternehmen kommen mit dem ‚Funktionieren und Limitieren' an ihre Grenzen. Die Krankheitszahlen zeigen es." Kaivalya Kashyap, CEO International Academy of Transformative Leadership IATL (Kashyap 2021)

Frédéric Laloux hat zwölf erfolgreiche Unternehmen unterschiedlichster Größe, verschiedenen Alters und unterschiedlicher Branchen untersucht, um herauszufinden, wie eine radikal neue Form sinnstiftender Zusammenarbeit aussehen kann. Auf der Suche nach den Gemeinsamkeiten dieser Unternehmen fand er unter anderem heraus, dass deren Gründer die Metapher des „Lebenden Organismus" nutzen, wenn sie über ihr Unternehmen sprechen. Die Organisation als arbeitende Gemeinschaft statt als seelenlose Maschinerie zu verstehen, erzeugt ein Bild der Lebendigkeit und Menschlichkeit. Diese Metapher eröffnet ganz andere Möglichkeiten: Stellen Sie sich vor, wie sich eine Organisation für Führungskräfte und Mitarbeitende anfühlt und verändert, wenn sie nicht länger als gefühls- und seelenlose Maschine gestaltet und behandelt wird, sondern – ebenso wie die darin arbeitenden Menschen – als Lebenwesen? (Laloux 2017, S. 54)

Es leuchtet ein, dass Organisationen als Systeme ebenso menschliche Führung benötigen, um Energie freizusetzen und sich weiterzuentwickeln. Denn als lebende Organismen haben sie ebenso ein Eigenleben und eine eigene Identität, die es zu beachten gilt.

„Unternehmen werden langfristig nur dann erfolgreich sein, wenn sie ein menschliches Antlitz haben. Ein Unternehmen ist keine anonyme Maschine, sondern ein Organismus aus Lebewesen. Es ist aus Menschen gebaut. Als Mitarbeiter arbeite ich gerne in einem Unternehmen, dem ich vertraue und welches ich mag. Ein Unternehmen muss für mich greifbar sein, sich konstant und authentisch zeigen. Ich muss es lesen können." Thomas Wegmann, Head Marketmanagement Allianz Schweiz und Head Global Center for Behavioral Economics (Wegmann 2021)

▶ **Wichtig** Eine Organisation kann angesichts der zunehmenden Komplexität und Dynamik kaum mehr geführt und gestaltet werden, wenn sie als seelenloses, mechanistisches Gefüge betrachtet wird, das entlang seiner hierarchischen Strukturen und starren Prozesse gleichsam einer Maschine „funktionieren" soll. Menschen sind keine Zahnräder in einer Maschinerie.

Organisationen als soziale, lebende Systeme zu verstehen ist eine unabdingbare Voraussetzung für eine veränderte Sicht auf Unternehmen. (vgl. auch Abschn. 3.4).

6.1.2 Die Zeit ist reif für ein neues Management-Paradigma

In seinem Buch „Reinventing Organizations" (Laloux 2017) beschreibt Laloux zum Verständnis der Entwicklung wie auch der Grenzen unserer heutigen Organisationsformen verschiedene prototypische Entwicklungsstufen entlang ihrer geschichtlichen Reihenfolge, um das Erfordernis eines neuen Paradigmas verständlich zu machen. Mit Blick auf die Entwicklung des Managements in der Menschheitsgeschichte können wir feststellen, dass wir bereits einige Entwicklungssprünge hinter uns haben (vgl. Abschn. 2.4).

Historisch gesehen funktionierten die ersten Organisationen nach ähnlichen Prinzipien wie heutzutage kriminelle Gangs – mit einem mächtigen Boss, der alle Fäden zusammenhielt. Mit dem Übergang zu Agrargesellschaft und Zivilisation kam es zu einem ersten großen Entwicklungssprung, nämlich der Einführung des formellen Organigramms mit routinierten Prozessen. Mit der Industrialisierung und wissenschaftlichen Revolution kam ein weiterer bedeutender Durchbruch, der zu den Grundfesten unserer heutigen Managementkultur zählt: Management durch Ziele. Daraus haben sich die strategische Planung, Budgets, Kennzahlen, Balanced Scorecards, Anreizsysteme und die Leistungsbeurteilung entwickelt, wie wir sie noch heute aus vielen Unternehmen kennen. Die nächste Entwicklungsstufe repräsentiert gemäß Laloux eine neue Bewusstseinsebene von Organisation. Wir befinden uns zur Zeit an der Schwelle zu einem grundlegend anderen Managementsystem. (Laloux 2017, S. 20–21, 2021)

Um die verschiedenen Stufen beziehungweise Typen von Organisationen einfach und bildhaft zu differenzieren, schreibt Frédéric Laloux jeder Organisationsform einen Farbkodex und eine prägende Metapher zu. Daher hat sich mit Reinventing Organizations für evolutionäre Organisationen (siehe Stufe 5) auch der Begriff „Teal Organization" – also türkis- oder auch petrolfarbene Organisation – etabliert. Die verschiedenen Stufen lassen sich wie folgt charakterisieren:

Stufe 1: Tribal – Impulsive Weltsicht (rot)
Impulsive oder auch rote Organisationen sind autoritäre Systeme: Eine Person an der Spitze entscheidet, das heißt, der Stärkere herrscht mit starker Autorität. Diese Organisationsform wird vor allem durch Machtausübung gegenüber sogenannten „Untergebenen" dominiert. Was impulsive Organisationen im Innersten zusammenhält, ist die Angst vor dem „Boss" und paradoxerweise gleichsam die Loyalität zu ihm. Diese Organisationsform charakterisiert sich durch Arbeitsteilung und Top-down-Autorität. Als einprägsame Archetypen zu dieser Stufe nennt Laloux die Mafia oder Strassengangs beziehungsweise die Metapher des Wolfsrudels. (Laloux 2017, S. 20–21)

Stufe 2: Traditionell – Konformistische Weitsicht (bernstein)
Konformistische Systeme zeichnen sich durch ein starres Regelwerk und formalisierte Rollen in einer hierarchischen Pyramide aus. Dabei sichern beständige und wiederholbare Prozesse Stabilität und Hierarchie. Mit etablierten, stabilen Prozessen ist wichtiges Wissen nicht mehr von bestimmten Personen abhängig. Jede und jeder kann ersetzt werden und die Organisation arbeitet trotzdem nahtlos weiter. Wenn sich die Welt verändert, ist es für diese Organisationen schwierig, diese Veränderung zu akzeptieren und sich schnell anzupassen. Als archetypische Beispiele hierfür nennt Laloux die Armee, die katholische Kirche, öffentliche Schulen und Universitäten sowie Behörden. (Laloux 2017, S. 22–23)

Stufe 3: Modern – Leistungsorientierte Weltsicht (orange)
Leistungsorientierte Organisationen funktionieren wie gut geölte Maschinen: Ein Zahnrad greift automatisch in das andere. Laloux weist in diesem Zusammenhang auch auf die maschinelle Sprache hin, die in diesen Organisationen häufig genutzt wird: Man spricht von „Input", „Output", „Einheiten", „skalieren", „beschleunigen", „Engpässen" – und Menschen werden als „Ressourcen" bezeichnet. Innovationsstreben, Verlässlichkeit und Konkurrenz dominieren diese Organisationsform. In leistungsorientierten Systemen geht es um Kosteneinsparungen, Effizienz, Gewinnmaximierung und Größe. Kennzahlen und Zielvorgaben zur Kontrolle der Leistung bilden ein zentrales Managementinstrument. Die meisten Unternehmen auf dieser Entwicklungsstufe haben eine überwiegend stark ausgeprägte Leistungskultur. (Laloux 2017, S. 24–29)

Stufe 4: Postmodern – Pluralistische Weltsicht (grün)
Eine Weiterentwicklung leistungsorientierter Systeme sind postmoderne beziehungsweise pluralistische Organisationen. Postmoderne Organisationen versuchen, Hierarchien abzubauen oder zu vermindern und Mitarbeitende zu ermächtigen (Empowerment). Ein Bild, das in diesem Kontext oft verwendet wird, ist die umgekehrte Pyramide: Die Mitarbeitenden vor Ort des Geschehens sind an der Spitze und die leitenden Führungkräfte sowie das Management sind ganz unten als „Servant Leaders" angesiedelt. Gemeinsame Werte treten auf dieser Stufe in den Vordergrund und Empowerment wird zum wichtigen Mittel, um herausragende Motivation und Leistung zu erreichen. Postmoderne Organisationen sehen ihre Verantwortung nicht nur gegenüber ihren Investoren, sondern auch gegenüber ihren wichtigsten Interessensgruppen wie den Mitarbeitenden, Kunden, Lieferanten, lokalen Gemeinschaften sowie gegenüber der Gesellschaft und der Umwelt. Die postmoderne Perspektive findet sich gemäß Laloux vor allem in gemeinnützigen Organisationen, Nichtregierungsorganisationen und sozialen Unternehmen. Doch finden sich zunehmend postmoderne Organisationen in der Privatwirtschaft. Als Beispiele nennt er die Southwest Airline, Ben & Jerry's sowie The Container Store. Die prägende Metapher dieser Organisationsform ist die Familie. (Laloux 2017, S. 30–32)

Stufe 5: Die neue Organisationsform – Integrale evolutionäre Weltsicht (petrol)
Gemäß Laloux zeigt sich eine neue Bewusstseinsstufe, die gerade im Entstehen ist. Das heißt, wir können noch nicht sagen, wie diese Stufe die Welt verändern wird. Die Kennzeichen dieser eben gerade neu entstehenden Weltsicht werden im Folgenden etwas detaillierter dargelegt:

6.1.3 Die integrale evolutionäre Organisation

Viele Organisationen sind immer noch sehr zentralistisch organisiert, vor allem große Unternehmen: Die Unternehmensleitung steuert alles vom Hauptsitz aus wie der Kapitän von der Schiffsbrücke. In vielen Köpfen herrscht immer noch die Ansicht, Erfolg sei nur möglich, wenn zuoberst in der Hierarchie eine Person oder ein paar wenige Personen sämtliche Fäden in der Hand halten.

> „Wenn Sie komplexe Systeme untersuchen, stellen Sie fest, dass keines von ihnen auf Hierarchien basiert. Hierarchien können mit Komplexität nicht umgehen." Frédéric Laloux (Laloux 2018)

Auf den ersten Blick erscheint zwar die pyramidenartige Organisationsstruktur logisch und sinnvoll, zumal alle Positionen, Funktionen und Verantwortlichkeiten klar geregelt sind. Auf den zweiten Blick hingegen ist diese Struktur gemäß Laloux nicht mehr geeignet, den Herausforderungen der VUCA Welt zu genügen, denn sie beinhaltet einen wesentlichen Nachteil: Hierarchische Organisationskonzepte sind viel zu träge. Die Trägheit der Struktur führt oftmals dazu, dass Entscheidungen viel zu langsam, mangelhaft oder gar nicht gefällt werden, da wichtige Informationen versickern oder verzerrt ankommen. Als Konsequenz sind die Mitarbeitenden oftmals wenig motiviert und engagiert.

> „Große Unternehmen sind teils träge Tanker. Wir brauchen vermehrt Schnellboote beziehungsweise Netzwerke und Teams, die sich zu einem gewissen Grad selber organisieren. Hierarchien und Titelstrukturen sind nicht mehr zeitgemäss." Claudia Müller, Leiterin Marktgebiet Digital Banking, Credit Suisse (Müller 2021)

Praxisbeispiele

Eine grundlegend neue Form der Organisation zeigt Laloux anhand von zwölf Unternehmen aus der Praxis, die nach integralen evolutionären Prinzipien und Praktiken handeln, damit Menschen besser miteinander zusammenarbeiten können. Alle zwölf Organisationen sind nicht in einem Experimentalstatus, sondern ungewöhnlich erfolgreich in ihrer Branche. Es handelt sich dabei sowohl um gemeinnützige wie auch um gewinnorientierte Unternehmen aus unterschiedlichen Branchen wie Produktion, Energieversorgung, Lebensmittelverarbeitung, Gesundheitswesen und Bildung: Buurtzorg, RHD, Sun Hydraulics, Heiligenfeld, Morning Star, Holocracy, FAVI, ESBZ, Patagonia, AES, BSO/Origin und Sounds True. (Laloux 2017, S. 52–53) ◄

Die Metapher für diese Organisationen ist der lebendige, selbstorganisierte Organismus mit all seiner Komplexität in einem komplexen Umfeld. Laloux vergleicht dabei unsere Weltwirtschaft und die Millionen von Unternehmen und Milliarden von Konsumenten mit natürlichen Organismen wie zum Beispiel unserem Gehirn: Das menschliche Gehirn hat mehrere Milliarden Zellen. Keine davon ist CEO, die den anderen Zellen vorschreibt, was sie zu tun haben. Wenn man versuchen würde, das Gehirn hierarchisch und autoritär zu organisieren, würde es nicht mehr funktionieren. So kann Komplexität nicht bewältigt werden. Deshalb basieren komplexe Systeme wie der menschliche Körper als Ganzes wie auch unsere einzelnen Organe auf Selbstführung. (Laloux 2017, S. 54)

„Ich sehe eine Organisation wie einen menschlichen Körper. Er funktioniert mit Milliarden von Zellen sensationell wie ein natürliches Zusammenspiel. Alle Organe wissen, was sie zu tun haben und übernehmen selbstlos ihre Aufgabe." Kaivalya Kashyap, CEO International Academy of Transformative Leadership IATL (Kashyap 2021)

Gemäß Laloux zeichnen sich bei evolutionären Organisationen drei „Durchbrüche" ab, die das Management, wie wir es bisher kannten, maßgeblich verändern werden: Selbstführung, Ganzheit und evolutionärer Zweck:

Selbstführung – Weg von der Machthierarchie
In Teal Organizations lösen sich Machthierarchien auf und werden durch eine flexible, natürliche Organisation ersetzt. Je nach Fähigkeiten und Motivation übernehmen Mitarbeitende Rollen mit entsprechenden Verantwortungen. Dieser Idee liegt die Überzeugung und das Menschenbild zugrunde, dass Mitarbeitende fähig und gewillt sind, die volle Verantwortung für ihr Entscheiden und Handeln zu übernehmen. Führung hat nur noch die Funktion, zu koordinieren und zu inspirieren, nicht jedoch zu kontrollieren. Konstanter Druck von Außen und Anreize zur Leistungssteigerung werden unnötig. Intrinsische Motivation durch eine gute Beziehung zu Kolleginnen und Kollegen sowie die konkreten Marktanforderungen rücken ins Blickfeld. Die Verantwortung jedes Einzelnen wächst automatisch, denn Probleme können nicht mehr einfach auf die Führung oder die anderen Kolleginnen und Kollegen abgeschoben werden. Die zentralistische Top-down-Führung wird durch Selbstverantwortung und -steuerung ersetzt: Jede Mitarbeiterin und jeder Mitarbeiter wird in seiner Rolle Teil des Managements. Entsprechend erfolgt die Entscheidungsfindung nicht mehr hierarchisch aufgrund eines bestimmten Titels oder einer Managementfunktion, sondern in einem Beratungsprozess und der anschließenden Verantwortungsübernahme. Jeder kann Entscheidungen treffen, ist jedoch aufgefordert, sich von betroffenen Kolleginnen und Kollegen beziehungweise internen Experten beraten zu lassen – eine Praxis, die mintunter als „Advice Process" bezeichnet wird. Je weitreichender die Entscheidung, desto mehr Mitarbeitende müssen um Rat gefragt werden, was jedoch nicht mit einem Konsens zu verwechseln ist. In den meisten Fällen gibt es dazu ein transparentes Regelwerk, oft auch „Manifest" genannt, in dem Praktiken wie zum Beispiel der Entscheidungsprozess beschrieben werden. (Laloux 2017, S. 57–59)

Praxisbeispiel

Gemäß Laloux gibt es genügend Beispiele von Unternehmen, die Selbstführung seit Jahren praktizieren. Ein Beispiel ist das im Jahr 2006 gegründete Unternehmen Buurtzorg, das in den Niederlanden ambulante häusliche Pflege und Betreuung organisiert. Das Unternehmen wurde von Jos de Blok gegründet, der lange in klassischen Pflegeunternehmen gearbeitet hatte und an einem bestimmten Punkt die Bürokratie und teils absurden Dinge, die das Management vom Pflegepersonal verlangte, nicht mehr ertrug. Die Firma startete mit drei Partnern, heute umfasst das Unternehmen rund 10.000 Mitarbeitende mit einer winzigen Unternehmenszentrale. (Laloux 2017, S. 64, 2018) ◄

In traditionellen, hierachischen Organisationen läuft ein Entscheidungsprozess etwa so ab: Ein Mitarbeiter geht mit einer Idee zu seiner Vorgesetzten. Diese spricht mit einem Experten aus ihrer Abteilung und gibt ihm den Auftrag, ein entsprechendes Konzept zu verfassen und mit den betroffenen Schnittstellen abzustimmen, bevor er es der Vorgesetzten vorlegt. Die Vorgesetzte wünscht ein paar Anpassungen. Anschließend dreht der Experte eine weitere Abstimmungsrunde, bevor er in einem erneuten Meeting das angepasste Konzept seiner Vorgesetzten präsentiert. Mit etwas Glück wird es von ihr akzeptiert und in der Geschäftsleitung präsentiert. Dort gibt es möglicherweise jemanden, der das Konzept mit einigen kritischen Anmerkungen in Frage stellt und zusätzliche Detailabklärungen verlangt. Die Vorgesetzte stimmt zu, die kritischen Punkte abzuklären und das Konzept nochmals überarbeiten zu lassen. Es folgen weitere Meetings und Vernehmlassungsrunden, bevor die Angelegenheit durch die Geschäftsleitung abgesegnet werden kann. Nachdem das Konzept schließlich von der Geschäftsleitung abgesegnet wurde, geht es zur Überarbeitung an die Kommunikationsabteilung, bevor es dann offiziell in der Organisation bekannt gegeben und umgesetzt wird. (Laloux 2018)

Kommt Ihnen diese Geschichte bekannt vor?

Praxisbeispiel

Bei Buurtzorg läuft ein Entscheidungsprozess viel transparenter und effizienter ab: Wenn der Unternehmensleiter Jos de Blok eine Idee hat, bittet er all seine Mitarbeitenden via Blogpost im Intranet ganz niederschwellig um Rat – etwa in dieser Art: „Ich habe über ein neues System für die Abrechnung der Überstunden nachgedacht. Hier ist mein Vorschlag. Was denkt Ihr darüber?". Die meisten Mitarbeitenden lesen und kommentieren seinen Vorschlag innerhalb von 24 Stunden. Jos de Blok macht anschließend auf der Basis der eingegangenen Meinungen einen angepassten, verfeinerten Vorschlag, der auch wieder via Blog kommentiert werden kann. In den meisten Fällen werden so innerhalb eines 24-stündigen Zyklus mit Unterstützung der gesamten Organisation von 10.000 Pflegefachkräften Entscheidungen breit abgestützt und trotzdem effizient getroffen. (Laloux 2018) ◄

Selbstführung erfüllt einen ganz einfachen, zentralen Nutzen: Sie ermöglicht im Gegensatz zu den schwerfälligen, hierarchischen Systemen, mit Komplexität schnell und flexibel umzugehen. Eine Voraussetzung, die in der heutigen VUCA Welt von großer Bedeutung ist.

Streben nach Ganzheit

In konventionellen Organisationen fühlen wir uns häufig gezwungen, eine professionelle Maske zu tragen und so einen Teil unseres Selbst zu verdrängen. Das bedeutet, wir lassen einen Teil unserer Person zurück, wenn wir uns am Morgen für die Arbeit „ankleiden" (vgl. auch Abschn. 4.1). Wir können nicht so sein, wie wir es natürlicherweise als Privatperson wären. Das zeigt sich beispielsweise in der Kleidung (Krawatte, Uniform), im Verhalten (Zurückhalten unserer Emotionen), in der Sprache und unserer Selbstkontrolle.

Hinter unserer Maske verstecken wir dabei viel von dem, was uns eigentlich als Mensch ausmacht: unsere Freude, unsere Zweifel, unsere Ängste, unsere Hoffnungen wie auch unsere Eigenheiten. Wenn wir jeden Tag so vieles von dem, was uns ausmacht, hinter einer Maske verstecken müssen, trennen wir uns automatisch auch von unserer Energie, Leidenschaft und unserer Kreativität. (Laloux 2018)

> „Enorme Energie wird freigesetzt, wenn wir endlich unsere Maske fallenlassen und wagen, ganz wir selbst zu sein." Frédéric Laloux (Laloux 2017, S. 81)

In integralen Organisationen werden Titel, Konkurrenzverhalten und Selbstdarstellung unbedeutend. Dominanz und Absicherung sind nicht mehr notwendig, denn die persönlichen Entwickungsmöglichkeiten und die Karriere sind nicht von Macht, Verdrängung und Hierarchie geprägt. Der Fokus liegt auf der Teamleistung, statt der Einzelleistung. Vergütungen werden transparent besprochen, Gehaltserhöhungen unter Kolleginnen und Kollegen diskutiert. Die Beurteilung der individuellen Leistung erfolgt nicht durch eine Führungskraft, sondern wird als Teamprozess gestaltet. Ebenso gibt es in den von Laloux untersuchten Unternehmen besondere Praktiken für Meetings, damit diese zu echten Austauschplattformen werden. (Laloux 2017, S. 81–109)

Praxisbeispiele

Als Beispiel für eine teamorientierte, ganzheitliche Meetingpraxis nennt Laloux die Klinikgruppe Heiligenfeld für psychosomatische Krankheiten: Zu Beginn eines Meetings übernimmt ein Sitzungsteilnehmer Zimbeln und damit die Rolle des Moderators. Wenn jemand zu viel Ego walten lässt, einen hohen Redeanteil hat oder es nicht mehr um die Sache geht, schlägt der Moderator die Zimbeln und alle schweigen, bis der Klang der Zimbeln verklungen ist. (Laloux 2017, S. 104–105)

In der Firmenzentrale von Patagonia, Produzent und Händler von Outdoor- und Funktionskleidung, befindet sich die firmeneigene Kinderkrippe auf dem Firmengelände. Wenn die Mitarbeitenden im Büro sitzen, können sie das Lachen oder Weinen ihrer Kinder auf dem Spielplatz hören. Die Kinder dürfen ihre Eltern auch im Büro besuchen oder gemeinsam mit ihnen in der Cafeteria zu Mittag essen. (Laloux 2017, S. 93) ◄

Integrale Organisationen erfassen den Menschen als Ganzes und ermöglichen so den Mitarbeitenden, „einfach Mensch zu sein", ohne zwischen privatem und geschäftlichem Leben zu unterscheiden. Aufgrund ihrer evolutionären Praktiken und der damit geschaffenen Arbeitsumgebung ermöglichen Teal Organisationen ihren Mitarbeitenden, sich emotional, spirituell und intuitiv auf ihre Arbeit einzulassen. Auf diese Weise werden Beziehungen tiefer und reicher. Das wiederum führt zu einer außerordentlichen Lebendigkeit der Organisation und einer erhöhten Leistungsbereitschaft. (Laloux 2017, S. 91)

„Mich inspiriert unser Team – wir sind eine grosse Familie mit unterschiedlichen Persönlichkeiten. Wir sind uns nicht immer in allem einig, diskutieren und ziehen alle am gleichen Strick." Claudia Müller, Leiterin Marktgebiet Digital Banking, Credit Suisse (Müller 2021)

Evolutionärer Sinn

Evolutionärer Sinn bedeutet zum einen, dass das Unternehmen jenseits der reinen Gewinnmaximierung und der Steigerung seines Marktanteils einen sinnvollen Daseinszweck hat. Zum anderen sind evolutionäre Organisationen aufmerksam und behalten ständig im Auge, wohin der Daseinszweck sie führt. Zudem erweitern sie die Verantwortung nicht nur auf Investoren, sondern auch auf Kunden, Mitarbeitende, Lieferanten und andere Interessensgruppen (vgl. auch Abschn. 6.2). (Laloux 2017, S. 111–131)

Klassische Managementmodelle basieren auf der möglichst genauen Vorhersage der Zukunft und deren Kontrolle. Evolutionäre Organisationen hingegen sehen sich als lebender Organismus mit einem eigenen Orientierungssinn. Sie vertrauen stärker auf den gemeinsamen, sich permanent entwickelnden Sinn für die Ausrichtung der Organisation (vgl. auch Abschn. 6.2 und 6.4). Die Welt ist derart komplex geworden, dass nicht mehr Planen und Kontrollieren („predict and control") zum Erfolg führen, sondern das Wahrnehmen und Ermöglichen („sense and respond"). Statt austauschbare Mission Statements, Visionen oder Strategien vorzugeben, werden alle Mitarbeitenden eingeladen, den Sinn der Organisation jeden Tag neu zu hinterfragen und zu entwickeln. Keine der von Laloux untersuchten zwölf Organisationen hat ein strategisches Dokument oder einen Strategieplan für die nächsten drei bis fünf Jahre, trotzdem sind alle sehr erfolgreich unterwegs. In den meisten dieser Organisationen gibt der Sinn der Organisation genügend gemeinsame Ausrichtung. Bei Buurtzorg beispielsweise folgen alle Pflegekräfte dem gemeinsamen Sinn, ihren Patienten bestmöglich zu helfen, ein erfülltes und unabhängiges Leben zu führen. (Laloux 2017, S. 111–131)

Die Ausführungen von Laloux sind nicht als Anleitung beziehungweise pfannenfertiges Rezept zur Entwicklung einer evolutionären Organisation zu verstehen. Das würde in einem grundlegenden Widerspruch zur Philosophie stehen, in der es vor allem um den Prozess geht, der von der Einbindung, Kommunikation und Intuition lebt. Laloux gibt wichtige Impulse, um menschliche Führung auf der Ebene Organisation zu reflektieren und neu zu denken. Es empfiehlt sich, mit einem der drei Durchbrüche anzufangen und sich als Organisation kontinuierlich weiterzuentwickeln. Die Praktiken evolutionärer Organisationen können auch zuerst auf einzelne Teams oder Bereiche angewendet werden, bevor diese in der gesamte Organisation umgesetzt werden.

Auf die Frage nach Widerständen beziehungweise Bedenken gegenüber des Prinzips der Selbstorganisation in Unternehmen gibt Laloux folgendes Statement ab:

„In ihrem Privatleben treffen Mitarbeitende sehr weitreichende Entscheidungen – etwa die, wen sie heiraten, ob sie sich für einen Hauskauf verschulden sollten oder in welche Schule sie ihre Kinder schicken. Wie kommen wir dann auf die Idee, dass man ihren Entscheidungen nicht trauen kann, sobald sie sich in einer Organisation bewegen?" Frédéric Laloux (Laloux 2018)

Die wichtigste Voraussetzung für diesen Prozess ist, dass die grundlegende Philosophie, das damit verbundene Menschenbild sowie die Werte vom Top-Management getragen und vorgelebt werden. Viele weitere Unternehmen wie Mercedes Benz, Unic, Freitag, MyMuesli, Soulbottles, Rising Systems und einige mehr leben diese Organisationsphilosophie bereits heute.

6.2 Echten Sinn stiften

6.2.1 Sinn als organisationaler Energizer

Sinn im eigenen Handeln zu sehen, ist für uns Menschen bedeutsam. Basierend auf den Erkenntnissen der Positiven Psychologie wissen wir, dass neben den Faktoren wie Selbst-Akzeptanz, positive Beziehungen, Selbstbestimmtheit und Selbstwirksamkeit die Sinnhaftigkeit der Arbeit wichtig für unser Wohlbefinden und unsere Zufriedenheit ist (vgl. Abschn. 3.3.3). Sinn in der Arbeit entsteht, wenn die persönlichen Bedürfnisse, Werte und Ziele sich mit der Arbeit verbinden lassen. Sinn kann dabei individuell ganz unterschiedlich wahrgenommen werden: Eine Ärztin, die auf der Intensivstation Leben rettet, verbindet den Sinn ihrer Arbeit mit dem Sinn des eigenen Lebens, Leben zu bewahren. Oder jemand sieht das „Big Picture", den großen Zusammenhang, in dem die eigene Arbeit steht.

> „Ich kann meine Mitarbeitenden nicht instruieren ‚Sei begeistert!'. Leidenschaft und Engagement entwickeln sich vor allem durch die Sinnhaftigkeit und Identifikation mit ihrer Arbeit."
> Cora Hentrich-Henne, Geschäftsführerin Alstom Schweiz (Hentrich-Henne 2021)

Praxisbeispiel

Ein eindrückliches Beispiel dazu durfte ich vor ein paar Jahren während meines Einsatzes als interimistische Human Resources und Change Beraterin beim Schienenfahrzeughersteller Alstom Schweiz erleben. Die Service-Techniker in den Bahndepots sind sehr stolz auf ihre Arbeit, weil sie einen übergeordneten Sinn in ihrer Tätigkeit sehen. In meinen verschiedenen Gesprächen mit ihnen äußerten sie sich immer wieder sehr stolz darüber, dass sie durch ihre Reparatur- und Servicearbeiten an den Lokomotiven und Eisenbahnwaggons einen sehr wichtigen Beitrag zu einer nachhaltigen Mobilität leisten.

Ich erinnere mich zudem gut an die verschiedene Gespräche mit Mitarbeitenden im Hausdienst einer psychiatrischen Klinik, in welcher ich vor einigen Jahren als Organisationsberaterin tätig war. Die Mitarbeitenden waren sehr stolz darauf, täglich die Zimmer der Patientinnen und Patienten zu reinigen. Sie sagten jeweils zu mir: „Meine Arbeit ist sehr wichtig. Wenn die Zimmer sauber sind, trage ich zur Hygiene und damit zur Patientensicherheit bei. Zudem fühlen sich unsere Patientinnen und

Patienten in einem sauberen, aufgeräumten Zimmer eher wie zu Hause. Damit trage ich wesentlich dazu bei, dass sie sich in unserer Klinik gut aufgehoben fühlen und schneller wieder gesund werden". ◄

Auch unangenehme oder wenig anspruchsvolle Aufgaben können für Mitarbeitende sinnstiftend sein, wenn ihnen klar ist, in welchem größeren Kontext und für welchen Zweck sie ihre Arbeit leisten. Wenn für uns eine Situation, eine Entscheidung oder eine Tätigkeit Sinn ergibt, sind wir in der Lage, über uns hinauszuwachsen oder sogar Opfer zu bringen. Der von uns wahrgenommene Sinnzusammenhang einer Tätigkeit – die Frage nach dem „Warum mache ich das?" - beeinflusst unsere Leistungsfähigkeit und -bereitschaft dabei wesentlich. (Seliger 2014, S. 140–142)

> „Gerade im Bereich der Fertigung ist die Sinnhaftigkeit wichtig. In der Fertigungskette sind wir häufig mit fehlendem Material, Qualitätsproblemen oder auch Fehlern konfrontiert. Bei Fehlern, Engpässen oder kritischen Situationen bringt ‚Draufhauen' nichts. Viel wichtiger ist es, den Sinn und Beitrag der Mitarbeitenden zur Problemlösung aufzuzeigen: Unsere Kunden brauchen das Produkt." Cora Hentrich-Henne, Geschäftsführerin Alstom Schweiz (Hentrich-Henne 2021)

► **Wichtig** Nicht nur Individuen brauchen einen Purpose. Ein klarer Sinn und Zweck sind ebenso für ein Unternehmen als lebendiges System eine unverzichtbare Basis für organisationales Handeln. Der individuelle Sinn und der organisationale Sinn gehen dabei Hand in Hand. Sinn ist sowohl auf der individuellen wie organisationalen Ebene ein positiver Energetisierer.

Zudem ist der Sinn das einigende Band und Koordinationsprinzip in arbeitsteiligen Prozessen. Wie soll ansonsten aus einer Gruppe von Expertinnen und Experten ein erfolgreiches Team werden, wenn über den Sinn keine Einigkeit besteht? Ohne die Frage nach dem „Warum" beziehungsweise „Wozu" gibt es keine Einigkeit über das „Wie" oder „Was" (vgl. auch Abschn. 4.3.1).

6.2.2 Stellen Sie die Frage nach dem Warum

Ein Unternehmen erfüllt einen Zweck, für den es gegründet wurde, nämlich den Kernleistungsauftrag, dem es entsprechen soll. Dabei ist das unternehmerische Prinzip ganz einfach: Ein Unternehmen produziert und vertreibt Waren oder Dienstleistungen, um die Kundenbedürfnisse zu befriedigen. Die unternehmerische Tätigkeit ist das „Mittel", die Befriedigung der Kundenbedürfnisse der „Zweck". Dieses Prinzip gilt sowohl für wirtschaftlich wie auch sozial orientierte Institutionen.

Selbstverständlich geht es in vielen Profit-Unternehmen darum, Erfolge zu erzielen und durch Profit die Existenz zu sichern. Doch Erfolgsorientierung alleine genügt nicht, um die Führungskräfte und Mitarbeitenden in Organisationen zu energetisieren. Auf der organisationalen Ebene bedeutet die Sinnfrage, ein „großes Bild" vom Zweck, Nutzen und der Bedeutung der Unternehmenstätigkeit aufzuzeigen, mit dem sich die Mitarbeitenden identifizieren können. Denn positive und produktive Energie entsteht erst dann, wenn wir die größeren Zusammenhänge und den Nutzen unserer Arbeit verstehen und wir die Bedeutung unseres Beitrags dazu erkennen.

Gemäß dem Managementexperten Reinhard Sprenger (geb. 1953) steht die Sinnfrage heute in vielen Organisationen Kopf: Unternehmen haben sich selbst zum Zweck gesetzt und die Kunden wie auch die Mitarbeitenden sind die Mittel dazu geworden. In seinem Buch „Das anständige Unternehmen" führt er diesen „Zweck-Autismus" am Beispiel der Finanzindustrie aus, wo skrupellose Finanzjongleure insbesondere in den höheren Führungsetagen von Großbanken das Geld der Kundinnen und Kunden aufs Spiel setzen und nach Misserfolgen trotzdem noch immense Boni kassieren. Sie verkaufen, was der Bank nützt, und nicht, was ihrer Kundschaft nützt. Schlussendlich leiden die rechtschaffenen Mitarbeitenden an der Basis unter dem kranken System und dem schlechten Image, welches das Berufsbild deshalb abbekommen hat. (Sprenger 2018, S. 64–65)

Sehr oft wird die Finanzbranche als Paradebeispiel für verwerfliches unternehmerisches Handeln zitiert. Doch geht es hier nicht nur um die eine Branche. Unethisches Verhalten kann in jeder Branche und in jeder Organisation zu Tage kommen, wenn der echte Sinn abhanden gekommen ist. So liest man in den Medien auch immer wieder über Skandale aus dem Gesundheitswesen, wo Ethik und Menschlichkeit eigentlich als oberstes Gebot gelten sollten. Kürzlich mussten beispielsweise zwei profitgierige, oberste Kapitäne einer Schweizer Universitätsklinik zurücktreten, weil privat- und halbprivat versicherten Patienten nicht geleistete Stunden verrechnet wurden und das Geld dann aus einem entsprechend angesparten Topf als fette Boni ausbezahlt wurden.

Simon Sinek hat in seinem Bestseller „Start with Why" auf eine überzeugende Weise aufgezeigt, dass die erfolgreichsten Unternehmen – darunter das prominente Beispiel von Apple – nicht wegen ihrer Produkte so erfolgreich sind, sondern wegen der tiefen Überzeugung und Sinnhaftigkeit, die dann die jeweiligen passenden Kunden anziehen. (Sinek 2011)

So war bei Apple der Sinn, das sogenannte „Why" (vgl. auch Abschn. 4.3.1) wie folgt formuliert: „We think differently. We want to challenge the status quo." Doch gerade wenn es um den echten, übergeordneten Sinn geht, stellt sich hier die berechtigte Frage, ob alles, was Apple tut, der Gesellschaft wirklich dient. Dazu gehören vor allem die Auswirkungen der Geschäftstätigkeit auf die Ökologie sowie die Arbeitsbedingungen von Arbeitnehmenden in der ganzen Lieferkette. Es erscheint, dass in der Vergangenheit in vielen Unternehmen der Fokus sehr stark auf das „Was" und das „Wie" gerichtet und diskutiert wurde, das „Warum" beziehungsweise „Wozu" erschien sich einfach so zu ergeben: schneller, höher, weiter. Angesichts unserer globalen Umweltproblematik sowie der rasanten Digitalisierung wird dies jedoch nicht mehr ausreichen. Es muss also in Unternehmen wieder vermehrt darum gehen, in die Auseinandersetzung mit dem echten Sinn der unternehmerischen Tätigkeit zu gehen: Beschäftigen wir uns mit den richtigen Dingen? Sind wir auf dem richtigen Weg? Was tun wir für die Menschen und somit für die Gesellschaft und unsere Umwelt? (Sprenger 2018, S. 64–66)

> „Als menschliches Familienunternehmen denken wir in Generationen, nicht in Quartals-zahlen." Patrik Lanter, CEO und VR Präsident NeoVac Gruppe (Lanter 2021)

Es genügt nicht mehr, wenn der Purpose eines Unternehmens einzig darin besteht, Profit zu erzielen. Umsatz und Profit geben keine Antwort auf das „Warum", sie sind nur die Folge. Sie dürfen nur die Indikatoren sein für erfolgreiches Wirtschaften und eine notwendige Bedingung, um das Überleben des Unternehmens zu sichern. Wenn jemand etwas tut, um Geld zu verdienen, dann ist das Geld der Zweck. Welche Bedeutung das Geld jedoch für den Betreffenden hat, wird durch den Zweck noch nicht hinreichend erklärt. Die Bedeutung – der Sinn – ergibt sich erst daraus, was er mit dem Geld anfängt. (Sprenger 2018, S. 66)

> „Eine extreme Ausrichtung auf finanzielle Kennzahlen verhindert das Experimentieren. Als Mensch und Team wollen wir Nachhaltigkeit sicherstellen und die Überzeugung gewinnen, das Richtige für unsere Kunden und Unternehmung zu tun." Claudia Müller, Leiterin Marktgebiet Digital Banking, Credit Suisse (Müller 2021)

▶ **Wichtig** Bei der Sinnhaftigkeit geht es nicht um die Frage „Wie kann der Umsatz, Marktanteil oder Gewinn erhöht werden?", sondern um die Frage „Was können wir als Unternehmen für unsere Kunden, für unsere Mitarbeitenden, für unsere Gesellschaft und weitere wichtige Anspruchsgruppen tun, um Nutzen zu stiften." (Sprenger 2018, S. 66)

6.2.3 Sinn als Wertbeitrag auf verschiedenen Ebenen

Der Purpose eines Unternehmens muss also umfassender definiert werden, denn er geht über die Leitbild-, Visions- und Missionsarbeit hinaus. Während die Vision das langfristige Zukunftsbild eines Unternehmens beschreibt, zielt die Mission meistens auf den Existenzgrund (Basis-Sinn).

Der Purpose ergibt sich aus dem Wertbeitrag, den das Unternehmen zumindest auf folgenden drei Ebenen erbringen sollte (Gomez et al. 2019, S. 104; Seliger 2014, 182–183):

Individuelle Ebene
Der Wertbeitrag auf der individuellen Ebene bezieht sich auf die Mitarbeitenden im Unternehmen: Er umfasst insbesondere die Sicherheits- und Schutzbedürfnisse, die Zufriedenheit und Gesundheit der Mitarbeitenden, die Stärkung der Leistungsbereitschaft und -fähigkeit wie auch die Möglichkeit zu persönlichem Wachstum und Entwicklung.

Organisationale Ebene

Als erstes besteht der Wertbeitrag auf der organisationalen Ebene darin, die Lebensfähigkeit des Unternehmens sowie dessen Entwicklungs- und Wachstumsfähigkeit zu sichern. Diese zeigen sich zum Beispiel durch die Steigerung des Marktanteils beziehungweise der Wettbewerbsfähigkeit, die Arbeitgeberattraktivität oder die gesellschaftliche Akzeptanz und durch das Image.

Gesellschaftliche Ebene

Organisationen sind in die Gesellschaft eingebettet, sie wirken auf sie ein und werden von ihr beeinflusst. Aus dieser Verflechtung hat das Unternehmen eine gesellschaftliche Verantwortung wahrzunehmen. Echte Sinnhaftigkeit bedingt deshalb den Einbezug des großen gesellschaftlichen Bildes. Wertbeiträge für die Gesellschaft manifestieren sich zum Beispiel in der Sicherung von Arbeitsplätzen, in einem schonenden Ressourceneinsatz oder auch in der Stärkung der gesellschaftlichen Ordnung durch die Vorbildfunktion einer verantwortungsbewussten unternehmerischen Tätigkeit. Wertbeiträge können sich aber auch durch Innovationen und Problemlösungen zeigen, die einen gesellschaftlichen Nutzen schaffen.

▶ **Wichtig** Der Sinn eines Unternehmens muss also weiter gehen als die individuelle und organisatorische Stufe und den Beitrag zu etwas größerem Ganzen erfassen. Der unternehmerische Sinn darf nicht mehr selbstgenügsam sein, sondern muss seinen gesellschaftlichen Beitrag (Public Value) in den Blick nehmen – sei es für ein Quartier, eine Region, das eigene Land oder die ganze Welt.

Der gesellschaftlichen Funktion kann sich dauerhaft kein Unternehmen mehr entziehen. Vor allem menschliche Organisationen sind heute in ihrer Sinnfrage nicht mehr ohne Ethik und gesellschaftliche Verantwortung zu denken. (Gomez et al. 2019, S. 100–101)

6.2.4 Schaffen Sie durch echte Sinn-Orientierung organisationale Energie

Eine Untersuchung des globalen Executive Search- und Beratungsunternehmens Korn Ferry von Ende 2019 (Korn Ferry 2019) macht deutlich, dass die Sinn-Orientierung, vor allem der Beitrag zur Gesellschaft und eine moral-ethische Führung, gemäß Einschätzung von 163 befragten CEOs in Zukunft deutlich an Bedeutung zunehmen werden. Gemäß den befragten CEOs sind die wichtigsten Erfolgsfaktoren der Sinn und die Mission des Unternehmens, gefolgt von Agilität und Offenheit für Veränderungen sowie eine starke Werteverankerung. 95 Prozent der Befragten sind zudem überzeugt, dass eine reine Profit-Orientierung nicht mehr erfolgversprechend ist, sondern neben dem finanziellen Erfolg vor allem die Menschen und die Orientierung am Gemeinwohl ins Zentrum rücken müssen. Es handelt sich bei diesen Aussagen nicht um Sozialromantik. Unternehmen werden nach wie vor nur dann erfolgreich sein, wenn sie Gewinn erzielen und ihre Stakeholders zufriedenstellen. Die stärkere Sinn-Orientierung ist jedoch ein klarer zusätzlicher Imperativ seitens des Marktes – dies gilt sowohl in Bezug auf die Vermarktung von Produkten und Dienstleistungen an die Kunden wie auch in Bezug auf die Gewinnung der besten Mitarbeitenden auf dem Arbeitsmarkt. Eine internationale Studie der Beratungsfirma Ernst & Young hat zudem ergeben, dass Unternehmen, in welchen der Sinn bekannt ist und gelebt wird, bessere Finanzergebnisse erzielen und Veränderungs- und Innovationsvorhaben besser umsetzen (Harvard Business Review 2015).

Sinnerleben hat nicht nur einen positiven Einfluss auf den Profit eines Unternehmens, sondern kann auch einen positiven Einfluss auf die Gesundheit der Mitarbeitenden haben. Laut einer repräsentativen Umfrage bei über 2000 Erwerbstätigen durch das Wissenschaftliche Institut der Gesundheitskasse AOK fehlen Mitarbeitende, die Sinn erleben, seltener am Arbeitsplatz und haben deutlich weniger arbeitsbedingte gesundheitliche Beschwerden. Aus der Studie ging ebenso hervor, dass für die Befragten die Sinnhaftigkeit der Arbeit einen höheren Stellenwert hat als das Einkommen. (AOK 2018)

Gemäß dem bekannten Hirnforscher Gerald Hüther (geb. 1951) ist im Kontext der Sinnfrage ebenfalls zu berücksichtigen, dass eine junge Generation in die Unternehmen kommen wird, die keinen Wert mehr auf alte Strukturen legt und nicht mehr durch Machtsymbole wie hohe Boni oder einen Dienstwagen verführbar ist und entsprechend andere Ansprüche an den Sinn ihrer Arbeit stellt. Unternehmen, die nur auf Gewinnmaximierung aus sind, werden ihre Innovationskraft verlieren und an sich selbst zugrunde gehen. Er nennt als positives Beispielunternehmen, das den neuen Zeitgeist erkannt hat, die Hotelkette Upstalsboom: Das Unternehmen ist erfolgreich und ökonomisch stabil. Mit einem Teil des erwirtschafteten Gewinns baut Inhaber Bodo Janssen Schulen in Ruanda. Sein Unternehmen verfolgt damit ein gesellschaftliches Anliegen – es dient den Menschen und macht nicht Gewinn auf Kosten der Menschen. (Hüther 2018, S. 59; Janssen 2016)

Unternehmen, denen ihr Sinn abhanden gekommen ist, verlieren wertvolle Energie und können kaum neue Energie mobilisieren. Wenn die Energie innen gebunden ist und nicht mehr nach außen wirkt – als Beitrag zur Lebensqualität anderer – wird Arbeit als sinnlos erlebt. Dieser Effekt äußert sich schlussendlich in der mangelnden Kundenorientierung – sie ist nichts anderes als mangelndes Sinn-Erleben. (Sprenger 2018, S. 67)

► **Wichtig** Hochenergie-Organisationen wissen, was ihr Sinn auf der individuellen, organisationalen und gesellschaftlichen Ebene ist und transportieren diesen Sinn über alle Ebenen hinweg an ihre Mitarbeitenden. Unternehmen, die klar aufzeigen können, warum ihr Tun wichtig ist – für die Kunden, für die Gesellschaft – tragen dazu bei, dass die Mitarbeitenden auch in Krisen oder Veränderungsvorhaben diejenigen Energien entwickeln können, die sie auch durch herausfordernde Momente hindurchträgt.

Sinn gibt Orientierung und Klarheit. Die Dinge werden für die Mitarbeitenden fassbarer. Durch Sinngebung sind die Mitarbeitenden viel eher bereit und motiviert, auf ihre Ressourcen und ihr Potenzial zurückzugreifen und es wird für sie leichter, mit der Dynamik des stetigen Wandels in der heutigen VUCA-Welt klarzukommen.

▶ **Tipp** Folgende Tools in der Toolbox in Kap. 8 unterstützen Sie dabei, die Energie in Ihrer Organisation zu messen und die Vision sowie den Sinn Ihrer Organisation zu ergründen und zu erarbeiten:

- Tool 34: Die Organisationsenergie messen (Abschn. 8.3.1.1)
- Tool 35: Die Sinnfrage stellen (Abschn. 8.3.2.1)
- Tool 36: Visionsarbeit mit der „Wunderfrage" (Abschn. 8.3.2.2)

6.3 Werte – wichtige Pfeiler der Unternehmenskultur

6.3.1 Schaffen Sie durch ein stabiles Fundament Orientierung

Flowtex, Enron, Worldcom, Parmalat, Samsung und viele mehr – immer wieder lesen wir in den Medien von Unternehmen, die wegen Wirtschafts- beziehungsweise Korruptionsskandalen in die Schlagzeilen geraten. Das Problem liegt dabei meistens nicht in den betrieblichen Strukturen und Prozessen sowie Kontrollmechanismen, sondern vielmehr in einer Unternehmenskultur, die unverhältnismäßige Bereicherung durch Einzelne, Betrug oder das Verschweigen wichtiger Tatsachen eine lukrative Option werden lässt. (Vogelsang und Burger 2004, S. 16–17)

Unsere Wirtschaft ist gekennzeichnet von einer tiefen Vertrauenskrise, die vor allem mit einer Krise der Haltung und der Werte im Management zu tun hat. Diese Tatsache ist vor allem auch darauf zurückzuführen, dass Werte vielfach nur „aspirativ" sind, also zu wenig im Unternehmen verankert sind und nicht konsequent gelebt werden. Organisationen müssen jedoch Voraussetzungen schaffen, die Werte deutlich zum Ausdruck bringen und von den Führungskräften und Mitarbeitenden auf allen Hierarchiestufen verstanden werden. Organisationen müssen sicherstellen, dass ihre Werte nicht nur definiert, sondern im Arbeitsalltag auch durchgesetzt werden. Oftmals sind Unternehmen versucht, plakativ „Werbe-Werte" zu formulieren, die zwar gut klingen (wie Nachhaltigkeit, Transparenz, Verantwortungsbewusstsein etc.), für die aber keine wirkliche Anstrengung unternommen werden, das Verhalten im Führungs- und Arbeitsalltag effektiv darauf auszurichten. Werte dürfen nicht auf wohlklingende Adjektive wie „nachhaltig", „innovativ" oder „menschlich" reduziert werden. Wenn sich die Werte nicht auf der Verhaltensebene im Arbeitsalltag zeigen und auch nichts unternommen wird, dies zu ändern, handelt es sich um nichts anderes als einen netten Anstrich der Fassade.

▶   **Wichtig** Ebenso wie wir Menschen als Individuem Werte benötigen, um Orientie-
    rung über unser eigenes Leben und Verhalten zu haben (vgl. Abschn. 4.3.3), brau-
    chen Unternehmen Werte. Sie schaffen ein stabiles Fundament und geben Orientie-
    rung. Sie helfen den Führungskräften und Mitarbeitenden quer durch alle
    Hierarchieebenen, das Richtige zu tun.

„Eine gute Führungskultur braucht Vertrauen in die Mitarbeitenden und klare Werte. Bei Alstom leben wir AIR Values: Agile, Inclusive, Responsible. Wir haben weltweit viele Projekte
zur Förderung von Diversität und Inklusion gestartet oder bereits umgesetzt, um den Wert
„Inclusive" im Arbeitsalltag effektiv zu verankern." Cora Hentrich-Henne, Geschäftsführerin
Alstom Schweiz (Hentrich-Henne 2021)

Es gibt mittlerweile einige empirische Studien, die beweisen, dass Unternehmen mit
einer starken Unternehmenskultur, die sich an eindeutigen Werten orientiert, langfristig
erfolgreicher sind. Es zeigt sich auch, dass langlebige Unternehmen, die sich dauerhaft
über mehrere Jahrzehnte am Markt behaupten, meist diejenigen sind, die nicht nur
wirtschaftlich orientiert, sondern auch bestimmten Werten verpflichtet sind. (Vogelsang
und Burger 2004, S. 51–54)

Zudem lässt sich in unserer Gesellschaft eine zunehmende ethische und werteorientierte
Sensibilisierung feststellen, die höhere Anforderungen an Unternehmen stellt als früher.

▶   **Wichtig** Unternehmen können im Wettbewerb um die besten Talente auf dem
    Arbeitsmarkt nicht mehr nur auf monetäre Anreize setzen. Es zeigt sich immer mehr,
    dass ein verlässliches Werteprofil des Unternehmens ein wichtiges Kriterium ist,
    sich für oder gegen eine Anstellung in einem Unternehmen zu entscheiden. Zudem
    tragen Mitarbeitende, die sich mit den Werten des Unternehmens identifizieren und
    sich dafür einsetzen, viel stärker zum langfristigen Erfolg bei, als Mitarbeitende, die
    nur des guten Lohns wegen ins Unternehmen kommen. (Vogelsang und Burger
    2004, S. 72 und S. 115)

Werte haben also schlussendlich einen Einfluss darauf, welche Persönlichkeiten für das
Unternehmen arbeiten wollen beziehungsweise welche Menschen das Unternehmen
anzieht.

6.3.2   Machen Sie den Wertekanon greifbar

Einige Unternehmen haben ihre Werte fein säuberlich in einem Leitbild oder in einem sogenannten „Mission Statement" festgehalten. Dort findet sich oftmals eine formvollendete
Ansammlung von Lippenbekenntnissen wie „Nachhaltigkeit", „Respekt", „Fairness" und
so weiter – teilweise in nichtssagenden Schlagworten formuliert.

Leider haben Leitbilder in der Unternehmenspraxis einen zunehmend schlechten Ruf.
Mitunter wird darüber mit dem Unwort „Leidbild" gewitzelt. Teils zu recht, denn es

kommt immer wieder vor, dass Leitbilder in Unternehmen auf die Schnelle von ein paar ausgewählten Personen niedergeschrieben werden. Schlimmstenfalls werden Leitbilder sogar von anderen Unternehmen kopiert, leicht umformuliert und dann auf Hochglanzpapier gedruckt. Schließlich landen sie als Papiertiger in einer Schublade und verstauben vor sich hin. Wenn ich als Trainerin in meinen Führungstrainings oder im Unterricht als Dozentin die Teilnehmenden frage, ob sie den Inhalt ihres Unternehmens-Leitbilds kennen, muss ich leider häufig mit Ernüchterung feststellen, dass viele nicht einmal wissen, ob in ihrem Unternehmen überhaupt ein Leitbild existiert und wo dieses zu finden ist. Das finde ich sehr schade, denn ein starkes Leitbild hat sehr viel Positives. Vor allem der Prozess der Auseinandersetzung mit den Unternehmenswerten und der damit verbundenen Haltung ist sehr wertvoll.

Ein Leitbild und auch die darin enthaltenen Werte kann man nicht einfach so auf die Schnelle erfinden und dem Unternehmen überstülpen. Sie müssen aus dem Bestehenden abgeleitet sein und sich an die wichtigsten Anspruchsgruppen des Unternehmens richten (Mitarbeitende, Kunden, Lieferanten etc.). Werte, die unter keinen Umständen verletzt werden dürfen, sollten explizit und unmissverständlich formuliert werden. Dazu gehören sensible Themen wie Kinderarbeit, Tierversuche, Bestechung, Klimaschutz und Rassismus. So hat sich zum Beispiel die Jeansfirma Levi Strauss als Vorreiterin in der Textilbranche klar dazu bekannt, keine Kinderarbeit in ihren Produktionsstätten zu tolerieren, und entsprechende Werte deklariert. (Vogelsang und Burger 2004, S. 115)

▶ **Wichtig** Es empfiehlt sich, nicht allzu viele Werte zu definieren, sondern sich auf einen Wertekanon von vier bis fünf Kernwerten zu fokussieren, die tatsächlich handlungsleitend sind. So besteht auch nicht die Gefahr sich zu verzetteln. Anzustreben ist ein unverwechselbarer, aussagekräftiger Wertekanon, der eine klare Signalwirkung für alle Anspruchsgruppen hat. Dabei sollte genau zwischen moralischen Werten (z. B. Integrität, Fairness, Respekt), Leistungswerten (z. B. Produktqualität, Kundenorientierung, Innovation), instrumentellen Werten (z. B. Teamarbeit) und sensiblen Werten (z. B. Menschenwürde, Diskriminierung) unterschieden werden. (Vogelsang und Burger 2004, S. 115–142)

Für die sensiblen Werte empfiehlt es sich, klare Verhaltensstandards aufzustellen. Zudem sollten die Werte für alle Werteträger des Unternehmens, also für die Mitarbeitenden, Kunden, Investoren, Lieferanten und die Gesellschaft durchgängig von Bedeutung sein. Die Werte müssen im Unternehmensalltag vorgelebt und umgesetzt werden können, ansonsten bekommt das Unternehmen ein Glaubwürdigkeitsproblem. Unschöne Beispiele gibt es genug von großen Konzernen, die trotz grandios klingenden Mission Statements mit Werten wie „kundenorientiert" oder „nachhaltig" die persönliche Kundenberatung herunterschrauben, tausende von Mitarbeitende entlassen und Arbeitsplätze in Billiglohnländer verlagern, um Kosten zu sparen. (Vogelsang und Burger 2004, S. 115–142)

▶   **Wichtig** Werte können sehr unterschiedlich interpretiert werden. Damit sie keine Worthülsen bleiben oder zu Missverständnissen führen, müssen sie inhaltlich präzisiert werden, sonst bleiben sie bedeutungslos. Es genügt also nicht, einen Wert einfach so zu definieren. Ein Wert muss durchdekliniert werden, um handlungsleitend und wirksam zu sein.

Was bedeutet es zum Beispiel, wenn sich Ihr Unternehmen zum Wert „Fairness" bekennt? Dies könnte einerseits bedeuten, dass das Unternehmen nur lokale Lieferanten berücksichtigt und kein Preisdumping toleriert. Fairness könnte aber auch bedeuten, dass alle Mitarbeitenden nach einem transparenten, leistungsorientierten Honorierungssystem entlohnt werden. Fairness kann ganz unterschiedlich ausgelegt und verstanden werden.

Wenn sich ein Unternehmen beispielsweise dazu bekennt „Wir sind menschlich", muss zuerst geklärt werden:

- Was bedeutet Menschlichkeit für den Umgang innerhalb des Unternehmens?
- Wie zeigt sich Menschlichkeit im Umgang mit den Mitarbeitenden, Kunden, Geschäftspartnern, Zulieferern etc.?
- An welchem konkreten Verhalten erkennen wir Menschlichkeit?
- Was bedeutet das für den Umgangston?
- Wie wirkt sich Menschlichkeit auf die Entscheidungsfindung aus?

Jeder einzelne Wert im Unternehmen sollte heruntergebrochen werden auf konkrete Verhaltensmerkmale. Und zwar auf Verhaltensaspekte, die nicht nur für Schönwetter-Phasen gelten, sondern auch für stürmische Phasen wie Veränderungsprozesse, Konflikte und Krisen.

▶   **Wichtig** Der Aufbau und die Entwicklung der Werte muss auf allen Ebenen stattfinden und für alle verständlich sein. Wichtig dabei ist, dass die Frage nach den geltenden Werten in einem Prozess der gemeinsamen Selbstreflexion erarbeitet wird, in den möglichst alle Führungskräfte und Schlüsselpersonen und wenn möglich auch Mitarbeitende aus verschiedenen Unternehmensbereichen eingebunden werden.

Werte lassen sich nicht einfach so „von oben herab" verordnen. Ich glaube fest daran, dass Werte aus dem „Inneren" einer Organisation kommen sollten und im Rahmen eines reflexiven, partizipativen Prozesses entwickelt werden müssen.

„Werte müssen von der Basis kommen. Man sollte die Mitarbeitenden erarbeiten lassen, welche Werte ihnen wichtig sind, wie sie die Menschlichkeit in der Organisation sehen. Werte müssen nicht mal schriftlich festgehalten sein. Viel bedeutsamer ist das Vorleben im Alltag: Wie wird das Onboarding organisiert, wie läuft das Talent Management? Im Unternehmen muss anhand von Beispielen gezeigt werden, dass Werte gelebt werden, dass es dem Unternehmen ernst ist." Bernhard Soltermann, COO/Operations Director AMAG Import, AMAG Group AG (Soltermann 2021)

Die Unternehmensführung hat die Verantwortung für den gesamten Prozess von der Wertefindung bis hin zur Ausgestaltung. Eine Unternehmenskultur und ihre Werte zu entwickeln braucht Zeit, Ausdauer und vor allem konsequentes Handeln. Schlussendlich hängt es vom Verhalten des Top-Managements ab, wie überzeugend Werte bei den Mitarbeitenden ankommen und welche Energien sie freisetzen. Alles entscheidend ist dabei die Glaubwürdigkeit: Das Top-Management, das seine Führungskräfte und Mitarbeitenden zum Beispiel auf die Werte Transparenz und Fairness verpflichtet, muss selbst damit anfangen, transparent zu kommunizieren und fair zu sein. Geht das Top-Management nicht wertschätzend und respektvoll mit den Mitarbeitenden um, glaubt niemand daran, dass in diesem Unternehmen Fairness ein wichtiger Wert ist.

„Wir sind dem Wert ‚Nachhaltigkeit‘ verpflichtet. Wir von der Geschäftsleitung müssen diesen Wert tagtäglich vorleben, um den Mind-Change bei unseren Mitarbeitenden zu verankern – damit sie nachvollziehen können, weshalb sich mehr Aufwand und Kosten für einen biologischen Traubenanbau schlussendlich lohnen." Sandra Mounir-Rotzer, Geschäftsleiterin und Verwaltungsrätin Cave du Rhodan Mounir Weine AG (Mounir-Rotzer 2021)

▶ **Wichtig** Aus neurologischer Sicht entstehen Werte wie alle anderen Haltungen im Kopf durch stetige Wiederholung. Unser Gehirn lernt nicht durch Lesen, sondern durch Erfahrung. Ein Wert wie Fairness kommt also erst in die Köpfe der Mitarbeitenden und verankert sich dort, indem sie immer wieder Fairness erfahren. So verknüpfen sich in ihren Wertearealen im Gehirn die Synapsen für Fairness (vgl. Abschn. 3.2.2). Wenn Ihre Organisation einen Wert wie Fairness etablieren will, ist die Vorbildfunktion der einzige Weg: Fairness tagtäglich an kleinen Beispielen selbst vorleben.

6.4 Ko-Kreation – Zukunftsfähigkeit gemeinsam gestalten

6.4.1 Nutzen Sie die Kraft des sozialen Felds

Viele Organisationen sehen sich heute mit Herausforderungen konfrontiert, die durch einen hohen Grad an Komplexität gekennzeichnet sind, und die sich von vergangenen Erfahrungen fundamental unterscheiden. Daraus ergibt sich, dass Veränderungsvorhaben oftmals nicht den erwünschten Erfolg bringen, gerade weil Organisationen es nicht schaffen, die Potenziale der Mitarbeitenden und damit das Potenzial der gesamten Organisation voll und ganz freizusetzen.

Wie kann das, was sich als Zukunft ankündigt, erfasst und verstanden werden? Wie kann eine Organisation aus einer im Entstehen begriffenen Zukunft heraus handeln und sich gleichzeitig aus bestehenden Mustern der Vergangenheit lösen? Wie kann menschliche Führung mit Herausforderungen umgehen, für die die Erfahrungen aus der Vergangenheit keine Antworten mehr bieten können? Wie gelingt es, Visionen, Leitbilder und strategische Ziele zu entwickeln, die von allen Beteiligten zügig und mit Engagement umgesetzt werden?

Klassische rationale Strategiefindungsmethoden stoßen immer mehr an ihre Grenzen. Methoden, die ebenso die kreativen und intuitiven Potenziale im Menschen ansprechen, ermöglichen viel eher grundlegende Innovationen und Veränderungen in Unternehmen.

Claus Otto Scharmer (geb. 1961) ist nach langjährigen Studien zur Erkenntnis gelangt, dass die Managementforschung und -praxis zwar viele Erkenntnisse darüber hat, was Führungkräfte tun und wie Führungskräfte arbeiten. Wir wissen jedoch wenig über den Ausgangspunkt von Handlungen beziehungweise den schöpferischen Ursprung, der Handlungen und damit Neues in die Welt kommen lässt. Scharmer spricht in diesem Kontext vom sogenannten „blinden Fleck", dem inneren Ort beziehungsweise der inneren Quelle, von der aus wir Menschen handeln, und dem bisher noch zu wenig Beachtung geschenkt wird. Dieser blinde Fleck ist der eigentliche Ausgangspunkt unserer Wahrnehmungen und Handlungen und damit ein Schlüsselfaktor in der erfolgreichen Führung und Veränderung von Organisationen. Der Erfolg von Führung und Veränderungsprozessen ist somit abhängig von der inneren Haltung und Wahrnehmung des Menschen. In dem Ausmaß, in dem es uns gelingt, unsere eigene Aufmerksamkeitsstruktur sowie deren Quelle zu sehen und zu reflektieren, können wir das äußere System verändern. Scharmer sieht dabei die Verankerung von Achtsamkeit und Ko-Kreation in Unternehmen als zentrale Erfolgsfaktoren. Scharmer hat die **Theorie U** als Methode entwickelt, welche verantwortliche Führungskräfte und Mitarbeitende dazu anleitet, ihr Denken und Verhalten aus dem Gefängnis vergangenheitsorientierter Muster zu lösen, die Zukunftspotenziale einer Situation zu erspüren und neue Handlungen zu „erfinden". (Scharmer 2019, 11–12)

Scharmer spricht im Zusammenhang mit dem blinden Fleck vom sogenannten „sozialen Feld" und skizziert in seinem Buch „Essentials der Theorie U" die Parallele zu seiner Kindheit auf dem Bauernhof, wo ihm sein Vater folgendes beibrachte: Jedes Feld hat zwei Dimensionen: einerseits die sichtbare Ebene, die an der Erdoberfläche zeigt, was aus dem Boden herauswächst, und andererseits die unsichtbare Ebene – die Qualität des Bodens, die es überhaupt möglich macht, dass etwas wachsen kann. Soziale Felder haben ebenfalls zwei Dimensionen: Wir können das Verhalten und die sichtbaren Ergebnisse wahrnehmen. Worauf wir gemäß Scharmer unsere Wahrnehmung jedoch zu wenig richten, sind die „Quellpunkte" und inneren Zustände, auf deren Basis wir handeln. Seine Theorie U lenkt die Aufmerksamkeit auf das soziale Feld, das heißt auf das System und die Qualität von Beziehungen, die wir zueinander haben, und auf uns selbst. (Scharmer 2019, 31–32)

> „In dem Ausmass, in dem es uns gelingt, unsere (innere) Aufmerksamkeitsstruktur und ihre Quelle zu sehen, können wir das (äußere) System verändern". Claus Otto Scharmer (Scharmer 2019)

Aus seiner Sicht ist es deshalb Aufgabe der Organisation beziehungweise der Führungskräfte, den Boden des sozialen Feldes zu kultivieren. Die Theorie U von Scharmer ist ein zutiefst menschlicher Ansatz, übertragen auf die Organisation.

▶ **Wichtig** Aus dem sozialen Feld als Gesamtheit der Beziehungen zwischen den Menschen, Gruppen und Systemen gehen Denk-, Gesprächs- und Organisationsmuster hervor, die ihrerseits einen wesentlichen Einfluss haben auf die Ergebnisse im Arbeitsalltag. Wenn wir Führung als die Fähigkeit eines Systems beziehungsweise einer Gemeinschaft betrachten, die Zukunft gemeinsam zu ergründen und zu realisieren, dann kommen wir zur Erkenntnis, dass Führung immer auf viele Menschen verteilt ist – sie muss deshalb jeden Einzelnen einbeziehen. (Scharmer 2019, 50–75)

„Wir nutzen im Marktgebiet die Schwarmintelligenz. Jede Teamkollegin, jeder Teamkollege stellt die Fähigkeiten und das persönliche Potenzial dem Kollektiv zur Verfügung." Claudia Müller, Leiterin Marktgebiet Digital Banking, Credit Suisse (Müller 2021)

6.4.2 Die sieben Kernfähigkeiten der Zukunftsorientierung

Scharmer hat die Theorie U entwickelt, um mit aktuellen und zukünftigen Herausforderungen erfolgreich umgehen zu können, für die die Erfahrungen aus der Vergangenheit keine Antworten bieten. Er stützt sich dabei auf seine praktischen Erfahrungen mit Veränderungsprozessen in großen Unternehmen unterschiedlichster Branchen und auf langjährige Studien mit Führungskräften aus verschiedenen Organisationen. Sein Entwicklungsprozess umfasst verschiedene Schritte, die es Individuen und Gruppen erlauben, Muster der Vergangenheit lozulassen, entstehende Zukunftsmöglichkeiten wahrzunehmen und aus dieser Wahrnehmung heraus zu handeln.

In seinem Buch „Theorie U" unterscheidet Scharmer **sieben Kernfähigkeiten beziehungweise Schritte des sogenannten „Presencing"**, des „In-die-Welt-Bringens" als soziale Technik. Wenn Organisationen in der Führung und in Veränderungsprozessen diesen Prozess durchlaufen, steigert dies das immense Potenzial des sozialen Feldes (Scharmer 2019, S. 40–41 und S. 91–144, 2021) (Abb. 6.1):

Ebene 1: Downloading (Herunterladen)
Unter „Herunterladen" wird das Abspulen alter Erfahrungen und Denkmuster verstanden. Wir werden uns bewusst, dass uns „immer wieder die alte Leier" keine neuen Erkenntnisse bringt. (Scharmer 2019, S. 40)

Ebene 2: Seeing (Hinsehen)
Die zweite Kernfähigkeit des U-Prozesses besteht darin, bewusst innezuhalten, um mit einem vorbehaltlosen Denken wahrnehmen zu können. Sobald wir unser gewohntes Urteil bewusst zurückhalten, haben wir die Möglichkeit, die Dinge mit neuen Augen zu sehen. Voraussetzung hierzu ist die Fähigkeit, unsere innere Stimme des Urteilens vorübergehend abzuschalten und so einen neuen Raum für Fragen und Staunen zu öffnen. (Scharmer 2019, S. 40)

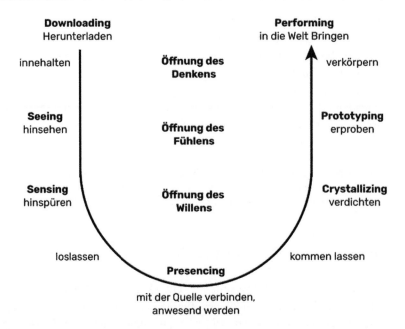

Abb. 6.1 Theorie U; adaptiert nach Scharmer (2019, S. 41)

Praxisbeispiel

Ein eindrückliches Beispiel aus der Praxis, wo diese Kernfähigkeit nicht möglich war: 1981 besuchte ein Team von Ingenieuren der Ford Motor Company die Produktionsstätten von Toyota. Toyota war das erste Unternehmen, das mit dem damals revolutionären „Lean Production-System" arbeitete. Obwohl die Ingenieure von Ford bei diesem Besuch die Produktionsanlagen vor Ort und somit das neue Produktionssystem live besichtigen konnten, waren sie unfähig beziehungsweise unwillens, diese Innovation zu „sehen". Die Ingenieure waren der Überzeugung, man hätte sie auf eine inszenierte Tour mitgenommen und sie hätten keine echte Fabrik gesehen. Grund für dieses Vorurteil war, dass sie keine Zwischenlager sehen konnten. Die Ingenieure von Ford konnten ihre existierenden Vorstellungen von Produktionsanlagen mit den dazugehörenden Zwischenlagern nicht loslassen. (Scharmer und Käufer 2008) ◀

Bei Entwicklungs- beziehungsweise Veränderungsprozessen geht es auf dieser Ebene darum, als Team oder in der Gruppe eine gemeinsame Intention zu formen, also nicht bereits mit der individuell vorgeformten Meinung in den Prozess zu gehen. Für Scharmer gilt das folgende Prinzip: „Du überreichst nie einen fertigen Kuchen. Sondern du lädst Leute in deine Küche ein, gemeinsam mit dir den Kuchen zu backen." (Scharmer und Käufer 2008)

Ebene 3: Sensing (Hinspüren)

Die dritte Kernfähigkeit umfasst eine tiefere Ebene von Entwicklungs- und Veränderungs-prozessen, dem Erspüren: Sobald wir unsere Aufmerksamkeit auf den Quellprozess rich-ten, erweitert und vertieft sich unsere Wahrnehmung. Wir müssen uns auf dieser Ebene auch bewusst vom Zynismus verabschieden. Unser Fokus geht zurück auf uns selbst als Beobachtende. Auf dieser Ebene werden bei Entwicklungs- und Veränderungsprozessen alle Sinne einbezogen: Wir beobachten und vor allem hören wir wertschätzend zu. Gemäß Scharmer ist es dazu hilfreich, sich an Orte zu begeben, die für die Fragestellung be-ziehungsweise die Situation relevant sind und in denen Aspekte der gemeinsamen Zukunft angeschaut werden können. Scharmer beschreibt in diesem Kontext ein Gespräch mit einer erfolgreichen Führungskraft von Nokia, deren Technologieentwicklungs-Team den Mitbewerbern immer eine Nasenlänge voraus war. Auf die Frage, worauf sie sich in Füh-rungs- und Entwicklungsprozessen fokussiere, antwortete sie: „Ich ermögliche und halte den Öffnungsprozess". Sie meint damit die linke Seite des U-Prozesses: die Öffnung des Denkens, des Fühlens und des Willens. (Scharmer und Käufer 2008)

Ebene 4: Presencing (Verbinden mit der Quelle)

Diese Ebene umfasst die Öffnung und Verbindung zur Quelle des inneren Wissens. Wenn wir uns in einen Raum der inneren und äußeren Stille begeben, können wir das Alte los-lassen und uns mit der Sphäre des zukünftigen Potenzials verbinden. Die Grenzen zwi-schen Beobachter und Beobachtetem lösen sich vollends auf. So eröffnen wir uns einen Raum, um die Zukunft zu erfassen. Scharmer zitiert als Beispiel den dänischen Bildhauer Erik Lemcke (geb. 1944): „Nachdem ich eine zeitlang mit einer Skulptur gearbeitet habe, kommt ein bestimmter Moment, in dem die Dinge sich verändern. In diesem Moment bin nicht mehr ich alleine derjenige, der arbeitet. Ich fühle mich verbunden mit etwas viel Tieferem und meine Hände arbeiten mit dieser Kraft. Ich fühle, dass ich mit Liebe und Sorgfalt erfüllt werde und gleichzeitig erweitert sich meine Wahrnehmung. Ich erspüre die Dinge anders. Es ist eine Liebe für die Welt und für das, was kommen wird. Instinktiv weiß ich dann, was ich tun muss. Meine Hände wissen, wann ich etwas zufügen oder weg-nehmen muss. Meine Hände wissen, wie die Form sich manifestieren muss. In gewisser Hinsicht ist es leicht, mit dieser Hilfe zu arbeiten. In diesen Momenten empfinde ich große Dankbarkeit und Demut". (Scharmer 2019, S. 40; Scharmer und Käufer 2008)

> „The power of attention is the real superpower of our age. Attention, aligned with intention, can make mountains move." Claus Otto Scharmer (Scharmer 2021)

Es geht auf dieser Ebene darum, dass die in einem Entwicklungs- beziehungweise Ver-änderungsprozess beteiligten Akteure bewusst Orte der Stille aufsuchen, um in stiller Achtsamkeit das innere Wissen hervortreten zu lassen. Presencing setzt sich aus den Be-griffen „Presence" (Gegenwart) und „Sensing" (Erspüren) zusammen und bedeutet „das zukünftige Potenzial erspüren".

Ebene 5: Crystallizing (Verdichten)
Erfolgreiche Initiativen oder Veränderungsprojekte haben häufig die Gemeinsamkeit, dass sich eine kleine Gruppe im Kern vollständig mit der Idee beziehungweise dem Vorhaben identifiziert. Eine solche Kerngruppe schafft mit ihrer inneren Überzeugung ein Energiefeld, wodurch viele andere Menschen, Möglichkeiten und Ressourcen angezogen und Dinge in Bewegung gesetzt werden können. So wird eine Eigendynamik aufgebaut. (Scharmer 2019, S. 40; Scharmer und Käufer 2008)

Scharmer zitiert in diesem Kontext Nick Hanauer, Unternehmer und langjähriges Aufsichtsratsmitglied von Amazon wie folgt (Scharmer und Käufer 2008):

> „… Bezweifle nie, dass eine kleine Gruppe von engagierten Bürgern die Welt verändern kann. Im Gegenteil: Nur so sind jemals Veränderungen passiert." Nick Hanauer, amerikanischer Unternehmer

In einem Team oder einer Gruppe geht es auf dieser Ebene um die Konkretisierung des Vorhabens beziehungsweise der Erkenntnisse und Ideen in einem Zukunftsbild der Intention. Dabei wird das Bild beständig verändert und weiterentwickelt, um es auf die nächste Ebene zu bringen: In kleinen Einheiten wird mit dem Neuen experimentiert und ein Prototyp entworfen.

Ebene 5: Prototyping (Erproben)
Die sechste Kernfähigkeit im U-Prozess ist die Fähigkeit, Prototypen durch die praktische Integration von Kopf, Herz und Hand „auszuprobieren". Wir erkunden die Zukunft im Tun. Es geht darum, das Neue umzusetzen. Durch die Einbeziehung des Umfelds und die gegenseitige Vernetzung können neue Gestaltungsmöglichkeiten und Innovationsräume erkannt werden. Gemäß Scharmer bringt es nichts, Dinge und Prozesse nur theoretisch zu erörtern. Wirkliche Veränderung geschieht nur über das konkrete Ausprobieren, Tun und über das Sammeln von Erfahrungen. Alle großen Veränderungen haben klein angefangen. (Scharmer 2019, S. 40–41)

Ebene 6: Performing (Verwirklichen)
Bei der siebten Kernfähigkeit im U-Prozess geht es darum, vom Ganzen her zu handeln. Gemäß Scharmer beschreiben viele Musiker diese Fähigkeit und Erfahrung, vom Ganzen her wahrzunehmen und zu handeln. Für diese Kernfähigkeit fehlen den meisten Organisationen zwei wesentliche Dinge, die dies ermöglichen: Erstens fehlen oftmals die richtigen Führungspersonen und die Infrastruktur, um die richtige Konstellation von Akteuren und Stakeholdern zu schaffen, um gemeinsam das Gesamtsystem zu verändern. Zweitens fehlt eine soziale Technik, die es ermöglicht, dass eine Gruppe mit oftmals sehr unterschiedlichen Perspektiven und Ansichten nicht im Debattieren endet, sondern beginnt, etwas Neues in die Welt zu bringen. (Scharmer und Käufer 2008)

6.4.3 Achtsamkeit und Ko-Kreation in der Praxis

Scharmer nennt verschiedene Unternehmen, die diesen neuartigen Ansatz bereits anwenden (Scharmer und Käufer 2008):

> **Praxisbeispiele**
>
> Zum Beispiel benutzt ein Ingenieurteam der Automobilbranche den U-Ansatz, um gemeinsam an der Entwicklung einer Methodik für die frühzeitige „Selbstheilung" von Defekten in der Steuerungselektronik im Motor- und Getriebebereich zu arbeiten: Die Ingenieure gestalten einen gemeinsamen Entwicklungsprozess, der eine Learning Journey (Ebene 2 und 3: Sehen und Erspüren), einen Retreat mit Stille (Ebene 4: Presencing) und die schnelle Entwicklung von Prototypen (Ebene 5) umfasst.
>
> Ein weiteres Beispiel aus der Praxis: Ein globales Unternehmen der Automobilindustrie führt jedes Jahr für seine neuen Führungskräfte ein Training durch, dessen Ablauf dem U-Prozess folgt: Die Teilnehmenden führen Dialoginterviews mit ihren wichtigsten Stakeholdern durch (Ebene 2: Seeing) und entdecken anschließend ihre eigene Rolle beim Shadowing (teilnehmende Beobachtung) von Arbeitskolleginnen und -kollegen aus anderen Bereichen (Ebene 3: Sensing). Im Seminar reflektieren sie ihre Erkenntnisse aus diesen Erfahrungen in sogenannten „case clinics" in kleinen Gruppen, erkunden die persönlichen Grundfragen von authentischer Führungsfähigkeit in einem sogenannten „Raum der Stille" (Ebene 4: Presencing/Ebene 5: Crystallizing) und üben authentische Kommunikation vor einer größeren Gruppe von Stakeholdern mit direktem Feedback von professionellen Theater-Trainerinnen und -Trainern und kollegialen Unterstützern (Ebene 6: Prototyping). ◄

Mit der Theorie U hat Scharmer einen hochkreativen und interaktiven Ansatz entwickelt, der sehr gut dafür geeignet ist, Organisationen menschlich zu führen und Veränderungsprozesse unter Einbezug der Betroffenen professionell zu gestalten. Durch die verschiedenen Interaktionen in unterschiedlichen miteinander verbundenen Organisationssystemen kann es gelingen, Diversität in der Wahrnehmung und damit eine über Vorurteile und alte Denkmuster des Einzelnen hinausgehende Offenheit zu schaffen. Im besten Fall entsteht dadurch eine ganzheitliche Wahrnehmung des sozialen Feldes und damit die Möglichkeit, sich so schnell wie möglich in der Komplexität unserer heutigen Welt zu orientieren. Zudem wird durch die verstärkte Zusammenarbeit bei Problemlösungen und Entscheidungen die Macht dekonzentriert.

Eine soziale und menschenzentrierte Vorgehensweise ermöglicht Organisationen, ein erweitertes Bewusstsein für tiefere Ebenen von Veränderungs- und Führungsarbeit und damit für die menschliche Führung von Organisationen zu schaffen. Dieses entspricht der kollektiven Wahrnehmung, die bereits von Daniel Goleman in seinem Buch „Emotionale Intelligenz" (Goleman 1998) beschrieben wurde. Von diesem Ansatz profitiert die Organisation als Ganzes sowie auch jeder einzelne Mensch in der Organisation persönlich.

„Directing attention where it needs to go is a primal task of leadership. Talent here lies in the ability to shift attention to the right place at the right time, sensing trends and emerging realities and seizing opportunities. But it's not just the focus of a single strategic decision-maker that makes or breaks a company: it's the entire array of attention bandwidth and dexterity among everyone." Daniel Goleman (Goleman 2014)

6.5   Motivation und Identifikation mit gesundem Maß

6.5.1   Vermeiden Sie extrinsische Anreize

Es ist der häufige Wunsch von Unternehmen, dass sich ihre Mitarbeitenden mit der Organisation beziehungsweise ihrer Aufgabe identifizieren, motivert sind und ihr Bestes geben. Entsprechend wird versucht, die Motivation durch gezielte Maßnahmen zu steigern. Das geschieht meistens mit extrinsischen Anreizen, die implizit folgende Botschaft an die Mitarbeitenden senden: „Wenn du dies tust, dann bekommst du das."

Gemäß dem Managementexperten Reinhard Sprenger verführen uns materielle Anreize dazu, etwas zu tun, was wir auch ohne Anreize tun sollten. Oder die Anreize sollen uns dazu bringen, etwas zu tun, das wir entgegen unserer besseren Einsicht tun würden. Laut Sprenger untergräbt jede Form der äußeren Motivierung die innere Motivation und ersetzt die Sinnhaftigkeit unseres Tuns durch die Bindung an Anreize. Dies ist der Ausgangspunkt für Belohnungssucht und immer höhere Anreizniveaus. Denn Anreize verpuffen meistens schnell. Mitarbeitende achten als Konsequenz nicht mehr auf die Folgen ihrer Handlungen, sondern nur noch auf den nächsten Anreiz. Und sobald dieser abflacht, muss ein neuer Anreiz her. Ihr Unternehmen wird so zu einer „Reiz-Reaktions-Maschine" gemacht. (Sprenger 2018, S. 91–99)

Extrinsische Anreize zerstören langfristig den Eigenantrieb. Ein dicker Bonus mag zwar kurzfristig motivieren. Aber bisher hat keine einzige Langzeitstudie weltweit eine dauerhafte Bindung oder Leistungsverbesserung durch Bonus- und Prämiensysteme nachweisen können. Im Gegenteil: Gemäß Sprenger wird jeder finanzielle Anreiz zur Rente – denn sie beinhaltet bei ähnlichem Verhalten die Verheißung, dass es immer so weiter gehen muss. Und wenn dann die Mitarbeitenden den erwarteten finanziellen Zuschuss nicht mehr erhalten, fühlen sie sich hintergangen oder gar bestraft. (Sprenger 2018, S. 91–99, 2021)

> „Belohnungssysteme sollten stärker darauf ausgerichtet sein, den Menschen und sein verantwortungsvolles, nachhaltiges Handeln zu fördern und egoistisches, kurzfristiges Verhalten zu verhindern." Claudia Müller, Leiterin Marktgebiet Digital Banking, Credit Suisse (Müller 2021)

Die in vielen Unternehmen ausgeklügelten Systeme und Wettbewerbe um Incentives wie Boni und Prämien werfen zudem große Gerechtigkeitsprobleme auf. Sie können das Kooperationsklima zwischen den Mitarbeitenden maßgeblich beeinträchtigen, wenn dadurch die Konkurrenz untereinander angefeuert wird. Wenn im Unternehmen einerseits Kooperation und Teamspirit gefordert wird, jedoch individuelle Ergebnisse honoriert werden, dann bleibt die angestrebte Team-Orientierung nur eine Farce. Das Menschenbild, das dem Führen mit extrinsischen Anreizen zugrunde liegt, ist im Kern von Misstrauen geprägt: Es unterstellt, dass Mitarbeitende nicht von sich aus zu einem vernunftgeleiteten, intrinsischen Verhalten fähig sind. Belohnungen werden ihnen wie Möhren vor die Nase gehalten. Wer so mit Mitarbeitenden umgeht, blickt gemäß Sprenger verachtend auf sie herab. Sprenger empfiehlt deshalb Unternehmen, ein Motivations- beziehungweise Bezahlungssystem zu etablieren, dass jede Form der extrinsischen Motivation vermeidet. Das Unternehmen kann hingegen einen Rahmen schaffen, in dem die Mitarbeitenden ihr Handeln als sinnvoll und erfüllend erleben und das Gefühl haben, im Unternehmen gebraucht zu werden. (Sprenger 2018, S. 97, 2021)

6.5.2 Wahren Sie die gesunden Grenzen der Identifikation

Sehr eng verknüpft mit dem Motivationsstreben von Unternehmen ist der Wunsch nach der Identifikation der Mitarbeitenden. Es ist nachvollziehbar, dass sich Unternehmen wünschen, dass ihre Mitarbeitenden sich für das Unternehmen und die Aufgabe engagieren und sehr gute Leistungen erbringen. Doch ist „Engagement" ganz klar von „Identifikation" zu unterscheiden. Engagierte Mitarbeitende sind motiviert, einsatzbereit, flexibel und dienstleistungsorientiert. „Identifizierte" Mitarbeitende hingegen verschmelzen oftmals mit ihrer Arbeit. Und da besteht die Gefahr, dass Unternehmen durch die Einforderung von zuviel Identifikation eine Grenze überschreiten.

Sprenger schreibt in seinem Bestseller „Das anständige Unternehmen" treffend, dass Unternehmen, die nach dem ganzen Menschen greifen, sich nicht anständig verhalten. Die Forderung nach einem Zuviel an Identifikation führt zu einem Mangel an notwendiger Distanz zwischen dem Unternehmen und seinen Mitarbeitenden. Er weist dabei auf Beispiele hin, wo Unternehmen als sogenannte „Caring Companies" die Identifikation durch Wohfühlangebote fördern und darauf abzielen, dass die Arbeit sozusagen zum ganzen Leben für die Mitarbeitenden wird: Rundum-Gratisverpflegung, Ruheräume, interne Einkaufsmöglichkeiten, Sportcenter, Bügelservice und so weiter. Google ist ein Paradebeispiel für eine Caring Company. Die Trennung zwischen Privatleben und Beruf wird aufgehoben. Solche Maßnahmen zur Identifikation mit dem Unternehmen zielen auf Totalinklusion, welche sehr gefährliche Auswirkungen haben kann. Die Forderung nach Identifikation darf nicht so weit gehen, dass die gesunde Distanz zum Unternehmen nicht mehr gewahrt werden kann. Es ist vereinnahmend, wenn Mitarbeitende durch Wohlfühlangebote zu sehr ans Unternehmen gebunden werden und mit ihrer Arbeit und dem Unternehmen vollends verschmelzen, sodass es zum einzigen Lebensinhalt wird. An diesem Punkt kann Identifikation in Arbeitssucht, Schlaflosigkeit, Depressivität oder Burn-out münden. (Sprenger 2018, S. 81–85)

Es gehört daher zur Aufgabe eines menschlichen Unternehmens, trotz wohlgemeinter Anreize zur Motivation und Identifikation ein Bewusstsein für eine gesunde Distanz und einen Rahmen zur Wahrung der Privatsphäre zu schaffen.

> „Alles entscheidend ist die Kultur eines Unternehmens, nicht in erster Linie die Struktur. Heute gehen Unternehmen zu stark auf die physische Ebene (Kicker-Tisch, Angebot von veganem Essen etc.). Unternehmen sollten eine gemeinsame DNA pflegen, viel tiefer gehen auf die mentale und emotionale Ebene: Raum schaffen, dass Mitarbeitende sich entwickeln und sagen dürfen, was sie denken. Emotionale Sicherheit, Verbundenheit, Liebe, Mitgefühl und Freundschaften zwischen den Menschen sind von Bedeutung." Kaivalya Kashyap, CEO International Academy of Transformative Leadership IATL. (Kashyap 2021)

6.6   Auch Führungskräfte benötigen menschliche Führung

6.6.1   Die unterschätzte Sandwich-Position

Heutige Führungskräfte müssen Fach-, Management- und Leadershipaufgaben gleichzeitig unter einen Hut bringen. Zudem sind sie in einer „Sandwich-Position", denn als Bindeglied zwischen dem strategieorientierten Top-Management und der operativen Basis müssen sie verschiedene Rollen einnehmen, die zu teils widersprüchlichen Anforderungen und damit zu Konflikten führen können. Sie erhalten von der Unternehmensleitung Entscheidungen und Anweisungen, die sie in ihrem Verantwortungsbereich umsetzen müssen. Und sie führen Mitarbeitende, denen sie die Entscheidungen verständlich und motivierend kommunizieren müssen. Insbesondere Führungskräfte im mittleren Management sind wichtige Wissensträger und Wissensvermittler, denn sie steuern Informationen im Unternehmen von oben nach unten und von unten nach oben. Sie werden deshalb oft auch „Boundary Spanner" genannt. (Hockling 2012)

Wenn in Unternehmen Veränderungsvorhaben nur zäh vorankommen oder scheitern, wird oftmals die mangelnde Kommunikations- und Umsetzungsfähigkeit des mittleren Managements als Grund ins Feld geführt. Bisweilen wird diese Managementstufe sogar als „Lehmschicht" beziehungsweise „Lähmschicht" beschimpft. Damit tut man der komplexen Führungsrolle in vielerlei Hinsicht Unrecht, denn die Doppelrolle zwischen Hammer und Amboss ist höchst anspruchsvoll: Auf der einen Seite sind die Führungskräfte selbst vom Tempo und den neuen Ansprüchen der VUCA-Welt und den notwendigen Veränderungen betroffen. Auf der anderen Seite sind sie die „Knautschzone" zwischen den Entscheidungen und dem Druck des Top-Managements und den vielfältigen Erwartungen ihrer Mitarbeitenden. Grund für die vermeintlich mangelnde Kommunikations- und Umsetzungsfähigkeit ist oftmals, dass die Führungskräfte im mittleren Management zu wenig klare Informationen von der Unternehmensleitung erhalten und zu wenig in den Entscheidungsprozess involviert werden. Zudem wird den Führungskräften in dieser wichtigen Scharnierfunktion zu wenig Wertschätzung entgegengebracht. Statt sie aktiv in ihrer

Führungsrolle zu unterstützen, werden sie mehrheitlich sich selbst überlassen. (Fröse et al. 2016 S. 195–196)

Dieser Umstand kann zu Stress und Frustration beitragen und die Gefahr ist groß, dass Führungkräfte im Middle Management mit der Zeit ausbrennen.

6.6.2   Top-Management in der Pflicht

Für klassisch organisierte Unternehmen, die sich nicht von heute auf morgen auf eine flachere Hierarchie oder Selbstorganisation einlassen möchten, ist es umso bedeutender, ein Bewusstsein für die Bedürfnisse der Organisation und vor allem für ihre Führungskräfte zu entwickeln.

Um ein leistungstarkes mittleres Management aufzubauen, das die Energie hat, in dieser Scharnierfunktion besonders in Veränderungsphasen effizient und menschlich führen zu können, ist die Unterstützung durch das Top-Management durch folgende Maßnahmen unterlässlich:

Klare und umfassende Informationen
Führungskräfte des mittleren Managements müssen regelmäßig klare, strukturierte und verständliche Informationen über die strategischen Unternehmensziele und geplanten Veränderungsmaßnahmen erhalten, damit sie die Umsetzungsmaßnahmen ihren Mitarbeitenden ebenso klar und verständlich kommunizieren und die entsprechenden Aktivitäten in die richtige Richtung lenken können.

Partizipation
Das mittlere Management hat sehr viele Kenntnisse und Informationen über den Markt, die Prozesse und Abläufe sowie Stärken und Potentiale ihrer Mitarbeitenden. Deshalb sollte die Unternehmensleitung Entscheidungen nicht im Alleingang treffen, sondern das mittlere Management in den Entscheidungsprozess einbeziehen.

> „Entscheidprozesse sind wichtig, nicht nur auf Ebene des Top Managements. Unsere Teamleitenden können ebenfalls Entscheide treffen." Dieter Vranckx, CEO Swiss International Air Lines (Vranckx 2021)

Klare Rollen- und Aufgabenabstimmung
Die verschiedenen Rollen und Aufgaben der Führungskräfte im Middle Management sollten mit dem Top-Management klar abgestimmt werden. Verantwortungsbereiche, Ziele und Erwartungen müssen abgeglichen und klar definiert werden.

Schaffen von Freiräumen
Innerhalb der klar definierten Rollen und Verantwortungen sollte genügend Freiraum für die eigene Gestaltung der Aktivitäten bestehen.

Schaffen neuer Kommunikationsgefäße und -plattformen mit Vernetzungspotenzial
Lernprozesse und vor allem die Interaktion des mittleren Managements untereinander muss neu gestaltet werden. Dazu braucht es neue Formen der Kommunikation mit hohem Vernetzungspotenzial. Denn ein bloßes „Nebeneinander-her-arbeiten" ist nicht mehr dienlich. Es empfiehlt sich deshalb, neue Formate sowie neue soziale Kommunikationsplattformen (Enterprise Social Lösungen) zu etablieren, welche die Kommunikation zwischen dem mittleren und oberen Management verbessern. (Fröse et al. 2016 S. 197)

Menschliche Führung durch das Top-Management
Das Top-Management sollte Führungskräfte im Middle Management ebenso menschlich führen, wie die Führungskräfte ihre Mitarbeitenden an der Basis menschlich führen sollten. Dazu gehört vor allem auch die gebührende Wertschätzung gegenüber dieser anspruchsvollen Schlüsselfunktion sowie die effektive Unterstützung durch Weiterbildungen und Coachings in den Themen Selbst- und Mitarbeiterführung, Reflexion, Kommunikation und Konfliktmanagement.

6.7   Generationsübergreifendes Management

6.7.1   Schaffen Sie positive Altersbilder

Eine aktuelle Studie der OECD zur Alterung der Gesellschaft und Beschäftigungspolitik sowie die aktuelle Alterspyramide zeigen ein klares Bild auf: Unsere Gesellschaft wird immer älter. Das zahlenmäßige Verhältnis zwischen älteren und jüngeren Menschen wird sich erheblich verschieben – auch im Arbeitsmarkt. Gemäß der OECD Studie besteht in der Schweiz ein dringender Handlungsbedarf im Umgang mit älteren Arbeitnehmenden. Die wichtigste Botschaft des Berichts: Die Bewältigung der Herausforderung „länger leben, länger arbeiten" erfordert unter anderem ein innovatives Altersmanagement in den Unternehmen, um die Qualität der Arbeitsplätze für Männer und Frauen während der Dauer ihres Erwerbslebens zu verbessern. (OECD 2019)

Leider halten sich die Vorurteile gegenüber älteren Mitarbeitenden hartnäckig. So werden sie in vielen Unternehmen hinsichtlich ihrer Kompetenzen unterschätzt, schubladisiert und teilweise sogar diskriminiert: Ältere Mitarbeitende seien weniger leistungsfähig und leistungsbereit, unflexibel, eigenwillig und kosten mehr Geld.

Ende 2019 hat plattform, eine Allianz unabhängiger und lösungsorientierter Berufsverbände der Schweiz, eine Umfrage bei ihren Mitgliedern zum Umgang mit älteren Mitarbeitenden im Unternehmen, zur aktuellen Altersverteilung und den existierenden Maßnahmen durchgeführt. Aufgrund der wahrgenommenen Diskriminierung in Unternehmen besteht großer Handlungsbedarf in Bezug auf die Sensibilisierung der Führungskräfte und altersmäßige Durchmischung der Teams. Rund ein Fünftel der Befragten gaben an, dass die Erfahrungen von älteren Mitarbeitenden zu wenig respektiert und in die Arbeitsabläufe und Projekte eingebracht werden. Außerdem konnten sie Mobbing sowie weitere Verhaltensweisen beobachten, um Mitarbeitende aufgrund ihres Alters aus den Unternehmen herauszudrängen. Interessant bei dieser Studie: Je größer das Unternehmen, desto größer ist die wahrgenommene Diskriminierung. (die plattform 2020)

Leider erfahre ich in meinen Führungscoachings wie auch in meinem privaten Freundeskreis immer wieder von unmenschlichen Beispielen aus der Praxis, wie ältere Mitarbeitende trotz beträchtlicher Berufserfahrung und langjähriger Betriebszugehörigkeit von heute auf morgen „ausgemustert" werden. Im besten Fall werden sie frühpensioniert, im schlimmsten Fall kurz vor dem Ruhestand auf die Straße gesetzt – meistens, um kurzfristig Personalkosten einsparen zu können.

Zwar verändern sich mit dem Alter verschiedene Leistungsvoraussetzungen, es gibt jedoch keine wissenschaftliche Untersuchung, die eine generelle Verschlechterung der Arbeitsleistung im Altersverlauf feststellt. Zudem werden folgende wichtige Aspekte unterschätzt:

- Ältere Menschen lernen strategisch, jüngere Menschen lernen durch Wiederholung; faktisch ändert sich die Leistung nur wenig. Leistung ist somit keine Frage des Alters, sondern eine Frage der Erfahrung und des Könnens. Zudem ist der Erwerb von Zusatzqualifikationen für neue Funktionen beziehungsweise Aufgaben keine Frage des Alters, sondern der unternehmerischen Personalentwicklungskultur. (Elge 2013, S. 162–163)
- Das Einkommen älterer Mitarbeitenden ist zwar in den meisten Fällen höher als das der jüngeren Mitarbeitenden in einer vergleichbaren Funktion, dafür verfügen ältere Mitarbeitende in der Regel über weitaus mehr Berufserfahrung und größere soziale Kompetenzen. In sehr jungen Branchen mit hoher Trenddynamik mag dies nicht von Bedeutung sein. In sehr vielen Branchen jedoch wird die höhere Beratungskompetenz von älteren, erfahrenen Mitarbeitenden von Kundinnen und Kunden vielfach geschätzt: So verfügt zum Beispiel ein älterer Finanzberater über weitaus mehr Erfahrung im Finanzmarkt und somit mehr Akzeptanz als ein junger, unerfahrener Berater. Zudem lassen sich gerade ältere Kundinnen und Kunden gerne von Gleichaltrigen beraten. Ich selbst vertraue mich lieber einer älteren, erfahrenen Ärztin an als einem jungen Assistenzarzt, wenn ich mich operieren lasse. Und wenn ich mit dem Flugzeug in die Ferien fliege, bin ich immer sehr dankbar, wenn ein erfahrener Pilot im Cockpit sitzt.

6.7.2 Vom Altersmanagement zum Generationenmanagement

Menschliche Organisationen sind deshalb gefordert, Stereotypen gegenüber älteren Mitarbeitenden zu vermeiden sowie ein gezieltes Altersmanagement einzuführen. Dazu braucht es klare Werte, die eine nicht-diskriminierende Haltung und ein entsprechendes Verhalten beinhalten.

Ein gezieltes Altersmanagement umfasst den bewussten Umgang mit älteren Mitarbeitenden am Arbeitsplatz und entsprechende Maßnahmen, die dazu beitragen, dass Mitarbeitende in jeder Lebensphase ihre Arbeitsfähigkeit bewahren können. Dazu gehören die physische und psychische Gesundheit sowie die Sicherstellung der notwendigen Kompetenzen und Fertigkeiten. Fairness und Wertschätzung sind ebenso maßgebend: Eine faire und respektvolle Behandlung der älteren Mitarbeitenden im gesamten Personalprozess – von der Rekrutierung bis zum Austritt. Ebenfalls eignen sich Mobilitätsprogramme (z. B. Job-Rotation), mit deren Hilfe Übergänge von Mitarbeitenden zwischen Abteilungen und Unternehmen in der gleichen Branche gefördert werden können. (die plattform 2020; Krizantis et al. 2017, S. 133)

> „Generationenmanagement ist eine sinnstiftende und adressatengerechte Menschenführung und somit Unternehmensführung auf der Basis gegenseitigen Respekts und gegenseitiger Wertschätzung aller in einem Unternehmen vertretenen Generationen und deren Lebensleistungen mit dem Ziel einer generationsübergreifenden Vertrauenskultur und nachhaltigen Geschäftsentwicklung. Kurz: Alt + Jung = Erfolg!" Ralf Overbeck, Management- und Generationenexperte (Overbeck 2021)

Ein menschliches Unternehmen ist idealerweise ein „Mehr-Generationen-Unternehmen", das Mitarbeiterinnen und Mitarbeiter unterschiedlichen Alters in verschiedenen Lebensphasen entsprechend ihren Stärken und Potenzialen einsetzt.

Wenn das Generationenmanagement im Unternehmen bewusst und nachhaltig umgesetzt wird, sichert die effektive Zusammenarbeit zwischen Alt und Jung nicht nur den Wissenstransfer, sondern ermöglicht das Erschließen von Potenzialen. Es geht darum, achtsam für die Bedürfnisse der verschiedenen Altersgruppen im Unternehmen zu sein und Begegnungen zwischen den verschiedenen Generationen zu stiften.

> „Diversität ist für mich die Basis einer menschlichen Unternehmenskultur. Sie fördert die Bereitschaft zur Selbstreflexion wie auch die Entwicklung einer differenzierten Sichtweise. Die vier unterschiedlichen Generationen sind in unserem Bereich der Schlüssel, um die wachsende Komplexität bewältigen zu können." Claudia Müller, Leiterin Marktgebiet Digital Banking, Credit Suisse (Müller 2021)

Durch eine bewusste, aktive Altersdurchmischung können Vorteile der generationsübergreifenden Zusammenarbeit genutzt werden. So können zum Beispiel durch die Bildung altersgemischter Teams, von Know-how-Tandems sowie generationsübergreifenden Mentoring-Programmen die individuellen Stärken von jüngeren Mitarbeitenden mit denen der älteren Mitarbeitenden optimal ergänzt und verbunden werden. (Krizantis et al. 2017, S. 133)

Literatur

AOK (2018). AOK-Bundesverband und Wissenschaftliches Institut der AOK. Pressemitteilung zum Fehlzeiten-Report 2018 vom 4. September 2018, Berlin; Online: www.aokbv.de/imperia/md/aokbv/presse/pressemitteilungen/archiv/2018/02pressemitteilung_pk_fzr_2018.pdf, Zugegriffen: 21.07.2021.

De Geus, A. (1998). *Jenseits der Ökonomie. Warum sterben Unternehmen und wie können sie überleben?* Stuttgart: Schäffer-Poeschel.

die plattform (2020). For a strong Swiss Workforce. Leitfaden Smartes Altersmanagement für das Unternehmen 2.0. Online: http://www.die-plattform.ch/fileadmin/t8_jetpack/redaktion/dokumente/Studien/Studien_NEU/Leitfaden_Altersmanagement_-_plattform_-_Mai_2020.pdf. Zugegriffen: 10.08.2021.

Elge, C. (2013). *Neuroleadership. Erkenntnisse der Hirnforschung für die Führung von Mitarbeitern.* Freiburg: Haufe.

Fröse, M., Kaudela-Baum, S., & Dievernich, F. (2016). *Emotion und Intuition in Führung und Organisation.* Wiesbaden: Springer Gabler.

Goleman, D. (1998). *Emotionale Intelligenz.* München: DTV.

Goleman, D. (2014). The Well-Focused Leader. The European Business Review. Online: www.europeanbusinessreview.com/the-well-focused-leader/. Zugegriffen: 08.08.2021.

Gomez, P., Lambertz, M., & Meynhardt T. (2019). *Verantwortungsvoll führen in einer komplexen Welt. Denkmuster – Werkzeuge – Praxisbeispiele.* Bern: Haupt.

Harvard Business Review (2015). The Business Case for Purpose. Sponsored by EY Beacon Institute. Online: www.assets.ey.com/content/dam/ey-sites/ey-com/en_gl/topics/digital/ey-the-business-case-for-purpose.pdf. Zugegriffen: 21.07.2021.

Hockling, S. (2012). Mittleres Management: Führen in der Sandwichposition. Zeit-Online: www.zeit.de/karriere/beruf/2012-06/chefsache-mittleres-management?utm_referrer=https%3A%2F%2Fwww.bing.com%2F. Zugegriffen: 12.08.2021.

Hüther, G. (2018). *Wer ein Bewusstsein seiner eigenen Würde entwickelt hat, ist nicht mehr verführbar.* in: Siegeszug der Emotionen. Erfolgreich in die Intensivste Wirtschaft aller Zeiten. Trendstudie. Frankfurt: Zukunftsinstitut, S. 59.

Janssen, B. (2016). *Die stille Revolution. Führen mit Sinn und Menschlichkeit.* München: Ariston.

Korn Ferry (2019). European CEOs predict greater focus on ethical leadership. Online: www.kornferry.com/about-us//press/european-ceos-look-into-crystal-ball-predict-greater-focus-on-ethical-leadership-and-less-focus-solely-on-profits. Zugegriffen: 11.08.2021.

Krizantis, J., Eissing, M., & Stettler, K. (2017). *Reinventing Leadership Development. Führungstheorien – Leitkonzepte – radikal neue Praxis.* Stuttgart: Schäffer-Poeschel.

Laloux, F. (2017). *Reinventing Organizations. Ein illustrierter Leitfaden sinnstiftender Formen der Zusammenarbeit.* München: Franz Vahlen.

Laloux, F. (2018). Sense and Respond. Interview mit Egon Zehnder. Online: www.egonzehnder.com/de/unsere-profession/entwicklung-von-fuhrungspersonlichkeiten/transformation-von-organisationen/insights/sense-and-respond. Zugegriffen: 12.08.2021.

Laloux, F. (2021). Reinventing Organisations. Online: www.reinventingorganizations.com/read.html. Zugegriffen: 12.08.2021.

OECD (2019). OECD Oeconomic Surveys Switzerland. November 2019. Online: www.oecd.org/economy/surveys/Switzerland-2019-OECD-economic-survey-overview.pdf. Zugegriffen: 13.08.2021.

Overbeck, R.(2021). Online: www.generationenmanagement.info. Zugegriffen: 09.08.2021.

Scharmer, C. (2019). *Essentials der Theorie U. Grundprinzipien und Anwendungen.* Heidelberg: Carl Auer.

Scharmer, O. (2021). Webpage: www.ottoscharmer.com. Zugegriffen: 03.10.2021.

Scharmer, O. & Käufer, K. (2008). Führung vor der leeren Leinwand – Precencing als soziale Technik. Leaders Circle. Online: www.leaders-circle.at/bibliothek/artikel/managementtheorien/fuehrung-vor-der-leeren-leinwand-presencing-als-soziale-technik.html. Zugegriffen: 08.08.2021.

Seliger, R. (2014). *Positive Leadership. Die Revolution in der Führung.* Stuttgart: Schäffer-Poeschel.

Sinek, S. (2011). *Start with Why. How Great Leaders Inspire Everyone to Take Action*. London: Penguin LCC.

Sprenger, R. (2018). *Das anständige Unternehmen. Was richtige Führung ausmacht – und was sie weglässt*. München: Deutsche Verlags-Anstalt.

Sprenger, R. (2021). Mitarbeitermotivation. Online: www.sprenger.com/themen/mitarbeiter-motivation.html. Zugegriffen: 12.08.2021.

Vogelsang, G., & Burger, C. (2004). *Werte schaffen Wert. Warum wir glaubwürdige Manager brauchen*. München: Econ.

Persönliche Interviews

Fähndrich, A. (2021), Persönliches Interview vom 25.06.2021.

Kashyap, K. (2021). Persönliches Interview vom 31.05.2021.

Hentrich-Henne, C. (2021). Persönliches Interview vom 07.07.2021.

Lanter, P. (2021). Persönliches Interview vom 21.06.2021.

Mounir-Rotzer, S. (2021). Persönliches Interview vom 21.09.2021.

Müller C. (2021). Persönliches Interview vom 21.07.2021.

Soltermann, B. (2021). Persönliches Interview vom 30.05.2021.

Vranckx, D. (2021). Persönliches Interview vom 04.10.2021.

Wegmann, T. (2021). Persönliches Interview vom 11.06.2021.

Und jetzt? Der Beginn einer Reise

7

Eine Reise von tausend Meilen beginnt mit dem ersten Schritt.

Laotse

Zusammenfassung

Das eigene Führungsverhalten zu reflektieren und bewusst zu verändern gleicht einer spannenden Reise. Dank guter Vorbereitung und hilfreicher Ausrüstung werden Sie Ihr Ziel sicher erreichen. Gehen Sie jetzt mutig den ersten Schritt.

7.1 Aus kleinem Anfang entspringen alle Dinge

Meine größte Freude ist es, wenn ich Sie durch meine bisherigen Gedanken und Ausführungen dazu inspirieren konnte, über das Thema Menschlichkeit in der Führung nachzudenken und sich in dem einen oder anderen Thema zu vertiefen. Und vielleicht verspüren Sie den Impuls und die Lust, in Ihrem Alltag als Führungskraft etwas Neues auszuprobieren oder sogar zu verändern.

Nach der Lektüre stellen Sie sich vielleicht einige Fragen: Was mache nun damit? Wie kann ich das Gelesene in meinem Führungsalltag umsetzen? Wo fange ich an? Wie kann ich mit menschlicher Führung wirksam werden?

Das eigene Führungsverhalten zu verändern ist wie eine Reise, wie Segeln auf hoher See. Zuerst müssen Sie die Leinen losmachen und mit Ihrem Boot vom sicheren Hafen langsam ablegen. Auf dem weiten Meer werden Sie mangels anderer Orientierungspunkte einem vorher festgelegten Kurs folgen, um ans Ziel zu gelangen. Je nach Seegang und Wetterlage werden Sie ab und zu die Segel justieren müssen, um auf Kurs zu bleiben. Je länger Sie auf dem neuen Kurs weitersegeln, desto größer wird der Abstand zu ihrem ursprünglichen Hafen. Und Sie werden sehen, dass Sie langsam aber sicher Ihrem anvisierten Ziel entgegenfahren und an einem ganz anderen, neuen Hafen ankommen werden.

Ich möchte Sie ermuntern, das Thema „Menschliche Führung" mit Leichtigkeit und Freude anzugehen. Jede Reise beginnt mit dem ersten kleinen Schritt, egal wie lange die Reise dauert und wie weit die Reise gehen wird. Sie müssen sich nur dazu entscheiden, die Reise zu beginnen.

Versuchen Sie nicht, von heute auf morgen alles auf den Kopf zu stellen. Kleine Schritte, die Sie konsequent gehen, können bereits Großes bewirken, oftmals unvorhersehbar und überraschend. Der amerikanische Mathematiker und Meteorologe Edward Lorenz (1917–2008) prägte als Wegbereiter der Chaostheorie mit dem eindrücklichen Bild des Schmetterlingeffekts das Phänomen des Einflusses minimaler Änderungen auf unser ganzes System. Seinen Berechnungen zufolge ist es möglich, dass der sanfte Flügelschlag eines Schmetterlings an einem Ort der Welt kleinste atmosphärische Veränderungen bewirken kann, die an einem anderen Ort der Welt einen Wirbelsturm auslösen können. Kleine alltägliche, unspektakuläre Veränderungen Ihrer Haltung und Ihres Verhaltens als Führungskraft können ebenso ungeahnt große Wirkung entfalten. Es könnte sein, dass schon kleine Gesten der Wertschätzung und des Vertrauens bereits Großes in Ihren Mitarbeitenden bewirken. Probieren Sie es doch einfach aus und schärfen Sie Ihre Wahrnehmung für die kleinen Veränderungen.

7.2   Verändern und Lernen durch Reflexion

Ich bin überzeugt, dass Führung als vielschichtiges, komplexes Handlungsfeld nicht alleine durch das Lesen von Führungsliteratur oder durch den Besuch von Führungsseminaren verändert werden kann. Nachhaltige Veränderungen bewirken Sie vor allem durch die regelmäßige, konsequente Reflexion Ihres eigenen Führungsverhaltens.

Sie können sich für Ihre Reflexion unterschiedliche Unterstützung holen: zum Beispiel durch einen Leadership Coach oder durch den kollegialen Austausch (Intervision) mit anderen Führungskräften innerhalb oder außerhalb Ihrer Organisation.

Dazu ist es wichtig, dass Sie sich immer wieder bewusst Zeit und Raum nehmen. Reflektieren Sie alltägliche Führungssituationen und begeben Sie sich so auf eine Reise des Lernens und Veränderns. Schritt für Schritt.

In der Toolbox in Kap. 8 finden Sie einige hilfreiche Instrumente und Übungen, die Ihnen zur Anregung dienen und Sie ergänzend zur bisherigen Lektüre unterstützen sollen. Keinesfalls sollten Sie versuchen, alle Tools nacheinander „abzuarbeiten". Wählen Sie selbst die jeweils für Ihre Situation, Fragestellung und Persönlichkeit passenden Tools.

Ich wünsche Ihnen viel Freude auf Ihrer erkenntnisreichen Reise zu mehr Menschlichkeit in der Führung.

Die Beste Zeit, einen Baum zu pflanzen, war vor 20 Jahren. Die zweitbeste Zeit ist heute. Chinesisches Sprichwort

Toolbox

8

Jedes Werkzeug muss durch Erfahrung gemacht werden.

Leonardo da Vinci

Zusammenfassung

Die vorliegende Toolbox mit verschiedenen Übungen soll Sie in Ihrem Führungsalltag praxisorientiert unterstützen. Manche Tools dienen Ihnen zur Reflexion, andere zeigen Ihnen hilfreiche Handlungsmöglichkeiten auf der Ebene der Selbstführung, der Mitarbeitendenführung und auf der Ebene der organisationalen Führung auf.

8.1 Selbstführung und -reflexion

8.1.1 Stärken und Ressourcen erkennen

8.1.1.1 Tool 1 – Wertschätzendes Self-Assessment

Die Methode „Appreciate Inquiry" (AI) kann Ihnen als Reflexionsinstrument zu Ihren Stärken und Ressourcen dienen (vgl. Abschn. 3.3.7). Nachstehend finden Sie einige Reflexionsfragen gemäß AI in Anlehnung an Ruth Seliger aus ihrem Buch „Positive Leadership" (Seliger 2014, S. 126–127)

© Der/die Autor(en), exklusiv lizenziert durch Springer-Verlag GmbH, DE, ein Teil
von Springer Nature 2022
M. Zbinden, *Menschlichkeit in der Führung*,
https://doi.org/10.1007/978-3-662-64896-4_8

1. Was interessiert beziehungsweise faszininiert mich an meiner Führungsrolle besonders?
2. In welchen Führungssituationen in der Vergangenheit fühlte ich mich besonders energievoll, inspiriert und erfolgreich?
   - Was waren das für Situationen?
   - Wie kam es zu dieser positiven Entwicklung?
3. Was schätze ich als Führungskraft am meisten an mir selbst? Weshalb?
4. Worauf bin ich stolz? Weshalb?
5. Was schätzen die anderen (Mitarbeitende, Vorgesetzte, Kolleginnen und Kollegen etc.) an mir in der Rolle als Führungskraft?
6. Was macht mich zu einer menschlichen Führungskraft? Weshalb?
7. Worin sehe ich meinen wichtigsten Beitrag als Führungskraft, damit meine Organisation menschlicher wird?
8. Wenn ich mir vorstelle, es ist zehn Jahre später und ich bin genau die Führungskraft, die meinen Idealen entspricht. Wenn ich zurückblicke auf die vergangenen Jahre:
   - Was ist heute anders als damals?
   - Welche meiner Potenziale habe ich realisiert?
   - Woran wird mein Umfeld merken, dass ich eine menschliche Führungskraft bin?
   - Woran erkenne ich selbst diese Veränderung?

8.1.1.2 Tool 2 – Auf vorhandene Ressourcen fokussieren

Oftmals vergessen wir im Arbeitsalltag, was alles gut läuft und wir fokussieren uns nur auf diejenigen Dinge, die schwierig sind. Diese einfache Reflexionsübung (Sarica 2020, S. 88) hilft Ihnen, den Fokus auf Ihre vorhandenen Stärken und Ressourcen zu legen.

Beantworten Sie folgende Fragen hin und wieder im Rahmen Ihrer Selbstreflexion zu Ihrer Rolle als Führungsperson. Machen Sie sich Notizen. Stichworte genügen.

1. Was läuft in meiner Führungsrolle richtig gut und soll auch so bleiben?
2. Was fehlt noch, um eine menschliche Führungskraft zu sein? Weshalb?
3. Was möchte ich verändern? Weshalb?
4. Was gelingt mir gut?
5. Über welche Fähigkeiten und Kompetenzen als Führungskraft verfüge ich, um menschlich zu führen?
6. Auf welche diese Fähigkeiten und Kompetenzen kann ich mich auch in kritischen Situationen verlassen?

7. Was mache ich gerne, was macht mir sogar Spaß?
8. Was gibt mir Energie?
9. Was von dem, was ich gerne mache, mir Spaß macht und Energie gibt, würde ich gerne häufiger machen?

Lesen Sie Ihre Notizen nochmals durch und fassen Sie Ihre Erkenntnisse zusammen.

8.1.1.3 Tool 3 – Reflected Best Self

Die Übung „Reflected Best Self" (vgl. Blickhan 2018, S. 146–147; Seliger 2014, S. 123–124) hilft Ihnen, Ihr Bewusstsein dafür zu schärfen, wie Sie von anderen Personen wahrgenommen werden.

Basierend auf den Feedbacks beziehungsweise dem Fremdbild können Sie Ihr Verhalten reflektieren und entsprechende Entwicklungsziele formulieren. Diese Übung kann Ihnen auch helfen, Ihr eigenes Selbstbild positiv zu erweitern sowie Zugang zu Ihren Kernstärken zu finden.

Schritt 1: Personen für Feedback auswählen: Wählen Sie rund zehn Menschen aus, die Sie gut kennen. Ideal ist es, wenn diese Personen aus verschiedenen Kontexten sind. Je heterogener Ihre Auswahl ist, desto vielfältiger wird das Feedback sein (z. B. Menschen aus dem beruflichen Umfeld, Freundinnen und Freunde, Bekannte, Verwandte, ehemalige Lehrerinnen und Lehrer etc.).

Schritt 2: Feedbacks sammeln: Bitten Sie diese ausgewählten Personen, Ihnen ein kurzes schriftliches Feedback zu folgenden Punkten zu geben:

- Welche drei bis vier Stärken fallen der betreffenden Person spontan zu Ihnen ein?
- Wie zeigen sich diese Stärken?
- Welche Erlebnisse fallen der Person zu der jeweiligen Stärke ein? (mindestens ein konkretes Beispiel einer Situation pro Stärke)

Sie können das Feedback generell zu Ihrer Führungsrolle einholen oder spezifisch zu Ihrer Rolle und Ihrem Verhalten als menschliche Führungskraft.

Schritt 3: Clustern und auswerten: Lesen Sie alle Feedbacks durch und finden Sie Gemeinsamkeiten. Identifizieren Sie die Stärken, die mehrfach genannt werden. Versuchen Sie, die Feedbacks zu clustern und vergeben Sie je einen Oberbegriff.

Schritt 4: Integration in ein persönliches „Best Self" Portrait: Visualisieren Sie wenn möglich das Feedback in einem „Best Self" Portrait (Bild, Mindmap, Wordle etc).

Online-Version

Wenn Sie die Übung gerne online und begleitet durchführen möchten, finden Sie verschiedene wertvolle Online-Tools auf der Webpage des Center for Positive Organisational Scholarship der Michigan Ross University (kostenpflichtig): www.reflectedbestselfexercise.com (Michigan Ross University 2021).

8.1.1.4 Tool 4 – Verschiedene Stärken-Tests

Verschiedene Organisationen stellen über das Internet zugängliche Selbsttests zu Fähigkeiten und Stärken zur Verfügung. Nachstehend sind einige Tests für Sie aufgelistet:

The Via Character Strength Survey:
www.viacharacter.org/account/register (Via Institute on Character 2021)
Clifton Strengths:
www.gallup.com/cliftonstrengths/de/home.aspx (Gallup 2021)
Strength Profile:
www.strengthsprofile.com (CappFinity 2021)
Charakterstärken-/Tugenden-Test:
Authentic Happiness Test (Penn University 2021):
www.authentichappiness.sas.upenn.edu/testcenter (Englische Version)
Charakterstärken-Test (Universität Zürich 2021):
https://www.charakterstaerken.org (Deutsche Version)

Folgende Fragen können Sie dabei unterstützen, Ihre Testauswertung zu reflektieren und Ihre Erkenntnisse dazu zu vertiefen. (Blickhan 2018, S. 134)

Reflexionsfragen

- Was habe ich durch das Testresultat Neues über mich erfahren?
- Welche Stärken kenne ich bereits? Welche sind neu für mich?
- Was hat mich erstaunt?
- Was bedeuten die wichtigsten Stärken für mich?
- Wie nutze ich aktuell meine Stärken in meiner Rolle als menschliche Führungskraft?
- Inwiefern könnten die Stärken mich in meiner Führungsarbeit unterstützen?
- Wie könnte ich diese noch häufiger oder besser einsetzen?
- Welche Stärken haben Schattenseiten? Wie könnte ich diesen vorbeugen?
- Welche Ziele möchte ich mir in Bezug auf den Einsatz meiner Stärken als Führungsperson setzen?

8.1.1.5 Tool 5 – Stärken auf neue Weise einsetzen

Definieren Sie für mindestens zwei Wochen einen fixen Zeitraum, in dem Sie eine (oder mehrere) Stärken auf eine neue Weise beziehungweise vermehrt im Führungsalltag einsetzen werden und reflektieren Sie anschließend, was sich aus Ihrer Sicht verändert hat (Blickhan 2018, S. 142):

> **Bekannte Stärken anders einsetzen:** Überlegen Sie sich, welche der Ihnen bereits bekannten Stärken Sie in neuen beziehungweise anderen Situationen einsetzen können.
>
> **Unrealisierte Stärken einsetzen:** Überlegen Sie sich, welche Stärken Sie bisher noch nicht eingesetzt haben (unrealisierte Stärken). In welchen Situationen könnten Sie diese Stärken einsetzen?
>
> **Stärken neu kombinieren:** Welche Stärken könnten Sie anders beziehungweise neu kombinieren, um Synergien zu nutzen?

Reflektieren Sie nach der Anwendung Ihrer Stärken im Führungsalltag folgende Fragen:

Reflexionsfragen

- Wie ging es mir vorher?
- Was habe ich konkret unternommen, um die Stärke neu oder anders einzusetzen?
- Wie erging es mir dabei?
- Fiel es mir eher leicht oder schwer, die Stärke neu oder anders einzusetzen?
- Wie habe ich mich danach gefühlt?
- Was war das Ergebnis?
- Wann und wie möchte ich dies wiederholen?
- Beobachten Sie auch, wie sich Ihre Stimmung langfristig verändert.

8.1.1.6 Tool 6 – Erhöhung des Selbstwertes

Die folgende Übung ist sehr gut dazu geeignet, Ihr Selbstbewusstsein als Führungskraft zu erhöhen, sich Ihrer Stärken und Potenziale bewusst zu werden und sich positiv auf Ihren Führungsalltag einzustimmen. Nutzen Sie folgende Fragen für Ihre Selbstreflexion (Sarica 2020, S. 47):

Reflexionsfragen

- Was habe ich heute an mir als Führungskraft bemerkt, das ich wertschätze?
- Was kann ich als Führungskraft täglich an mir wertschätzen?
- Was ist das bisher beste Erlebnis in meiner Führungsrolle, auf das ich stolz bin und für das ich mich selbst so richtig wertgeschätzt habe?
- Wie habe ich das wertgeschätzt beziehungsweise gefeiert?
- Angenommen, es gäbe noch mehr solche Situationen, die ich bisher nicht wertgeschätzt habe: Wie würde ich diese wertschätzen beziehungsweise feiern?

- Angenommen, meine Mitarbeitenden würden menschliche Verhaltensweisen an mir als Führungskraft wertschätzen, welche wären das?
- Wie wäre es für meine Mitarbeitenden, wenn ich ihnen noch mehr Wertschätzung zeigen würde?
- Wie wäre das für mich, wenn meine Mitarbeitenden positiv darauf reagieren würden?
- Was werde ich ab heute unternehmen, um meinen Selbstwert zu erhöhen?
- Wie können mich andere dabei unterstützen?
- Welche Auswirkungen hätte das für mich und meine Mitarbeitenden?

8.1.2   Sinn- und Werteorientierung

8.1.2.1 Tool 7 – Die Frage nach dem „Warum"

Folgende Übung (Sarica 2020, S. 34) kann Ihnen helfen, die Frage nach dem Sinn Ihres Lebens und Ihres Tuns zu beantworten:

Schritt 1: Einen angenehmen, ungestörten Ort finden

Suchen Sie sich einen für Sie angenehmen Ort, wo Sie möglichst ungestört sein können. Dies kann ein lauschiges Plätzchen am See sein, ein Spaziergang durch den Wald oder auch einfach Ihr Lieblingszimmer. Finden Sie heraus, ob Sie sich lieber bewegen oder ob Sie lieber still dasitzen möchten.

Schritt 2: Die Frage nach dem „Warum"

Wenn Sie Ihren Wohlfühlort gefunden haben, stellen Sie sich mit Blick auf Ihr bisheriges Leben folgende Fragen: „Warum bin ich hier? Warum stehe ich jeden Morgen auf?" Wenn Sie die Sinnfrage auf Ihre Rolle als Führungskraft fokussieren möchten, stellen Sie sich die Frage wie folgt: „Warum habe ich die Führungsrolle inne? Was gibt mir Sinn, Energie und Kraft?"

Denken Sie dabei an das „Why" im Golden Circle – das Zentrum Ihres Seins und Tuns (vgl. Abschn. 4.3.1). Atmen Sie dabei mehrmals tief ein und wieder aus. Nehmen Sie sich genügend Zeit und Raum, die Frage zu reflektieren, Vergangenes in Gedanken Revue passieren zu lassen und einer klaren Antwort nachzugehen.

Schritt 3: Das „Warum" prägnant benennen

Wenn Sie das Gefühl haben, die Antwort auf die Frage für sich gefunden zu haben, formulieren Sie einen kurzen, prägnanten Satz dazu, der Ihre Gedanken auf den Punkt bringt. Er sollte die Essenz Ihrer Reflexion zu Ihrem „Warum" sein. Schreiben Sie den Satz auf.

Schließen Sie danach Ihre Augen und atmen Sie mehrmals tief ein und aus. Wiederholen Sie dabei Ihren Satz mehrmals. Zuerst laut, dann leise. Dann wiederholen Sie den Satz mehrmals in Ihren Gedanken. Achten Sie dabei auf Ihre Körperempfindungen: Wie fühlt es sich an, wenn Sie diesen Satz aussprechen oder in Gedanken an sich vorbeiziehen lassen?

Schritt 4: Ein Symbol für das „Warum" aussuchen

Suchen Sie sich anschließend ein Symbol zu Ihrem „Warum-Satz". Dies kann ein schöner Stein am Wegesrand sein, ein besonderer Gegenstand oder eine schöne Postkarte, die Sie an Ihr „Warum" erinnert. Blicken Sie während Ihres Alltags immer wieder auf Ihr Symbol, insbesondere in schwierigen oder hektischen Situationen.

Beobachten Sie in der folgenden Zeit, was sich positiv verändert, wenn Sie sich immer wieder an den Sinn Ihres Wirkens erinnern.

8.1.2.2 Tool 8 – Sein eigenes Ikigai finden

Untenstehende Fragen können Sie dabei unterstützen, Ihr eigenes Ikigai (vgl. Abschn. 4.3.2) zu finden. Nehmen Sie sich Zeit und gehen Sie die Fragen gründlich und ruhig durch. Dabei ist es wichtig, dass Sie ehrlich zu sich selbst sind. Je sorgfältiger Sie die Fragen für sich reflektieren und beantworten, desto näher kommen Sie Ihrem Ikigai.

Reflexionsfragen

1. **Mission**
   - Welche Werte sind mir wichtig? Für welche Werte stehe ich besonders ein?
   - Welche Werte dürfen keinesfalls verletzt werden?
   - Was macht mich glücklich und zufrieden? Wie möchte ich leben?
   - Was möchte ich in der Welt bewirken beziehungsweise verändern?
   - Für welche Sache beziehungweise welches Anliegen möchte ich mich einsetzen?
   - Welche Probleme möchte ich lösen?
   - Welchen Beitrag zur Gesellschaft möchte ich leisten?
2. **Leidenschaft**
   - Was gibt mir Energie? Was macht mir Spaß? Wofür brenne ich?
   - Was habe ich als Kind immer gerne gemacht?
   - Was könnte ich stundenlang tun, ohne dass ich müde werde?
   - Womit verbringe ich meine Freizeit am liebsten?
   - Bei welchen Aktivitäten verliere ich die Zeit aus den Augen?
   - Bei welchen Tätigkeiten gelingt es mir, über einen längeren Zeitraum konzentriert zu sein?
   - Was mache ich nicht gerne? Was entzieht mir sogar Energie?
3. **Berufung**
   - Welches sind meine Stärken?
   - Welche Dinge beziehungweise Tätigkeiten fallen mir leicht?
   - Welche Fähigkeiten und Kompetenzen habe ich mir angeeignet?
   - Welche Fähigkeiten bzw. Stärken bewundern andere an mir?
   - Welche Talente schlummern in mir?
   - Welches Potenzial sehe ich in mir selbst?
   - Welche Fähigkeiten und Kompetenzen möchte ich mir noch aneignen?

4. **Beruf**
    - Was ist mein Beruf? Womit verdiene ich mein Geld?
    - Welche meiner Stärken und Fähigkeiten sind heute und in Zukunft gefragt?
    - Mit welchen Fähigkeiten könnte ich Geld verdienen?
    - Was ist mein Traumberuf?
    - Wie kann ich meine Berufung zu meinem Beruf machen?

In Bezug auf Ihre Führungstätigkeit lohnt es sich, bei der „Berufung" und beim „Beruf" etwas länger zu verweilen und folgende Fragen zu beantworten:

Zusätzliche Reflexionsfragen

- Welches sind Ihre Stärken in der Führung von Menschen?
- Was machen Sie gerne?

Machen Sie sich auch Ihre bisherigen Erfolge als menschliche Führungskraft bewusst:

- Was haben Sie bereits erreicht?
- Was ist Ihnen besonders gelungen?
- Welche Herausforderungen haben Sie geschafft?
- Welche Führungseigenschaften und -qualitäten haben Ihnen dabei geholfen?

An diesem Punkt lohnt es sich auch, Feedback aus dem beruflichen und privaten Umfeld einzuholen. Bitten Sie Vertrauenspersonen, Ihnen eine Rückmeldung zu Ihren Fähigkeiten, Stärken und Talenten zu geben. So können Sie die Fremdeinschätzungen mit Ihrer Selbsteinschätzung abgleichen.

Wenn Sie Ihr Ikigai gefunden haben – auch wenn es vorerst „nur" ein gewünschter Zustand ist: Formulieren Sie dieses Ziel aus und planen Sie, wie Sie dieses Ziel erreichen wollen und was Sie dazu benötigen. Tauschen Sie sich auch mit anderen Menschen aus. Holen Sie Feedback zu Ihren Fähigkeiten und Stärken ein und tun Sie sich mit Menschen zusammen, die Ihre Leidenschaft teilen. Sie werden dadurch inspiriert und bestärkt, Ihr Ikigai zu erreichen.

8.1.2.3 Tool 9 – Werte ermitteln

Folgende Reflexionsfragen (Sarica 2020, S. 190) können Ihnen helfen, Ihre Werte herauszufinden und zu ergründen. Sie können diese Übung zur Ermittlung Ihrer Werte im allgemeinen sowie Ihrer Werte als menschliche Führungsperson anwenden:

Reflexionsfragen

1. **Meine Werte im Leben**
    - Was ist mir in meinem Leben wichtig?
    - Woraus ziehe ich mein Selbstvertrauen?

- Wann respektiere ich mich?
- Wann bin ich besonders stolz auf mich?
- Welche bisherigen Leistungen machen mich besonders stolz und zufrieden?
- In welchen Situationen beziehungsweise Kontexten fühle ich mich zufrieden? Weshalb?
- In welchen Situationen fühle ich mich unwohl? Was könnten Ursachen dafür sein?

2. **Meine Werte als menschliche Führungskraft**
   - Was ist mir als menschliche Führungskraft im Umgang mit meinen Mitarbeitenden wichtig?
   - Woraus ziehe ich mein Selbstvertrauen in meiner Führungsrolle?
   - Wann respektiere ich mich selbst als Führungskraft?
   - Wann bin ich besonders stolz auf mich in meiner Führungsrolle?
   - Welche bisherigen Leistungen machen mich besonders stolz und zufrieden?
   - In welchen Führungssituationen beziehungsweise -kontexten fühle ich mich wohl? Weshalb?
   - In welchen Führungssituationen fühle ich mich unwohl? Was könnten die Ursachen sein?

Interessant ist der Vergleich Ihrer Werte generell sowie Ihrer Werte als Führungskraft:
- Wo sehen Sie Gemeinsamkeiten?
- Wo gibt es Unterschiede? Worauf sind diese zurückzuführen?
- Welche Erkenntnisse schließen Sie daraus?

8.1.2.4 Tool 10 – Wichtiges im Leben erkennen und würdigen

Folgende kurze, spielerische Übung kann Sie dabei unterstützen, wichtiges in Ihrem Leben zu erkennen und wertzuschätzen. Sie benötigen dazu 16 Karten oder Zettel und einen Stift. Die Übung erfolgt in drei Schritten:

Schritt 1: Ihre wichtigsten Menschen, Dinge und Fähigkeiten

Schreiben Sie als erstes Ihre vier wichtigsten Menschen auf je eine Karte oder einen Zettel. Ordnen Sie diese horizontal in der ersten Reihe an.

Anschließend überlegen Sie sich, welche vier materiellen Dinge Ihnen wichtig sind und notieren Sie diese ebenfalls auf je einer Karte oder einen Zettel. Legen Sie eine zweite Reihe an und ordnen Sie Ihre Zettel wieder horizontal an.

Schreiben Sie dann die vier wichtigsten Fähigkeiten auf, mit denen Sie geboren wurden beziehungsweise aufgewachsen sind. Ordnen Sie die vier Karten oder Zettel horizontal in der dritten Reihe an.

Zum Schluss schreiben Sie diejenigen vier wichtigsten Fähigkeiten auf, die Sie im Laufe Ihres Lebens erworben haben. Ordnen Sie die vier Karten beziehungweise Zettel horizontal in der vierten Reihe an.

Blicken Sie auf Ihr Werk und würdigen Sie in einem Moment der Stille den Reichtum Ihres Lebens. Machen Sie sich bewusst, dass es nicht selbstverständlich ist, all diese lieben Menschen zu kennen, diese schönen Dinge zu besitzen und über all diese wunderbaren Fähigkeiten zu verfügen.

Schritt 2: Priorisieren

Wählen Sie nun aus jeder der vier Reihen je etwas aus, das Sie hergeben – selbstverständlich immer im Bewusstsein darüber, wie sehr all dies Ihr Leben bis jetzt bereichert hat. Legen Sie diese vier Karten oder Zettel zur Seite.

Anschließend wählen Sie nochmals vier beliebige Karten oder Zettel aus und nehmen sie diese weg (egal aus welcher Reihe). Dann wählen Sie nochmals drei aus, welche sie hergeben. Legen Sie diese sieben Zettel ebenfalls zur Seite.

Schritt 3: Reflektieren

Nun bleiben fünf Karten oder Zettel übrig: Wie ist Ihre erste Reaktion auf das, was bleibt? Welche Gedanken und Gefühle kommen in Ihnen hoch?

- Was würde Ihnen fehlen?
- Wie ist Ihre erste Reaktion auf die fehlenden Zettel?
- Was würden Sie alles tun, um diese Verluste zu kompensieren?
- Oder was würden sie tun, um mit diesen Verlusten leben zu können?
- Gibt es einen sehr wichtigen, zentralen Zettel?
- Was sagen Ihre Gedanken und Gefühle darüber, was Ihnen wichtig ist?
- Was tun Sie aktuell, um in Ihrem täglichen Handeln auszudrücken, dass Ihnen diese fünf Menschen, Dinge beziehungsweise Fähigkeiten wichtig sind?

8.1.3 Mindset

8.1.3.1 Tool 11 – Bedürfnis-Reframing

Beim Bedürfnis-Reframing (frame = Rahmen) werden Bedürfnisse in einen neuen Rahmen eingebettet. Diese Übung (Neue Narrative 2021b) hilft Ihnen, aus den Negativgedanken herauszukommen und stattdessen ins aktive Tun zu kommen (weg vom „Ich muss" zum „Ich kann").

Schreiben Sie in der folgenden Übersicht (siehe Tab. 8.1) in die „Ich muss"-Spalte links fünf Dinge, die Ihnen in Ihrer Führungsarbeit keine Freude bereiten und die Sie eher widerwillig ausüben oder oftmals aufschieben.

Tab. 8.1 Bedürfnis -Reframing

Ich muss …	Ich will/Ich entscheide mich dazu …

Dann überlegen Sie sich pro „Ich muss"-Satz folgendes: Was würde passieren, wenn Sie es einfach nicht machen würden? Weshalb tun Sie es trotzdem?

Statt „Ich muss das Team-Meeting leiten" könnten Sie genauso gut sagen: „Ich will das Team-Meeting leiten, weil mir ein strukturierter Austausch im Team sehr wichtig ist".

Versuchen Sie, Ihre „Ich muss"-Sätze in „Ich will/Ich entscheide mich dazu"-Sätze (rechte Spalte) umzuformulieren. Merken Sie einen Unterschied?

8.1.3.2 Tool 12 – Positiver Tagesrückblick

Diese Übung (Seligmann 2012, S. 57–59) basiert auf den Grundlagen der Positiven Psychologie (vgl. Abschn. 3.3). Sie kann Ihnen helfen, Ihren Führungsalltag Revue passieren zu lassen und dabei die positiven Momente zu reflektieren. Die Übung eignet sich selbstverständlich auch zur Reflexion eines privaten Tages außerhalb der Arbeit.

Nehmen Sie sich während eines Zeitraums von rund zwei Wochen jeden Abend etwa zehn Minuten Zeit, um sich zu folgenden vier Fragen Gedanken zu machen. Notieren Sie Ihre Reflexion dazu in Stichworten, idealerweise in einem kleinen Notizbuch oder Tagebuch.

Positiver Tagesrückblick – Reflexionsfragen

- Welche drei Dinge waren heute positiv? Worüber habe ich mich gefreut?
- Wo habe ich mich heute lebendig gefühlt?
- Wofür und wem kann ich heute dankbar sein?
- Wie habe ich persönlich dazu beigetragen? Welche Stärken konnte ich ausleben?

Beobachten Sie, wie sich Ihre Stimmung im Zeitverlauf verändert.

8.1.3.3 Tool 13 – Mindset-Reflexion

Die folgenden beiden Reflexionsübungen (Blickhan 2018, S. 240) unterstützen Sie dabei, Ihre Reaktionen auf Herausforderungen und Misserfolge zu reflektieren. Sie können diese Übungen im Hinblick auf Ihre Führungsrolle aber auch bezüglich Ihrer Haltung generell anwenden. Es empfiehlt sich, ihre Gedanken in Stichworten zu notieren.

Übung 1: Fixed Mindset reflektieren

Erinnern Sie sich an eine Situation, in der Sie aus Ihrer Sicht einen Misserfolg erfahren und mit einem statischen Selbstbild (Fixed Mindset) reagiert haben (vgl. Abschn. 4.4.2). Finden Sie einen treffenden Titel für diese Situation. Reflektieren Sie anschliessend die benannte Situation im Rückblick entlang folgender Reflexionsfragen:

Reflexionsfragen

- Was würde sich ändern, wenn ich diese Situation mit einem dynamischen Selbstbild (Growth Mindset) betrachten würde?
- Welche Haltung würde ich dann einnehmen? Welche Möglichkeiten würde ich dadurch sehen?
- Was bedeutet das für meinen Selbstwert?

Übung 2: Growth Mindset reflektieren

Erinnern Sie sich an eine positive Erfahrung, an eine Situation, in der Sie eine Haltung im Sinne des dynamischen Selbstbilds (Growth Mindset) eingenommen haben (vgl. Abschn. 4.4.2). Finden Sie einen Titel für diese Situation. Reflektieren Sie die Erfahrung im Rückblick entlang folgender Reflexionsfragen:

Reflexionsfragen

- Welchen Nutzen hatte es für mich, dass ich in dieser Situation mit dieser Haltung reagiert habe?
- Welchen Nutzen hatte meine Haltung für andere?
- Was war mir dadurch möglich?
- Welchen Nutzen hat diese Haltung für mein Denken und Verhalten?
- Was bedeutet das für meinen Selbstwert?

Lesen Sie Ihre Notizen nochmals durch und fassen Sie Ihre Erkenntnisse zusammen. Was können Sie erkennen?

8.1.3.4 Tool 14 – Positives Priming

Die folgenden beiden Kurzübungen (Sarica 2020, S. 199) können Ihnen helfen, eine positive Haltung sich selbst gegenüber einzunehmen und positiv in den Arbeitstag zu starten:

Übung 1

Bevor Sie morgens aus dem Haus zur Arbeit gehen oder fahren: Halten Sie kurz inne und atmen Sie bewusst drei Mal ganz tief durch. Richten Sie Ihren Körper auf, halten Sie Ihren Kopf aufrecht und sagen Sie sich innerlich: „Ich bin ein Geschenk für diese Welt."

Wenn Sie Mühe mit diesem Satz haben, können Sie auch einen eigenen, positiven Satz formulieren, der zu Ihnen passt, beispielsweise: „Meine Mitarbeitenden freuen sich, wenn ich heute zur Arbeit komme."

Übung 2
Nehmen Sie sich morgens kurz nach dem Aufstehen bewusst fünf Minuten Zeit für sich, bevor Sie sich mit Alltäglichem beschäftigen wie Handy checken, Radio hören, Kaffee trinken etc. Setzen Sie sich an einen ruhigen. Ort. Atmen Sie tief ein und aus. Denken Sie dabei an etwas Positives, Schönes und lächeln Sie dabei bewusst. Nehmen Sie dieses positive Gefühl in sich auf und mit in Ihren Alltag.

8.1.3.5 Tool 15 – Ein positives Menschenbild entwickeln
Eine positive Haltung Menschen gegenüber ist eine wichtige Grundvoraussetzung für menschliche Führung. Folgende Grundsätze helfen Ihnen, in Interaktionen mit Mitarbeitenden im Führungsalltag eine positive Haltung einzunehmen (Sarica 2020, S. 103):

Grundsätze im Umgang mit anderen Menschen
- Unterstellen Sie jedem Menschen grundsätzlich eine positive Gesinnung und Absicht, ungeachtet Ihres ersten Eindrucks, den Sie gewonnen haben.
- Sobald ein negatives Gefühl in Ihnen hochkommt, fragen Sie sich zuerst sehr genau: „Was hat das mit mir zu tun, dass ich so auf diese Person reagiere?"
- Wenn Sie in Zukunft einem Menschen begegnen, fragen Sie sich immer zuerst: „Was kann ich heute von diesem Menschen lernen?"

Versuchen Sie, diese Grundsätze in Ihren Führungsalltag (und natürlich auch generell in Ihr Leben) zu integrieren. Sie werden merken, wie sich mit der Zeit Ihre Haltung anderen Menschen gegenüber verändert. Sie reflektieren so Ihre eigene Haltung und Ihr Verhalten. Sie überprüfen Ihre Vorurteile, verändern diese gegebenenfalls und schaffen so eine neue Wirklichkeit. Folgende Fragen können Ihnen zusätzlich helfen, Ihr Menschenbild als Führungskraft zu reflektieren:

Reflexion des eigenen Menschenbilds

- Wenn ich an meine Mitarbeitenden denke: Welche Erfahrungen erfüllen mich mit besonderer Freude oder Stolz?
- Wann habe ich meine Mitarbeitenden (einzeln oder als Team) in einer konkreten Situation erlebt, in der sie besonders engagiert, energievoll und produktiv waren? Was war das für eine Situation?

- Was hat besonders dazu beigetragen, dass diese Situation so positiv war?
- Was motiviert meine Mitarbeitenden besonders? Was könnten Gründe dafür sein?
- Was gibt meinen Mitarbeitenden Energie?
- Was schätzen meine Mitarbeitenden an mir als Führungskraft am meisten?

8.1.3.6 Tool 16 – Umgang mit den inneren Antreibern

Diese Übung (Sarica 2020, S. 205) unterstützt Sie dabei, sich Ihren inneren Antreibern (vgl. Abschn. 4.4.6) bewusst zu werden. Diese Bewusstmachung können Sie dazu nutzen, Ihre vorhandenen Ressourcen zu erkennen und gleichzeitig auch darüber zu reflektieren, wann Sie übertreiben. Sie benötigen dazu fünf grosse Klebezettel, Karten oder Papier und einen Schreibstift. Gehen Sie anschliessend in Ihrer Reflexion wie folgt vor:

Schritt 1: Antreiber benennen
Überlegen Sie sich, welches Ihre fünf wichtigsten Antreiber sind. Schreiben Sie diese auf je ein Blatt.

Schritt 2: Ausprägung einschätzen
Zeichnen Sie auf jedem Blatt eine Skala von 0 bis 10 (0 ist der niedrigste und 10 der höchste Wert in der Skala). Danach schätzen Sie jeden Antreiber auf der Skala ein: Wie stark ist der jeweilige Antreiber bei Ihnen ausgeprägt? Markieren Sie den Wert auf der Skala.

Schritt 3: „Übertreiber" benennen
Denken Sie anschließend darüber nach, in welchen Situationen beziehungsweise Kontexten Sie mit Ihren inneren Antreibern übertreiben beziehungweise übers Ziel hinausschießen. Listen Sie diese Situationen je Antreiber stichwortartig auf.

Schritt 4: „Erlauber" formulieren
Danach überlegen Sie sich, welche Erlauber für die entsprechenden Antreiber in der jeweiligen Situation passen (Beispiele dazu siehe auch Abschn. 4.4.6). Formulieren Sie diese Erlauber in jeweils einem kurzen Satz und schreiben Sie diese auf ein separates Blatt Papier.

Schaffen Sie sich für die Umsetzung der Erlauber Symbole als „Anker", um in den jeweiligen Situationen beziehungsweise Kontexten die Erlauber abrufen zu können.

8.1.3.7 Tool 17 – Sich von negativen Glaubenssätzen verabschieden

Folgende Übung in sieben Schritten (Robbins 2021, S. 129–158) basiert auf dem Ansatz der neurolinguistischen Programmierung NLP und unterstützt Sie dabei, unterbewusst verankerte Glaubenssätze (vgl. Abschn. 4.4.7), die Ihr Denken und Handeln limitieren, aufzuspüren und zu verändern:

Schritt 1: Zielformulierung – Was konkret möchten Sie erreichen?
Überlegen Sie sich zuerst, was Sie erreichen möchten. Formulieren Sie das entsprechende Ziel dazu möglichst konkret:

Beispiel: „Ich delegiere mehr Aufgaben an meine Mitarbeitenden, um mich zu entlasten und meine Mitarbeitenden zu fördern."

Schritt 2: Was hat Sie bisher an der Zielerreichung gehindert?
Machen Sie sich anschließend Gedanken darüber, weshalb Sie dieses Ziel bisher nicht erreicht haben. Welcher Glaubenssatz beziehungsweise welche Glaubenssätze haben Sie daran gehindert?

Nehmen Sie sich bei diesem Schritt Zeit, die negativen Glaubenssätze zu ermitteln und diese wortwörtlich aufzuschreiben. Dazu kann es hilfreich sein, konkrete Situationen in Erinnerung zu rufen, in denen Ihr Glaubenssatz oder Ihre Glaubenssätze Ihnen in die Quere gekommen sind.

Beispiel: „Ich muss alles unter Kontrolle haben." (limitierender Glaubenssatz)

Schritt 3: Weshalb besteht ein Veränderungsbedarf?
Oftmals sind wir erst bereit, Dinge zu verändern, wenn wir wirklich die Notwendigkeit der Veränderung sehen. Wir müssen uns also sozusagen vor Augen führen, weshalb der jetzige Zustand untragbar oder sogar schmerzhaft ist und uns das Negative daran explizit bewusst machen.

Beispiel: „Wenn ich meinen Mitarbeitenden nicht vollumfänglich vertraue und alles unter Kontrolle haben will, werde ich früher oder später meine talentierten Mitarbeitenden verlieren, weil sie demotiviert sind und kündigen. Womöglich werde ich dann die geforderte Qualität nicht mehr leisten können, noch mehr Überstunden leisten müssen und vor lauter Arbeitslast in einem Burn-out landen."

Schritt 4: Formulieren Sie Ihre hindernden Glaubenssätze um
Formulieren Sie nun Ihre alten Glaubenssätze, die Sie bei der Zielerreichung behindern, in Glaubenssätze um, die für Sie hilfreich und positiv sind. Damit Sie sich nicht zu sehr überfordern, können Sie auch mit einem Glaubenssatz anfangen, der aus Ihrer Sicht am wichtigsten ist. Sie werden sehen, dass bereits die Umwandlung eines zentralen Glaubenssatzes viel bewirken kann. Nach und nach können Sie dann weitere Glaubenssätze ändern.

Beispiel: „Ich muss alles unter Kontrolle haben." (negativer Glaubenssatz)
umwandeln in: „Meine Mitarbeitenden geben ihr Bestes und ich kann auf sie vertrauen und loslassen." (positiver Glaubenssatz).

Schritt 5: Durchbrechen Sie Ihre Automatismen

Mit Ihrem derzeitigen Glaubensatz „Ich muss alles unter Kontrolle haben" sind einge-
fleischte Automatismen in Ihrem Kopf verbunden. Ihr Glaubensatz hat sich über eine
lange Zeit als neuronale Verknüpfung in Ihrem Gehirn verankert und steuert unbewusst
Ihre Gedanken und Handlungen. Diese gilt es nun in konkreten Alltagssituationen zu identifizieren und aufzubrechen.

Wenn Sie merken, dass Sie wieder in das negative Muster verfallen, indem Sie zum
Beispiel wieder etwas selbst erledigen, obwohl Sie locker delegieren könnten, oder wenn
Sie merken, dass Sie kontrollieren, obwohl dies nicht notwendig ist – dann unterbrechen
Sie Ihr Verhalten mit einer ungewöhnlichen Aktion: Stehen Sie zum Beispiel sofort auf
und laufen Sie eine Runde ums Gebäude. Oder hüpfen Sie einen Moment auf einem Bein
herum. Das klingt vielleicht auf den ersten Blick verrückt. Doch Sie machen sich dadurch
Ihre Automatismen sofort bewusst.

Nachdem Sie nun Ihren alten Glaubenssatz und das dazugehörende Verhalten identifiziert haben, geht es darum, ein Ausgleichsverhalten zu suchen und das alte Muster umzu-
programmieren. Denken Sie bewusst an Ihren neuen Glaubenssatz „Meine Mitarbeitenden
geben Ihr Bestes und ich kann auf sie vertrauen und loslassen" und delegieren Sie – möglichst zeitnah – bewusst diejenige Aufgaben, die Sie selbst machen wollten und beobachten Sie, was bei Ihnen und Ihren Mitarbeitenden in den nächsten Tagen passiert. Wenn Sie
einen erneuten Impuls zur unnötigen Kontrolle verspüren, gehen Sie zurück zu Schritt 4.

Schritt 6: Belohnen Sie sich

Ihre Verhaltensänderung ist mit Überwindung verbunden. Deshalb sollten Sie sich nach
dem Prinzip der positiven Bestärkung dafür belohnen. Überlegen Sie sich, welche Belohnung geeignet und motivierend für Sie wirkt. Sie sollte gut in Ihren Arbeitsalltag integrier-
bar sein. Wie wäre es mit einer längeren Mittagspause oder eine Stunde früher Feierabend?
Sie haben schließlich mit dem Delegieren Zeit eingespart.

Schritt 7: Reflexion

Der letzte Schritt ist der wichtigste: Überprüfen Sie regelmäßig die Wirkung Ihres neuen
Verhaltens. Damit stellen Sie sicher, dass Ihr neuer Glaubenssatz Ihr Verhalten nachhaltig
ändert. Sie sollten ein erkennbares Resultat sehen. Falls ein neuer Glaubensatz zu wenig
wirkt, formulieren Sie einen neuen und probieren Sie es erneut aus. Gehen Sie in Ihrem
Tempo vor. Mit der Zeit werden Sie ein Resultat sehen.

8.1.4   Emotionen

8.1.4.1 Tool 18 – Emotionen wahrnehmen

Folgende Übung (Robbins 2021, S. 272–275) kann Sie dabei unterstützen, Ihre Emotionen
wahrzunehmen und zu verstehen:

Schritt 1: Die wahren Emotionen ergründen

Viele Menschen haben Gefühle bereits so lange unterdrückt oder verleugnet, dass sie gefühlsmäßig überfordert sind und nicht mehr wissen, was sie eigentlich empfinden. Wenn Sie sich zum Beispiel gestresst fühlen, halten Sie einen Moment inne und fragen Sie sich:

- Weshalb fühle ich mich gestresst? Was empfinde ich im Moment wirklich?

Wenn Ihnen als erstes einfällt, dass Sie sich gestresst fühlen, weil sie „enttäuscht" sind, dann haken Sie an diesem Punkt nach: Sind Sie tatsächlich enttäuscht? Oder ist es etwas anderes? Fühlen Sie sich vielleicht verletzt oder einsam? Nehmen Sie sich einen Moment Zeit, um genauer auf Ihre Emotion zu blicken und zu ergründen, was Sie wirklich empfinden. Wenn Sie Ihre Gefühle bewusster wahrnehmen und analysieren, können Sie Ihre eigenen Bedürfnisse besser erkennen.

Schritt 2: Akzeptanz und Würdigung der Emotionen

Stufen Sie Ihre Gefühle nie als „falsch" ein, denn damit würden Sie eine wichtige Quelle der Verbindung zu Ihnen selbst und anderen zerstören. Sie sollten vielmehr dankbar dafür sein, dass Ihr Gehirn Ihnen über die Emotion ein hilfreiches Signal gibt, etwas zu verändern. Wenn Sie bereit sind, Ihren Emotionen zu vertrauen, statt Krieg gegen sie zu führen, haben Sie einen bedeutsamen Schritt geschafft, auf sich selbst zu vertrauen und positive Veränderungen einzuläuten.

Schritt 3: Neugierde entwickeln

Wenn Sie ein bestimmtes Gefühl empfinden, sollten Sie neugierig darauf sein, was Ihnen dieses Gefühl vermitteln möchte. Wenn Sie „enttäuscht" sind, sollten Sie sich fragen: Kann es sein, dass ich die Situation falsch interpretiert habe oder habe ich meine Erwartungen an die andere Person zu wenig explizit formuliert? Vermittelt mir das Gefühl der Enttäuschung die Botschaft, dass ich meine Bedürfnisse und Erwartungen klarer kommunizieren muss? Folgende Fragen helfen Ihnen, die Neugierde auf Ihre Emotionen zu wecken:

- Was möchte ich wirklich fühlen?
- Welche Glaubenssätze verstecken sich hinter meinen Gefühlen?
- Was bin ich bereit zu tun, um das Problem anzugehen und eine Lösung zu finden?
- Was kann ich aus dem Gefühl lernen? Welches sind meine zentralen Erkenntnisse?

Schritt 4: Selbstvertrauen entwickeln

Bestimmt hatten Sie bereits in der Vergangenheit ein ähnliches Gefühl. Denken Sie an die Zeit zurück, in der Sie das gleiche Gefühl verspürt und auf positive Weise bewältigt haben:

- Was haben Sie damals getan?
- Was ist Ihnen damals gut gelungen?

Vielleicht ist es Ihnen in der Vergangenheit in bestimmten Situationen bereits sehr gut gelungen, Ihre Bedürfnisse explizit zu formulieren:

- Was haben Sie damals gesagt?
- Wie haben Sie es formuliert?
- Wie hat Ihr Gegenüber reagiert?

Der Blick auf erfolgreiche Situationen in der Vergangenheit hilft Ihnen, Ihr Selbstvertrauen zu stärken. Ergänzend zu positiven Erfahrungen mit Ihrer Emotion können Sie über weitere Strategien nachdenken, mit der Emotion umzugehen. Spielen Sie diese Strategien gedanklich für sich durch und beobachten Sie, wie es Ihnen dabei ergeht.

Schritt 5: Initiative ergreifen
Versuchen Sie nun, die im Schritt 4 gedanklich durchgespielte Strategie effektiv im Alltag umzusetzen. Denken Sie dabei daran, dass sich ein Gefühl am besten in dem Augenblick bewältigen lässt, in dem es aufkommt. Wenn Sie sich das nächste Mal „enttäuscht" fühlen: Warten sie nicht zu lange. Ergreifen Sie die Initiative und nutzen Sie die nächstmögliche Gelegenheit, Ihre Strategie umzusetzen.

8.1.4.2 Tool 19 – Verankerung positiver Emotionen
Folgende Übung (Blickhan 2018, S. 78–79; Storch und Krause 2007, S. 83–130) hilft Ihnen, einen einfachen und wirkungsvollen Zugang zu Ihren positiven Emotionen zu finden. Die Übung kann als Coaching-Übung oder auch als Selbstreflexionsübung angewendet werden.

Schritt 1: Positive Emotion benennen
Welches positive Gefühl möchten Sie verankern? Benennen Sie die Emotion möglichst präzise in einem Schlüsselwort (Beispiel: Zuversichtlich sein).

Schritt 2: Erinnerung an eine spezifische Situation
Erinnern Sie sich an eine Situation, in der Sie diese Emotion besonders intensiv erlebt haben (Beispiel: eine Situation, in der Sie sehr zuversichtlich waren).

Schritt 3: Gefühle der spezifischen Situation nochmals „durchleben"
Versetzen Sie sich bewusst nochmals in diese vergangene Situation, als würden Sie gerade jetzt alles nochmals erleben. Was können sie wahrnehmen?

- Blicken Sie etwas genauer auf die Situation, als wäre es ein reales, farbiges Bild.
- Zoomen Sie das Bild gedanklich näher heran und tauchen Sie gedanklich in das Bild ein.

- Versuchen Sie, die Situation nochmals zu erleben: Was sehen Sie? Was hören Sie? Was spüren Sie?
- Wie fühlt sich das Gefühl an? Gibt es außer dem Gefühl (Beispiel: Zuversicht) noch weitere positive Gefühle in diesem Bild beziehungsweise in dieser Situation?

Wenn Sie nun alles so sehen, hören und fühlen können: Schließen Sie für einen Moment Ihre Augen und lassen Sie dieses Gefühl ganz lebendig werden. Nehmen Sie die Farbigkeit des Bildes und dieses positive Gefühl mit allen Sinnen in sich auf.

Schritt 4: Positives Gefühl verankern
Finden Sie einen hilfreichen Anker und verbinden Sie diesen mit dem positiven Gefühl. Dies kann ein inneres Bild oder auch ein konkretes Bild (z. B. auf einer Postkarte), ein bestimmter Gegenstand, ein spezielles Symbol, ein tiefer Atemzug oder eine bestimmte Körperhaltung (z. B. aufgerichteter Kopf) sein. Wenn Sie das Gefühl deutlich spüren, setzen Sie diesen Anker, indem Sie zum Beispiel das Bild anschauen oder die entsprechende Körperhaltung einnehmen.

Schritt 5: In einen neutralen Gefühlszustand kommen
Richten Sie anschließend Ihre ganze Aufmerksamkeit auf etwas anderes, um wieder in einen neutralen Gefühlszustand zu kommen. Denken Sie zum Beispiel an Ihre nächste Sitzung. Dann testen Sie Ihren Anker: Was nehmen Sie wahr?

Schritt 6: Anwendungssituationen
Überlegen Sie sich, wo und wann Sie den Anker für die positive Emotion in Zukunft nutzen können. Malen Sie sich die Anwendung für zukünftige Situationen möglichst konkret und lebensnah aus.

8.1.5 Energie

8.1.5.1 Tool 20 – Energiefass
Sehr hilfreich und anregend finde ich den Energiecheck von Mirijam Rolfe aus ihrem Buch „Positive Psychologie und organisationale Resilienz" (Rolfe 2019, S. 132–133). Diese Übung hilft Ihnen, Klarheit über Ihren aktuellen Energiehaushalt zu erhalten und Maßnahmen zu definieren, um diesen bewusst und nachhaltig zu stärken. Sie benötigen dazu ein möglichst großes Blatt Papier; idealerweise einen Plipchart, Schreibstiften und Klebeband.

Schritt 1
Zeichnen Sie ein Energiefass, welches als Sinnbild für Ihren Energiehaushalt steht. Sie können die Form und Größe des Fasses wählen – es sollte jedoch möglichst ein authentisches Abbild Ihrer gefühlten Wirklichkeit darstellen.

Schritt 2

Fragen Sie sich nun, zu wieviel Prozent Ihr Fass aktuell mit Energie gefüllt ist. Da dies je nach Tagesform unterschiedlich sein kann, nehmen Sie den ungefähren Tages-Mittelwert. Legen Sie eine Prozentzahl fest, die Ihrer Einschätzung am besten entspricht. Diese muss mathematisch nicht absolut genau sein. Zeichnen Sie nun den entsprechenden Füllstand im Fass ein und schreiben Sie den Prozentsatz dazu, zum Beispiel: „Mein Energielevel ist momentan mittelmäßig. Mein Energiefass ist zu rund 50 Prozent gefüllt."

Schritt 3

Legen Sie mit dem Klebeband am Boden acht Felder aus und bezeichnen Sie diese wie in Abb. 8.1) veranschaulicht.

Schritt 4

Stellen Sie sich zuerst auf das Feld „Körper +" und beantworten Sie sich folgende Fragen:

• Durch welche Situationen, Begebenheiten, Aktivitäten, Maßnahmen füllt sich Ihr Fass auf körperlicher Ebene?
• Beobachten Sie Ihre Empfindungen und Gedanken, wenn Sie auf dem Feld stehen.

Notieren Sie, was Ihnen alles in den Sinn gekommen ist und welche Gefühle Sie hatten. Gehen Sie für die folgenden Felder „Verstand +", „Emotionen+" und „Sinn +" der Reihe nach wie oben beschrieben vor. Anschliessend durchforschen Sie die vier Quadranten mit den Minus-Polen nach dem gleichen Vorgehen - die Reihenfolge der Felder können Sie dabei frei wählen:

• Durch welche Situationen, Begebenheiten, Aktivitäten, Maßnahmen leert sich Ihr Fass?
• Beobachten Sie Ihre Gedanken und Empfindungen, wenn Sie auf dem jeweiligen Feld stehen.

Notieren Sie ebenfalls, welche Gedanken und Gefühle Sie dabei haben.

Körper +	Verstand +	Emotionen +	Seele +
Körper -	Verstand -	Emotionen -	Seele -

Abb. 8.1 Energiefass und Dimensionen; eigene Darstellung nach Rolfe (S. 132–133)

Schritt 5

Lesen Sie Ihre Notizen zu den acht Quadranten und fassen Sie Ihre Erkenntnisse zusammen. Überlegen Sie, welche Maßnahmen Ihnen helfen würden, Ihr Energiefass mehr zu füllen. Notieren Sie Ihre Ideen.

8.1.5.2 Tool 21 – Energiebaum

Die Übung „Energiebaum" (Sarica 2020, S. 115–116) eignet sich sehr gut dazu, Ihre Energiequellen aus einer systemischen Sicht zu betrachten und eine andere Perspektive auf Ihren Energiehaushalt einzunehmen. Sie benötigen für diese Übungen einen grossen Zeichenblock oder einen Flipchart sowie bunte Stifte. Nehmen Sie sich genügend Zeit für die Übung. Sie können diese alleine oder in einer Gruppe gemeinsam durchführen. Gehen Sie dabei wie folgt vor:

Malen Sie großzügig einen Baum mit Wurzeln, einem Stamm und einer Baumkrone mit Früchten daran. Danach beantworten Sie für sich die nachstehenden Fragen (möglichst in dieser Reihenfolge). Es ist wichtig, dass Sie sich genügend Zeit nehmen für die Reflexion und Beantwortung der Fragen. Schreiben Sie Ihre Antworten in Stichworten direkt in das Bild.

Reflexionsfragen

1. **Wurzeln**
   - Woraus kann ich, egal was passiert, immer Energie gewinnen?
   - Auf welche Energiewurzeln kann ich jederzeit zurückgreifen? Es kann sich dabei um Situationen, Menschen, Dinge oder auch Aktivitäten handeln.
2. **Stamm**
   - Woraus, durch wen oder was beziehe ich aktuell die meiste Energie?
3. **Krone**
   - Welche Energiequellen wünsche ich mir zusätzlich?
   - Welche meiner bestehenden Energiequellen würde ich gerne noch intensiver nutzen?
4. **Früchte**
   - Welche Früchte würde ich ernten, wenn ich diese zusätzlichen Energiequellen aus der Krone nutzen würde?
   - Was wäre dann anders? Wie würde sich dies energetisch anfühlen?
5. **Systemisches Umfeld**
   - Welche Personen aus meinem Umfeld könnten es bemerken, wenn ich meine aktuellen oder zusätzlichen Energiequellen nutzen würde?
   - Woran würden sie erkennen, dass ich die Energiequellen nutze?
   - Was würden diese Personen zu mir sagen?
   - Wie wäre das für mich und die anderen?

Betrachten Sie am Schluss nochmals das Gesamtbild Ihrer Energiequellen und nehmen Sie das Bild bewusst in sich auf.

Am besten hängen Sie das Bild gut sichtbar auf. Arbeiten Sie immer wieder an Ihrem Energiebaum weiter. Ergänzen Sie, machen Sie die notwendigen Anpassungen. Sie werden staunen und sich – hoffentlich – darüber freuen, wie sich dieser mit der Zeit verändert.

8.1.5.3 Tool 22 – Energiecheck für die Führungsrolle

Folgende Fragen (Seliger 2014, S. 124–125) können Ihnen helfen, die Sinnhaftigkeit Ihrer Rolle, Ihre Zuversicht sowie Ihre Handlungs- und Entscheidungsspielräume als Führungskraft einzuschätzen und zu reflektieren:

Reflexionsfragen

1. **Zuversicht**
   - Welche Fähigkeiten, Stärken und Talente kann ich in meiner Führungsrolle einbringen?
   - Was klappt gut in Bezug auf mein Führungsverhalten?
   - Was war bisher ein absolutes Highlight in meiner Führungsrolle?
   - Wohin will ich mich entwickeln?
   - Was macht mich zuversichtlich, dass ich dieses Ziel erreichen werde?
   - Worauf kann ich mich in meiner Führungsrolle stützen und verlassen?
   - Welche Ressourcen stellt mir meine Organisation zur Verfügung?
   - Welche Ressourcen habe ich selbst zur Verfügung (Menschen, Haltung, Fähigkeiten etc.)?
2. **Einfluss**
   - Wie kann ich meine Führungsrolle innerhalb meiner Organisation gestalten?
   - Wo habe ich Spielraum?
   - Wo sind die Grenzen?
   - Wie nutze ich den Spielraum heute bereits?
   - Wo kann ich meinen Spielraum erweitern beziehungsweise mehr ausnutzen?
   - Wie kann ich dafür sorgen, dass ich die notwendigen Ressourcen für meine Führungsrolle erhalte beziehungweise aktivieren kann?
   - Wer sind meine Unterstützer und Förderer?
3. **Sinn**
   - Was bereitet mir in meiner Rolle besonders Freude? Was gibt mir Energie?
   - Welchen Sinn macht meine Führungsrolle für mich persönlich?
   - Was sind die Erwartungen der Mitarbeitenden an mich und meine Führungsrolle?
   - Was würde meiner Organisation fehlen, wenn es meine Führungsrolle nicht gäbe?
   - Was würde meiner Organisation fehlen, wenn ich diese Rolle nicht innehätte?
   - Worin sehe ich meine wichtigste Verantwortung und Aufgaben in meiner Rolle?
   - Wer sind meine Vorbilder?
   - Woran erkenne ich, dass ich meine Führungsarbeit gut mache?
   - Woran erkennen meine Vorgesetzten und meine Mitarbeitenden, dass ich meine Führungsarbeit gut mache?

8.1.5.4 Tool 23 – Selbsttest: Energetisierer oder Energiedieb?

Der folgende Fragebogen (Rolfe 2019, S. 224) hilft Ihnen in der Reflexion darüber, ob Sie mit Ihrem Führungsverhalten eher ein Energetisierer oder eher ein Energieräuber für Ihre Mitarbeitenden sind. Beantworten Sie dazu folgende Fragen ehrlich mit einem Ja oder Nein:

Reflexionsfragen

- Ich baue Beziehungsförderung in meinen Alltag als Führungsperson ein.
- Wenn ich meinen Mitarbeitenden etwas ankündige oder verspreche, dann tue ich das auch.
- Ich spreche heikle Themen bei meinen Mitarbeitenden an und zeige dabei Fairness und Integrität.
- Ich identifiziere Chancen und Möglichkeiten, statt nur Hürden und Probleme zu sehen.
- Wenn ich anderer Meinung bin als meine Mitarbeitenden, konzentriere ich mich bei meinem Feedback auf die Sache und nicht auf die Person.
- In Meetings und Gesprächen bin ich engagiert und präsent.
- Ich bin in meinem Denken flexibel und zwinge anderen nicht meine Meinung auf.
- Ich bringe meine eigenen Erfahrungen auf angemessene Weise ein.
- Ich höre meinen Mitarbeitenden aktiv zu.
- Ich vertraue meinen Mitarbeitenden und zeige dies auch.
- Ich zeige meinen Mitarbeitenden Wertschätzung.

Betrachten Sie am Schluss das Resultat: Haben Sie häufiger mit Ja oder eher mit Nein geantwortet? Welche Erkenntnisse ziehen Sie daraus? Was möchten Sie verändern?

8.1.5.5 Tool 24 – Moment der Achtsamkeit

Folgende einfache Achtsamkeitsübung (Blickhan 2018, S. 193) hilft Ihnen, zur Ruhe und in den Fokus der Aufmerksamkeit zu kommen. Sie können diese Übung auch während des Arbeitstages einbauen. Nehmen Sie sich rund zehn Minuten pro Tag Zeit für die Übung.

Achtsamkeitsübung

Wählen Sie eine Zeit und einen Ort, wo Sie nicht gestört werden, weder von anderen Menschen noch von elektronischen Geräten. Ideal wäre es natürlich, wenn Sie sich jeden Tag etwa zur gleichen Zeit an diesem Ort für einen Moment der Achtsamkeit einfinden könnten.

Sobald Sie Ruhe gefunden haben, setzen Sie sich aufrecht hin. Achten Sie darauf, dass Ihre Wirbelsäule gerade und Ihr Kopf aufrecht und entspannt ist. Ihre Augen können Sie offen halten oder auch schließen.

Atmen Sie tief ein. Dann atmen Sie bewusst langsam aus und entspannen Sie sich. Nehmen Sie dabei die Geräusche in Ihrer Umgebung wahr. Machen Sie sich nochmals bewusst, dass die nächsten Minuten nur Ihnen allein gehören. Lassen Sie alle Gedanken vorbeiziehen, als wären sie leichte Blätter, die auf einem Fluss mit der Strömung treiben oder Wolken, die vorbeiziehen.

Richten Sie Ihre Aufmerksamkeit auf Ihren Atem und versuchen Sie, in einen angenehmen, gleichmäßigen Rhythmus zu kommen. Nehmen Sie wahr, wie Ihr Atem ganz von selbst ein- und wieder ausströmt. Sie können Ihre Atemzüge zählen, wenn Ihnen dies hilft, in einen angenehmen Atemfluss zu kommen – zum Beispiel bei jedem Ausatmen von eins bis zehn zählen, danach wieder bei eins beginnen.

Bleiben Sie die ganze Zeit mit Ihrer Aufmerksamkeit auf Ihren Atem konzentriert. Wenn Gedanken auftauchen, lassen Sie diese ziehen ohne zu werten. Dann kehren Sie mit Ihrer Aufmerksamkeit wieder zurück auf Ihren Atem. Es gibt nichts anderes in diesem Moment außer dem Rhythmus Ihres Atems.

Mit der Zeit wird sich allmählich ein Gefühl von Ruhe und Aufmerksamkeit einstellen.

Beenden Sie die Übung mit einem tiefen Atemzug. Öffnen Sie die Augen, falls Sie diese geschlossen hatten. Strecken und dehnen Sie anschließend Ihren ganzen Körper und stellen Sie sicher, dass Sie wieder ganz in der Gegenwart angekommen sind. Am besten trinken Sie anschließend einen warmen Tee oder ein Glas Wasser

8.2   Mitarbeitende menschlich führen

8.2.1   Beziehungen gestalten

8.2.1.1 Tool 25 – Die 5:1 Regel

Folgen Sie in den folgenden Wochen täglich der 5:1-Regel, wenn Sie mit Ihren Mitarbeitenden kommunizieren:

5·1 Regel
- Äußern Sie für jede negative beziehungsweise kritische Aussage fünf positive Aussagen.
- Nutzen Sie statt des Wörtchens „aber" das Wörtchen „und".

Beobachten Sie, wie sich Ihre Stimmung, Ihre Haltung und das Erleben der Beziehung zu Ihren Mitarbeitenden verändert. Was ist Ihnen bei sich selbst und Ihren Mitarbeitenden aufgefallen? Was denken Sie, hat die 5:1 Regel bewirkt?

8.2.2 Autonomie und Selbstwirksamkeit

8.2.2.1 Tool 26 – GROW Modell

Das GROW Modell nach Martin Ebner (Ebner 2019, S. 107–122) hilft Ihnen bei der Unterstützung Ihrer Mitarbeitenden, selbst eine Lösung für ein Problem zu entwickeln. Voraussetzung dieser Technik ist, dass die Mitarbeitenden grundsätzlich die Kompetenz haben, eine Situation erfolgreich zu bewältigen.

Es handelt sich um ein Set von Fragestellungen, mit welchen Sie ein strukturiertes Entwickeln von eigenen Sichtweisen und Lösungsansätzen bei Ihren Mitarbeitenden fördern können. Die Anwendung dieser Gesprächstechnik benötigt etwas Übung und Zeit. Sie kann also nicht auf die Schnelle und zwischen Tür und Angel angewendet werden.

Schritt 1: Goal – Das Ziel der Problemlösung definieren

Wenn eine Mitarbeiterin mit einer Aufgabe oder einer Problemstellung zu Ihnen kommt, geht es in einem ersten Schritt darum, ein konkretes Ziel zur Lösung der Aufgabe beziehungweise des Problems zu formulieren. Hilfreiche Fragen zur Annäherung an das Ziel sind dabei:

Coaching-/Reflexionsfragen

- Was konkret wollen Sie erreichen?
- Warum wollen Sie dieses Ziel erreichen?
- Was wäre ein erster Meilenstein auf dem Weg zu diesem Ziel?
- Woran werden Sie erkennen, dass Sie diesen ersten Meilenstein erreicht haben?
- Woran werden Sie erkennen, dass Sie das Ziel erreicht haben?
- Wie würde eine andere Person das Ziel beschreiben?
- Wie würde das Ziel aussehen, wenn es keine äußeren Beschränkungen gäbe?
- Wer außer Ihnen hat Vorteile oder vielleicht auch Nachteile, wenn Sie das Ziel erreichen?
- Auf einer Skala von 1 bis 10: Wo stehen Sie in Bezug auf die Zielerreichung?
- Welche Meilensteine haben Sie auf dieser Stufe bereits gemeistert?
- Wenn Sie eine zusätzliche Stufe in der Skala erreicht hätten: Welche Meilensteine hätten Sie dann gemeistert?

Fragen Sie bei unklaren oder schwammigen Antworten nach, was konkret gemeint ist (z. B. Was meinen Sie mit „weniger Stress"?). Versuchen Sie, persönlich möglichst keine Antworten oder Ratschläge zu erteilen. Stellen Sie möglichst nur offene Fragen. Bitten Sie Ihre Mitarbeiterin anschliessend, das Ziel in Form eines kurzen Satzes zu formulieren.

Schritt 2: Reality – Auf den Ist-Zustand blicken

Im zweiten Schritt geht es darum, die Ist-Situation der Aufgabe beziehungsweise des Problems zu beleuchten und zu verstehen. Dies steigert einerseits die Motivation zur Veränderung und lässt andererseits mögliche Ressourcen erkennen. Hilfreiche Fragen dazu sind:

- Was läuft derzeit? Wann? Wo? Wie häufig?
- Wer ist direkt/indirekt involviert?
- Wen betrifft es noch? Wen betrifft es am meisten? Wen betrifft es am wenigsten?
- Wann war die Situation anders? Was genau war anders?
- Wie würde eine andere betroffene Person die Situation wahrnehmen und beschreiben?
- Was hinderte Sie bisher, Ihr formuliertes Ziel umzusetzen?
- Was ist der Vorteil, dass es diese Situation gibt?
- Was haben Sie bisher unternommen, um die Situation zu ändern?
- Wie oft? Mit welchem Resultat?
- Auf welche Hindernisse beziehungsweise Widerstände sind Sie dabei gestoßen?
- Was ist Ihnen bis jetzt schon gut gelungen?
- Auf welche Fähigkeiten und Stärken haben Sie sich dabei gestützt?
- Was hält Sie davon ab, weiterzumachen?
- Auf einer Skala von 0 bis 100: Wo stehen Sie jetzt, wenn das Ziel 100 wäre?
- Was wären mögliche Folgen, wenn Sie die Situation nicht verändern?

Sollte sich das Ziel aufgrund der Reflexion ändern, gehen Sie zurück zu Schritt 1 und stellen Sie nochmals gezielte Fragen zur Präzisierung des Ziels. Führen Sie mit Ihren Fragen besonders dann aktiv, wenn Ihre Mitarbeiterin ins Jammern rutscht.

Schritt 3: Options – Sammeln von Möglichkeiten
Der dritte Schritt hat zum Ziel, in einer Art Brainstorming konkrete Handlungsmöglichkeiten zu sammeln, die der Zielerreichung dienlich sind. Hilfreiche Fragen dazu sind:

- Welche Möglichkeiten haben Sie? Was haben Sie bereits ausprobiert?
- Was könnten Sie sonst noch unternehmen?
- Was hat in ähnlichen Situationen gut funktioniert? Was nicht?
- Welche weiteren Kompetenzen bräuchten Sie für eine Lösung?
- Wie könnten Sie sich diese Kompetenzen aneignen?
- Wer oder was kann Sie bei der Problemlösung unterstützen?
- Was würde Ihnen eine Person raten, die es gut mit Ihnen meint?
- Wen kennen Sie, der oder die schon einmal in einer ähnlichen Situation war? Was hat er oder sie gemacht?
- Was würden Sie einer Person raten, die sich in einer ähnlichen Situation wie Sie befindet?
- Was könnten Sie tun, um die Situation weiter zu verschlimmern? Was wäre das Gegenteil davon?

- Auf einer Skala von 1 bis 10: Bewerten Sie alle gefundenen Möglichkeiten. Welche wollen Sie als erstes ausprobieren?
- Was wäre die nächstbeste Möglichkeit? Und die drittbeste?
- Wie wird Ihre Umgebung reagieren, wenn Sie das machen?

Notieren Sie die von Ihrer Mitarbeiterin erarbeiteten Optionen. Sammeln Sie die Optionen und lassen Sie diese erst anschließend bewerten. Motiveren Sie Ihre Mitarbeiterin, auch übertrieben erscheinende oder unangemessene Lösungen zu entwickeln. Ganz am Schluss können Sie auch noch eigene Ideen ergänzen.

Schritt 4: Will – Konkrete nächste Schritte festlegen
Die Schritte 1 bis 3 waren Reflexionen. In diesem Schritt geht es darum, die konkreten nächsten Schritte zur Umsetzung zu definieren. In dieser Phase wird nicht mehr reflektiert, sondern an der konkreten Umsetzung gearbeitet. Folgende Fragen sind dazu hilfreich:

Coaching-/Reflexionsfragen

- Was sind die ersten drei Schritte, die Sie in die Tat umsetzen werden?
- Wie viel Zeit planen Sie dafür ein? Wie realistisch ist dieser Zeitrahmen?
- Wann starten Sie?
- Auf welche Hindernisse könnten Sie stoßen?
- Wie werden Sie diese überwinden?
- Wer oder was könnte Sie bei der Umsetzung unterstützen?
- Wer muss über die Umsetzung informiert werden?
- Wie zufrieden Sind Sie mit der anvisierten Vorgehensweise?
- Auf einer Skala von 1 bis 10: Wie wahrscheinlich ist es, dass Sie diese Handlungen ausführen werden?
- Was würden Sie benötigen, um auf der Skala einen Schritt höher zu kommen?
- Was würden Sie benötigen, um auf der Skala auf einen Wert von 10 zu kommen?
- Was nehmen Sie sich vor, um Ihren Fortschritt sicherzustellen?

Es ist wichtig, dass die Mitarbeiterin die Wahl der Handlungen trifft – und nicht Sie. Bieten Sie Unterstützung bei der Umsetzung an. Ermutigen und bestärken Sie Ihre Mitarbeiterin zum Plan und gratulieren Sie ihr zur Lösung.

8.2.3 Stärken- und Ressourcenorientierung

8.2.3.1 Tool 27 – Appreciate Inquiry: Das Gelingende analysieren
Diese Methode (Ebner 2019, S. 360–369) dient dazu, das Positive beziehungsweise Gelingende zu erkunden und weiterzuentwickeln (vgl. auch Abschn. 3.3.7). Das Tool lässt sich überall dort einsetzen, wo eine Person, ein Team oder eine ganze Organisation sich weiterentwickeln und dafür gezielt die vorhandenen Fähigkeiten und Stärken nutzen will.

Phase 1: Erkunden

In dieser Phase geht es darum, herausragende Beispiele von Ereignissen in der Realität zu finden, wo etwas richtig gut gemacht wurde beziehungsweise gelungen ist. Betrachtet wird die Vergangenheit und die Gegenwart. Folgende Fragestellungen sind hilfreich bei der Erkundung positiver Ereignisse:

Reflexionsfragen

A. **Berufliche Erfahrungen:** Erinnern Sie sich an berufliche Erfolge, an Situationen, in denen es richtig gut gelaufen ist und Sie etwas bewirken konnten?
  - Was waren das für Situationen? Erzählen Sie!
  - Wie kam es dazu? Was denken Sie, waren die Gründe, dass es so gekommen ist?
  - Wie ist es Ihnen dabei ergangen? Wie haben Sie sich dabei gefühlt?
  - Was hat Sie motiviert?
  - Welche Auswirkungen hatte das auf andere?
  - Was war Ihre Rolle beziehungsweise Aufgabe dabei?
  - Welche Rahmenbedingungen Ihrer Organisation haben dies ermöglicht?

B. **Eigene Person:** Betrachten Sie sich durch eine positive, wohlwollende Brille.
  - Was schätzen Sie an sich am meisten?
  - Wo liegen Ihre besonderen Qualitäten?
  - Welche besonderen beruflichen Fähigkeiten und Talente haben Sie?
  - Auf welche Fähigkeiten und Talente können Sie sich am meisten verlassen?
  - Wie haben Sie bisher Ihre Aufgaben erfolgreich gelöst?
  - Wo liegen generell Ihre Interessen?
  - In welchen Aufgaben gehen Sie so richtig auf? Wann kommen Sie in einen Flow?
  - Was denken Sie, schätzen Ihre Mitarbeitenden am meisten an Ihnen?
  - Welche größten Stärken und Talente würden Ihre Mitarbeitenden an Ihnen beschreiben?

C. **Umfeld:** Keine Organisation ist perfekt, es gibt aber in jedem Unternehmen auch positive und förderliche Rahmenbedingungen.
  - Was finden Sie an Ihrem Unternehmen toll?
  - Was mögen Sie an Ihrer aktuellen Tätigkeit am meisten?
  - Welche Menschen im Unternehmen finden Sie besonders bereichernd?
  - Welche Ihrer Aufgaben empfinden Sie als besonders sinnvoll?
  - Welche Rahmenbedingungen im Unternehmen helfen Ihnen, sich zu entfalten und sich weiterzuentwickeln?
  - In welchen Bereichen ist Ihr Unternehmen besonders erfolgreich?
  - Welche Stärken werden dabei sichtbar?

D. **Eigene Führungsrolle:** Betrachten Sie sich selbst in Ihrer Führungsrolle durch die positive Brille.
  - Welche Situationen haben Sie als Führungskraft besonders gut gemeistert?
  - Dank welcher Fähigkeiten ist Ihnen dies gelungen?

- Wo wurden Sie dabei von anderen unterstützt?
- Was haben Sie zum guten Gelingen beigetragen?
- Welche Ihrer Fähigkeiten sind in Bezug auf Ihre Führungsrolle am wichtigsten?
- Welche Erfahrungen in Ihrer Führungsrolle erfüllen Sie mit Stolz?
- Was denken Sie, schätzen Ihre Mitarbeitenden am meisten an Ihnen?

Phase 2: Träumen

Ziel dieser Phase ist es, Visionen zu entwickeln, wie die Zukunft im optimalen Fall ausse-hen könnte. Wohin soll sich die Person, das Team, die Abteilung oder die Organisation entwickeln? Folgende Reflexionsfragen wirken unterstützend bei der Entwicklung der Zu-kunftsvisionen:

Reflexionsfragen

Wenn wir aus der Zukunft in fünf Jahren auf heute zurückblicken: Was hat sich verän-dert? Was hat sich positiv entwickelt?

- Welche konkreten Veränderungen haben Sie beziehungweise Ihre Organisation umgesetzt?
- Welche Änderungen waren die wesentlichsten?
- Was ist erfreulicherweise genau so geblieben, wie es damals war?
- Was hat das Unternehmen erreicht, was Sie als sinnvoll und bereichernd empfinden?
- Welche Bereiche waren schon damals gut und haben sich noch weiterentwickelt?
- Was genau haben Sie getan, um sich noch erfolgreicher und lebendiger zu fühlen?
- Wie haben Sie sich als Führungskraft weiterentwickelt?
- Welche Kompetenzen haben Sie sich angeeignet beziehungsweise ausgebaut?
- Welche Vorteile hat es, dass sich Ihre Organisation in diese Richtung entwickelt hat?
- Welche Vorteile hat es, dass Sie sich in diese Richtung entwickelt haben?

Phase 3: Gestalten

In dieser Phase präzisieren Sie die in Phase 2 entwickelten Visionen und entscheiden, welche davon umgesetzt wird. Dazu folgende Reflexionsfragen:

Reflexionsfragen

- Welche Ideen haben Ihnen besonders gut gefallen? Warum?
- Welches wären die besten drei Ideen, die man umsetzen könnte? Warum?
- Wenn nur eine der Ideen umgesetzt werden könnte, für welche würden Sie sich ent-scheiden?
- Wo finden Sie in Ihrem Unternehmen Beispiele für Situationen, in denen bereits Ansätze der gesammelten Ideen sichtbar sind?

- Wen oder welche Organisation kennen Sie, in der diese Ideen bereits umgesetzt werden beziehungsweise wurden?
- Wer hat Vorteile davon, wenn diese Ideen umgesetzt werden?
- Was verändert sich in Ihrem Arbeitsalltag mit der Umsetzung dieser Ideen?

Phase 4: Planen

In dieser Phase leiten Sie Maßnahmen ab und definieren erste Schritte. Bei Teams oder Großgruppen werden erste Arbeitspakete geschnürt und zugeteilt. Auch wenn alle Mitwirkenden im Prozess involviert sind, muss klar erkennbar sein, wer wofür zuständig ist. Folgende Fragen unterstützen Sie bei der Konkretisierung:

Reflexionsfragen

- Welche konkreten Maßnahmen werden Sie umsetzen, um das Ziel zu erreichen?
- Wie können Sie andere Personen einbeziehen? Wer könnte Sie bei der Umsetzung unterstützen?
- Was sind konkrete Meilensteine, an denen Sie erkennen können, dass die Entwicklung in die richtige Richtung geht?
- Mit welchen Schwierigkeiten ist zu rechnen? Wie können Sie damit umgehen?
- Welche Ihrer Stärken und Kompetenzen können Sie dabei bewusst einsetzen?
- Wie können Sie sicherstellen, dass Ihr Vorhaben nicht im Tagesgeschäft untergeht?
- Was sind konkrete „Quick Wins", anhand derer andere erkennen, dass eine positive Entwicklung stattfindet?
- Welche Entscheidungen müssen vor der Umsetzung getroffen werden?
- Wer muss noch einbezogen werden?
- Was können Sie bereits jetzt planen?
- Wie werden Sie das Erreichte würdigen oder feiern?
- Was sind die nächsten konkreten Schritte? Wann genau starten Sie?

8.2.4 Kommunikation

8.2.4.1 Tool 28 – Reiz-Reaktions-Muster durchbrechen

Im Arbeitsalltag ist es oftmals nicht einfach, Vorwürfe und Schuldzuweisungen zu vermeiden. Dies liegt vor allem daran, dass wir oftmals unreflektiert reagieren. Beispiel: Jemand greift uns verbal an (Reiz). Wir spüren einen Impuls (zum Beispiel Ärger oder Schuldgefühle) und verteidigen uns (Reaktion).

Folgende Fragen (Klein 2021, S. 21) helfen Ihnen, Ihr Reiz-Reaktionsmuster zu reflektieren. Dies lohnt sich insbesondere vor schwierigen beziehungsweise konfliktgeladenen Diskussionen oder Gesprächen.

- Wann verfüge ich über die nötige Distanz zu mir selbst, um ein schwieriges Gespräch zu führen (z. B. eine bestimmte Tageszeit)?
- Kann der Konflikt mit Person XY darauf zurückgeführt werden, dass ich im Gespräch sehr stark im Autopiloten war?
- Wie hätte ich reagiert, wenn ich mein Reiz-Reaktions-Muster vor meiner Reaktion reflektiert hätte?
- Welche Trigger bringen mich in Richtung Vorwurf beziehungsweise Schuldzuweisung?
- Wie kann ich mit diesen Triggern umgehen?
- Welche kleinen Übungen und Tätigkeiten (z. B. Pause machen, Achtsamkeitsübung) können mir helfen, aus dem Autopiloten herauszukommen, bevor ich ein Gespräch führe?

8.2.4.2 Tool 29 – Die echte und wirksame Entschuldigung

Aussagen wie „Entschuldige, dass ich zu spät bin" oder „Sorry, das hab ich nicht so gemeint" sind nur Proforma-Entschuldigungen und nicht angebracht für ein Fehlverhalten. Grundsätzlich gilt: Je schwerwiegender der Fehler, desto wichtiger ist eine aufrichtige Entschuldigung, auch in der Rolle als Führungskraft.

Eine aufrichtige Entschuldigung beinhaltet die folgenden sechs Komponenten (Erler 2021, S. 75):

- Sagen Sie, dass Sie das Fehlverhalten aufrichtig bedauern.
- Erklären Sie aus Ihrer Sicht, was schiefgegangen ist.
- Anerkennen Sie, dass Sie die volle Verantwortung für den Fehler übernehmen.
- Zeigen Sie, dass Sie bereuen, dies getan zu haben beziehungsweise dass Ihnen dies passiert ist.
- Bieten Sie Ihrem Gegenüber an, dass Sie die Situation wiedergutmachen werden.
- Bitten Sie Ihr Gegenüber anschließend um Vergebung.

8.2.5 Konfliktlösung und Entscheidungsfindung

8.2.5.1 Tool 30 – Konfliktlösung: Bedürfnisse versus Strategien

Konflikte finden immer auf der Ebene der Strategien statt. Ein Beispiel dazu: Zwei Bürokollegen arbeiten an einem gemeinsamen Projekt. Person A zieht es vor, über Problemstellungen in Ruhe nachzudenken, ohne von anderen gestört zu werden. Person B möchte sich mit möglichst vielen Personen über das Problem austauschen, auch mit Person A. Person A fühlt sich dadurch gestört und ist genervt von Person B. Person B fühlt sich nicht ernstgenommen und fühlt sich angesichts der ablehnenden Haltung von Person A bisweilen im Stich gelassen.

Um Konflikte produktiv zu lösen, müssen wir auf die Bedürfnis-Ebene wechseln. Folgende Fragen (Biersack 2021, S. 102) sind hilfreich, die Bedürfnisse gegenseitig zu ergründen:

Reflexionsfragen

- Worum geht es mir eigentlich?
- Was sind meine Bedürfnisse und Interessen?
- Worum geht es meinem Gegenüber?
- Was sind seine Bedürfnisse und Interessen?

Wenn beide Parteien die Bedürfnisse voneinander kennen, sind die Chancen höher, dass sie Verständnis füreinander entwickeln. Person A und B verstehen so besser, dass eigentlich beide genau das gleiche Bedürfnis haben, nämlich die Problemstellungen im gemeinsamen Projekt möglichst gut zu lösen. Ist die Basis für gegenseitiges Verständnis für das Bedürfnis geschaffen, können beide Seiten nach einer gemeinsamen Lösung suchen: beispielsweise, dass sie gemeinsam wöchentliche Zeiten für Austausch und Fokusarbeitszeit einplanen.

8.2.5.2 Tool 31 – Konfliktlösung: Das Doppel

Während eines Konflikts äußern wir unseren Ärger oftmals in Vorwürfen und Schuldzuweisungen statt bei uns zu bleiben. Dabei bewegen wir uns in einer Spirale, in der wir uns stetig wiederholen, in der Hoffnung, dass unser Gegenüber uns irgendwann versteht – meistens ohne Erfolg.

In solchen Fällen kann folgende Übung (Biersack 2021, S. 104–105) hilfreich sein. Dazu müssen die beiden Konfliktparteien A und B sowie eine dritte, neutrale Person C anwesend sein.

Schritt 1

Im ersten Schritt fragt Person C Person A nach ihrer Beobachtung der Situation: „Um was geht es? Was ist geschehen?" Person A soll sich in ihren Aussagen direkt an Person B richten. In vielen Fällen kommuniziert Person A ihren Ärger als Vorwürfe an B. Zum Beispiel: „Du hast mich bewusst nicht informiert".

Schritt 2

Person C hakt nun nach: „Wie hast du dich gefühlt, als du dachtest, du seist bewusst nicht informiert worden?"

Schritt 3

Dieses Schritt ist das Herzstück der Übung, denn Person C doppelt Person A:

Person C geht neben Person A und spricht Person B so an, als wäre sie Person A. Es geht hier darum, auszusprechen, was Person A schwerfällt, zu konkretisieren: „Mich hat es verletzt, als ich bemerkt habe, dass ich nicht mehr über den Projektstand informiert wurde. Ich war auch wütend auf dich, weil ich deswegen einige Arbeiten erledigt habe, die nicht nötig gewesen wären."

Schritt 4
Nun fragt Person C bei Person A nach, ob diese Aussage ihr Gefühl auf den Punkt bringt.

In den meisten Fällen fängt Person A an, die Aussage von C zu präzisieren: „Ja, das hast du gut ausgedrückt. Allerdings ist mir beim zweiten Punkt noch wichtig, dass ..." oder „Nein, das habe ich nicht so gemeint, ich habe die Situation wie folgt wahrgenommen ..."

Durch dieses Vorgehen wird Person A durch einen Feedback-Loop an Person C irgendwann unbemerkt selbst das tieferliegende Problem aussprechen.

Anschließend kann die Übung mit Person B erfolgen.

8.2.5.3 Tool 32 – Vom Dilemma zum Tetralemma

Das Tetralemma kann helfen, bei einer Entscheidungssuche mehr Alternativen zu kreieren, aus einem Dilemma herauszufinden oder auch einen eigenen inneren Konflikt oder einen Konflikt mit einer anderen Person zu lösen.

Oftmals neigen wir zum Schwarz-Weiß-Denken: gut versus böse, schnell versus langsam, ja versus nein. Auch bei Entscheidungen oder in Konflikten stecken wir oftmals zwischen zwei Möglichkeiten beziehungsweise zwei Positionen fest und fühlen uns in einer Patt-Situation. Wir müssen uns zwischen „dem einen" und „dem anderen" entscheiden.

Beim Tetralemma kommen weitere Perspektiven dazu. Das Tetralemma wird im systemischen Coaching, in der Beratung und Therapie und in der systemischen Strukturaufstellung genutzt, um Dilemmata aufzulösen und bessere Entscheidungen zu treffen. Die Methode ist von Insa Sparrer (geb. 1955) und Matthias Varga von Kibéd (geb. 1950) entwickelt worden und basiert auf der indischen Logik und dem indischen Rechtswesen. (Neue Narrative 2021a)

Ausgangslage – Das Dilemma
Ausgangslage ist ein Dilemma – eine schwierige Entscheidung oder ein Konflikt. Beispiel: Eine Mitarbeiterin kann sich nicht entscheiden, ob Sie Projekt XY als Projektleiterin übernehmen soll oder Ihre Stellvertretung. Für beides hat Sie zu wenig zeitliche Ressourcen.

Setting – Verschiedene Perspektiven einnehmen
Das Schema des Tetralemmas arbeitet mit fünf verschiedenen Perspektiven, die eine Person nacheinander durchdenkt und nachempfindet. Am besten ist es, wenn für die Tetralemma-Aufstellung eine weitere Person zur Verfügung steht, welche die betroffene Person durch die Aufstellung begleitet und dokumentiert, was sie sagt. Es empfiehlt sich, für jede der vier Perspektiven eine Karte oder einen Zettel auf den Boden zu legen.

Ablauf der Aufstellung

1. **Das eine**

   Die erste Perspektive könnte in unserem Beispiel sein, dass Person B die Projektleitung übernimmt. Eine Begleitperson A führt Person B zur ersten Karte und fragt sie:
   - Wenn Sie so auf dieser Position stehen: Wie fühlt es sich in dieser Position an? Was spüren Sie? Was hören Sie? Beschreiben Sie Ihre Gedanken dazu, Ihre Empfindungen, Sinneswahrnehmungen, Impulse etc.

   Die Begleitperson A schreibt alles mit, was Person B sagt. Sie fügt nichts hinzu.

2. **Das andere**

   Die zweite Perspektive könnte in unserem Beispiel sein, dass Person B die Projektleitung nicht übernimmt, dafür Ihre Stellvertretung. Die Begleitperson A führt Person B zur zweiten Karte und fragt sie:
   - Versetzen Sie sich voll in diese Position: Wie fühlt es sich in dieser Position an? Was spüren Sie? Was hören Sie? Beschreiben Sie Ihre Gedanken dazu, Ihre Empfindungen, Sinneswahrnehmungen, Impulse etc.

   Die Begleitperson A schreibt wieder alles mit, was Person B sagt. Sie fügt nichts hinzu.

3. **Beides**

   Aus der dritten Perspektive könnte sich in unserem Beispiel ergeben, dass Person B das Projekt in einer Co-Leitung mit jemand anderem teilt und Ihre Stellvertretung übernimmt. Begleitperson A begleitet Person B zur dritten Karte und fragt sie:
   - Dies ist die Position „Beides". Versetzen Sie sich voll in diese Position und verbinden Sie sich mit ihr. Denken Sie nicht nach, beschreiben Sie einfach, was passiert.

   Die Begleitperson A schreibt wieder alles mit, was Person B sagt. Sie fügt nichts hinzu.

4. **Keines von Beidem**

   Aus der vierten Perspektive könnte sich in unserem Beispiel ergeben, dass Person B weder die Projektleitung noch Ihre Stellvertretung übernimmt. Begleitperson A führt Person B zur vierten Karte. Sie fragt sie:
   - Dies ist die Position „Keines von Beidem". Versetzen Sie sich voll in diese Position und verbinden Sie sich mit ihr. Denken Sie nicht nach, beschreiben Sie einfach, was passiert.

   Begleitperson A schreibt wieder alles mit, was Person B sagt. Sie fügt nichts hinzu.

5. **Das alles nicht**

   Aus der fünften Perspektive könnte sich in unserem Bespiel ergeben, dass Person B die Stelle intern wechselt. Die Begleitperson A führt Person B nun zur fünften Karte und fragt sie:
   - Dies ist die Position „Das alles nicht". Was immer es ist, alles ist möglich! Was können Sie wahrnehmen?

   Die Begleitperson A schreibt wieder alles mit, was Person B sagt. Sie fügt nichts hinzu.

Auswertung

Anschließend ist es wichtig, die Aufstellung auszuwerten. Die Begleitperson A hilft Person B durch die Wiederholung dessen, was sie während der Aufstellung zu den jeweiligen Positionen notiert hat, die Positionen und Empfindungen zu reflektieren, ohne eigene Interpretationen einfließen zu lassen. Die Begleitperson A fragt Person B:

- Bei welcher Perspektive haben Sie das größte Lösungspotenzial gespürt?

Anschließend wird Person B gebeten, nochmals auf dieser Karte zu stehen. Die Begleitperson A stellt Person B folgende Fragen:

- Wenn Sie aus dieser Perspektive selbst zu sich sprechen: Welche wohlmeinende Botschaft würden Sie sich selbst mitgeben?
- Welche konkreten Ideen haben Sie, um immer wieder diese Position einnehmen zu können?
- Welche neuen Möglichkeiten ergeben sich daraus für Sie?

Die Begleitperson schreibt alles mit, was Person B sagt. Sie fügt nichts hinzu und übergibt Person B die Notizen. Danach reflektieren bei nochmals gemeinsam, wie sie die Übung erlebt haben.

8.2.5.4 Tool 33 – Souverän und menschlich auf Angriffe reagieren

Aikido ist eine Kampfkunst, welche ihren Ursprung in Japan hat, bei der man einen Angriff nicht mit einem Gegenangriff beantwortet. Beim Aikido gibt es keine Verlierer wie im Sport. Es ist eine Kunst des „Kämpfens ohne zu kämpfen".

Das Prinzip und die Haltung von Aikido können Sie auch auf Konfliktgespräche anwenden (Gelmi 2017, S. 147):

1. Keinen Widerstand gegen die Energie des gegnerischen Angriffs leisten
2. Kein Gegenangriff, stattdessen eine konsequent defensive Haltung einnehmen
3. Den gegnerischen Angriff umlenken, ihn so „entwaffnen" und möglichst in positive Energie umwandeln

Sie können mit der Aikido Haltung aus dem Problemfokus in eine lösungsorientierte Haltung gehen. Dadurch kommen Sie nicht in Versuchung, mit Gegenangriff auf einen Angriff zu reagieren. Dies gelingt Ihnen durch zukunfts- und lösungsorientierte Fragen:

Fragenkatalog

- Was ist Ihr Vorschlag?
- Was sollen wir jetzt tun?
- Was ist Ihre Erwartung?

- Wie sollte es denn stattdessen sein?
- Was sollte aus Ihrer Sicht anders sein?
- Was haben Sie vor, um das zu ändern?
- Was haben Sie bereits dagegen getan?

8.3   Organisationen menschlich führen

8.3.1   Organisationale Energie

8.3.1.1 Tool 34 – Die Organisationsenergie messen

Folgende wirksame und kreative Übung von Ruth Seliger (Seliger 2014, S. 197) hilft Ihnen, die Energie in Ihrer Organisation zu messen – das kann auf der Ebene Team, Abteilung oder auf der Ebene der Gesamtorganisation sein.

Bestimmt kennen Sie die „Wärmebilder" von Häusern: Stellen Sie sich Ihren Bereich beziehungsweise Ihre Organisation als Haus vor – mit allen Ebenen und Räumen. Am besten zeichnen Sie das Haus auf ein Flipchart auf. Dann denken Sie über folgende Fragen nach:

Reflexionsfragen

- Wo entsteht große Hitze? Welche Hitze ist positiv und produktiv? Welche Hitze ist eher negativ und konfliktgeladen? Weshalb?
- Wo im Haus staut sich die Energie? Weshalb?
- Wo fließt gar keine Energie (mehr)? Was könnten Gründe dafür sein?
- Wo kommt Energie herein? Woher kommt die Energie?
- Wo fließt Energie aus dem Haus heraus? Weshalb? Wohin fliesst die Energie? Weshalb?
- Fließt die Energie im Haus gleichmäßig oder eher unregelmäßig? Was könnten Gründe dafür sein?
- Welche Energiebahnen sind offiziell? Welche Energiebahnen sind selbstorganisiert?
- Was können wir tun, damit die Energie wieder beziehungsweise mehr fließt?
- Was können wir tun, damit keine Energie aus dem Haus herausfließt?
- Was können wir tun, damit mehr Energie ins Haus hineinfließt?

8.3.2   Sinn und Vision

8.3.2.1 Tool 35 – Die Sinnfragen stellen

So wie Sie sich selbst mit Ihrem persönlichen Sinn auseinandersetzen (vgl. Abschn. 4.3 und 8.1.2) können Sie auch Mitarbeitende in Ihrem Team beziehungsweise in Ihrer Organisation zur eigenen Sinnfrage anregen. Folgende Fragen können dabei hilfreich sein (Seliger 2014, S. 141):

- Warum haben Sie sich für unser Unternehmen entschieden?
- Welchen Nutzen stiftet aus Ihrer Sicht das Unternehmen für andere?
- Warum haben Sie sich für Ihre Funktion beziehungsweise Ihre Aufgabe entschieden?
- Was bedeutet Ihre Aufgabe für Sie persönlich?
- Welchen Nutzen stiften Sie durch Ihre Tätigkeit für andere? Für das Unternehmen?
- Welchen Nutzen stiftet Ihre Aufgabe für Sie persönlich, für Ihre Persönlichkeit und für Ihr Leben?
- Welchen Beitrag leistet Ihre Aufgabe für Ihre persönliche und berufliche Weiterentwicklung?
- Welchen Stellenwert nimmt Ihre Arbeit beziehungsweise Ihre Aufgabe in Ihrem Leben ein?
- Inwiefern bringt Ihnen Ihre Arbeit Energie?

8.3.2.2 Tool 36 – Visionsarbeit mit der „Wunderfrage"

Wenn Sie Sinn stiften und Energie mobilisieren möchten, erarbeiten Sie mit Ihren Mitarbeitenden ein starkes Zukunftsbild. Ein hilfreiches Instrument zur Entwicklung einer gemeinsamen Vision ist die „Wunderfrage" nach Steve de Shazer (geb. 1940). Die Wunderfrage (Szabo und Insoo 2013, S. 57–59) ist ein kraftvolles Instrument, das mit viel Sorgfalt und Ernsthaftigkeit durchgeführt werden sollte.

Schritt 1: Konzentration
Nehmen Sie sich für diese Übung genügend Zeit und wählen Sie einen Ort, an dem Sie und Ihr Team ungestört arbeiten können. Es empfiehlt sich, einen Ort zu wählen, wo Sie genügend Platz haben. Setzen Sie sich bequem hin und schliessen Sie die Augen. Atmen Sie einige Male tief ein und aus.

Schritt 2: Fantasiereise
Stellen Sie sich vor, sie gehen heute Abend ins Bett. Mitten in der Nacht weckt Sie eine gute Fee aus dem Schlaf und zaubert eine Situation Ihrer Organisation beziehungsweise Arbeit herbei, die Sie sich immer gewünscht hatten. Am nächsten Morgen wachen Sie auf. Sie gehen zur Arbeit und merken dann sofort: es ist ein Wunder passiert! Es ist genau so, wie Sie es sich schon immer erträumt hatten. Stellen Sie sich anschliessend folgende Wunderfragen:

- Woran bemerken Sie das Wunder?
- Was ist anders als am Vortag?

- Was tun Sie anders?
- Was tun andere Menschen anders?
- Wie spüren Sie das Wunder?
- Wer außer Ihnen bemerkt das Wunder auch noch?

Schritt 3: Das Wunder festhalten

Notieren Sie die wichtigsten Elemente des Wunders: Was ist anders, was sind wichtige Elemente im Zukunftsbild?

Wenn Sie die Übung in Ihrem Team machen, tauschen Sie sich über die verschiedenen Zukunftsbilder aus. Finden Sie die Gemeinsamkeiten. Sie können anschließend versuchen, ein gemeinsames Bild zu zeichnen.

Literatur

Biersack, M. (2021). Wie Konflikte Beziehungen stabilisieren können. *Neue Narrative. Das Magazin für neues Arbeiten. Nr. 11: Gute Arbeit braucht gute Beziehungen*, S. 100–105.

Blickhan, D. (2018). *Positive Psychologie. Ein Handbuch für die Praxis*. Paderborn: Junfermann.

Cappfinity (2021). Strengths Profile. Online: https://www.strengthsprofile.com. Zugegriffen: 21.09.2021.

Ebner, M., Dr. (2019). *Positive Leadership. Erfolgreich führen mit PERMA-Lead: die fünf Schlüssel zu High Performance*. Wien: Facultas Verlags- und Buchhandels AG.

Erler, L. (2021). Sprache der Arbeit. *Neue Narrative. Das Magazin für neues Arbeiten. Nr. 10. Klima des Muts*, S. 73–75.

Gallup (2021). Clifton Strengths. Online: https://www.gallup.com/cliftonstrengths/de/home.aspx. Zugegriffen: 21.09.2021.

Gelmi, T. (2017). *Durchstarten. Was Sie von Flugbegleitern über Führung, Teamwork und Kundenkontakt lernen können*. Weinheim: Wiley.

Klein, S. (2021). Wie gestalten wir Beziehungen, in denen wir wachsen können. *Neue Narrative. Das Magazin für neues Arbeiten. Nr. 11: Gute Arbeit braucht gute Beziehungen*, S. 18–23.

Michigan Ross University (2021). Center for Positive Organizations. Who are you at your best? Online: https://reflectedbestselfexercise.com. Zugegriffen: 21.09.2021.

Neue Narratve (2021a). Das Magazin für neues Arbeiten. Nr. 09. Du bist wirksam. Das Tetralemma. S. 70–75.

Neue Narrative (2021b). Workwhile Audio Trainings für die Arbeitswelt der Zukunft. Bedürfnis-Reframing. Online: www.workwhile.de/?utm_source=linkedin&utm_medium=post&utm_campaign=linkedin_workwhile#trainings. Zugegriffen: 20.08.2021.

Penn University (2021). Authentic Happiness. Online: https://www.authentichappiness.sas.upenn.edu/testcenter. Zugegriffen: 21.09.2021.

Rolfe, M. (2019). *Positive Psychologie und organisationale Resilienz. Stürmische Zeiten besser meistern*. Berlin. Springer.

Robbins, A. (2021). *Das Robbins Power Prinzip – befreie die innere Kraft*. Berlin: Ullstein.

Sarica, R. (2020). *Gesunde Führung in der VUKA-Welt – Orientierung, Entwicklung und Umsetzung in die Praxis*. Freiburg: Haufe-Lexware.

Seliger, R. (2014). *Positive Leadership. Die Revolution in der Führung*. Stuttgart: Schäffer-Poeschel.

Seligmann, M. (2012): *Flourish. Wie Menschen aufblühen. Die positive Psychologie des gelingenden Lebens.* München: Kösel.

Storch, M., & Krause, F. (2007). *Selbstmanagement – ressourcenorientiert. Grundlagen und Trainingsmanual für die Arbeit mit dem Zürcher Ressourcen Modell (ZRM).* Bern: Hans Huber.

Szabo, P., & Insoo, K. (2013). *Kurz(zeit)coaching mit Langzweitwirkung.* Dortmund:Borgmann Media.

Universität Zürich (2021). Charakterstärken-Test. Online: https://www.charakterstaerken.org. Zugegriffen: 21.09.2021.

VIA Institute on Character (2021). Online: https://www.viacharacter.org/account/register. Zugegriffen: 21.09.2021.